新编21世纪高等开放教育系列教材

经济法

主　编　张锁通
副主编　陈　思　叶　林

中国人民大学出版社
·北京·

图书在版编目（CIP）数据

经济法/张锁通主编；陈思，叶林副主编. --北京：中国人民大学出版社，2022.2
新编21世纪高等开放教育系列教材
ISBN 978-7-300-30265-2

Ⅰ.①经… Ⅱ.①张… ②陈… ③叶… Ⅲ.①经济法-中国-高等学校-教材 Ⅳ.①D922.290.4

中国版本图书馆CIP数据核字（2022）第011567号

新编21世纪高等开放教育系列教材
经济法
主　编　张锁通
副主编　陈　思　叶　林
Jingjifa

出版发行　中国人民大学出版社
社　　址　北京中关村大街31号　　**邮政编码**　100080
电　　话　010－62511242（总编室）　　010－62511770（质管部）
010－82501766（邮购部）　　010－62514148（门市部）
010－62515195（发行公司）　　010－62515275（盗版举报）
网　　址　http://www.crup.com.cn
经　　销　新华书店
印　　刷　北京昌联印刷有限公司
规　　格　185 mm×260 mm　16开本　　**版　　次**　2022年2月第1版
印　　张　17.5　　**印　　次**　2022年2月第1次印刷
字　　数　420 000　　**定　　价**　45.00元

前　言

国务院在 2019 年印发《国家职业教育改革实施方案》（职教 20 条），紧接着教育部、财政部等四部门联合发布了《关于在院校实施“学历证书＋若干职业技能等级证书”制度试点方案》（“1＋X”证书制度）的通知，主要目的是提升职业院校学生就业率及成人学生职业发展，其中非常重要的内容就是教材等要与职业资格证书接轨。

“经济法”是财政部与人力资源和社会保障部组织的全国会计专业职业技术资格考试中会计师考试的三门课程之一，是成人高等教育、开放大学、网络学院、自学考试、职业大学中会计学、金融学、工商管理等专业的必修课。由于种种原因，现今所用教材无论在经济法律涵盖范围还是在内容阐述上，都与全国会计专业职业技术资格会计师考试“经济法”科目的内容严重脱节，这样学生无论在求学期间还是毕业后，都须重新参加社会上的培训考试，既增加了学生的学习成本，又影响了学生的职业生涯发展。

本教材在编写中对学生学情进行了大量调研，充分考虑学生职业生涯发展需求意愿和在职成人学习等特点，在主要经济法律内容上与会计师职业资格考试接轨，与专科层次助理会计师“经济法基础”考试相衔接。在内容阐述上以历史唯物主义和辩证唯物主义哲学观为宗旨和指导思想，侧重于法律制度渊源及立法宗旨、原则、特点的阐述，侧重于法条的学理法理解释和概括提炼，尤其对一些修改变化较大的法条注重背景原因分析和变化规律探求。做到既阐述其然，更阐释其所以然，既阐述其历史沿革及本质属性，更研究变迁及修订规律，借鉴成熟市场法制经验，提出目前存在的问题及未来变化趋势，利于学生对法条的理解掌握和接受思政教育。

在教材编写中，突出可读性、通俗性、直观性，设置知识链接、课堂讨论、想一想、练一练等栏目，便于学生理解掌握和消化吸收，提高学习效果。考虑到成人本科、财经专业、在职学习等特点，对教材及其他课程资源内容进行了一体化设计，即教材内容简练，重法理阐述，融会贯通；每章后参考 2017 年以来历届会计师“经济法”考试真题，精挑细选了约 500 道单选、多选、判断和综合分析或计算题并配有答案解析，组成网络题库；配置了学习指导讲义，网上多媒体视频资源以微课为主，精炼讲授重点难点知识点，满足移动学习需要。教材、习题解析、微课等各显其长，内容互补，避免重复。学生学习完教材内容、做好题库中的练习后，基本能够实现通过学业考试并通过会计师“经济法”考试的目标。本教材获得 2021 年度教育规划课程改革推广立项，真正落实了学党史、悟思想、办实事、开新篇，响应了习近平总书记“办好人民满意的教育”的号召。

本教材由河北开放大学张锁通教授主持编写，具体分工如下：第一章、第七章、第八章由河北开放大学张锁通教授编写；第二章、第三章由邢台开放大学陈思副教授编写；第四章、第五章由安徽开放大学叶林教师编写；第六章由四川开放大学谭睿娟副教授编写；第九章由西安开放大学汪雷副教授编写。教材在编写过程中得到了编者所在学校领导、教师等的支持与帮助，在此一并表示最诚挚的感谢！

本教材可作为开放大学开放教育及继续教育成人本科会计学、工商管理、金融及其他专业的教材，也可作为网络学院、自学考试等其他成人高校会计学本科及会计职业资格考试培训的教材。

由于编者水平所限，书中难免有疏漏和不妥之处，请读者批评指正！

编者

目　录

第一章

总 论

学习目标：

知识目标：（1）明确经济法的本质及制定原则；

（2）清晰经济法与民商法、行政法的区别与联系；

（3）知晓外商投资法的立法背景及主要内容。

能力目标：辩证理解经济法律部门包含的法律制度内容。

思政目标：（1）了解经济法对我国经济发展及法制建设的重要作用；

（2）学法守法用法，做好本职工作并为单位规章制定执行建言献策。

马克思主义哲学认为，历史发展都遵循一定的规律。经济法的出现就是社会经济发展规律性的必然产物。经济法最早产生于资本主义社会，从自由资本主义进入垄断资本主义后，各种社会矛盾空前激化，战争与经济危机频生。为维护资产阶级统治，通过一系列立法限制垄断，国家调节和直接干预市场，参与和管理经济生活，逐渐建立了现代资本主义经济法。社会主义现代经济法产生和建立于我国实行社会主义市场经济体制之后，至今逐步健全完善，并在社会经济生活中发挥越来越大的作用，在法律体系中的地位也不断提高和凸显。本章主要阐述经济法的基本理论、与相邻部门法的关系，简要概述我国社会主义现代经济法体系的主要内容。与会计师职业资格考试相关的专门法律将在其后的章节中重点论述。

第一节 经济法理论概述

“经济法”的概念最早见于 1755 年法国空想共产主义者摩莱里所著的《自然法典》，其以实体法的形式出现则是在一百多年之后的资本主义国家。产生的主要原因：一是社会发展方面，资本主义社会从自由资本主义发展到垄断资本主义，一些垄断企业集团在市场上占据优势地位，肆意裁定价格，恶意吞并打压中小企业经营，甚至利用自身资本和体量影响干预政治，导致一些资本主义国家制定有关反垄断的法律来取缔垄断组织，限制垄断的发展，最早的反垄断法由此产生。如1889年的加拿大《预防和禁止贸易合并法》，1892年美国的《谢尔曼反托拉斯法》及其后的《联邦贸易委员会法》《克莱顿法》等。二是经济管理理念方面，自由放任的资本主义经济的过度发展，导致了社会矛盾的激化和日益严重的经济危机的频频发生，单靠市场的力量，显然无法摆脱这种日益深重的困境。因此发达资本主义国家逐步放弃自由放任主义原则，而改为奉行国家对经济的适度干预。国家对经济生活和经济进程的干预和参与，通过法律手段实施，这些法律与民商法和其他传统法律特性有较大的差异，于是将它命名为“经济法”。

经济法产生的诱因和历史契机是第一次世界大战。德国为了战争的需要而制定经济性的法律法规来推行战时经济政策，对国民经济进行严厉管制，将国家资本主义发展到极端的地步。1919年制定了以“经济法”命名的对煤炭和碳酸钾制造工业实行国家管制的《煤炭经济法》和《碳酸钾经济法》等，这对其他国家的立法产生了影响。

在我国，“经济法”一词最早出现在1979年全国人民代表大会五届二次会议的官方文件中：“随着经济建设的发展，我们需要制定各种经济法”。其后为了适应我国对外开放和对内搞活的需要，配合并跟上经济发展与经济体制改革步伐，经济立法实践速度加快，并不断健全和完善，1998年第九届全国人民代表大会将经济法确立为我国法律体系中七大法律部门之一。

想一想

资本主义和社会主义经济法的产生发展是殊途同归吗？

一、经济法的本质及特征

经济法是国家干预经济的一种手段，其产生的客观基础是“看不见的手”的自由市场失灵或“看得见的手”的政府管理失灵导致的资源浪费和效率低下，目的是保障一国的国民经济可持续健康发展，维护统治阶级利益和社会稳定。经济法的理论在不同历史阶段、不同制度背景下产生了大量学说，出现过综合经济法说、经济民法说、经济行政法说、经济劳动法说等。发展到现代经济法阶段，经济法作为一个独立的法律部门，出现了侧重于探究经济法的本质、职能、功用的学说，如表1-1所示。

表1-1　经济法理论学说

学说	主要观点
国家干预说	市场失灵需要由国家干预具有全局性和社会公共性的经济关系
协调运行说	国家应该主要协调经济运行过程中发生的经济关系
宏观调控说	国家对国民经济发展进行宏观间接调控
经济管理说	调整管理国家与企业等社会组织及其内部之间发生的经济关系
纵横统一说	调整经济管理关系及与经济管理关系密切联系的经济协作关系
……	……

我国九届人大在划定法律部门时对经济法的定义是："经济法是调整因国家从社会整体利益出发对经济活动实行干预、管理或调控所产生的社会经济关系的法律规范的总称。"现在其他定义大都是在此基础上的延伸。

（一）经济法的本质

1. 经济法是综合、系统调整的法

经济法所调整的经济关系主要是纵向经济关系，但对横向经济关系会产生明显的影响。采取的手段既有惩罚性的，也有补偿性的；既有鼓励类的，也有禁止、限制类的；民事、行政、刑事三种手段皆有，体现了明显的综合调整的特征。

随着现代市场经济的发展和生产的社会化，经济关系愈发复杂多变且相互联结渗透，经济法从纵向过程、横向关系和整体平衡上创新调整机制，更多体现为对经济关系的系统调整。

2. 经济法是平衡协调的法

市场经济领域中经济关系错综复杂，利益主体多元，经济法从整体、全局出发，对各类主体如代表社会整体的国家、代表社会个体的企业组织、个人等的意志、行为和利益关系进行平衡协调，以保证社会经济平衡、协调、持续、健康的发展。

3. 经济法是"以公为主、公私兼顾"的法

传统法学将法律分为公法、私法两大类，反映了私有制基础上的"公权"与"私权"的对立。从法所调整的整个社会关系来看，还有整体与个体、公与私之分。经济法是站在全局的立场上，协调国家与企业利益，兼顾公与私利益的法。经济法的产生是国家干预经济的必然结果，它把调整的重点始终放在引导各类经济主体依法进行经济活动，保证经济关系的正确确立和有序进行上，以形成本国经济可持续发展的经济环境和经济秩序。

4. 经济法是经济集中与经济民主对立统一的法

经济法在保持国家有效的宏观调控和必要的经济集中的同时，确立和保护企业组织独立的地位和利益，限制垄断集中，保护经济民主和有序竞争，发挥市场经济的最佳作用。经济法始终调整经济关系，调整的目的就是使社会的整体经济能持续、稳定的发展，提高社会生产力水平，而且在这个调整过程中甚至会有意使局部利益或个体利益有所损失。

5. 经济法是"社会责任本位"法

传统民法以个体为本位、以权利为主导，即以"个体权利本位"作为自己的主旨思想。而经济法是"社会责任本位"的法，以社会利益为基点和最高准则，强调无论是国家还是社会组织或个人，都必须对社会负责，在对社会负责的基础上行使权利，处理和协调相互之间的关系。这符合社会的本质，符合社会的发展方向。经济法与民法、行政法在调整社会整体与社会个体的关系上，各有自己的指导思想。

（二）经济法的特征

经济法是协调国家经济运行之法。社会主义的经济法因实行计划经济和市场经济而明显区别。实行社会主义市场经济以后，政企分开，国家行使经济管理职能是以间接手段为主协调经济运行，这是中国特色社会主义经济法的重要特征。

1. 综合性

经济法调整对象和内容较广泛，既调整平等主体之间，又调整不平等主体之间的经济关系，还调整企业组织内部机构之间的关系。从法律组成的形式讲，经济法是由一系列与

其他部门法有交叉的单行经济法律规范组成，是一种带有综合性特点的法律。

2. 经济效益性

从法律内容上讲，经济法同社会经济的关系更为密切，与经济基础更为直接，是一种具有经济性特点的法律；从调整对象的特殊性讲，经济法同科学技术、自然规律的关系十分密切，是一种具有效益性特点的法律。

3. 指导性

从经济法的功能与作用讲，经济法具有明显的限制性和促进性两种功能，贯彻惩罚和奖励相结合，是一种带有指导性特点的法律。从实施上讲，经济法的实施是由国家经济行政部门和司法部门共同负责的，经济司法与经济立法相结合，实体法和程序法相结合，奖励与惩罚相结合。

4. 变化性

与我国其他部门法相比较，经济法由于其调整内容的特殊性，社会经济受国际国内政治经济技术等多种因素影响，需要随着形势的变化不断调整，因此其内容修改的频率幅度等较其他部门法更多一些。

课堂讨论：

经济法的本质是什么？社会主义经济法与资本主义经济法有区别吗？

二、经济法的调整对象

（一）经济关系与经济法律关系

经济法的调整对象是特定的经济关系。特定经济关系不是一切经济关系，也不是经济关系以外的其他社会关系。特定经济关系是国家在协调本国经济运行过程中发生的经济关系，是指经济法所干预、管理和调控的具有社会公共性的经济关系。

经济法律关系是指国家调节或协调经济运行过程中，根据经济法的规定在经济法主体之间所形成的权利义务关系。经济法律关系和其他法律关系一样，是由主体、客体和内容三个要素构成。

经济法律事实是指由经济法律规范所规定的能够引起经济法律关系发生、变更和消灭的客观现象。

经济法是经济法律关系产生和维持的前提和保障，没有经济法，就不存在经济法律事实，也不会产生经济法律关系；经济法律关系是经济法实施、运行的必然结果。经济法律事实是连接经济法和经济法律关系的纽带，没有经济法律事实的存在，就不会产生经济法律关系。

经济法律关系是经济法调整特定的经济关系后所确认的权利义务关系，而经济关系是客观存在的物质利益关系。前者属于上层建筑范畴；后者属于经济基础范畴。经济法律关系的存在以经济法的存在为前提；经济关系的存在，不以法的存在为前提，它是客观存在的。经济法律关系要靠法律来保障，经济关系靠客观经济规律来支配。

（二）主要调整对象

经济法主要调整国家机关、社会组织、公司等经济实体及一定条件下的个人，在经济管理过程中和经营协调过程中所发生的经济关系，也调整公司等市场主体的组织内部关系及涉外经济关系等。主要包括以下几点：

1. 经济管理关系

经济管理过程中发生的经济关系，称为经济管理关系或市场管理关系，包括国家（国家机关及其授权的组织）对企业、事业单位等社会组织的宏观经济管理关系及企业等社会组织自身的微观经济管理关系。经济法是国家实现经济总量基本平衡、促进经济结构优化配置、推进国民经济健康发展、对国民经济总体活动进行调节和控制的重要手段，有利于完善市场经济机制，使整个国家经济运行平稳。

2. 经营协调关系

经营协调关系主要是平等地位的或彼此不具有任何管理关系的参加者之间发生的横向经济关系，包括经济联合关系、经济协作关系和经济竞争关系。这些关系是市场运行关系的基本形态，经济法调整经营协调关系，可规范市场行为秩序，有效反对垄断，制止不正当竞争，使经济各部门运行协调。

3. 市场主体组织管理关系

企业是市场经济体系的主体。企业在设立、变更、终止和企业内部管理过程中发生的经济关系，称为市场主体组织管理关系。经济法调整市场主体组织管理关系及有关企业内部组织的地位、职权、职责及其活动规则等，从组织上保证市场经济顺利发展。

4. 社会保障关系

社会保障过程中发生的经济关系，称为社会保障关系。经济法调整社会保障关系有助于充分开发、合理利用劳动人力资源，保障社会成员的基本生活权利，维护社会稳定，促进经济发展。调整社会保障关系的法律主要由劳动和社会保障方面的法律构成。

5. 涉外经济关系及其他应由经济法调整的经济关系

涉外经济关系是指具有涉外因素的经济关系，涉及国家发展战略和对外关系等，要求体现国家意志和政策，需要由经济法调整。另外，随着社会经济的发展，还会出现新的经济形式或内容，产生经济法律关系，需要新的经济立法来进行调整。

三、经济法的基本原则

经济法原则是经济法在调整特定社会关系时在特定范围内所普遍适用的基本准则，是对经济立法、经济执法、经济司法具有普遍意义的基本准则，对于经济法的具体制度和具体内容有统设作用，同时具有经济法的鲜明特征。经济法的基本原则既要体现经济法的本质属性、遵循基本规律，又要体现其阶级属性。社会主义的现代经济法，具有较强的涵盖性和衍生性。

（一）平衡和谐原则

平衡和谐强调的是不同主体之间的配合，是从微观层次上保障个人、社会组织与政府主体之间利益的平衡和谐，兼顾个人利益、社会利益和国家利益；从宏观层次上对政府、社会、市场进行平衡协调，达到人、社会与自然的整体和谐。平衡和谐是建立在对客观经济规律认识基础上的一种应然的状态，是动态的。经济法治要不断地与时俱进，通过对经济关系全方位的调整，在尊重经济发展规律、社会发展规律和物质世界发展规律的基础上，在动态经济环境下实现自由与秩序、公平与效率的平衡和谐，现实利益与未来利益的平衡和谐，国家、社会与个体之间的平衡和谐。

（二）资源合理配置原则

经济法的制定首先要令市场经济的价值规律正常发挥作用，完成自下而上的分配，由对经济个体的决策和行为的微观作用，实现对整个社会经济资源的宏观调节和配置。其次是利用国家超越整个社会的优势地位进行的自上而下的分配，实现国家调整。国家根据市场经济自发分配资源后产生的不公平倾向，立足于社会整体利益进行再次资源分配和调整。“合理分配资源”不仅包括国家与市场如何协调资源优化配置问题，还有进一步防止贫富两极分化的问题，如强化反垄断、坚决防止资本无序扩张、防范少数人利用资本市场违法违规“造富”等举措。

（三）保障社会经济可持续发展原则

经济法强调坚持可持续发展的原则，用法律的形式合理开发利用资源，保护生态环境，不能为眼前利益而牺牲长远利益。发展不仅仅是人的发展与自然环境的和谐，更是人的发展与社会环境的和谐，也唯有人与环境的和谐发展才能实现人类自身的可持续发展。这一思想的提出也是经济法社会本位责任理念的进一步深化，不仅仅以人类社会横向的当代利益和谐为出发点，更以人类社会纵向的代际利益和谐为出发点。这种发展不强调盲目的快速，而强调连续与稳定下的高速发展，因此可持续发展就是在稳定中求发展、在发展中求稳定的辩证的逻辑统一。

（四）国家适度干预原则

国家适度干预原则即国家通过宏观调控，调节经济运行，完善产业结构，保持经济的平衡和协调。同时这种干预必须适度、谨慎、有效，必须遵循客观经济规律来进行，只能在“市场失灵”和“市场无能”时起校正和辅助补充作用，不可取代市场的自发调节而成为资源配置的主导型力量，而且干预的内容、程序和手段都要依法进行。

（五）效率公平原则

经济法坚持提高效率与维护公平相统一的原则，用法律的形式使公平和效率在整个社会经济活动中最大限度地统一起来，以利于调动各方面的积极性。社会总体经济效益优先，兼顾社会各方利益公平；维护公平竞争，反对垄断和不正当竞争。

也有的学者从经济法政治属性或者阶级性出发，认为经济法应维护我国基本经济制度即坚持公有制主导原则、责权利效相统一原则；从经济法的经济属性出发应坚持遵循经济基本规律的原则、经济民主原则等。

上述原则中，平衡和谐原则是贯穿于经济法调整社会经济关系过程始终的一种基调，而营造平衡和谐的经济环境原则更侧重于对市场规制法提出要求，涵盖维护公平竞争原则；资源合理配置原则更侧重于对宏观调控法提出要求，即以客观规律为指导防止贫富两极的严重分化、力求实现经济资源的优化配置，这一过程体现了国家适度干预的特点，既是责权利效相统一，也是社会总体经济效益优先、兼顾社会各方利益的公平体现；保障社会经济可持续发展原则是经济法的根本目的性原则，是经济法本质在基本原则上的深层次体现，而营造平衡和谐的经济环境与合理分配经济资源是经济实现可持续发展的保证与手段。由于社会经济体系是动态向前发展的，这就要求经济法制不断地“与时俱进”，具有前瞻性、规划性地从立法、司法和执法等方面来建立和维持这种环境。

第二节　经济法与相邻部门法的关系

经济法是我国法律体系的重要法律部门之一，其渊源是经济法律规范借以存在和表现的形式。经济法的渊源有宪法、法律、法规、规章、司法解释、国际条约、协定等。其与民法、商法、行政法等既有区别，又有联系。我国现行法律体系是民商合一的民商法。

一、我国法律体系及构成

法律体系是指由一国现行法律规范按照不同的法律部门分类组合而形成的有机联系的统一整体。在法律体系中，法律规范是基本元素，法律部门是基本单位，是根据一定标准、原则所制定的同类规范的总称。它不包括历史上废止的已经不再有效的法律规范，一般也不包括尚待制定还没有生效的法律规范。它只包括现行的国家法和被本国承认的国际条约和国际惯例。

构成法律体系的要素是法律部门而不是规范性文件，法律部门的构成要素是法律规范而不是法律条文。这就决定特定国家的法律体系与特定国家的规范性文件体系不是同一个概念。

法律体系最重要的特点是它的统一性或系统性、规范性、客观性、实用性。实用性是指法律体系能否实际满足某一地域社会生活的法律需求，决定了其能否存在。

中国特色社会主义法律体系，是指适应我国社会主义初级阶段的基本国情，与社会主义的根本任务相一致，以宪法为统帅和根本依据，由部门齐全、结构严谨、内部协调、体例科学、调整有效的法律及其配套法规所构成，保障我们国家沿着中国特色社会主义道路前进的各项法律制度的有机的统一整体。这个体系由法律、行政法规、地方性法规三个层次，由宪法及宪法相关法、行政法、民商法、经济法、社会法、刑法、诉讼与非诉讼程序法七个法律部门组成，具体如表 1－2 所示。

表 1－2　我国法律体系及法律部门

法律部门	主要内容	性质特点
宪法及宪法相关法	宪法规定了国家的根本制度、根本任务和国体、政体以及公民基本权利义务等重大问题；相关法主要为保障宪法直接实施制定	根本法、基本法
行政法	调整国家行政机关与行政管理相对人之间因行政管理活动而产生的社会关系的法律规范的总称	公法、宪法的动态部分
民商法	民商法是调整作为平等主体的自然人之间、法人之间、自然人与法人之间的商事关系、财产关系和人身关系的法律	私法
经济法	调整国家从社会整体利益出发对经济活动实行干预、管理或调控所产生的社会经济关系的法律规范	公法为主、兼顾私法
社会法	核心内容之一是劳动法，其基于劳动合同产生，它调整的对象是劳动关系即劳资关系	私法与公法性质兼有
刑法	规定犯罪和刑罚的法律规范的总称	公法
诉讼与非诉讼程序法	调整因诉讼活动和以非诉讼方式解决纠纷的活动而产生的社会关系的法律规范的总称	保证实体法的公正实施

在法律体系中，宪法是各部门法的基础，各部门法都应当以宪法为立法依据，都不得与宪法相冲突；同时，各部门法也都是宪法的发展和落实，是宪法精神和价值的延伸和体现。部门法需要宪法的指引和规范；宪法也需要部门法的细化和补充，以落实自己的思想和理念。各部门法都是宪法的子法，在这些子法中，宪法性法律距宪法最近。行政法是宪法之下各部门法系统中最庞大的法群，宪法对其主要是一种理念与原则的指导。宪法对诉讼法的关注集中在其权力与权力、权力与权利的关系上。民商法调整的是宪法领域之“外”的私权利关系。刑法是对一系列直接违反各种法律、间接破坏宪法的行为阶梯中的最高和最后一级行为的制裁。

知识链接
公有制经济与民营经济

经济法的制定，既要考虑其本质属性及内涵，又要考虑依据宪法，坚持改革开放，发展社会主义市场经济，坚持公有制为主体，多种所有制经济共同发展。国家保护个体经济、私营经济等非公有制经济的合法权益，国家鼓励、支持和引导非公有制经济的发展，并对非公有制经济依法实行监督和管理。

公有制经济与民营经济在国民经济中的比重不能只看数量和百分比，主要还是看产业内容性质和重要程度。只要在关系到国家战略安全和关键国计民生的领域由公有制经济主导，就可以保证社会主义性质和宪法的执行。

二、经济法与民法

1. 联系

（1）调整对象上有交叉与重叠。

两者都调整经济关系，历史上，民法是调整财产关系的主要手段。民法对经济法的产生和形成产生过重大影响，民法中的许多概念、制度、原则，如“诚实信用”“公共道德”“公序良俗”条款等，经济法都有所运用。经济法的主旨思想、理论观点，对民法的发展也起到了促进变革的作用。

一边是经济法以维护宏观平衡和自由公正的社会经济秩序为己任，另一边是民法对在此良好环境下自由从事活动的主体行为加以规范。调整对象的交叉又需要民法和经济法从不同角度，在不同层面上共同去维系社会关系的存在。在横向经济领域内，经济法和民法经常需要交错、配合调整，两者相互补充，协调发展。

（2）调整宗旨、作用和方法上的互补性。

民法是从市民社会中自然形成的，它以人本主义为出发点，其理念是自由主义，民法的价值理念之一是对抗国家力量的侵犯。经济法以追求社会整体利益为其立法宗旨，即站在社会整体的角度，通过法律对社会经济关系的调整，消除极端个体权利本位对整体社会经济发展造成的消极影响，以解决个体营利性与社会公益性的矛盾，促进经济良性发展。

民法调整平等主体间的人身关系和财产关系，以意思自治为核心，注重机会均等，即以抽象的人格平等为基础建立的公平理性，是以平等求公平，以个体为本位，给经济个体以完全的意志自由，保证个体权利的充分实现，仅依靠市场经济的自发作用来实现社会经济的理想状态。而经济法以国家管理和调节经济为其调整对象，它给主体以相对特权追求结果的大体公平，从社会利益出发处理个人和社会的关系，以社会权利为本位，保证社会整体利益，通过国家采取种种措施，弥补市场机制在经济发展中的缺陷，实现经济的理想状态。

(3) 二者适用许多相同的法律制度。

民法中的法人制度对于确认经济法中的市场主体的地位具有重要的作用；民法中的物权制度对于认识经济法中的市场主体的权利具有重要的指导意义；民法责任制度直接为经济法所适用。

2. 区别

(1) 调整对象和范围不同。

经济法调整国家在管理经济和协调经济运行过程中所发生的各种经济关系，是一种关于国家经济管理和协调的权利义务关系。民法调整在民间经济活动中，主体进行经济交往中各平等主体之间的权利义务关系，主要是以交换为中心所发生的财产关系。虽然两者都涉及经济领域，但前者是国家管理涉及民间社会经济领域，是“公”及于“私”，后者则完全处于民间社会经济领域之中，是“私”的领域内部关系。前者主要调整公共性经济关系，着眼于宏观的秩序和效益，一般不涉及个人的人格、财产和交易关系；后者则主要调整平等、等价的产权关系和流转关系，着眼于微观的交易安全。经济法调整纵向的经济关系与一定范围内的横向的经济关系，还调整经济组织内部的一些重要的经济关系；民法则不调整纵向的经济管理关系，也不调整经济组织内部的关系；经济法也不调整民法中平等的人身关系。

(2) 主体构成不同。

民法主体分为自然人与法人两大类，经济法主体更加广泛，既包括法人，也包括不具有法人资格的其他组织和内部组织；民法主体之间只讲平等性，经济法主体则承认必要的层次性。

(3) 利益本位及主旨思想不同。

民法的本质是市民社会的法，是典型的私法，以个人利益为本位，以确认和保护私人利益为其价值追求的目标，对平等主体的商品关系加以保护，从而维护民事主体的权利。但其对个人利益的无尽追求，往往又导致社会经济运行的无序化，给社会利益造成损害。经济法的本质则是社会法，它以社会为本位，把社会经济总体效益作为自己的价值目标，在兼顾各方经济利益的同时，维护社会经济总体利益。它是公权及于私人经济领域的法律，其产生最终突破了公、私法划分的二元结构模式。从产生之初，经济法就是国家站在全社会高度，从国民经济的整体出发对社会经济活动进行干预与调控的产物。由于经济法所体现出的“社会公益性”如此明显，以至于在个人与国家各自的领域之间，已经形成了以社会为过渡体的一个独立存在于其他法域的独特法域，这恰恰是属于经济法的领域。可以说，经济法的产生，改变了社会利益的配置模式，从极为宏观的角度维护着社会经济利益。

(4) 调整手段不完全相同。

民法是纯粹以个人为本位的私法，以自由平等为核心，其调整方式相应的采取意思自治原则，即由当事人按自己的意志设定权利和义务，国家并不予以过多干预，主要采取民事手段。但民法其完备的微观经济行为规则又很难解决经济垄断、资源配置不当、弱者特别保护等现代经济中的新问题，这就需要经济法采取一系列弹性的综合调整经济的手段，采取民事手段、行政手段甚至刑事手段。通过引导、控制社会经济的良性运行，经济法适应经济形势的不同需要，成为社会经济关系的良好“调节器”。

三、经济法与商法

1. 联系

商法是指调整商事交易主体在其商事行为中所形成的法律关系，即商事关系的法律规范的总称。经济法与商法都与经济生活密切联系，调整主体都有公司、企业等组织，调整手段也都可以采取行政手段或刑法手段。作为调整商品经济的法律部门，商法和经济法都是为满足市场经济的发展需要而产生的，两者具有很强的一致性和互补性。

2. 区别

经济法与商法的区别见表1-3。

表1-3 经济法与商法的区别

区别	经济法	商法
宗旨、原则	宗旨是保护社会公共利益，经济稳定发展；原则是强调国家经济干预，调控私人经济行为，立足一般，兼顾个别	促进营利，保证商主体实现利益最大化；原则是商事自治，立足个别，兼顾一般
法律性质	公法，以社会整体利益为本位；干预国民经济，维护公平竞争等	私法，个别经济利益为主，维护私权；国际性较强
调整对象	国家对国民经济进行宏观调控和微观规制过程中形成的经济关系，主要是纵向调整	商主体在商事活动中形成的商事利益关系，横向的调整
调整机制	多采用他律性的强制性权力调节方法	自律性的非权力性的调整机制
调整范畴	主要调整国家经济生活中国家与国有企业、大中型企业的责、权、利、效关系	以企业为核心，仅调整企业的经营关系和企业个体的权利

四、经济法与行政法

1. 联系

经济法所调整的经济管理关系中，许多都具有一定的行政管理形式，经济法对经济关系的调整，必要时也采用行政手段。我国在计划经济阶段发布的许多经济管理法规，都属于经济行政法。

2. 区别

（1）调整对象不同。

经济法的调整对象是在国家管理本国经济运行过程中发生的经济关系。其中包括企业组织管理关系、市场管理关系调整关系和社会保障关系等经济管理关系，具体体现为个体与社会之间的经济关系。经济法所调整的经济管理关系，本质上是一种物质利益关系，而不是单纯的行政管理关系。

行政法的调整对象为行政管理关系，其中包括行政主体之间的关系，以及行政主体与行政相对人之间的关系。具体体现为个体与国家之间的关系，而不调整经济管理关系。

（2）法律宗旨和理念不同。

经济法强调的是国家对全局生活的干预，以维护社会整体利益为立法宗旨，因此，奉行“社会责任本位”。行政法强调的是法治政府，依法行政，以维护国家利益为立法宗旨，因此，奉行“国家权力本位”。

经济法律关系中的经济行为和经济活动，都追求一定的经济目的，体现经济利益和经济效益，应服从经济规律；而行政活动追求的是工作效率，首先应服从长官意志。

（3）法律关系主体不同。

一是主体范围不同。经济法的主体包括管理主体和管理受体，管理主体包括国家机关和国家授权的组织，国家机关包括国家权力机关和行政机关。行政法的主体包括行政主体、行政相对人和其他行政法主体。行政主体除了国家授权的组织以外，只能是国家行政机关。

二是主体之间的关系不同。经济法主体之间是一种管理与被管理、指导与被指导、监督与被监督关系，主体之间不存在行政隶属关系。行政法主体之间是一种行政隶属关系。

（4）调整方法不同。

经济法除了实行奖励以外，对于违反经济法义务而引起的不利法律后果，采取追究多种经济责任和非经济责任的法律制裁形式。行政法除了实行奖励以外，对于违反行政法义务而引起的不利法律后果，主要采取行政制裁的形式，调整主要是以命令和服从的方式加以实施。

（5）作用不同。

经济法对于引导、推进和保障经济体制改革的发展起着重要的作用。行政法对于引导、推进和保障行政体制改革的发展起着重要的作用。经济法在推动国民经济发展方面所起的作用，比行政法所起的作用更为直接和明显。

总之，经济法和行政法既有联系，又有区别，它们同属于国内法体系，都有自己独立的基础和原因，有自己独立的功能和作用，不能混同，也不能替代。

第三节 经济法律概述

经济法有其自身特有的本质属性，也不可避免地具有阶级或社会属性。从其产生和发展的历史沿革及法律渊源来看，经济法与民法、商法、行政法、社会法等都有交集。不同时期，不同的社会背景和政治制度，某一专门法律被赋予各部门法的权重不一。这也是学界关于某一法律究竟是经济法还是民法或商法等争论的原因所在。

我国从计划经济到有计划的商品经济，到 1992 年实行社会主义市场经济体制，再到现在中国特色社会主义市场经济体制的逐步建立和完善，经济法制建设对调整国家经济运行，扩大对外经济技术交流和合作，引导、推进和保障国民经济持续、快速、健康的发展，发挥着重大作用。经济法作为一个独立的法律部门，中国特色社会主义现代经济法体系也逐步建立健全。本节简要对中国特色社会主义市场经济体制的现代经济法体系从涵盖内容、调整对象、规制重点等角度分类作概括法律阐述。

一、市场主体法

市场主体，是指经国家批准进入市场，从事生产经营活动，以营利为目的的商品生产者和经营者。市场主体法是指调整国家（政府）对市场主体的组织以及与组织有关的行为进行监督和管理中所形成的经济关系的法律规范的总称。市场主体法主要对经济组织尤其是企业组织的设立、变更、关停等作出规定。目前主要有公司法、合伙企业法、个人独资企业法、外商投资法等。农民专业合作社法等也是市场主体法。

（一）市场主体立法历史沿革

企业是现代社会最常见、最基本的市场主体，是商品经济和社会化大生产发展的产物，是投资者依法设立的从事商品经营活动、实行自主经营和自负盈亏的社会组织。企业的设立具有法定性。

我国社会主义经济制度的基础是生产资料的社会主义公有制，即全民所有制和劳动群众集体所有制。国家在社会主义初级阶段，坚持公有制为主体、多种所有制经济共同发展的基本经济制度，在法律规定范围内的个体经济、私营经济等非公有制经济，是社会主义市场经济的重要组成部分。

市场主体的立法最初是以所有制为标准，1983 年制定了《国营工业企业暂行条例》，1988 年发布《全民所有制工业企业法》《私营企业暂行条例》，1990 年制定了《乡村集体所有制企业条例》，1991 年制定了《城镇集体所有制企业条例》。改革开放以来，国有企业增加了国有独资公司、国有控股公司及国有参股公司等类型。其中，国有独资公司是国家授权投资的机构或部门单独投资设立的有限责任公司，国有控股公司是国有资本具有控股地位的公司，国有参股公司是国有资本占比小、对公司经营不具有控制或者重大影响力的公司。这三类国有公司都具有法人资格，以国家授予其经营管理的财产或者出资形成的股份承担民事责任，实行国家所有权与企业经营权分离。

随着社会主义市场经济体制的实施，为立法统一，其后将以所有制性质的立法变为现代企业制度下以投资责任为标准。1993 年颁布《公司法》，1996 年制定《乡镇企业法》，1997 年制定《合伙企业法》，1999 年制定《个人独资企业法》，2002 年制定《中小企业促进法》，2006 年制定《农民专业合作社法》，2008 年制定《企业国有资产法》。

（二）外商投资法

改革开放初期，我国为利用外资，在 1979 年制定了《中外合资经营企业法》（1990 年、2001 年、2016 年修订）；1986 年制定《外资企业法》（2000 年、2016 年修订）；1988 年制定了《中外合作经营企业法》（2000 年、2016 年、2017 年修订）。这三部法律简称“三资企业法”，为中国利用外资、设立外商投资企业提供了法律保障，打开了中国引进外资的大门，外商投资管理体制基本形成。

随着中国经济的不断发展，“三资企业法”虽然有所修正，但是许多规定不符合现实需求，也有一些规定与《公司法》存在冲突，已难以适应构建开放型经济新体制、推动形成全面开放新格局的需要，通过“打补丁式”的法规调整和局部制度创新越来越力不从心。为进一步全面深化改革、扩大对外开放、积极有效利用外资提供更加有力的法治保障。2019 年《外商投资法》通过并于 2020 年开始实施。这一法律将取代原有的三部外商投资企业法，成为我国促进、保护、管理外商投资的基础性法律。

外商投资是指外国的自然人、企业或者其他组织直接或者间接在中国境内进行的投资活动，包括外国投资者单独或者与其他投资者共同在中国境内设立外商投资企业；外国投资者取得中国境内企业的股份、股权、财产份额或者其他类似权益；外国投资者单独或者与其他投资者共同在中国境内投资新建项目；法律、行政法规或者国务院规定的其他方式的投资。

外商投资企业，是指全部或者部分由外国投资者投资，依照中国法律在中国境内经登记注册设立的企业。外商投资企业是外商投资的直接结果和主要形式。外商投资既可以选择投资企业，也可以采取项目合作或者投资知识产权、财产权益等形式，不管是并购还是新设投资，投资企业最终形成外商投资企业是外商投资的主流和主要形式。国际上，绝大部分外商投资以外商投资企业为主，但这不是外商投资的全部。

外商投资企业的组织形式、组织机构及其活动准则，适用《公司法》《合伙企业法》等法律的规定。因此，外商投资企业可以采取有限责任公司、股份有限公司、普通合伙企业、有限合伙企业等组织形式。根据《外商投资法》，依照《中外合资经营企业法》《外资企业法》《中外合作经营企业法》已经设立的外商投资企业，在《外商投资法》施行后5年内可以继续保留原企业组织形式等。

外商投资企业开展生产经营活动，应当遵守法律、行政法规有关劳动保护、社会保险的规定，依照法律、行政法规和国家有关规定办理税收、会计、外汇等事宜，并接受相关主管部门依法实施的监督检查。

长期以来，我国对于内资和外资都实行内外有别的政策法律。外商投资企业可以依法通过公开发行股票、公司债券等证券和其他方式进行融资，与内资企业一样享有融资便利。通过《外商投资法》的颁布实施，保护外资企业准入后可以享有的公平待遇，将增强中国市场对外资的吸引力。国家对外商投资不实行征收；在特殊情况下，根据社会公共利益需要对外商投资实行征收的，应当依照法定程序进行，并给予公平、合理的补偿。外国投资者在中国境内的出资、利润、资本收益、资产处置所得、知识产权许可使用费、依法获得的补偿或者赔偿等，可以依法以人民币或者外汇自由汇入或者汇出。这从立法上保护了外商投资经常性项目的自由流通。

国家保护外国投资者和外商投资企业的知识产权，保护知识产权权利人和相关权利人的合法权益，鼓励基于自愿原则和商业规则开展技术合作。外商投资过程中技术合作的条件由投资各方遵循公平原则平等协商确定，行政机关及其工作人员不得利用行政手段强制转让技术。技术合作是市场行为，由投资各方协商确定，行政机关及其工作人员不得干预。国家根据国民经济和社会发展需要，采取优惠措施，鼓励和引导外国投资者在特定行业、领域、地区投资，并可以依照法律、行政法规或者国务院的规定给予优惠。地方各级人民政府及其有关部门应当履行向外商投资企业依法作出的政策承诺以及依法订立的各类合同。

以上可以看出，《外商投资法》的规制重心发生了重大转变，已经从规制外商投资企业到规制外商投资行为转变。《外商投资法》更加关心外商投资行为，而非外商投资企业的治理，这符合国际投资潮流。中国坚持对外开放的基本国策，鼓励外国投资者依法在中国境内投资，明确推进外商投资的主要路径是实行高水平投资自由化便利化政策，主要目标是建立和完善外商投资促进机制，营造稳定、透明、可预期和公平竞争的市场环境。

（三）农民专业合作社法

农民专业合作社是指在农村家庭承包经营基础上，农产品的生产经营者或者农业生产经营服务的提供者、利用者，自愿联合、民主管理的互助性经济组织。它是农村新型经营主体的组成部分。《农民专业合作社法》于2006年颁布，2017年修订。

农民专业合作社以其成员为主要服务对象，主要开展农业生产资料的购买、使用；农产品的生产、销售、加工、运输、贮藏及其他相关服务；农村民间工艺及制品、休闲农业和乡村旅游资源的开发经营等；与农业生产经营有关的技术、信息、设施建设运营等服务。

农民专业合作社依法登记，取得法人资格。合作社对由成员出资、公积金、国家财政直接补助、他人捐赠以及合法取得的其他资产所形成的财产，享有占有、使用和处分的权利，并以上述财产对债务承担责任。合作社成员以其账户内记载的出资额和公积金份额为限对农民专业合作社承担责任。农民专业合作社可以依法向公司等企业投资，以其出资额为限对所投资企业承担责任。

二、经济运行规制法

经济运行规制法主要是调整国家对国民经济运行和发展中市场主体的经营活动、交易行为等进行干预和协调而形成的经济关系的法律规范的总称。主要包括证券法、票据法、商业银行法、保险法、劳动法、城市房地产管理法、合同法、商标法、专利法、企业破产法等。

（一）企业破产法

破产是企业退出市场的一种方式，是指企业不能清偿到期债务，并且资产不足以清偿全部债务或者明显缺乏清偿能力时，依照法定程序公平清理债务的活动。《企业破产法》于1986年试行，2006年修改并正式制定。2021年开始实施的《民法典》对企业破产解散、债权债务清理等相关内容也作了规定。企业破产法有广义和狭义之分。狭义的企业破产法仅指对企业法人破产清算的法律。广义的企业破产法则包括以避免企业法人破产为主要目的的各种和解与重整方面的法律规范。现代意义上的企业破产法均指广义而言。

1. 破产申请和受理

破产申请的主体包括：债务人、债权人以及依法负有清算责任的人。

《企业破产法》赋予债务人重整、和解或者破产清算申请权，目的在于使其得以主动通过破产程序解决纠纷，摆脱债务困境，甚至避免破产清算，恢复生产经营；赋予债权人重整或者破产清算申请权，即债权人可以根据情形提出对债务人进行重整的申请，也可以提出对债务人进行破产清算的申请，目的在于保护债权人的利益。

破产申请应向对破产案件有管辖权的人民法院提出。企业破产案件由债务人住所地人民法院管辖。债务人住所地是指债务人的主要办事机构所在地，债务人主要办事机构不明确的，由其注册地人民法院管辖。破产申请应以书面的形式提出。提出破产申请时，应当向人民法院提交破产申请书和有关证据。

2. 破产管理人

管理人，也称破产管理人，是人民法院依法受理破产申请的同时指定的全面接管破产企业并负责破产财产的保管、清理、估价、处理和分配的人。破产管理人制度是企业破产法律制度中一项重要的内容。管理人由人民法院指定。债权人会议认为管理人不能依法、公正地执行职务或者有其他不能胜任职务情形的，可以申请人民法院予以更换。管理人没有正当理由不得辞去职务。管理人辞去职务应当经人民法院许可。

3. 债务人财产

债务人财产，是指破产申请受理时属于债务人的全部财产，以及破产申请受理后至破产程序终结前债务人取得的财产。

以人民法院受理破产申请为标准，债务人财产划分为两部分：

（1）破产申请受理时属于债务人的全部财产，包括动产、不动产、财产权利。其中动产主要有债务人的货币、机器设备、办公用品、原材料、尚未出售的产品或商品、交通工具等；不动产主要有房屋、构筑物及林木等；财产权利主要是指土地使用权、债权、知识产权、票据权利、股权、物权等。

（2）破产申请受理后至破产程序终结前债务人取得的财产，包括动产、不动产、财产权利。

4. 破产费用和共益债务

破产费用是指人民法院受理破产申请后，为破产程序的顺利进行及对债务人财产的管理、变价、分配过程中，必须支付的且用债务人财产优先支付的费用。

共益债务是指人民法院受理破产申请后，管理人为全体债权人的共同利益，管理债务人财产时所负担或产生的债务，以及因债务人财产而产生的，以债务人财产优先支付的债务。

破产费用和共益债务由债务人财产随时清偿。不足以完全清偿的，先行清偿破产费用，或按照比例清偿或提请人民法院终结破产程序。

5. 债权申报及债权人会议

债权申报是指债务人的债权人在接到人民法院的破产申请受理裁定通知或者公告后，在法定期限内向人民法院申请登记债权，以取得破产债权人地位的行为。如未在法定期限内申报债权，则视为放弃债权。

债权人会议是破产程序中全体债权人的自治性组织，以维护债权人共同利益为目的，讨论决定有关破产事宜，表达债权人意志的机构。债权人会议是债权人行使破产参与权的场所，本身不是执行机关，也不是民事权利主体，但是债权人会议在破产程序中是重要的机构。在债权人会议内部可以协调、平衡债权人之间的利益关系，在债权人会议之外可以通过参与和监督破产程序，维护全体债权人的利益。

6. 重整与和解

重整是指当企业法人不能清偿到期债务时，不立即进行破产清算，而是在法院的主持下，由债务人与债权人达成协议，制订债务人重整计划，债务人继续营业，并在一定期限内全部或部分清偿债务的制度。重整的目的是使面临破产的企业能够摆脱困境，重获经营能力，实现债务的清偿。重整是防止企业破产的重要制度，是企业破产制度的重要组成部分。

和解是指具备破产原因的债务人，为了避免破产清算，而与债权人会议达成协商解决债务的制度。和解并非法院作出破产宣告的必经程序，是否和解完全依债务双方当事人意思而定。和解制度与破产清算制度一样，都重在清偿，但是破产清算是一种消极的处理方法，无论对债权人还是债务人都必然会造成损失，而和解可以起到减少损失、预防破产的积极作用。

7. 破产清算

债务人被宣告破产后，债务人称为破产人，债务人财产称为破产财产，人民法院受理破产申请时对债务人享有的债权称为破产债权。

破产财产在清偿破产费用和共益债务后，依照下列顺序清偿：

(1) 破产人所欠职工的工资和医疗、伤残补助、抚恤费用，所欠的应当划入职工个人账户的基本养老保险、基本医疗保险费用，以及法律、行政法规规定应当支付给职工的补偿金。

练一练

(2) 破产人欠缴的除前项规定以外的社会保险费用和破产人所欠税款。

(3) 普通破产债权。

破产财产不足以清偿同一顺序的清偿要求的，按照比例分配。即按照各债权人的债权额在该顺序中占债权总额的比例进行清偿。

破产程序的终结，又称破产程序的终止，是指人民法院受理破产案件后，在出现法定事由时，由人民法院依法裁定终结破产程序，结束破产案件的审理。

(二) 城市房地产管理法

房地产是房屋财产和土地财产的总称，是房产和地产的结合体，是由土地与建筑两个因素构成的统一体。房屋，是指土地上的房屋等建筑物及构筑物。我国实行房地一体化管理，房权与地权相统一。城市房地产管理法的立法目的是加强对城市房地产的管理，维护房地产市场秩序，保障房地产权利人的合法权益，促进房地产业的健康发展。《城市房地产管理法》于 1994 年制定，在 2007 年、2009 年、2019 年作了三次修正。

房地产法调整房地产关系，即民事（商品）性质的和行政管理性质的房地产关系。具体内容包括：

1. 土地、房屋财产关系

土地的所有权和使用权，是房地产业务活动的基础，所以，房地产法需要调整土地、房屋财产关系。

2. 土地利用和管理关系

房屋的所有权和使用权，都属于财产。土地利用总体规划，对耕地的特殊保护，土地开发利用，土地用途管制，建设用地审批，集体土地的征用，国有土地使用权的出让、转让、出租和抵押等，有些属于市场行为，有些属于政府行为，有些属于市场行为与政府行为的结合。

3. 城市房地产开发经营关系

城市房地产开发经营，是指房地产开发企业在城市规划区内国有土地上进行基础设施建设、房屋建设，并转让房地产开发项目或者销售、出租商品房的行为。既包括开发，又包括交易。

4. 城市房地产管理关系

城市的整体规划，对公有房屋和私有房屋的管理、监督，也需要房地产法加以调整。

5. 城市物业管理关系

物业管理服务公司与物业所有人（即业主）、使用人之间，就房屋建筑及其配套设施和居住小区内绿化、卫生、交通、治安、环境容貌等管理项目进行维修、修缮与整治，发生的一系列社会经济关系，也可归属于广义的房地产法的调整之列。

国家依法实行国有土地有偿、有限期使用制度。国家根据社会、经济发展水平，扶持发展居民住宅建设，逐步改善居民的居住条件。房地产权利人应当遵守法律和行政法规，依法纳税。房地产权利人的合法权益受法律保护，任何单位和个人不得侵犯。

房地产开发必须严格执行城市规划，按照经济效益、社会效益、环境效益相统一的原则，实行全面规划、合理布局、综合开发、配套建设。房地产开发项目的设计、施工，必须符合国家的有关标准和规范。房地产开发项目竣工，经验收合格后，方可交付使用。国家采取税收等方面的优惠措施鼓励和扶持房地产开发企业开发建设居民住宅。

房地产交易，包括房地产转让、房地产抵押和房屋租赁。房地产转让、抵押时，房屋的所有权和该房屋占用范围内的土地使用权同时转让、抵押。房屋租赁，是指房屋所有权人作为出租人将其房屋出租给承租人使用，由承租人向出租人支付租金的行为。房屋租赁，出租人和承租人应当签订书面租赁合同，约定租赁期限、租赁用途、租赁价格、修缮责任等条款，以及双方的其他权利和义务，并向房产管理部门登记备案。

三、市场秩序规制法

市场秩序规制法是指国家从社会整体利益出发，为维护市场机制的正常运行，保护和促进公平竞争，对影响市场秩序、侵犯消费者权益等进行直接干预和规范的过程中产生的各种经济关系的法律规范的总称。主要包括反垄断法、反不正当竞争法、消费者权益保护法、电子商务法、产品质量法等。

（一）竞争法律制度

竞争机制是市场经济最基本的运行机制，竞争是经营者为实现自身经济利益最大化，在生产、交易、服务等方面进行的逐利活动，是市场经济的灵魂，可以促进资源的合理配置和社会经济的发展。但竞争也会导致消极影响，即竞争者为了逐利会不择手段，会以强凌弱、垄断市场或严重违背价值规律和市场交易规则秩序，导致无序失序过度竞争。因此需要通过法律的形式进行规制。

1. 反垄断法概述

垄断是指经营者或其利益代表者，滥用已经具备的市场支配地位，或者通过协议、合并或其他方式谋求并滥用市场支配地位，借以排除或限制竞争，牟取超额利益，依法应予规制的行为。简言之，垄断是指经营者或其利益代表者排除或限制竞争的违法行为。垄断的主体是经营者或其利益代表者。经营者是通过提供商品和服务而获取利润的企业、其他组织或个人。经营者是垄断行为最常见的主体。在市场运行中，垄断行为除了经营者外，还有其利益的代表者，如各种行业协会（行会、商会、公会等），特定情形下还包括行政机关和根据法律法规授权享有公共管理权力的其他组织。

为了预防和制止垄断行为，保护市场公平竞争，提高经济运行效率，维护消费者利益和社会公共利益，促进社会主义市场经济健康发展，我国在 2007 年制定了《反垄断法》。反垄断法是禁止排除或限制市场竞争行为的法律规范的总称，包括禁止滥用市场支配地位行为制度、禁止垄断协议行为制度、控制经营者集中行为制度、禁止行政性垄断行为制度等。

（1）禁止滥用市场支配地位行为制度。

市场支配地位，是指经营者在相关市场内具有能够控制商品价格、数量或者其他交易条件，或者能够阻碍、影响其他经营者进入相关市场能力的市场地位。认定经营者具有市场支配地位，应当依据该经营者在相关市场的市场份额，以及相关市场的竞争状况；该经营者控制销售市场或者原材料采购市场的能力；该经营者的财力和技术条件；其他经营者对该经营者在交易上的依赖程度及进入相关市场的难易程度等因素。被推定具有市场支配地位的经营者，有证据证明不具有市场支配地位的，不应当认定其具有市场支配地位。

滥用市场支配地位行为是指具有市场支配地位的企业在一定的交易领域实质性地限制竞争，违背公共利益，明显损害消费者利益，损害自由公平的市场竞争秩序的行为。滥用行为包括：以不公平的高价销售商品或者以不公平的低价购买商品的行为；没有正当理由，以低于成本的价格销售商品的行为；没有正当理由，拒绝与交易相对人进行交易的行为，拒绝交易的目的往往是排除竞争对手，或者推高价格、牟取暴利；没有正当理由，限定交易相对人只能与其进行交易或者只能与其指定的经营者进行交易的行为；没有正当理由，在销售其市场份额高的商品和服务时，搭配销售其市场份额低的商品和服务的行为；没有正当理由，对条件相同的交易相对人在交易价格等交易条件上实行差别待遇；等等。

（2）禁止垄断协议行为制度。

垄断协议行为，是指经营者为限制竞争而达成协议、决定或者其他协同一致的行为。符合法规的协议免予处罚。垄断协议行为的主体为经营者、行业协会，主要包括横向垄断协议和纵向垄断协议。

横向垄断协议，也被称为卡特尔，是指具有竞争关系的两个或两个以上经营者，通过明示或者默示的方式，达成的限制、排除竞争的协议。其行为主要包括处于产业链同一环节的经营者通过协议、决议或其他协同一致的方式确定、维持或者改变价格；限定商品的生产数量或者销售数量；分割销售市场或者原材料采购市场；拒绝与特定交易相对人交易；以排除或限制竞争为目的，制定技术标准，限制购买新技术、新设备，或者限制开发新技术、新产品等行为。

纵向垄断协议是指，在同一产业中两个或两个以上处于不同经济层次、没有直接竞争关系但是有交易关系的经营者，通过明示或者默示的方式达成的排除、限制竞争的协议。其行为主要包括同一产业链中上一环节经营者，通过协议或利用其市场支配地位，确定下一环节经营者销售价格等。

（3）控制经营者集中行为制度。

经营者集中，是指经营者通过合并、收购、委托经营、联营或其他方式，集合经营者经济力，提高市场地位对其他经营者施加决定性影响的行为，包括经营者合并和经营者控制。

经营者集中一方面有利于形成规模经济，提高经营者竞争力；另一方面又可能形成或者加强市场支配地位。因此各国反垄断法都对经营者集中实行必要的控制。

（4）禁止行政性垄断行为制度。

行政性垄断，是指行政机关和法律、法规授权的具有管理公共事务职能的组织，滥用行政权力、违反法律规定实施的限制市场竞争的行为。行政性垄断的表现主要有行政性强制交易，即指行政机关滥用行政权力，违反法律规定，限定或者变相限定经营者、消费者经营、购买、使用其指定的经营者提供的商品。

行政性限制市场准入，是指行政机关滥用行政权力，违反法律规定，妨碍商品和服务在地区之间的自由流通，排除或限制市场竞争的行为。

行政性强制经营者限制竞争，是指行政机关滥用行政权力，违反法律规定，强制经营者从事反垄断法所禁止的排除或者限制市场竞争的行为。比如，强制本地区、本部门的企业合并，或者通过经营者控制组建企业集团；强制经营者通过协议等方式固定价格、划分市场、联合抵制等。

2. 反不正当竞争法概述

不正当竞争行为是指经营者在生产经营活动中，扰乱市场竞争秩序，损害其他经营者或者消费者的合法权益的行为。其主要特征有：

（1）不正当竞争行为是经营者从事的行为。经营者是指从事商品生产、经营或者提供服务的自然人、法人和非法人组织。非经营者不是竞争行为主体，所以也不能成为不正当竞争行为的主体。但是在有些情况下，非经营者的某些行为也会妨害经营者的正当经营活动，侵害经营者的合法权益，这种行为也是反不正当竞争法的规制对象。比如，政府及其所属部门滥用行政权力妨害经营者的正当竞争行为就是这种类型。

（2）不正当竞争行为是违法的行为。

（3）不正当竞争行为是违反公认的商业道德的行为。即只要违反了自愿、平等、公平、诚实信用原则或违反了公认的商业道德，损害了其他经营者的合法权益，扰乱了社会经济秩序，也应认定为不正当竞争行为。

（4）不正当竞争行为是扰乱市场竞争秩序和侵犯其他经营者和消费者合法权益的行为。不正当竞争行为的破坏性主要体现在：危害公平竞争的市场秩序；阻碍技术进步和社会生产力的发展；损害其他经营者的正常经营和合法权益，使守法经营者蒙受物质上和精神上的双重损害。有些不正当竞争行为，如虚假广告和欺骗性有奖销售，还会损害广大消费者的合法权益；另外，不正当竞争行为还有可能给我国的对外开放政策带来消极影响，严重损害国家利益。

《反不正当竞争法》于1993年施行，在2017年修订、2019年修正。其出台是为了稳定市场竞争秩序和保护其他经营者或者消费者的合法权益，调整企业间的竞争行为，避免不正当竞争行为产生，对不正当竞争行为进行处罚，维护好市场的稳定。反不正当竞争法是规制不正当竞争行为，维护市场竞争秩序和市场主体合法权益的法律。不同的法律，其规制的角度或侧重点是有所不同的。反不正当竞争法是从市场主体行为规则的角度进行法律调整，属于规范经营者的市场交易行为以及管理者相应的管理行为的法律，具有鲜明的行为法特征。

《反不正当竞争法》界定的典型的不正当竞争行为有以下几种：

（1）市场混淆行为。

市场混淆行为是指经营者采取假冒或者模仿等手段，使其商品、营业或服务与他人的商品、营业或服务相混淆，引人误认为是他人商品或者与他人存在特定联系的不正当竞争行为。

（2）商业贿赂行为。

商业贿赂行为是指经营者为了交易机会或竞争优势而采取财物或者其他手段贿赂特定经营者或者与经营活动密切相关的个人的不正当竞争行为。

（3）不正当商业宣传行为。

不正当商业宣传行为是指经营者在商品上，或以广告或以其他方法对商品或者服务进行虚假或误导性商业宣传的不正当竞争行为。

（4）侵犯商业秘密行为。

侵犯商业秘密行为是指经营者或者个人为了竞争或者其他目的，通过不正当的方法获取、披露或者使用权利人的商业秘密的行为。商业秘密是指不为公众所知悉、具有商业价值并经权利人采取相应保密措施的技术信息、经营信息等商业信息。

（5）不正当有奖销售行为。

不正当有奖销售行为是指经营者违反诚实信用原则，利用物质或者其他经济利益引诱购买者与之进行交易，损害了市场公平竞争秩序的不正当竞争行为。

（6）商业诋毁行为。

商业诋毁行为是指经营者通过编造、传播虚假信息或者误导性信息，损害竞争对手的商业信誉、商品信誉的不正当竞争行为。

（7）互联网不正当竞争行为。

互联网不正当竞争行为是指经营者利用技术手段，通过影响用户选择或者其他方式，实施妨碍、破坏其他经营者合法提供的网络产品或者服务正常运行的不正当竞争行为。

经营者违反《反不正当竞争法》规定，给他人造成损害的，应当依法承担民事责任。经营者的合法权益受到不正当竞争行为损害的，可以向人民法院提起诉讼。

因不正当竞争行为受到损害的经营者的赔偿数额，按照其因被侵权所受到的实际损失确定；实际损失难以计算的，按照侵权人因侵权所获得的利益确定。经营者恶意实施侵犯商业秘密行为，情节严重的，可以在按照上述方法确定数额的一倍以上五倍以下确定赔偿数额。赔偿数额还应当包括经营者为制止侵权行为所支付的合理开支。

《反不正当竞争法》对各种典型的不正当竞争行为的行政责任都作了相应规定。

（二）消费者权益保护法及电子商务法

消费者权益保护法是维护全体自然人消费权益的法律规范的总称，是为了保护消费者的合法权益，维护社会经济秩序稳定，促进社会主义市场经济健康发展而制定的一部法律。消费者为生活消费需要购买、使用商品或者接受服务，其权益受法律保护，经营者为消费者提供其生产、销售的商品或者提供服务，也应当遵守该法。此外，农民购买、使用直接用于农业生产的生产资料，参照执行，这是对农民利益的一种特殊的保护。

《消费者权益保护法》于1994年施行，2009年、2013年进行两次修正，包括总则、消费者的权利、经营者的义务、国家对消费者合法权益的保护、消费者组织、争议的解决、法律责任、附则，共8章63条。

1.《消费者权益保护法》的特点

（1）以专章规定消费者的权利，表明该法以保护消费者权益为宗旨。列举的消费者权利内容之多，体现出较高的保护水平。

（2）特别强调经营者的义务。首先，规定经营者与消费者进行交易时应当遵循自愿、平等、公平、诚实信用的原则。其次，以专章规定了经营者对特定消费者以及社会公众的义务。

（3）鼓励、动员全社会为保护消费者合法权益共同承担责任，对损害消费者权益的不法行为进行全方位监督。

（4）重视对消费者的群体性保护，以专章规定了消费者组织的法律地位。

2.《消费者权益保护法》的基本原则

《消费者权益保护法》的基本原则是指贯穿了该法的内容及整个调整过程的总的指导思想或总的指导方针，是国家处理有关消费者问题，对相关社会关系进行法律调整的基本准则，是贯穿于消费者权益保护立法、司法以及消费活动的每一个环节，反映市场经济条件下国家保护消费者权益的根本宗旨。其基本原则包括：

（1）国家保护与社会监督相结合的原则。

因为保护消费者权益仅凭有关国家机关的工作是难以胜任的，必须依靠全社会的力量，才能建立起消费者权益的保护机制，使消费者的合法权益得到最充分、最有效的保护。

（2）国家对消费者特别保护的原则。

从法律地位上看，消费者和经营者都属于平等的民事活动主体。可在实际的生活中，在商品交易以及服务的过程中，消费者处于相对弱势的地位。消费者是分散的个体，而经营者多数是有组织的经济实体，有些甚至是经济实力非常雄厚的企业，而消费者经济能力相对较弱又缺乏专业的辨别商品或服务的技术知识。另外，消费者购买商品和接受服务主要是以满足其个人或家庭生活需要为目的，而经营者关心的是能否给其带来经济效益，两者之间利益需求的差异，必然要求给消费者以特别保护。

在《消费者权益保护法》中专章规定了消费者的权利，同时，站在消费者权益的立场上，对经营者设定了明确的义务，规定了国家机关在保护消费者权益方面的职责，在消费争议的解决、消费者权益受到损害的救济问题上，也规定了一系列有利于消费者的程序和措施，对消费给予了特别保护。

（3）经营者与消费者交易遵循自愿、平等、公平、诚实信用原则。

在“消费者的权利”中明确了消费者的自主选择权、公平交易权、受尊重权等，在“经营者的义务”中也明确了经营者应当诚实信用的一些具体义务，在“法律责任”的规定中，更规定了经营者违反此原则的处罚措施。

（4）经营者应当承担质量责任的原则。

该法规定了消费者在消费过程中因质量缺陷而遭受损害，可向有直接合同关系或没有直接合同关系的生产商、销售商（含批发商与零售商）提出赔偿。销售者赔偿后，属于生产者的责任的，销售者有权向生产者或者其他销售者追偿；属于销售者责任的，生产者赔偿后，有权向销售者追偿。

3. 消费者的权利

（1）安全权。即消费者人权的基本内容，是指消费者在购买、使用商品和接受服务时享有保障人身、财产安全不受损害的权利。

（2）知情权。又称了解权，是指消费者享有知悉其购买、使用的商品或接受的服务的真实情况的权利。

（3）选择权。交易应贯彻平等自愿的原则，消费者享有自主选择商品或者服务的权利。

（4）公平交易权。公平交易是市场经济的基本原则，消费者依法享有公平交易权。公平交易权是指消费者在购买商品或接受服务时享有获得质量保障、价格合理和计量正确等公平交易条件的权利。此外，消费者还有权拒绝经营者的强制交易行为。

（5）求偿权。求偿权是指消费者因购买、使用商品或接受服务受到人身、财产损害，享有依法获得赔偿的权利。它是一项救济性权利。

（6）结社权。结社权是指消费者享有依法成立维护自身合法权益的社会组织的权利。

（7）获知权。又称求教获知权、受教育权，是指消费者享有获得有关消费和消费者权益保护方面的知识的权利。

（8）受尊重权和个人信息权。受尊重权是指消费者在购买、使用商品或接受服务时，享有其人格尊严、民族风俗习惯得到尊重的权利。这是尊重和保障人权的一个重要体现。同时，鉴于互联网发展，消费者个人信息保护问题日益突出，2013 年法律修改时增加了消费者“享有个人信息依法得到保护的权利”。

（9）监督批评权。监督批评权是指消费者享有对商品和服务及保护消费者权益工作进行监督批评的权利，这是社会监督的重要内容。

与上述内容相对应的是经营者的义务。

国家对消费者权益的保护包括立法、行政和司法、社会保护等。

4. 争议的解决途径

（1）与经营者协商和解。

（2）请求消费者协会或者依法成立的其他调解组织调解。

（3）向有关行政部门投诉。

（4）根据与经营者达成的仲裁协议提请仲裁机构仲裁。

（5）向人民法院提起诉讼。

侵犯消费者合法权益的法律责任有民事、行政和刑事责任。

（三）产品质量法

我国的《产品质量法》将产品责任和对产品质量的监督管理融为一体，是产品责任法和产品质量管理法合一的一部法律，其内容表现出了公法和私法的相互融合。《产品质量法》的立法宗旨是加强对产品质量的监督管理，提高产品质量水平，明确产品质量责任，保护消费者的合法权益，维护社会经济秩序。该法制定于 1993 年，后经 2000 年、2009 年和 2018 年三次修订。

1.《产品质量法》的基本内容

在产品质量监督管理方面，主要规定了国家关于产品质量监督管理的体制，明确了县级以上人民政府技术监督部门的职能，系统地规定了生产者、经销者的产品质量义务。一是必须保证产品质量，对产品的质量负责。产品质量必须符合所采用标准的要求，不得存在危及人身、财产安全的不合理的危险，具备应有的使用性能。二是产品的标识必须符合要求。产品必须有合格证、产品名称、厂名、厂址等；限期使用的产品必须有生产日期、安全使用期或者失效日期；涉及使用安全的产品必须有警示说明、警示标志。三是企业的禁止性行为。企业不得伪造产地；不得伪造或冒用他人的厂名、厂址；不得生产销售国家明令淘汰或者禁止生产的产品；不得伪造或者冒用质量标志；不得在产品中掺杂、掺假；不得以次充好、以假充真；不得以不合格品冒充合格品；不得销售失效、变质的产品等。

2. 产品质量责任

产品质量责任，主要包括行政责任（限期改正、没收产品、没收违法所得、罚款、吊销营业执照等）、民事责任（对产品实行“三包”、造成人身伤亡和财产损失要赔偿）、刑事责任（依据刑法和补充规定，对犯罪者处以有期徒刑、无期徒刑直至死刑）。

3. 保护消费者的合法权益

一是消费者有权就产品质量问题，向生产者和销售者进行查询，向技术监督部门申诉，也可直接向人民法院起诉。二是消费者发现产品质量有问题时，有权直接找商店要求修理、更换、退货、实行“三包”。三是因为产品质量问题造成人身伤亡、财产损失的，消费者可以向生产者或销售者中的任何一方提出赔偿的要求，赔偿范围主要包括直接损失（医疗费、误工收入等）和间接损失（生活补助费等）。消费者享有诉讼的选择权利。此外，法律为消费者解决产品质量纠纷规定了四种处理问题的渠道，即通过协商解决、请消费者协会或技术监督部门调解、向质量仲裁机构申请裁决、直接向人民法院起诉。

练一练

四、宏观调控法

国家为了预防和克服宏观经济总量或结构失衡失调，对市场经济运行实行宏观调控，使经济各部门运行协调、整个国家经济运行平稳而制定的法都属于宏观调控法。这方面的法律主要有财政法、税法、计划法、中国人民银行法、产业政策法、价格法、会计法、审计法、统计法、环境保护法、自然资源法、对外贸易法等。

（一）价格法

《价格法》于1998年施行，是为了规范价格行为，发挥价格合理配置资源的作用，稳定市场价格总水平，保护消费者和经营者的合法权益，促进社会主义市场经济健康发展而制定的法律。

制定《价格法》是创造价格合理形成的公平竞争环境、优化市场资源配置的需要。市场配置资源的作用主要是通过反映市场供求状况和资源稀缺程序的价格信号引导实现的。形成合理价格的基本条件是公平竞争的市场环境，而公平竞争的市场环境又必须通过法律进行规范。

制定《价格法》是增强政府调控价格能力、加强和改善宏观调控的需要。为了克服和弥补市场机制的缺陷与不足，政府有必要依法对市场价格进行有效的宏观调控和必要的适度干预。同时也需要通过制定价格法律，规范政府本身的价格行为。

国家实行宏观经济调控下主要由市场形成价格的机制。大多数商品和服务价格实行市场调节价，极少数商品和服务价格实行政府指导价或政府定价。除政府指导价或政府定价外的商品价格和服务价格都实行市场调节价。

政府对价格环节实施价格审批和行为监管。价格审批就是直接制定属于政府指导价、政府定价管理的商品和服务价格，并据此监督执行。行为监管就是对经营者的价格行为进行监督检查，通过实施明码标价、制止不正当价格行为等维护正常的竞争秩序，保护消费者和其他经营者的合法权益。

（二）会计法

会计是以货币为主要计量单位，对经济活动真实、准确、全面地进行记录、计算、分析、检查和监督的一种管理活动。会计法是调整整个国民经济活动中会计关系的法律规范的总称。宗旨是为了规范会计行为，保证会计资料真实、完整，加强经济管理和财务管理，提高经济效益，维护社会主义市场经济秩序。《会计法》于 1985 年颁布，1993 年和 2017 年进行了修正，1999 年进行了修订。1993 年还颁布了《注册会计师法》，并于 2014 年修正。

《会计法》对会计工作管理机构、会计机构和会计人员的管理，会计核算、会计监督，违法责任等作了规定。国务院财政部门主管全国的会计工作，县级以上地方各级人民政府财政部门管理本行政区域内的会计工作，国家实行统一的会计制度。会计机构内部应当建立稽核制度。出纳人员不得兼任稽核，会计档案保管，收入、支出、费用、债权债务账目的登记工作。会计人员应当具备从事会计工作所需要的专业能力。会计人员调动工作或者离职，必须与接管人员办清交接手续。

注册会计师是依法取得注册会计师证书并接受委托从事审计和会计咨询、会计服务业务的执业人员。注册会计师执行业务，应当加入会计师事务所。注册会计师协会是由注册会计师组成的社会团体。中国注册会计师协会是注册会计师的全国组织，省、自治区、直辖市注册会计师协会是注册会计师的地方组织。国务院财政部门和省、自治区、直辖市人民政府财政部门，依法对注册会计师、会计师事务所和注册会计师协会进行监督、指导。注册会计师法的立法宗旨是发挥注册会计师在社会经济活动中的鉴证和服务作用，加强对注册会计师的管理，维护社会公共利益和投资者的合法权益，促进社会主义市场经济的健康发展。

《注册会计师法》对注册会计师的考试和注册、注册会计师的业务范围和规则、会计师事务所的设立、注册会计师的违法责任等都作了法律规定。

（三）审计法

审计是由国家授权或接受委托的专职机构和人员，依法对国家各级政府及金融机构、企业事业组织的重大项目和财务收支等经营管理活动及其相关资料的真实性、合法性、效益性进行审查和监督，评价经济责任，鉴证经济业务，用以维护财经法纪、改善经营管理、提高经济效益的一项独立性的经济监督活动。审计法是调整审计关系的法律规范的总称。审计关系是一种经济监督关系，发生于审计主体与被审计单位之间。《审计法》是审计工作的基本法律依据，它以法律的形式确定了审计工作的地位、任务和作用，规定了审计工作的基本准则。审计法属于经济法体系的一个组成部分。《审计法》于 1994 年颁布，2006 年、2021 年进行了修正。

《审计法》的立法宗旨是加强国家的审计监督，维护国家财政经济秩序，促进廉政建设，保障国民经济健康发展。其对审计机关的设置及领导体制，审计人员的职务任免任职、任职资格及工作要求，审计机关的职责、权限，审计程序及法律责任等作了规定。

（四）统计法

统计是指对某一现象有关的数据的搜集、整理、计算、分析、解释、表述等的活动。统计法是调整统计关系的法律规范的总称。统计法的统计是指社会经济统计，即国民经济和社会发展情况的统计。统计的基本任务是对经济社会发展情况进行统计调查、统计分析，提供统计资料和统计咨询意见，实行统计监督。统计法的统计关系是国家机关、企事业单位以及其他社会组织和自然人在统计活动中所发生的社会关系。统计法的宗旨是科学、有效地组织统计工作，保障统计资料的真实性、准确性、完整性和及时性，发挥统计在了解国情国力、服务经济社会发展中的重要作用，促进社会主义现代化建设事业发展。

《统计法》于1983年颁布，1996年进行了修正，2009年进行了修订，对统计调查项目、统计调查方法、统计标准、统计资料的管理和公布，统计机构和统计人员的设置、统计机构和统计人员的职责、统计人员的权利义务、统计人员的任职资格，统计监督检查、违反《统计法》的法律责任等都作了规定。

经济法律内容知识思维导图如图1-1所示。

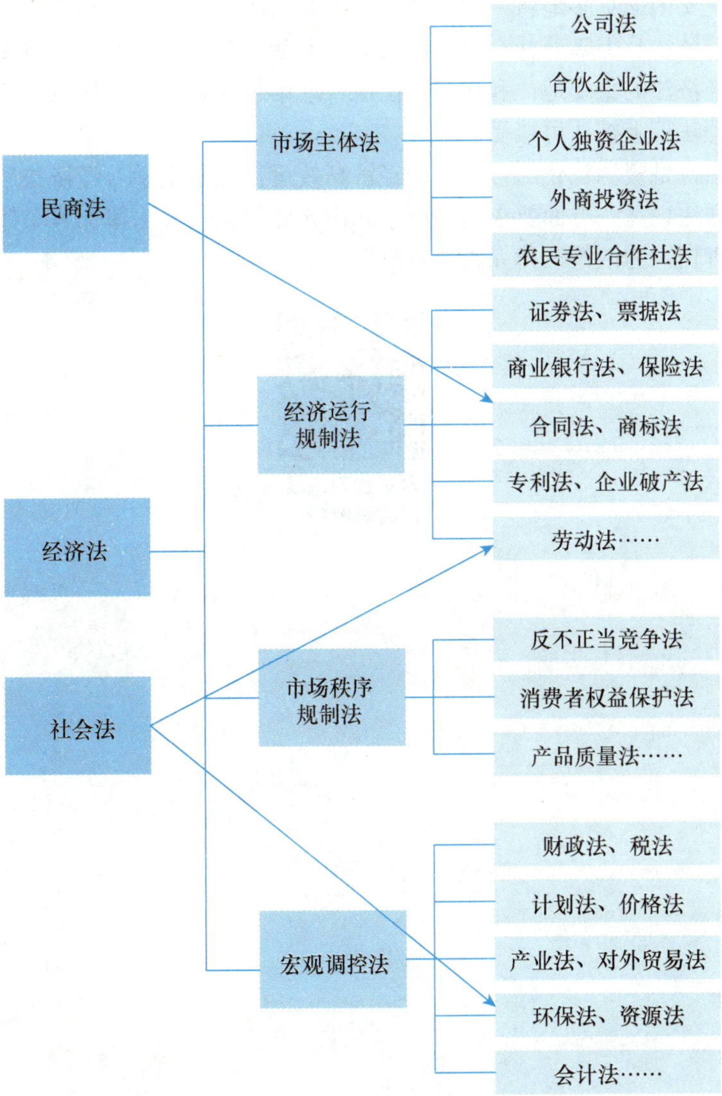

图1-1 经济法律内容知识思维导图

本章知识提要

社会主义现代经济法的产生背景是社会主义市场经济体制的形成、发展和完善，由最初保障国家利益公权为主的纵向宏观调控，逐步发展到现在的横向协调经济稳定有序运行，兼顾私权的更加成熟的综合考虑社会责任及经济可持续发展的宏观调控。

对经济法的内涵外延理解要有一个科学思想理念，没有也没必要有一个固定的标准或定义，对其的认识是一个不断动态发展变化的过程。与其他部门法的归属交叉争议有其历史渊源，资本主义国家更多地将一些法律归为民商法或社会法，社会主义国家更多地归类为经济法或者行政法。但随着社会经济的发展及不断出现的新问题，经济发展是世界各国政策的主流，经济法的重要地位和作用在国家管理中越来越突出，所以经济法融合别的部门法逐渐在学理法理上被认可接受。

经济法的宗旨是资源优化配置，社会经济高效运行。学生学习经济法后，一方面要求自己必须遵纪守法，另一方面要求运用所学知识充分利用相关法律保障个体权益发展，同时也要有社会责任，为政策法律完善建言献策。

本章练习题及
答案解析

第二章

公司法律制度

学习目标：

知识目标：（1）清晰公司设立的原则、有限责任公司和股份有限公司设立的条件；

（2）知悉股份有限公司股份转让的条件及方式等法律规定；

（3）知晓国有独资公司和一人有限公司的特别规定。

能力目标： 深刻理解我国公司法对注册资本制度改革的背景历程和意义作用，能够积极尝试或者助人开办公司创业。

思政目标：（1）公司守法经营，保障股东和债权人的投资权益，把消费者利益放在首位，履行社会责任；

（2）尽职尽责，积极提出合理化建议，帮助公司健全完善内部组织结构高效运行，谋划公司可持续发展。

公司是适应市场经济社会化大生产的需要而形成的一种企业组织形式。我国公司法所称的公司是依照公司法在中国境内设立的以营利为目的的社团法人，包括有限责任公司和股份有限公司。公司法是规定公司法律地位，调整公司对内对外关系，规范公司在设立、经营与解散过程中的组织行为的法律规范的总称。我国在 1993 年制定《中华人民共和国公司法》（以下简称《公司法》），并于 1999 年、2004 年进行了修正；2005 年进行了大规模修订；于 2013 年进行了第三次修正，确立了公司注册资本认缴制，废除了法定资本制，进一步降低公司注册门槛，鼓励“大众创业，万众创新”；2018 年进行了第四次修正。

2019 年 4 月开始，全国人大启动了我国《公司法》的新一轮修订，旨在提高公司制度供给质量，培育企业家精神，推动经济高质量发展，打造投资者及利益相关者友好型法制化营商环境。此外，最高人民法院在 2006 年、2008 年、2010 年、2016 年、2019 年也相继出台了关于适用公司法若干问题的规定以指导解答司法实务中出现的问题。《公司法》的宗旨是为了规范公司的组织和行为，保护公司、股东和债权人的合法权益，维护社会经济秩序，促进社会主义市场经济的发展。

第一节 公司法概述

一、公司概述

公司是指依法成立的，具有法人资格的，以营利为目的，由股东出资设立并对公司债务承担有限责任的企业法人。公司法所称公司是指依照该法在中国境内设立的有限责任公司和股份有限公司。公司有独立的法人财产，享有法人财产权。

（一）公司的特征

1. 依法设立

这是指公司必须依法定条件、法定程序设立。一方面，要求公司的章程、资本、组织机构、活动原则等必须合法；另一方面，要求公司设立要经过法定程序，向公司登记机关申请设立登记，领取营业执照。公司通常依公司法设立，但有时还必须符合其他法律规定，如商业银行法、保险法、证券法等。

2. 具有法人资格

根据《中华人民共和国民法典》第 57 条的规定，法人是具有民事权利能力和民事行为能力，依法独立享有民事权利和承担民事义务的组织。我国公司法规定的有限责任公司和股份有限公司都具有法人资格。

3. 以营利为目的

以营利为目的，是指股东即出资者设立公司的目的是营利，即从公司经营中取得利润。因此，营利目的不仅要求公司本身为营利而活动，而且要求公司有营利时应当分配给股东。某些具有营利活动的组织，如果其利润不进行分配，而是用于社会公益等其他目的，则不属于以营利为目的的公司性质。

4. 以股东承担有限责任为限

这里的有限责任是指股东对公司的有限责任，有限责任公司的股东以其认缴的出资额为限对公司承担责任；股份有限公司的股东以其认购的股份为限对公司承担责任。公司对债权人的责任则是无限的，公司由股东的投资行为设立，公司以其全部财产对公司的债务承担责任。

（二）公司的类型

按照法律的规定或学理的标准，可以将公司分为不同的种类。

1. 以公司资本结构和股东对公司债务承担责任的方式为标准的分类

（1）有限责任公司。又称有限公司，是指股东以其认缴的出资额为限对公司承担责任，公司以其全部财产对公司的债务承担责任的公司。

（2）股份有限公司。又称股份公司，是指将公司全部资本分为等额股份，股东以其认购的股份为限对公司承担责任，公司以其全部财产对公司的债务承担责任的公司。

（3）无限公司。是指由两个以上的股东组成，全体股东对公司的债务承担无限连带责任的公司。无限公司与合伙具有基本相同的法律属性，但不同的是有些国家规定无限公司具有法人资格。

（4）两合公司。是指由负无限责任的股东和负有限责任的股东组成，无限责任股东对公司债务负无限连带责任，有限责任股东仅就其认缴的出资额为限对公司债务承担责任。其中，无限责任股东是公司的经营管理者，有限责任股东则是不参与经营管理的出资者。

2. 以公司的信用基础为标准的分类

(1) 资合公司。是指以资本的结合作为信用基础的公司，其典型的形式为股份有限公司。此类公司仅以资本的实力取信于人，股东个人是否有财产、能力或者信誉与公司无关。股东对公司债务以出资为限承担有限的责任，共同设立公司原则上不以相互信任为前提。典型的资合公司为股份有限公司。

(2) 人合公司。是指以股东个人的财力、能力和信誉作为信用基础的公司，其典型的形式为无限公司。人合公司的财产及责任与股东的财产及责任没有完全分离，其不以自身资本为信用基础，法律上也不规定设立公司的最低资本额，股东可以用劳务、信用和其他权利出资，企业的所有权和经营权一般也不分离。

(3) 资合兼人合的公司。是指同时以公司资本和股东个人信用作为公司信用基础的公司，其典型的形式为两合公司和股份两合公司。

3. 以公司组织关系为标准的分类

(1) 母公司和子公司。

在不同公司之间存在控制与依附关系时，处于控制地位的是母公司，处于依附地位的则是子公司。母子公司之间虽然存在控制与被控制的组织关系，但它们都具有法人资格，在法律上是彼此独立的企业，依法独立承担民事责任。

母公司与子公司一般是由持股关系形成的。此外，公司之间还可能由于其他原因形成控制与依附关系，成为控制公司与附属公司，如表决权控制、人事关系、契约关系、信贷及其他债务关系、婚姻亲属关系等。

(2) 总公司与分公司。

分公司是公司依法设立的以分公司名义进行经营活动，其法律后果由本公司承受的分支机构。相对分公司而言，公司称为本公司或总公司。分公司没有独立的公司名称、章程，没有独立的财产，不具有法人资格，但可领取营业执照，进行经营活动，其民事责任由公司承担。

(三) 我国公司法中的公司类型

我国公司法将公司分为有限责任公司与股份有限公司。在有限责任公司中，我国公司法还规定了两种特殊的有限责任公司——一人有限责任公司和国有独资公司。

(四) 公司设立的原则与方式

1. 公司设立的原则

从公司发展的初期到现在，由于不同国家和地区的社会政治、经济、文化背景和法律传统不同，公司设立原则在不同时期也随之发生变化。各国法律对于公司设立的态度存在差异，有些国家采取较严格的法律调控，有些国家持较宽松的立法态度。在公司的发展史上，法律正是在平衡严格与宽松的过程中作出选择，出现了分别代表不同立法态度的立法原则，公司设立原则是公司立法理念和价值追求的直接体现。

(1) 自由主义原则。

自由主义，又称放任主义，是指公司的设立不需要任何条件，也不经过许可批准，完全由设立人自由为之。在公司刚兴起时，许多资本主义国家采用这种原则，但该原则易导致公司滥设。目前各国均不采取此种设立原则。

（2）特许主义原则。

特许设立原则，是指公司设立要国家元首颁布命令，或依据国家立法机关的特别立法、专门法规或行政命令的原则。该原则是许多社会主义国家在公司发展早期的一种设立原则，这种原则体现了公司对政府的依附和政府对公司的控制及利用，其缺点是条件苛刻、手续复杂，难以适应经济发展的需要，优点是有利于稳定国家经济。

（3）核准主义原则。

核准主义，又称许可主义、实质管理主义，是指公司设立除须具备法律规定的条件外，而且还要行政机关审查批准才能设立。该原则的优点在于通过主管部门的实质审查，大量排除、减少投资人投资受损的机会和程度。缺点在于审批周期较长，成本太高，导致市场效率降低，并且容易让公众产生误解，认为凡经过国家主管部门核准的公司必然是合格公司，一旦出现公司欺诈行为就会影响政府的公信力，这种由政府把关的严格核准制度也容易滋生权钱交易。从各国的公司立法来看，对涉及国计民生的公司设立仍采用此原则，例如银行、保险公司等从事特殊商业活动的公司。

（4）准则主义原则。

准则主义，也称登记设立主义，是指设立人根据法律对公司设立条件的规定，向登记机关申请注册登记即可设立。在该原则适用初期，由于对公司设立条件规定过于简陋，形同自由放任，因此国家难以对公司进行有效的控制。

（5）严格准则原则。

严格准则原则，是指将准则主义原则加上核准主义原则的成分。严格准则原则在单纯准则原则的基础上增加了两方面的内容：一是准则主义原则与设立登记制度结合。凡是设立公司必须经设立登记，获得营业执照，才属依法成立。二是加重发起人在公司设立中的责任，防止发起人利用公司损害债权人和社会利益。该准则使得公司在国家监管和自由发展之间找到了平衡点，较好地实现了效率与安全的有机统一，适应了现代公司制度发展的要求，因而被当今大多数国家的公司法所采用。

2. 公司设立的方式

公司设立主要有两种方式：发起设立和募集设立。

（1）发起设立。

发起设立是指由发起人认购应发行的全部股份的一种公司设立方式。发起设立适用于所有公司，包括有限责任公司和股份有限公司。有限责任公司由全体股东发起设立，股份有限公司由专门的发起人发起设立。

（2）募集设立。

募集设立是指发起人认购公司应发行股份的一部分，其余部分向社会公开募集的一种公司设立方式。在我国，只有股份有限公司可以采取募集设立方式，该设立方式适用于规模较大或因经营管理等方面的安排而设立公司的情况。

二、公司法的内涵及调整对象

公司法是规定公司法律地位，调整公司对内对外关系，规范公司在设立、活动与解散过程中的组织行为的法律规范的总称。公司法的含义有广义和狭义之分。狭义的公司法，仅指公司法本身；广义的公司法，除包括专门的公司法外，还包括其他有关公司的法律、法规、规章、司法解释等调整公司组织关系、规范公司组织行为的法律规范。

（一）公司法的调整对象

公司法的调整对象是公司内部、外部的组织管理关系和财产经营关系。组织管理关系包括企业自身的组织管理关系和国家对公司的管理关系。财产经营关系主要是指公司在设立、变更、终止以及运营过程中，对公司财产进行支配、处分等时产生的关系。

（二）我国公司法结构

我国公司法选取了有限责任公司和股份有限公司两种公司形态，在体系上采取“统分结合”的立法模式，以“公司生命逻辑”展开，从公司设立、公司存续到公司终止为脉络组织规范体系结构。有关公司的共同性规则以提取公因式的方式规定在总则部分；有关公司设立和组织机构、股份发行、股权转让等事项，以先有限责任公司、后股份有限公司的顺序分别设立不同的规则。其中，穿插着两种公司的同类事项，比如股东出资方式、股东会的职权、董事会的职权、董事任期、监事会职权、监事任期、经理职权等；有关公司债券、公司财务和会计、公司合并与分立以及公司增资和减资、公司解散和清算、外国公司的分支机构、法律责任等共同事项，先规定共同性规则，对两种公司的不同规则也是按照先有限责任公司、后股份有限公司的顺序组织相关内容，从而形成公司法的规范体系。

公司是“经济”“社会”“政治”三种属性有机统一的共同载体，应当在追求经济利益和社会效益的同时体现党和国家的思想意志。我国公司与世界其他国家公司的不同之处在于我国公司体现了中国特色现代国有企业制度，所谓特色是指把党的领导融入公司治理各环节，把企业党组织内嵌到公司治理结构之中，明确和落实党组织在公司法人治理结构中的法定地位，做到组织落实、干部到位、职责明确、监督严格。公司要严格按照法律、行政法规以及国务院及人民政府的要求从事经营活动。

我国公司法虽然将诸多规制有限责任公司的规范置于股份有限公司之前，但有关有限责任公司的规范并非基础性规范，有关股份有限公司的规定也不是特别规定，这两种公司形态之间的规范关系实际上是“汇总”的结果。“统分结合”的规范体系结构更符合公司立法的实际情况。所谓“统”，主要表现在总则、公司债券、公司财务与会计、公司合并与分立、公司解散和清算、外国公司的分支机构以及法律责任等章节；所谓“分”，主要表现在公司的设立与组织机构以及股权的转让等章节。“统”与“分”也是相对的，严格意义上，是“统中有分，分中有统”，即在“统”的部分也存在区分两种公司形态的不同规则。

第二节　有限责任公司

有限责任公司，简称有限公司，中国的有限责任公司是指根据公司法及有关法律规定登记注册，由 50 个以下的股东出资设立，每个股东以其所认缴的出资额为限对公司承担有限责任，公司以其全部资产对公司债务承担全部责任的经济组织。有限责任公司起源于德国，最初的目的是呵护小型企业而专门人为设计出的公司类型。有限责任公司是我国企业实行公司制最重要的一种组织形式，其优点是设立程序比较简单，公司内部机构设置灵活。其缺点是难以适应大规模生产经营活动的需要。因此，有限责任公司这种形式一般适于中小型非股份制公司。

一、有限责任公司的特征

(一) 人合性

人合性是有限责任公司基础特性，主要体现在：(1) 股东之间存在着较为密切的信任和联系；(2) 有限责任公司股东通常与董事或高级管理者身份相互重合；(3) 公司的契约性相对明显。

(二) 封闭性

封闭性主要体现在两方面：(1) 募股集资的封闭性；(2) 股东协作的封锁性，股东之间建立了一条“动一发而损全身”的纽带，股东之间的默契与信赖是公司正常运转的基础。

(三) 公司资本的不等额性

股东只须按协议确定的出资比例出资，并以此比例享受权利、承担义务。

(四) 股东数额的限制性

股东之间以信任为基础，所以其股东数额有规定，不宜过多。

(五) 股份转让受到严格限制

股份转让既要满足实体条件，也要满足形式要件。

(六) 组织机构比较简单

可以不设董事会和监事会，设一名执行董事或一至两名监事。

二、有限责任公司的设立

(一) 有限责任公司的设立方式

有限责任公司由全体股东发起设立。采用发起设立方式设立有限责任公司，能够使有限责任公司迅速成立，设立程序变得简单，减少了许多烦琐的设立程序；由于股东人数较少，公司的向心力强，有利于保护公司的经营管理和股东利益。

(二) 有限责任公司设立的条件

根据公司法的规定，设立有限责任公司，应当具备下列条件：

1. 股东人数

有限责任公司由 50 个以下股东出资设立，人数下限没有规定，即有限责任公司股东人数可以为 1 个，既可以是自然人，也可以是法人。

2. 股东出资额

(1) 注册资本。有限责任公司的注册资本为在公司登记机关登记的全体股东认缴的出资额。法律、行政法规以及国务院决定对有限责任公司注册资本实缴、注册资本最低限额另有规定的，从其规定。注册资本是评估公司法人履行合同能力和偿债能力的重要因素。

从 2014 年 3 月 1 日起，公司法取消最低资本限额，放松了准入条件的管制，理论上可以“一元钱办公司”。取消公司注册资本最低限额，创业成本大幅度降低，鼓励小微企业发展，带动就业，有利于优化营商环境；创新政府监管方式，简政放权，职能转变为“宽准入严监管”，有利于形成公平的市场竞争秩序；强化协同监管、信用监管和社会共治，将企业年检制度改为年度报告制度，任何单位和个人均可查询，增强市场主体经营活动相关信息的透明度，保障交易安全，有利于促进政务商务信用体系建设。

同时，从 2014 年起注册资本实缴登记制度转变为认缴登记制度，登记部门只登记公司认缴的注册资本总额，无须登记实收资本，不再收取验资证明文件，也不再进行相关年检等，由此放宽了注册资本登记条件。有限责任公司的股东以其认缴的出资额为限对公司承担责任，注册资本认缴制度允许自主约定注册资本总额。但是，认缴不等于不缴，而是自主认定金额、自主认定时间，在认定的时间把认缴补足，否则会承担法律责任。

课堂讨论：

公司法对公司注册资本制度改革的背景和意义是怎样的？

（2）股东出资方式。股东可以用货币出资，也可以用实物、知识产权、土地使用权等可以用货币估价并可以依法转让的非货币财产作价出资；但是，法律、行政法规规定不得作为出资的财产除外。以划拨土地使用权出资的情形下，股东、公司及相关利害关系人必须要确定该出资行为是否先获得相关人民政府及土地管理部门的批准。实物出资是指以房屋、机器设备、工具、原材料、零部件等有形资产的所有权出资。知识产权出资是指以无形资产，包括著作权、专利权、商标权、非专利技术等出资。对作为出资的非货币财产应当评估作价，核实财产，不得高估或者低估作价。法律、行政法规对评估作价有规定的，从其规定。

（3）股东出资额。股东应当按期足额缴纳公司章程中规定的各自所认缴的出资额。股东以货币出资的，应当将货币出资足额存入有限责任公司在银行开设的账户；以非货币财产出资的，应当依法办理其财产权的转移手续。股东不按照前款规定缴纳出资的，除应当向公司足额缴纳外，还应当向已按期足额缴纳出资的股东承担违约责任。

有限责任公司成立后，发现作为设立公司出资的非货币财产的实际价额显著低于公司章程所定价额的，应当由交付该出资的股东补足其差额；公司设立时的其他股东承担连带责任。

3. 公司章程

公司章程是记载公司组织、活动基本准则的公开性法律文件。设立有限责任公司必须由股东共同依法制定公司章程，股东应当在公司章程上签名、盖章，公司章程对公司、股东、董事、监事、高级管理人员具有约束力。

公司章程所记载的事项可以分为必备事项和任意事项。必备事项是法律规定的在公司章程中必须记载的事项，或称绝对必要事项；任意事项是由公司自行决定是否记载的事项，包括公司有自主决定权的一些事项。

公司法对有限责任公司章程载明事项作了明确规定，具体如图 2-1 所示。

4. 公司名称、组织机构

公司的名称是公司的标志。公司设立自己的名称时，必须符合法律、法规的规定，并应当经过公司登记管理机关进行预先核准登记。公司应当设立符合有限责任公司要求的组织机构，即股东会、董事会或者执行董事、监事会或者监事等。

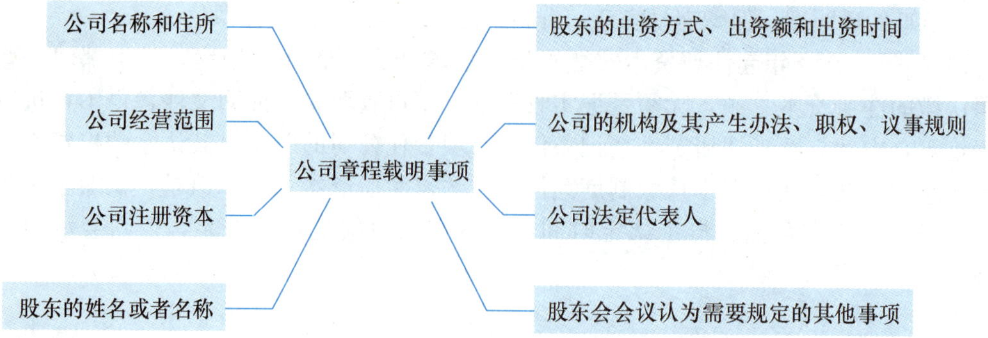

图 2-1　公司章程载明事项图

5. 公司住所

设立公司必须有住所。没有住所的公司，不得设立，公司以其主要办事机构所在地为住所。

（三）有限责任公司设立的程序

股东认足公司章程规定的出资后，由全体股东指定的代表或者共同委托的代理人向公司登记机关报送公司登记申请书、公司章程等文件，申请设立登记。公司经核准登记后，领取公司营业执照，公司企业法人营业执照签发日期为公司成立日期。

有限责任公司成立后，应当向股东签发出资证明书。出资证明书应当载明公司名称、公司成立日期、公司注册资本、股东的姓名或者名称、缴纳的出资额和出资日期、出资证明书的编号和核发日期等事项。

有限责任公司应当置备股东名册，记载股东的姓名或者名称及住所、股东的出资额、出资证明书编号。记载于股东名册的股东，可以依股东名册主张行使股东权利。公司应当将股东的姓名或者名称向公司登记机关登记；登记事项发生变更的，应当办理变更登记。未经登记或者变更登记的，不得对抗第三人。

（四）有限责任公司的股东知情权和分红权

1. 有限责任公司的股东知情权

股东有权查阅、复制公司章程、股东会会议记录、董事会会议决议、监事会会议决议和财务会计报告。股东可以要求查阅公司会计账簿。股东要求查阅公司会计账簿的，应当向公司提出书面请求，说明目的。公司有合理根据认为股东查阅会计账簿有不正当目的，可能损害公司合法利益的，可以拒绝提供查阅，并应当自股东提出书面请求之日起 15 日内书面答复股东并说明理由。公司拒绝提供查阅的，股东可以请求人民法院要求公司提供查阅。

2. 有限责任公司的股东分红权

一般情况下，股东按照实缴的出资比例分取红利；公司新增资本时，股东有权优先按照实缴的出资比例认缴出资。但是，全体股东约定不按照出资比例分取红利或者不按照出资比例优先认缴出资的除外。

有限责任公司成立后，股东不得抽逃出资。当然，股东不得抽逃出资不等于禁止股东转让股权。如果股东想要转让股权，可以按照公司法允许的方式，实现出资的收回，如股东将自己在公司的股权转让给其他股东，或者与其他股东协商并经股东会按照法律规定或者公司章程规定作出决议向股东以外的其他人转让股权等，在不减少公司注册资本的情况下，收回自己在公司的投资。

三、有限责任公司的组织机构

股东是公司的所有者，董事会和监事会属于公司的管理者。

（一）股东会

1. 股东会的职权

有限责任公司股东会由全体股东组成。股东会是公司的权力机构，依法行使职权：

（1）决定公司的经营方针和投资计划；

（2）选举和更换非由职工代表担任的董事、监事，决定有关董事、监事的报酬事项；

（3）审议批准董事会的报告；

（4）审议批准监事会或者监事的报告；

（5）审议批准公司的年度财务预算方案、决算方案；

（6）审议批准公司的利润分配方案和弥补亏损方案；

（7）对公司增加或者减少注册资本作出决议；

（8）对发行公司债券作出决议；

（9）对公司合并、分立、变更公司形式、解散和清算等事项作出决议；

（10）修改公司章程；

（11）公司章程规定的其他职权。

对上述所列事项股东以书面形式一致表示同意的，可以不召开股东会会议，直接作出决定，并由全体股东在决定文件上签名、盖章。

2. 股东会的形式

股东会会议分为定期会议和临时会议。定期会议应当按照公司章程的规定按时召开。代表 1/10 以上表决权的股东，1/3 以上的董事、监事会或者不设监事会的公司的监事提议召开临时会议的，应当召开临时会议。

3. 股东会的召开

首次股东会会议由出资最多的股东召集和主持，依法行使职权。以后的股东会会议，公司设立董事会的，由董事会召集，董事长主持；董事长不能履行职务或者不履行职务的，由副董事长主持；副董事长不能履行职务或者不履行职务的，由半数以上董事共同推举一名董事主持。公司不设董事会的，股东会会议由执行董事召集和主持。董事会或者执行董事不能履行或者不履行召集股东会会议职责的，由监事会或者不设监事会的公司的监事召集和主持：监事会或者监事不召集和主持的，代表 1/10 以上表决权的股东可以自行召集和主持。所谓不能履行职务，是指因生病、出差在外等客观上的原因导致其无法履行职务的情形。所谓不履行职务，是指不存在无法履行职务的客观原因，但以其他理由或者根本就没有理由而不履行职务的情形。

召开股东会会议，应当于会议召开 15 日前通知全体股东；但是，公司章程另有规定或者全体股东另有约定的除外。股东会应当对所议事项的决定作成会议记录，出席会议的股东应当在会议记录上签名。

4. 股东会的决议

股东会会议由股东按照出资比例行使表决权；但是，公司章程另有规定的除外。股东会的议事方式和表决程序，除公司法有规定的外，由公司章程规定。

股东会会议作出修改公司章程、增加或者减少注册资本的决议，以及公司合并、分立、解散或者变更公司形式的决议，必须经代表 2/3 以上表决权的股东通过。

（二）董事会

董事会是公司股东会的执行机构，对股东会负责。

1. 董事会的组成

有限责任公司设董事会（依法不设董事会的除外），其成员为 3 人至 13 人。两个以上的国有企业或者其他两个以上的国有投资主体投资设立的有限责任公司，其董事会成员中应当有公司职工代表；其他有限责任公司董事会成员中也可以有公司职工代表。董事会中的职工代表由公司职工通过职工代表大会、职工大会或者其他形式民主选举产生。

董事会设董事长 1 人，可以设副董事长。董事长、副董事长的产生办法由公司章程规定。

董事任期由公司章程规定，但每届任期不得超过 3 年。董事任期届满，连选可以连任。董事任期届满未及时改选，或者董事在任期内辞职导致董事会成员低于法定人数的，在改选出的董事就任前，原董事仍应当依照法律、行政法规和公司章程的规定，履行董事职务。

2. 董事会的职权

董事会对股东会负责，行使下列职权：

（1）召集股东会会议，并向股东会报告工作；

（2）执行股东会的决议；

（3）决定公司的经营计划和投资方案；

（4）制订公司的年度财务预算方案、决算方案；

（5）制订公司的利润分配方案和弥补亏损方案；

（6）制订公司增加或者减少注册资本以及发行公司债券的方案；

（7）制订公司合并、分立、变更公司形式、解散的方案；

（8）决定公司内部管理机构的设置；

（9）决定聘任或者解聘公司经理及其报酬事项，并根据经理的提名决定聘任或者解聘公司副经理、财务负责人及其报酬事项；

（10）制定公司的基本管理制度；

（11）公司章程规定的其他职权。

练一练

根据公司法律制度的规定，下列各项中属于有限责任公司董事会职权的是（　　）。

A. 决定公司内部管理机构的设置

B. 对公司增加或者减少注册资本作出决议

C. 审议批准公司的利润分配方案和弥补亏损方案

D. 对发行公司债券作出决议

【参考答案】A

【解析】选项 A 符合题意，董事会负责决定公司内部管理机构的设置；选项 BCD 不符合题意，均属于有限责任公司股东会的职权内容。

3. 董事会的召开

董事会会议由董事长召集和主持；董事长不能履行职务或者不履行职务的，由副董事长召集和主持；副董事长不能履行职务或者不履行职务的，由半数以上董事共同推举一名董事召集和主持，董事会会议应有过半数的董事出席方可举行。

董事会会议，应由董事本人出席；董事因故不能出席，可以书面委托其他董事代为出席，委托书中应载明授权范围。董事会每年度至少召开两次会议，每次会议应当于会议召开 10 日前通知全体董事和监事。

代表 1/10 以上表决权的股东、1/3 以上董事或者监事会，可以提议召开董事会临时会议。董事长应当自接到提议后 10 日内，召集和主持董事会会议。董事会召开临时会议，可以另定召集董事会的通知方式和通知时限。

4. 董事会的决议

董事会作出决议，必须经全体董事的过半数通过。董事会的议事方式和表决程序，除公司法有规定的外，由公司章程规定。董事会应当将所议事项的决定作成会议记录，出席会议的董事应当在会议记录上签名。

董事会决议的表决，实行一人一票。

5. 经理

有限责任公司可以设经理，由董事会决定聘任或者解聘。公司董事会可以决定由董事会成员兼任经理。

经理对董事会负责，行使下列职权：

（1）主持公司的生产经营管理工作，组织实施董事会决议；

（2）组织实施公司年度经营计划和投资方案；

（3）拟订公司内部管理机构设置方案；

（4）拟订公司的基本管理制度；

（5）制定公司的具体规章；

（6）提请聘任或者解聘公司副经理、财务负责人；

（7）决定聘任或者解聘除应由董事会决定聘任或者解聘以外的负责管理人员；

（8）董事会授予的其他职权。

公司章程对经理职权另有规定的，从其规定。经理列席董事会会议。

6. 执行董事

有限责任公司股东人数较少或者规模较小的，可以设 1 名执行董事，不设董事会。执行董事可以为公司的法定代表人，可以兼任公司经理。执行董事的职权由公司章程规定。

练一练

根据《公司法》的规定，规模较小且不设董事会的有限责任公司的法定代表人为（　）。

A. 股东会指定的负责人　　B. 执行董事

C. 副经理　　D. 执行监事

【参考答案】B

【解析】根据规定，股东人数较少或者规模较小的有限责任公司，可以设1名执行董事，不设董事会；执行董事可以为公司的法定代表人。

（三）监事会

1. 监事会的组成

有限责任公司设立监事会，其成员不得少于3人。股东人数较少或者规模较小的有限责任公司，可以设1至2名监事，不设立监事会。监事会应当包括股东代表和适当比例的公司职工代表，其中职工代表的比例不得低于1/3，具体比例由公司章程规定。监事会中的职工代表由公司职工通过职工代表大会、职工大会或者其他形式民主选举产生。

监事会设主席1人，可以设副主席，监事会主席和副主席由全体监事过半数选举产生。监事会主席召集和主持监事会会议；监事会主席不能履行职务或者不履行职务的，由监事会副主席召集和主持监事会会议；监事会副主席不能履行职务或者不履行职务的，由半数以上监事共同推举1名监事召集和主持监事会会议。

董事、高级管理人员不得兼任监事。

监事的任期每届为3年。监事任期届满，连选可以连任。监事任期届满未及时改选，或者监事在任期内辞职导致监事会成员低于法定人数的，在改选出的监事就任前，原监事仍应当依照法律、行政法规和公司章程的规定，履行监事职务。

2. 监事会的职权

监事会、不设监事会的公司的监事行使下列职权：

（1）检查公司财务；

（2）对董事、高级管理人员执行公司职务的行为进行监督，对违反法律、行政法规、公司章程或者股东会决议的董事、高级管理人员提出罢免的建议；

（3）当董事、高级管理人员的行为损害公司的利益时，要求董事、高级管理人员予以纠正；

（4）提议召开临时股东会会议，在董事会不履行规定的召集和主持股东会会议职责时召集和主持股东会会议；

（5）向股东会会议提出提案；

（6）依照公司法的规定，对董事、高级管理人员提起诉讼；

（7）公司章程规定的其他职权。

监事可以列席董事会会议，并对董事会决议事项提出质询或者建议。监事会、不设监事会的公司的监事发现公司经营情况异常，可以进行调查；必要时，可以聘请会计师事务所等协助其工作，费用由公司承担。

监事会、不设监事会的公司的监事行使职权所必需的费用，由公司承担。

3. 监事会的决议

监事会每年度至少召开一次会议，监事可以提议召开临时监事会会议。监事会的议事方式和表决程序，除公司法有规定的外，由公司章程规定。监事会决议应当经半数以上监事通过。监事会应当将所议事项的决定作成会议记录，出席会议的监事应当在会议记录上签名。

四、一人有限责任公司的特别规定

（一）一人公司

一人公司是指公司股份或出资额由一个股东持有，具有股东名义者仅有一人，并由股东承担有限责任的公司，也称独资公司、独股公司。一人公司的出现，是市场经济发展的产物。

一人公司根据股东的性质，可以分为“自然人一人公司”、“法人一人公司”和“国有独资公司”；根据其产生的方式，可以分为“初始一人公司”与“嗣后一人公司”。

（二）一人有限责任公司

一人有限责任公司是有限责任公司的一种特殊表现形式，是指只有一个自然人股东或者一个法人股东的有限责任公司。一个自然人只能投资设立一个一人有限责任公司。该一人有限责任公司不能投资设立新的一人有限责任公司。

1. 一人有限责任公司的基本法律特征

（1）股东人数的唯一性。

（2）股东责任的有限性。

2. 一人有限责任公司的特别规定

一人有限责任公司的设立和组织机构适用特别规定，没有特别规定的，适用有限责任公司的相关规定。这些特别规定，具体包括以下几个方面：

（1）一人有限责任公司取消了最低注册资本的限制，理论上公司全体股东（发起人）可以申办“一元钱公司”。

（2）一人有限责任公司应当在公司登记中注明自然人独资或者法人独资，并在公司营业执照中载明。

（3）一人有限责任公司章程由股东制定。

（4）一人有限责任公司不设股东会。法律规定的股东会职权由股东行使，当股东行使相应职权作出决定时，应当采用书面形式，并由股东签字后置备于公司。

（5）一人有限责任公司应当在每一会计年度终了时编制财务会计报告，并经会计师事务所审计。

（6）一人有限责任公司的股东不能证明公司财产独立于股东自己财产的，应当对公司债务承担连带责任。

五、国有独资公司的特别规定

国有独资公司，是指国家单独出资，由国务院或者地方人民政府授权本级人民政府国有资产监督管理机构履行出资人职责的有限责任公司。现实中，国有独资公司主要见于特殊产品与特定行业，如军工企业、国防工业等。

（一）国有独资公司的特征

与一般意义上的有限责任公司相比较，国有独资公司具有以下特征：

1. 公司股东的单一性

国有独资公司的股东仅有一个。

2. 单一股东的特定性

国有独资公司的股东只能是国有资产监督管理机构。

（二）国有独资公司的特别规定

公司法对国有独资公司以专门一节作出特别规定。公司法规定，国有独资公司的设立和组织机构适用特别规定，没有特别规定的，适用有限责任公司的相关规定。这些特别规定，具体包括以下几个方面：

（1）国有独资公司章程由国有资产监督管理机构制定，或者由董事会制定报国有资产监督管理机构批准。

（2）国有独资公司不设股东会，由国有资产监督管理机构行使股东会职权。国有资产监督管理机构可以授权公司董事会行使股东会的部分职权，决定公司的重大事项，但公司的合并、分立、解散、增减注册资本和发行公司债券，必须由国有资产监督管理机构决定；其中，重要的国有独资公司合并、分立、解散、申请破产的，应当由国有资产监督管理机构审核后，报本级人民政府批准。上述所称重要的国有独资公司，按照国务院的规定确定。

（3）国有独资公司设立董事会，依照法律规定的有限责任公司董事会的职权和国有资产监督管理机构的授权行使职权。董事每届任期不得超过 3 年。董事会成员由国有资产监督管理机构委派，董事会成员中应当有公司职工代表，董事会成员中的职工代表由公司职工代表大会选举产生。董事会设董事长 1 人，可以设副董事长。董事长、副董事长由国有资产监督管理机构从董事会成员中指定。

（4）国有独资公司设经理，由董事会聘任或者解聘。国有独资公司经理的职权与一般有限责任公司经理的职权相同。经国有资产监督管理机构同意，董事会成员可以兼任经理。

（5）国有独资公司的董事长、副董事长、董事、高级管理人员，未经国有资产监督管理机构同意，不得在其他有限责任公司、股份有限公司或者其他经济组织兼职。

（6）国有独资公司监事会成员不得少于 5 人，其中职工代表的比例不得低于 1/3，具体比例由公司章程规定。监事会成员由国有资产监督管理机构委派；但是，监事会中的职工代表由公司职工代表大会选举产生。监事会主席由国有资产监督管理机构从监事会成员中指定。

六、有限责任公司的股权转让

（一）有限责任公司股东转让股权

有限责任公司股东转让股权，包括股东之间转让股权、股东向股东以外的人转让股权和人民法院强制转让股东股权几种情形。

1. 股东之间转让股权

有限责任公司的股东之间可以相互转让其全部或者部分股权。

公司法对股东之间转让股权没有作任何限制，这是因为，股东向公司的其他股东转让股权，无论是转让全部股权还是转让部分股权，都不会有新股东的产生，其他股东已有的伙伴关系不会受到影响，因此，也就没有必要对这种转让进行限制。

2. 股东向股东以外的人转让股权

股东向股东以外的人转让股权，应当经其他股东过半数同意。股东应就其股权转让事项书面通知其他股东征求同意，其他股东自接到书面通知之日起满 30 日未答复的，视为同意转让。其他股东半数以上不同意转让的，不同意的股东应当购买该转让的股权；不购买的，视为同意转让。

经股东同意转让的股权，在同等条件下，其他股东有优先购买权。两个以上股东主张行使优先购买权的，协商确定各自的购买比例；协商不成的，按照转让时各自的出资比例行使优先购买权。

但是，公司章程对股权转让另有规定的，从其规定。即公司章程可以对股东之间的股权转让以及股东向股东以外的人转让股权作出与公司法不同的规定。一旦公司章程对股权转让作出了不同的规定，就应当依照公司章程的规定执行。

3. 人民法院强制转让股东股权

人民法院依照法律规定的强制执行程序转让股东的股权时，应当通知公司及全体股东，其他股东在同等条件下有优先购买权。其他股东自人民法院通知之日起满 20 日不行使优先购买权的，视为放弃优先购买权。

有限责任公司股东转让股权后，公司应当注销原股东的出资证明书，向新股东签发出资证明书，并相应修改公司章程和股东名册中有关股东及其出资额的记载。对公司章程的该项修改不需要由股东会表决。

（二）有限责任公司股东退出公司

1. 股东退出公司的法定条件

股东可以请求公司按照合理的价格收购其股权并退出公司应当满足两个条件：

（1）具备下列三种情形之一：

1）公司连续 5 年不向股东分配利润，而公司该 5 年连续盈利，并且符合公司法规定的分配利润条件的；

2）公司合并、分立、转让主要财产的；

3）公司章程规定的营业期限届满或者章程规定的其他解散事由出现，股东会会议通过决议修改章程使公司存续的。

（2）对股东会下列情形事项决议投了反对票。

2. 股东退出公司的法定程序

（1）请求公司收购其股权。

股东要求退出公司时，首先应当请求公司收购其股权，尽量通过协商方式。股东请求公司收购其股权时，应当是合理的价格，这样才能既满足股东的要求，保护要求退出公司的股东的权益，又不损害公司和其他股东的权益。

（2）依法向人民法院提起诉讼。

自股东会会议决议通过之日起 60 日内，股东与公司不能达成股权收购协议的，股东可以自股东会会议决议通过之日起 90 日内向人民法院提起诉讼。

第三节　股份有限公司

股份有限公司，简称股份公司，是指公司全部资本分为等额股份，股东以其认购的股份对公司承担责任，公司以其全部资产对公司债务承担责任的企业法人。股份有限公司产生早于有限责任公司，是典型的资合公司，是当今社会最重要的一种公司类型。

一、股份有限公司的特征

（一）股东具有广泛性

股份有限公司通过向社会公众广泛发行股票筹集资本，任何投资者只要认购股票和支付股款，都可成为股份有限公司的股东。

（二）出资具有股份性

股份制公司中，股东的出资具有股份性。这一特征是股份有限公司和有限责任公司的区别之一。股份有限公司的全部资本划分为金额相等的股份，股份是构成公司资本的最小单位。

（三）股东责任有限性

股份有限公司的股东对公司债务仅就其认购的股份为限承担责任，公司的债权人不得直接向公司股东提出清偿债务的要求。

（四）股份公开性、自由性

股份公开性、自由性包括股份的发行和转让。股份有限公司通常都以发行股票的方式公开募集资本，这种募集方式使得股东人数众多，分散广泛。同时，为提高股份的融资能力和吸引投资者，股份必须有较高程度的流通性，股票必须能够自由转让和交易。

（五）公司的公开性

股份有限公司的经营状况不仅要向股东公开，还必须向社会公开，使社会公众了解公司的经营状况，这也是和有限责任公司的区别之一。

二、股份有限公司的设立

（一）股份有限公司的设立方式

股份有限公司的设立，可以采取发起设立或者募集设立的方式。

以发起设立的方式设立股份有限公司的，在设立时其股份全部由该公司的发起人认购，而不向发起人之外的任何社会公众发行股份。发起人是指依法筹办创立股份有限公司事务的人。发起人既可以是自然人，也可以是法人；既可以是中国公民，也可以是外国公民。因此，以发起设立方式设立的股份有限公司，在其发行新股之前，其全部股份都由发起人持有，公司的全部股东都是设立公司的发起人。

以募集设立方式设立股份有限公司的，在公司设立时，认购公司应发行股份的人不仅有发起人，而且还有发起人以外的人。因此，法律对采用募集设立方式设立公司规定了较为严格的程序，以保护广大投资者的利益，保证正常的经济秩序。采取募集方式设立公司的，注册资本为在公司登记机关登记的实收股本总额。

（二）股份有限公司设立的条件和出资要求

设立股份有限公司，应当具备下列条件：

（1）发起人符合法定人数。设立股份有限公司，应当有 2 人以上 200 人以下为发起人，其中须有半数以上的发起人在中国境内有住所。发起人是否在中国境内有住所，要视其经常居住地或者主要办事机构所在地是否在中国境内。

股份有限公司发起人承担公司筹办事务。发起人应当签订发起人协议，明确各自在公司设立过程中的权利和义务。

（2）有符合公司章程规定的全体发起人认购的股本总额或者募集的实收股本总额。

（3）股份发行、筹办事项符合法律规定。

（4）发起人制定公司章程，采用募集方式设立的经创立大会通过。

（5）有公司名称，建立符合股份有限公司要求的组织机构。

（6）有公司住所。

（三）股份有限公司设立的程序

1. 以发起设立方式设立股份有限公司的程序

以发起设立方式设立股份有限公司的程序为：

（1）发起人书面认足公司章程规定其认购的股份。

（2）缴纳出资。发起人以书面认足公司章程规定其认购的股份后，对于公司章程规定一次缴纳的，应即缴纳全部出资；对于公司章程规定分期缴纳的，应即缴纳首期出资。如果发起人不是以货币出资，而是以实物、知识产权、土地使用权等非货币财产出资的，则应当依法进行评估作价，核实财产，在此基础上，应当依法办理其财产权的转移手续。发起人不按照规定缴纳出资的，应当按照发起人协议的约定承担违约责任。

（3）选举董事会和监事会。发起人首次缴纳出资后，应当选举董事会和监事会，建立公司的组织机构。

（4）申请设立登记。发起人在选举董事会和监事会后，董事会应当向公司登记机关报送公司章程、由依法设立的验资机构出具的验资证明以及法律、行政法规规定的其他文件，申请设立登记。一旦公司登记机关依法予以登记，发给公司营业执照，公司即告成立。

2. 以募集设立方式设立股份有限公司的程序

以募集设立方式设立股份有限公司的程序为：

（1）发起人认购股份。发起人认购的股份总额不得少于公司股份总数的35%，但是，法律、行政法规另有规定的，从其规定。

（2）向社会公开募集股份。发起人向社会公开募集股份，必须公告招股说明书，并制作认股书。招股说明书应当附有发起人制定的公司章程，并载明下列事项：发起人认购的股份数；每股的票面金额和发行价格；无记名股票的发行总数；募集资金的用途；认股人的权利、义务；本次募股的起止期限及逾期未募足时认股人可以撤回所认股份的说明；等等。认股书由认股人填写认购股数、金额、住所，并签名、盖章。认股人按照所认购股数缴纳股款。

发起人向社会公开募集股份，应当由依法设立的证券公司承销，签订承销协议。所谓承销，是指证券公司在规定的期限内将发行人发行的股票销售出去，承销的证券公司按照约定收取一定的佣金或者约定的报酬的行为。

发起人向社会公开募集股份，应当同银行签订代收股款协议。代收股款的银行应当按照协议代收和保存股款，向缴纳股款的认股人出具收款单据，并负有向有关部门出具收款证明的义务。

（3）召开创立大会。发行股份的股款缴足后，必须经依法设立的验资机构验资并出具证明。发起人应当在股款缴足之日起30日内主持召开公司创立大会，创立大会由发起人、认股人组成。发行的股份超过招股说明书规定的截止期限尚未募足的，或者发行股份的股款缴足后，发起人在30日内未召开创立大会的，认股人可以按照所缴股款并加算银行同期存款利息，要求发起人返还。

发起人应当在创立大会召开15日前将会议日期通知各认股人或者予以公告。创立大会应有代表股份总数过半数的发起人、认股人出席方可举行。创立大会行使下列职权：审议发起人关于公司筹办情况的报告；通过公司章程；选举董事会成员；选举监事会成员；对公司的设立费用进行审核；对发起人用于抵作股款的财产的作价进行审核；发生不可抗力或者经营条件发生重大变化直接影响公司设立的，可以作出不设立公司的决议。创立大会对上述所列事项作出决议，必须经出席会议的认股人所持表决权过半数通过。

发起人、认股人缴纳股款或者交付抵作股款的出资后，除未按期募足股份、发起人未按期召开创立大会或者创立大会决议不设立公司的情形外，不得抽回其股本。

（4）申请设立登记。董事会应于创立大会结束后30日内，向公司登记机关申请设立登记，并报送下列文件：公司登记申请书；创立大会的会议记录；公司章程；验资证明；法定代表人、董事、监事的任职文件及其身份证明；发起人的法人资格证明或者自然人身份证明；公司住所证明。以募集方式设立股份有限公司公开发行股票的，还应当向公司登记机关报送国务院证券监督管理机构的核准文件。公司登记机关依法核准登记后，应当发给公司营业执照。自公司营业执照签发之日起，公司即告成立。

股份有限公司成立后，发起人未按照公司章程的规定缴足出资的，应当补缴；其他发起人承担连带责任。

股份有限公司成立后，发现作为设立公司出资的非货币财产的实际价额显著低于公司章程所定价额的，应当由交付该出资的发起人补足其差额；其他发起人承担连带责任。

股份有限公司应当将公司章程、股东名册、公司债券存根、股东大会会议记录、董事会会议记录、监事会会议记录、财务会计报告置备于本公司。股东有权查阅上述资料，对公司的经营提出建议或者质询。

（四）股份有限公司发起人承担的责任

（1）公司不能成立时，对设立行为所产生的债务和费用负连带责任；

（2）公司不能成立时，对认股人已缴纳的股款，负返还股款并加算银行同期存款利息的连带责任；

（3）在公司设立过程中，由于发起人的过失致使公司利益受到损害的，应当对公司承担赔偿责任。

（五）有限责任公司变更为股份有限公司

有限责任公司变更为股份有限公司时，折合的实收股本总额不得高于公司净资产额。有限责任公司变更为股份有限公司，为增加资本公开发行股份时，应当依法办理。

三、股份有限公司的组织机构

（一）股东大会

1. 股东大会的性质和组成

股份有限公司的股东大会是公司的权力机构，依法行使职权。股东大会作为公司的权力机构，虽然对外并不直接代表公司，对内也不直接从事经营活动，但却有权决定公司的重大事项。股东大会作出的决定，公司的其他机构，如董事会、监事会都必须执行。

股份有限公司的股东大会由全体股东组成，公司的任何一个股东，无论其所持股份有多少，都是股东大会的成员。

2. 股东大会的职权

股份有限公司股东大会的职权与有限责任公司股东会的职权的规定基本相同。此外，根据中国证券监督管理委员会发布的《上市公司章程指引》的规定，上市公司的股东大会还有权对公司聘用、解聘会计师事务所作出决议；审议代表公司发行在外有表决权股份总数的5%以上的股东的提案；审议法律、法规和公司章程规定应当由股东大会决定的其他事项。

3. 股东大会的形式

股份有限公司的股东大会分为股东年会和临时股东大会两种。

股东年会是指依照法律和公司章程的规定每年按时召开的股东大会。股东大会应当每年召开一次年会。临时股东大会是指股份有限公司在出现召开临时股东大会的法定事由时，应当在法定期限2个月内召开的股东大会，法定事由包括：

（1）董事人数不足法定人数或者公司章程所定人数的2/3时；

（2）公司未弥补的亏损达实收股本总额1/3时；

（3）单独或者合计持有公司10%以上股份的股东请求时；

（4）董事会认为必要时；

（5）监事会提议召开时；

（6）公司章程规定的其他情形。

4. 股东大会的召开

股东大会会议由董事会召集，董事长主持；董事长不能履行职务或者不履行职务的，由副董事长主持；副董事长不能履行职务或者不履行职务的，由半数以上董事共同推举一名董事主持。董事会不能履行或者不履行召集股东大会会议职责的，监事会应当及时召集和主持；监事会不召集和主持的，连续90日以上单独或者合计持有公司10%以上股份的股东可以自行召集和主持。召开股东大会应提前20日通知各股东，召开临时股东大会应提前15日通知各股东。

5. 股东大会的决议

股东出席股东大会会议，所持每一股份有一表决权。股东可以委托代理人出席股东大会会议，代理人应当向公司提交股东授权委托书，并在授权范围内行使表决权。公司持有的本公司股份没有表决权。这是因为，股东大会需要对公司重大事项进行表决，而这种表决涉及股东之间权益的配置，而公司所持本公司的股份，并不涉及股东之间权益的分配，所以公司持有的本公司股份没有表决权。

股东大会作出决议，必须经出席会议的股东所持表决权过半数通过。但是，股东大会作出修改公司章程、增加或者减少注册资本的决议，以及公司合并、分立、解散或者变更公司形式的决议，必须经出席会议的股东所持表决权的2/3以上通过。

公司法和公司章程规定公司转让、受让重大资产或者对外提供担保等事项必须经股东大会作出决议的，董事会应当及时召集股东大会会义，由股东大会就上述事项进行表决。公司转让、受让重大资产是指股份有限公司与他人之间按照重大资产转让、受让协议出售、购买重大资产的行为。所谓重大资产，通常是指公司转让、受让的资产总额、资产净额、主营业务收入三项指标中的任意一项指标，占公司最近一个会计年度经审计的合并报表的相对应指标的50%以上的资产。重大资产的重组往往对公司的生存和发展具有重大的影响，因此，公司章程可以规定公司重大资产的转让和受让须由股东大会作出决议。为他人提供担保是指股份有限公司作为担保人为他人的债务关系提供担保。按照《担保法》的规定，当他人不能按期履行债务时，担保人须承担连带责任。对外提供担保可能对股份有限公司的生存和发展产生重大影响，因此，公司章程可以规定对外提供担保须由股东大会作出决议。

股东大会选举董事、监事，可以依照公司章程的规定或者股东大会的决议，实行累积投票制。这里所称累积投票制，是指股东大会选举董事或者监事时，每一股份拥有与应选董事或者监事人数相同的表决权，股东拥有的表决权可以集中使用。这种权利的特别之处主要表现在：表决权的数额。

知识链接
累积投票制

股东大会应当对所议事项的决定作成会议记录，主持人、出席会议的董事应当在会议记录上签名。会议记录应当与出席股东的签名册及代理出席的委托书一并保存。

（二）董事会、经理

1. 董事会的性质和组成

股份有限公司的董事会是股东大会的执行机构，对股东大会负责。

股份有限公司设董事会，其成员为5人至19人。董事会成员中可以有公司职工代表。董事会中的职工代表由公司职工通过职工代表大会、职工大会或者其他形式民主选举产生。

股份有限公司的董事任期由公司章程规定，但每届任期不得超过3年。董事任期届满，连选可以连任。董事任期届满未及时改选，或者董事在任期内辞职导致董事会成员低于法定人数的，在改选出的董事就任前，原董事仍应当依照法律、行政法规和公司章程的规定，履行董事职务。

2. 董事会的职权

股份有限公司董事会的职权与有限责任公司董事会的职权的规定基本相同。

3. 董事会的召开

董事会设董事长1人，可以设副董事长。董事长和副董事长由董事会以全体董事的过半数选举产生。董事长召集和主持董事会会议，检查董事会决议的实施情况。副董事长协助董事长工作，董事长不能履行职务或者不履行职务的，由副董事长履行职务；副董事长不能履行职务或者不履行职务的，由半数以上董事共同推举1名董事履行职务。

董事会每年度至少召开2次会议，每次会议应当于会议召开10日前通知全体董事和监事。代表1/10以上表决权的股东、1/3以上董事或者监事会，可以提议召开董事会临时会议。董事长应当自接到提议后10日内，召集和主持董事会会议。董事会召开临时会议，可以另定召集董事会的通知方式和通知时限。

4. 董事会的决议

董事会会议应有过半数的董事出席方可举行。董事会作出决议，必须经全体董事的过半数通过。董事会决议的表决，实行一人一票，即每个董事只能享有一票表决权。实践中，表决票往往分为赞成票、否决票和弃权票三种类型。

董事会会议，应由董事本人出席；董事因故不能出席，可以书面委托其他董事代为出席，委托书中应载明授权范围。董事会应当将会议所议事项的决定作成会议记录，出席会议的董事应当在会议记录上签名。

董事应当对董事会的决议承担责任。董事会的决议违反法律、行政法规或者公司章程、股东大会决议，致使公司遭受严重损失的，参与决议的董事对公司负赔偿责任。但经证明在表决时曾表明异议并记载于会议记录的，该董事可以免除责任。

5. 经理

股份有限公司设经理，由董事会决定聘任或者解聘。股份有限公司经理的职权与有限责任公司经理的职权的规定基本相同。公司董事会可以决定由董事会成员兼任经理。

6. 其他规定

公司不得直接或者通过子公司向董事、监事、高级管理人员提供借款。公司应当定期向股东披露董事、监事、高级管理人员从公司获得报酬的情况。

想一想

股份有限公司为什么要设独立董事？独立董事的任职条件和职责是什么？

（三）监事会

1. 监事会的组成

股份有限公司设监事会，其成员不得少于 3 人。监事会应当包括股东代表和不得低于 1/3 的公司职工代表，具体比例由公司章程规定。监事会中的职工代表由公司职工通过职工代表大会、职工大会或者其他形式民主选举产生。

董事、高级管理人员不得兼任监事。监事的任期每届为 3 年。监事任期届满，连选可以连任。监事任期届满未及时改选，或者监事在任期内辞职导致监事会成员低于法定人数的，在改选出的监事就任前，原监事仍应当依照法律、行政法规和公司章程的规定，履行监事职务。

2. 监事会的职权

股份有限公司监事会的职权与有限责任公司监事会的职权的规定基本相同。

3. 监事会的召开

监事会设主席一人，可以设副主席。监事会主席和副主席由全体监事过半数选举产生。监事会主席召集和主持监事会会议；监事会主席不能履行职务或者不履行职务的，由监事会副主席召集和主持监事会会议；监事会副主席不能履行职务或者不履行职务的，由半数以上监事共同推举 1 名监事召集和主持监事会会议。

监事会每 6 个月至少召开一次会议。监事可以提议召开临时监事会会议。监事会的议事方式和表决程序，除公司法有规定的外，由公司章程规定。监事会应当将所议事项的决定作成会议记录，出席会议的监事应当在会议记录上签名。

四、上市公司组织机构的特别规定

上市公司是指其股票在证券交易所上市交易的股份有限公司。

（一）上市公司的特征

（1）上市公司必须是股份有限公司，具有股份有限公司的全部法律特征。

（2）公司上市必须经过国务院或国务院授权的证券管理部门批准，未经批准，不得上市。

（3）上市公司发行的股票在证券交易所交易。

（二）公司法对上市公司组织及活动原则的特别规定

1. 增加股东大会特别决议事项

上市公司在一年内购买、出售重大资产或者担保金额超过公司资产总额 30%的，应当由股东大会作出决议，并经出席会议的股东所持表决权的 2/3 以上通过。

2. 上市公司设立独立董事

独立董事，是指不在公司担任除董事外的其他职务，并与其受聘的上市公司及其主要股东不存在可能妨碍其进行独立客观判断的关系的董事。独立董事除了应履行董事的一般职责外，主要职责在于对控股股东及其选任的上市公司的董事、高级管理人员，以及其与公司进行的关联交易等进行监督。

中国证券监督管理委员会曾发布过《关于在上市公司建立独立董事制度的指导意见》，要求上市公司建立独立董事制度。一般来说，独立董事由具有法律、经济、财会等方面专业知识、社会信用良好的人士担任。与公司或者控股股东、实际控制人有利害关系、可能妨碍对公司事务进行独立客观判断的，不得担任独立董事。独立董事除依法行使股份有限公司董事的职权外，还行使下列职权：对公司关联交易、聘用或者解聘会计师事务所等重大事项进行审核并发表独立意见；就上市公司董事、高级管理人员的提名、任免、报酬、考核事项以及其认为可能损害中小股东权益的事项发表独立意见。

独立董事发表的独立意见应当作成记录，并经独立董事书面签字确认。股东有权查阅独立董事发表的独立意见。

3. 上市公司设立董事会秘书

董事会秘书是指掌管董事会文件并协助董事会成员处理日常事务的人员。董事会秘书是董事会设置的服务席位，既不能代表董事会，也不能代表董事长。上市公司董事会秘书是公司的高级管理人员，承担法律、行政法规以及公司章程对公司高级管理人员所要求的义务，享有相应的工作职权，获得相应的报酬。

上市公司设立董事会秘书，负责公司股东大会和董事会会议的筹备、文件保管以及公司股权管理、办理信息披露事务等事宜。

4. 增设关联关系董事的表决权排除制度

上市公司董事与董事会会议决议事项所涉及的企业有关联关系的，不得对该项决议行使表决权，也不得代理其他董事行使表决权。这里所称关联关系，是指上市公司的董事与董事会决议事项所涉及的企业之间存在直接或者间接的利益关系。该董事会会议由过半数的无关联关系董事出席即可举行，董事会会议所作决议须经无关联关系董事过半数通过。出席董事会的无关联关系董事人数不足 3 人的，应将该事项提交上市公司股东大会审议。

五、股份有限公司的股份发行和转让

（一）股份与股票

1. 股份

股份有限公司的基本特征之一，就是注册资本划分为金额相等的股份，公司的股份采取股票的形式。

股份是指由股份有限公司发行的股东所持有的通过股票形式来表现的可以转让的资本的一部分。股份作为代表公司资本的一部分，是公司资本的最小划分单位，不能再分，所有股东持有的股份加起来所代表的资本数额即为公司的资本总额。股份有限公司的股份具有平等性，公司每股金额相等，所表现出的股东权利和义务是相等的，即只要所持有的股份相同，其股东可以享有的权益和应当履行的义务就相同。

2. 股票

股票是指公司签发的证明股东所持股份的凭证。股票具有以下性质：一是有价证券。股票是一种具有财产价值的证券，股票记载着股票种类、票面金额及代表的股份数，反映着股票的持有人对公司的权利。二是证权证券。股票表现的是股东的权利，任何人只要合法占有股票，其就可以依法向公司行使权利，而且公司股票发生转移时，公司股东的权益也即随之转移。三是要式证券。股票应当采取纸质形式或者国务院证券监督管理机构规定的其他形式，其记载的内容和事项应当符合法律的规定。四是流通证券。股票可以在证券交易市场依法进行交易。

3. 股份与股票的关系

股票与股份互为表里，股票是股份的存在形式，股份是股票的价值内容。股票是记录股份的凭证。股份是指投资者在所投资的标的公司中所占的份额，也表明投资者在公司收益分红的份额。股票是股份公司在筹集资本时向出资人发行的股份凭证。代表着其持有者（即股东）对股份公司的所有权。每个股东所拥有的公司所有权份额的大小，取决于其持有的股票数量占公司总股本的比重。股票一般可以通过买卖方式有偿转让，股东能通过股票转让收回其投资，但不能要求公司返还其出资。

（二）股份发行原则

股份的发行是指股份有限公司为了筹集公司资本而出售和分配股份的法律行为。股份的发行应当遵循下列原则：

1. 公平原则

参与股份发行的当事人在相同条件下的法律地位是平等的，相同的投资者有相同的权利，相同的发行人在法律上负有相同的责任，不应当在相同的投资者之间存在不公平的待遇。股份有限公司每次发行股份每股的发行条件、发行价格应当相同。

2. 公正原则

公司在发行股份时，要依法处理发行中的问题，做到一视同仁。在股份发行中，必须遵守统一制定的规则。股份发行活动应当做到客观公正、依法办理，保证有关公正原则的各项规范得以实施。

3. 同股同权原则

相同的股份在相同的条件下应当具有平等性。同一公司，相同的股份，在享受的权利上是平等的。股东按持有股份的多少行使表决权，股利的分配也按照持股的多少进行。

根据上述原则，公司法规定，同次发行的同种类股票，每股的发行条件和价格应当相同；任何单位或者个人所认购的股份，每股应当支付相同价额。

（三）股份转让

1. 股份转让的特点

股份转让，是指股份有限公司的股份持有人依法自愿将自己所拥有的股份转让给他人，使他人取得股份或增加股份数额成为股东的法律行为。

股份转让具有以下特点：

（1）股份转让在公司法中特指股份有限公司的股份转让。公司法将有限责任公司股东转让出资的行为称为股权转让或称出资的转让。

（2）股份转让须依法进行。所谓依法转让，是指股份持有人在转让自己的股份时必须按照公司法和有关法律、行政法规的规定将自己的股份转让给他人。

（3）股份转让属于相对自由的转让。在股份转让中，只要股东转让行为符合法定要求，其他人就无权干涉股份持有人转让自己的股份。股份有限公司的股份转让，对于股份持有人来讲，是将自己的出资收回；对于取得股份的人来讲，意味着成为公司的股东或增加股份数额。股份转让不影响公司“资本”的稳定。

（4）股份转让在特定情况下受到一定限制。例如，公司的发起人、董事、监事、高级管理人员所持股份的转让要受到一定限制等。

（5）股份转让以股票转让的形式出现。股份的转让，是通过股票的转让来完成的，是以股票的形式出现的。由于股票分为记名股票和无记名股票，因此，股份转让也分为记名股份的转让和无记名股份的转让。

（6）股份转让是一种法律行为。股份转让人和受让人的行为必须符合法律、行政法规规定的要求。

2. 股份转让的法律规定

公司法对股份有限公司的股份转让作出了具体的规定，主要包括以下内容：

（1）股东持有的股份可以依法转让。股东转让其股份，应当在依法设立的证券交易场所进行或者按照国务院规定的其他方式进行。

（2）记名股票，由股东以背书方式或者法律、行政法规规定的其他方式转让，转让后由公司将受让人的姓名或者名称及住所记载于股东名册。股东大会召开前 20 日内或者公司决定分配股利的基准日前 5 日内，不得进行上述规定的股东名册的变更登记。但是，法律对上市公司股东名册变更登记另有规定的，从其规定。无记名股票的转让，由股东将该股票交付给受让人后即发生转让的效力。

（3）发起人持有的本公司股份，自公司成立之日起 1 年内不得转让。公司公开发行股份前已发行的股份，自公司股票在证券交易所上市交易之日起 1 年内不得转让。公司董事、监事、高级管理人员应当向公司申报所持有的本公司的股份及其变动情况，在任职期间每年转让的股份不得超过其所持有本公司股份总数的 25%；所持本公司股份自公司股票上市交易之日起 1 年内不得转让。上述人员离职后半年内，不得转让其所持有的本公司股份。公司章程可以对公司董事、监事、高级管理人员转让其所持有的本公司股份作出其他限制性规定。

（4）公司不得收购本公司股份。但是，有下列情形之一的除外：1）减少公司注册资本；2）与持有本公司股份的其他公司合并；3）将股份用于员工持股计划或者股权激励；4）股东因对股东大会作出的公司合并、分立决议持异议，要求公司收购其股份；5）将股份用于转换上市公司发行的可转换为股票的公司债券；6）上市公司为维护公司价值及股东权益所必需。收购情形不同，公司决议过程、转让或注销时间、是否履行信息披露、交易方式等均不同。

（5）公司不得接受本公司的股票作为质押权的标的。这是因为，质押的意义在于当公司的债权得不到偿还时，公司有权将债务人的质押物进行买卖。但是，当公司以本公司的股票作为自己质押权的标的时，一旦债务人不能履行自己的债务，作为债权人的公司将该股票变卖时，如果没有人购买，自己的利益将得不到维护，起不到质押的作用。

（6）记名股票被盗、遗失或者灭失，股东可以依照《民事诉讼法》规定的公示催告程序，请求人民法院宣告该股票失效。

（7）上市公司的股票，依照有关法律、行政法规及证券交易所交易规则上市交易。

（8）上市公司必须依照法律、行政法规的规定，公开其财务状况、经营情况及重大诉讼，在每会计年度内半年公布一次财务会计报告。

练一练

第四节　公司债券与公司财务

一、公司债券

公司债券是指公司依照法定程序发行，约定在一定期限还本付息的有价证券。公司发行公司债券应当符合《证券法》规定的发行条件。发行公司债券的申请经国务院授权的部门核准后，应当公告公司债券募集办法。

（一）公司债券与公司股票的法律特征

公司债券与公司股票有不同的法律特征：

（1）公司债券的持有人是公司的债权人，对于公司享有民法上规定的债权人的所有权利，而股票的持有人则是公司的股东，享有公司法所规定的股东权利；

（2）公司债券的持有人，无论公司是否有盈利，对公司享有按照约定给付利息的请求权，而股票持有人，则必须在公司有盈利时才能依法获得股利分配；

（3）公司债券到了约定期限，公司必须偿还债券本金，而股票持有人仅在公司解散时方可请求分配剩余财产；

（4）公司债券的持有人享有优先于股票持有人获得清偿的权利，而股票持有人必须在公司全部债务清偿之后，方可就公司剩余财产请求分配；

（5）公司债券的利率一般是固定不变的，风险较小，而股票股利分配的高低，与公司经营好坏密切相关，故常有变动，风险较大。

（二）公司债券的种类

依照不同的标准，对公司债券可作不同的分类。

1. 记名公司债券和无记名公司债券

记名公司债券是指在公司债券上记载债权人姓名或者名称的债券；无记名公司债券是指在公司债券上不记载债权人姓名或者名称的债券。区分记名公司债券和无记名公司债券的法律意义在于两者转让的要求不同。记名公司债券的转让，转让人须在债券上背书；而无记名公司债券的转让，转让人交付债券即发生转让的法律效力。

2. 可转换公司债券和不可转换公司债券

可转换公司债券是指可以转换成公司股票的公司债券。这种公司债券在发行时规定了转换为公司股票的条件与办法，当条件具备时，债券持有人拥有将公司债券转换为公司股票的选择权。不可转换公司债券是指不能转换为公司股票的公司债券。凡在发行债券时未作出转换约定的，均为不可转换公司债券。

（三）公司债券的发行

1. 公司债券发行的条件

公司发行公司债券应当符合证券法规定的发行条件。证券法规定，公开发行公司债券，应当符合下列条件：

（1）股份有限公司的净资产不低于人民币 3 000 万元，有限责任公司的净资产不低于人民币 6 000 万元；

（2）累计债券余额不超过公司净资产的 40%；

（3）最近 3 年平均可分配利润足以支付公司债券 1 年的利息；

（4）筹集的资金投向符合国家产业政策；

（5）债券的利率不超过国务院限定的利率水平；

（6）国务院规定的其他条件。

公开发行公司债券筹集的资金，必须按照公司债券募集办法所列资金用途使用；改变资金用途，必须经债券持有人会议作出决议。公开发行公司债券筹集的资金，不得用于弥补亏损和非生产性支出。上市公司发行可转换为股票的公司债券，除应当符合上述规定的条件外，还应当符合证券法关于公开发行股票的条件，并报国务院证券监督管理机构核准。

有下列情形之一的，不得再次公开发行公司债券：（1）对已公开发行的公司债券或者其他债务有违约或者延迟支付本息的事实，仍处于继续状态；（2）违反证券法规定，改变公开发行公司债券所募资金的用途。

2. 公司债券发行的程序

（1）申请公开发行公司债券。

申请公开发行公司债券，应当向国务院授权的部门或者国务院证券监督管理机构报送下列文件：1）公司营业执照；2）公司章程；3）公司债券募集办法；4）国务院授权的部门或者国务院证券监督管理机构规定的其他文件。依照规定聘请保荐人的，还应当报送保荐人出具的发行保荐书。

上市公司发行可转换为股票的公司债券，既要具备健全且运行良好的组织机构，还要具有持续经营能力。

有下列情形之一的，不得再次公开发行公司债券：1）对已公开发行的公司债券或者其他债务有违约或者延迟支付本息的事实，仍处于继续状态；2）违反证券法规定，改变公开发行公司债券所募资金的用途。

（2）发行申请的注册。

国务院证券监督管理机构或者国务院授权的部门依照法定条件负责证券发行申请的注册。证券公开发行注册的具体办法由国务院规定。按照国务院的规定，证券交易所等可以审核公开发行证券申请，判断发行人是否符合发行条件、信息披露要求，督促发行人完善信息披露内容。依照前两款规定参与证券发行申请注册的人员，不得与发行申请人有利害关系，不得直接或者间接接受发行申请人的馈赠，不得持有所注册的发行申请的证券，不得私下与发行申请人进行接触。

（3）报有关部门或者机构批准。

国务院证券监督管理机构或者国务院授权的部门应当自受理证券发行申请文件之日起三个月内，依照法定条件和法定程序作出予以注册或者不予注册的决定，发行人根据要求补充、修改发行申请文件的时间不计算在内。不予注册的，应当说明理由。

（4）公告公开发行募集文件。

证券发行申请经注册后，发行人应当依照法律、行政法规的规定，在证券公开发行前公告公开发行募集文件，并将该文件置备于指定场所供公众查阅。发行证券的信息依法公开前，任何知情人不得公开或者泄露该信息。发行人不得在公告公开发行募集文件前发行证券。

（四）公司债券的转让

公司法规定，公司债券可以转让，转让价格由转让人与受让人约定。公司债券在证券交易所上市交易的，按照证券交易所的交易规则转让。根据公司债券种类的不同，公司债券的转让有两种不同的方式。

（1）记名公司债券，由债券持有人以背书方式或者法律、行政法规规定的其他方式转让；转让后由公司将受让人的姓名或者名称及住所记载于公司债券存根簿，以备公司存查。

（2）无记名公司债券的转让，由债券持有人将该债券交付给受让人后即发生转让的效力。受让人一经持有该债券，即成为公司的债权人。

发行可转换为股票的公司债券的，公司应当按照其转换办法向债券持有人换发股票，但债券持有人对转换股票或者不转换股票有选择权。

二、公司财务、会计

（一）公司财务、会计的作用

公司财务、会计是公司经营活动中的一项基础工作，其在公司中的作用主要表现为：

1. 有利于保护投资者和债权人的利益

投资者除参加决定一些重大事项外，一般不参与公司日常的生产经营活动，投资者往往是通过了解公司的生产经营状况和公司财务、会计情况，来维护自身的利益。公司的资产作为其对债权人的担保，资产状况如何、资产经营情况如何，直接涉及债权人的债权是否能得到清偿。公司财务、会计工作的规范化，可以保证公司正确核算经营成果，合理分配利润；可以保证公司资产的完整；使债权人的利益得到保护。

2. 有利于吸收社会投资

公司的潜在投资者作出投资于公司的决定都依赖于公司财务、会计信息的披露。公司财务、会计制度的规范化和公开化，可以使社会各方面都能方便地了解到公司的经营状况和盈利能力。对经营状况比较好的公司，可以起到吸收社会投资的作用。

3. 有利于政府的宏观管理

公司在统一的财务、会计制度规定下筹集分配资金，记录反映经济业务，有利于政府掌握情况，制定政策，实施管理。

（二）公司财务、会计的基本要求

（1）公司应当依照法律、行政法规和国务院财政部门的规定建立本公司的财务、会计制度。

（2）公司应当依法编制财务会计报告。公司应当在每一会计年度终了时编制财务会计报告，并依法经会计师事务所审计。公司财务会计报告主要包括：资产负债表、利润表、现金流量表等报表及附注。公司财务会计报告应当依照《会计法》《企业财务会计报告条例》等法律、行政法规和国务院财政部门的规定制作。对于上市公司，在每一会计年度的上半年结束之日，还应当制作中期财务会计报告。

（3）公司应当依法披露有关财务、会计资料。有限责任公司应当按照公司章程规定的期限将财务会计报告送交各股东。股份有限公司的财务会计报告应当在召开股东大会年会的 20 日前置备于本公司，供股东查阅；公开发行股票的股份有限公司必须公告其财务会计报告。

（4）公司除法定的会计账簿外，不得另立会计账簿。对公司资产，不得以任何个人名义开立账户存储。

（5）公司应当依法聘用会计师事务所对财务会计报告审查验证。公司聘用、解聘承办公司审计业务的会计师事务所，依照公司章程的规定，由股东会、股东大会或者董事会决定。公司股东会、股东大会或者董事会就解聘会计师事务所进行表决时，应当允许会计师事务所陈述意见。公司应当向聘用的会计师事务所提供真实、完整的会计凭证、会计账簿、财务会计报告及其他会计资料，不得拒绝、隐匿、谎报。

（三）利润分配

1. 利润

公司利润是指公司在一定会计期间的经营成果，应当如图 2-2 所示分配利润。

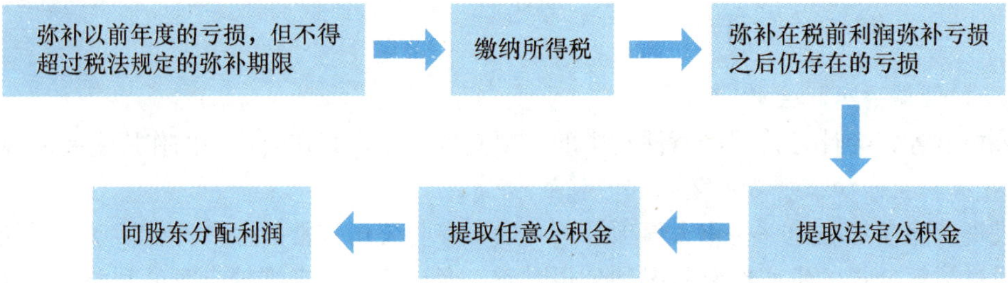

图 2-2　公司利润分配图

公司弥补亏损和提取公积金后所余税后利润，有限责任公司按照股东实缴的出资比例分配，但全体股东约定不按照出资比例分配的除外；股份有限公司按照股东持有的股份比例分配，但股份有限公司章程规定不按持股比例分配的除外。

公司股东会、股东大会或者董事会违反规定，在公司弥补亏损和提取法定公积金之前向股东分配利润的，股东必须将违反规定分配的利润退还公司。公司持有的本公司股份不得分配利润。

2. 公积金

公积金是公司在资本之外所保留的资金金额，又称为附加资本或准备金。公司为增强自身财力，扩大营业范围和预防意外亏损，从利润中提取一定的资金，以用于扩大资本，或弥补亏损。提取公积金制度是国家规定的一项强制性制度，各国公司法一般都有规定。

公积金分为盈余公积金和资本公积金两类。盈余公积金是从公司税后利润中提取的公积金，分为法定公积金和任意公积金两种。法定公积金按照公司税后利润的10%提取，当公司法定公积金累计额为公司注册资本的50%以上时可以不再提取。公司的法定公积金不足以弥补以前年度亏损的，在依照规定提取法定公积金之前，应当先用当年利润弥补亏损。任意公积金按照公司股东会或者股东大会决议，从公司税后利润中提取。对用任意公积金转增资本的，法律没有限制，但用法定公积金转增资本时，所留存的该项公积金不得少于转增前公司注册资本的25%。

资本公积金是直接由资本原因等形成的公积金，股份有限公司以超过股票票面金额的发行价格发行股份所得的溢价款以及国务院财政部门规定列入资本公积金的其他收入，应当列为公司资本公积金。

公司的公积金应当按照规定的用途使用。主要用途：

(1) 弥补公司亏损。但是，资本公积金不得用于弥补公司的亏损。

(2) 扩大公司生产经营规模，增强公司实力。

(3) 转增公司资本。对用任意公积金转增资本的，法律没有限制，但用法定公积金转增资本时，所留存的该项公积金不得少于转增前公司注册资本的25%。

第五节 公司的变更及高管职责

一、公司的合并和分立

(一) 公司合并

1. 公司合并的形式

公司合并是指两个以上的公司依照法定程序变为一个公司的行为。其形式有两种：一是吸收合并；二是新设合并。吸收合并是指一个公司吸收其他公司加入本公司，被吸收的公司解散。新设合并是指两个以上公司合并设立一个新的公司，合并各方解散。

2. 公司合并的程序

(1) 签订合并协议。

(2) 编制资产负债表及财产清单。

(3) 作出合并决议。

(4) 通知债权人。

(5) 依法进行登记。

3. 公司合并各方的债权、债务

公司合并时，合并各方的债权、债务，应当由合并后存续的公司或者新设的公司承继。

（二）公司分立

1. 公司分立的形式

公司分立是指一个公司依法分为两个以上的公司。公司法未明确规定公司分立的形式，一般有两种：一是公司以其部分财产和业务另设一个新公司，原公司存续；二是公司以其全部财产分别归入两个以上的新设公司，原公司解散。

2. 公司分立的程序

公司分立的程序与公司合并的程序基本一样，要签订分立协议、编制资产负债表及财产清单、作出分立决议、通知债权人、办理登记等。

3. 公司分立前的债务

公司分立前的债务由分立后的公司承担连带责任。但是，公司在分立前与债权人就债务清偿达成的书面协议另有约定的除外。

二、公司注册资本的增加和减少

（一）公司注册资本的增加

有限责任公司增加注册资本时，股东认缴新增资本的出资，依照公司法设立有限责任公司缴纳出资的有关规定执行。股份有限公司为增加注册资本发行新股时，股东认购新股，依照公司法设立股份有限公司缴纳股款的有关规定执行。

公司增加注册资本，应当依法向公司登记机关办理变更登记。

（二）公司注册资本的减少

公司需要减少注册资本时，必须编制资产负债表及财产清单。

公司减少注册资本时，应当自作出减少注册资本决议之日起 10 日内通知债权人，并于 30 日内在报纸上公告。债权人自接到通知书之日起 30 日内，未接到通知书的自公告之日其起 45 日内，有权要求公司清偿债务或者提供相应的担保。公司减资后的注册资本不得低于法定的最低限额。

公司减少注册资本，应当依法向公司登记机关办理变更登记。

三、公司高管的职责

（一）公司董事、监事、高级管理人员的任职资格

公司董事、监事、高级管理人员在公司中处于重要的地位并具有法定的职权，因此需要对其任职资格作一些限制性的规定，以保证其具有正确履行职责的能力和条件。对此一些国家和地区均有规定，是世界通行的做法。

有下列情形之一的，不得担任公司的董事、监事、高级管理人员：

（1）无民事行为能力或者限制民事行为能力。无民事行为能力的人是指 8 周岁以下的未成年人和不能辨认自己行为的成年人。限制民事行为能力的人是指 8 周岁以上的未成年人和不能完全辨认自己行为的成年人。

（2）因贪污、贿赂、侵占财产、挪用财产或者破坏社会主义市场经济秩序，被判处刑罚，执行期满未逾5年，或者因犯罪被剥夺政治权利，执行期满未逾5年。

（3）担任破产清算的公司、企业的董事或者厂长、经理，对该公司、企业的破产负有个人责任的，自该公司、企业破产清算完结之日起未逾3年。

（4）担任因违法被吊销营业执照、责令关闭的公司、企业的法定代表人，并负有个人责任的，自该公司、企业被吊销营业执照之日起未逾3年。

（5）个人所负数额较大的债务到期未清偿。

公司违反公司法的上述规定选举、委派董事、监事或者聘任高级管理人员的，该选举、委派或者聘任无效。公司董事、监事、高级管理人员在任职期间出现上述所列情形的，公司应当解除其职务。

（二）公司董事、监事、高级管理人员的义务

公司董事、监事、高级管理人员应当遵守法律、行政法规和公司章程，对公司负有忠实义务和勤勉义务。公司董事、监事、高级管理人员不得利用职权收受贿赂或者其他非法收入，不得侵占公司的财产等。

公司董事、监事、高级管理人员执行公司职务时违反法律、行政法规或者公司章程的规定，给公司造成损失的，应当承担赔偿责任。

公司股东会或者股东大会要求董事、监事、高级管理人员列席会议的，董事、监事、高级管理人员应当列席并接受股东的质询。董事、高级管理人员应当如实向公司监事会或者不设监事会的有限责任公司的监事提供有关情况和资料，不得妨碍监事会或者监事行使职权。

第六节　公司清算及法律责任

一、公司解散的原因

公司解散的原因有以下五种情形：

（1）公司章程规定的营业期限届满或者公司章程规定的其他解散事由出现。

（2）股东会或者股东大会决议解散。

（3）因公司合并或者分立需要解散。

（4）依法被吊销营业执照、责令关闭或者被撤销。

（5）人民法院依法予以解散。

公司有上述第一种情形的，可以通过修改公司章程而存续。公司依照规定修改公司章程的，有限责任公司须经持有2/3以上表决权的股东通过，股份有限公司须经出席股东大会会议的股东所持表决权的2/3以上通过。

公司经营管理发生严重困难，继续存续会使股东利益受到重大损失，通过其他途径不能解决的，持有公司全部股东表决权10%以上的股东，可以请求人民法院解散公司。

二、公司解散时的清算

（一）成立清算组

公司解散时，应当依法进行清算。公司清算时必须在解散事由出现之日起15日内成

立清算组，开始清算，清算事由包括：（1）公司因公司章程规定的营业期限届满或者公司章程规定的其他解散事由出现而解散的；（2）因股东会或者股东大会决议解散的；（3）因依法被吊销营业执照、责令关闭或者被撤销而解散的；（4）因人民法院依法予以解散的。

有限责任公司的清算组由股东组成，股份有限公司的清算组由董事或者股东大会确定的人员组成。逾期不成立清算组进行清算的，债权人可以申请人民法院指定有关人员组成清算组进行清算。人民法院应当受理该申请，并及时组织清算组进行清算。

（二）清算组的职权

清算组在清算期间行使下列职权：

（1）清理公司财产，分别编制资产负债表和财产清单。

（2）通知、公告债权人。

（3）处理与清算有关的公司未了结的业务。

（4）清缴所欠税款以及清算过程中产生的税款。

（5）清理债权、债务。

（6）处理公司清偿债务后的剩余财产。

（7）代表公司参与民事诉讼活动。

清算组在公司清算期间代表公司进行一系列民事活动，全权处理公司经济事务和民事诉讼活动。清算组成员应当忠于职守，依法履行清算义务。

清算组成员不得利用职权收受贿赂或者其他非法收入，不得侵占公司财产。清算组成员因故意或者重大过失给公司或者债权人造成损失的，应当承担赔偿责任。

（三）清算工作程序

清算工作程序一般如下：

1. 登记债权

清算组应当自成立之日起 10 日内通知债权人，并于 60 日内在报纸上公告。债权人应当自接到通知书之日起 30 日内，未接到通知书的自公告之日起 45 日内，向清算组申报其债权。债权人申报债权，应当说明债权的有关事项，并提供证明材料。清算组应当对债权进行登记。在申报债权期间，清算组不得对债权人进行清偿。

2. 清理公司财产，制定清算方案

清算组应当对公司财产进行清理，编制资产负债表和财产清单，制定清算方案。清算方案应当报股东会、股东大会或者人民法院确认。但如果清算组在清理公司财产、编制资产负债表和财产清单后，发现公司财产不足清偿债务的，应当依法向人民法院申请宣告破产。公司经人民法院裁定宣告破产后，清算组应当将清算事务移交给人民法院。

3. 清偿债务

公司财产在分别支付清算费用、职工的工资、社会保险费用和法定补偿金，缴纳所欠税款，清偿公司债务后的剩余财产时，有限责任公司按照股东的出资比例分配，股份有限公司按照股东持有的股份比例分配。清算期间，公司存续，但不得开展与清算无关的经营活动。公司财产在未按上述规定清偿前，不得分配给股东。

4. 公告公司终止

公司清算结束后，清算组应当制作清算报告，报股东会、股东大会或者人民法院确认，并报送公司登记机关，申请注销公司登记，公告公司终止。

三、违反公司法的法律责任

我国公司法明确规定违反公司法应承担的法律责任，主要包括：

（1）虚报注册资本、提交虚假材料或者采取其他欺诈手段隐瞒重要事实取得公司登记的，根据情节轻重，给予责令改正，罚款直至吊销营业执照等处罚。

（2）公司的发起人、股东虚假出资，未交付或者未按期交付作为出资的货币或者非货币财产的；在公司成立后，抽逃其出资的；财务违纪违法的。由公司登记机关责令改正，并处罚款。

（3）公司在合并、分立、减少注册资本或者进行清算时，不依法通知或者公告债权人的；公司在进行清算时，隐匿财产，对资产负债表或者财产清单作虚假记载或者在未清偿债务前分配公司财产的；公司在清算期间开展与清算无关的经营活动的。由公司登记机关责令改正，对公司责任人员和公司处以罚款，予以警告，没收违法所得。

（4）承担资产评估、验资或者验证的机构提供虚假材料的；因过失提供有重大遗漏的报告的；报告不实，给公司债权人造成损失等，根据情节轻重，由公司登记机关没收违法所得，责令该机构停业、吊销直接责任人员的资格证书，吊销营业执照。

（5）利用公司名义从事危害国家安全、社会公共利益的严重违法行为的，吊销营业执照。

违反公司法相关规定的，应当承担民事赔偿责任和缴纳罚款、罚金，构成犯罪的，依法追究刑事责任。

本章知识提要

公司法的不断修正修订，既是适应现代企业制度和现代市场体系建立发展的需要之结果，又是前瞻性地促进两者的完善和更高要求，满足社会呼应并解决出现的新问题的途径。但再严密的法律不可能解决所有的问题，而且往往在制定的同时就会引发新的问题。

历次公司法的修改，变化最大的莫过于废弃法定资本制度和实缴制度，取消最低注册资本限制，即可以成立“一元钱公司”，实行认缴制，出资形式放宽等。但在降低公司设立门槛和提高市场交易效率的同时，增加了交易安全隐患，降低了市场秩序稳定性及资本交易保障功能。改革开放 40 多年来我国社会整体诚信水平和交易主体防范风险意识也在不断提高，折中两种制度，两利相权取其重。公司设立制度的改革也彰显了国家决策管理者简政放权的治理理念，即把事前核准审批和事中事后交易监管、纠纷解决的风险更多地让资本投资者、市场交易者，甚至消费者承担。这样可以更充分发挥公司市场主体作用，满足市场竞争，深化商事制度改革，优化营商环境。而且这些风险本来也应该是不断发展的成熟市场经济社会能够承受的。

学生在学完公司法后，一方面要积极创业展业，诚信经营，长期积累自身的主观信用，同时也要增大公司资本，体现公司“身价”，打好物质基础，提高公司外观化资本信用水平；另一方面也要注意交易安全，提高风险防范意识。这样才能在自身发展的同时尽到社会责任。

本章练习题及
答案解析

第三章

合伙与个人独资企业法律制度

学习目标：

知识目标：（1）知悉合伙企业设立的条件、合伙协议的必备内容；

（2）知晓合伙企业事务执行中的权利义务、入伙退伙的相关规定；

（3）清楚个人独资企业的出资规定及法律后果。

能力目标：根据自身情况，慎重选择合伙人，降低经营风险，提高投资收益；利用有限合伙优势，谋求更大发展。

思政目标：（1）合伙经营诚实守信，遵守竞业禁止等规定；

（2）增强风险意识，尽到家庭和社会责任。

改革开放以来，国家不断鼓励个体私营等非公有制经济发展。合伙企业是指由各合伙人订立合伙协议，共同出资，共同经营，共享收益，共担风险，并对企业债务承担无限连带或有限责任的营利性组织。我国 1997 年颁布了《中华人民共和国合伙企业法》（以下简称合伙企业法），于 2006 年修订；1999 年制定了《中华人民共和国个人独资企业法》（以下简称个人独资企业法）。合伙企业法和个人独资企业法是继公司法之后我国又两部重要的市场主体立法。合伙企业法的宗旨是规范合伙企业的行为，保护合伙企业及其合伙人、债权人的合法权益；个人独资企业法是为了规范个人独资企业的行为，保护个人独资企业投资人和债权人的合法权益。两法都是为了维护社会经济秩序，促进社会主义市场经济的发展。

第一节　合伙企业法律制度概述

合伙是指两个以上的人为着共同目的，相互约定共同出资、共同经营、共享收益、共担风险的自愿联合。从合伙企业法所指合伙的概念来看，不能仅仅将合伙看成一种合同关系，也不能单纯将合伙归结为一种企业形式，合伙应是一种以合同关系为基础的企业组织形式。

一、合伙企业的分类

合伙企业，是指自然人、法人和非法人组织依照《合伙企业法》在中国境内设立的普通合伙企业和有限合伙企业。

合伙企业分为普通合伙企业和有限合伙企业。普通合伙企业由普通合伙人组成，合伙人对合伙企业债务承担无限连带责任。合伙企业法对普通合伙人承担责任的形式有特别规定的，从其规定。其中，普通合伙企业中有一种特殊的组织形式，即个人独资企业。有限合伙企业由普通合伙人和有限合伙人组成，普通合伙人对合伙企业债务承担无限连带责任，有限合伙人以其认缴的出资额为限对合伙企业债务承担责任。

合伙企业指依照《合伙企业法》在中国境内设立的由各合伙人订立合伙协议，共同出资、合伙经营、共享收益、共担风险，并对合伙企业债务承担无限连带责任的营利性组织。合伙企业和个人独资企业在适用法律、出资人数以及个人与企业财产分离情况等方面都有区别，具体见表 3-1。

表 3-1　合伙企业和个人独资企业的区别

	合伙企业	个人独资企业
调整法律	依据合伙企业法设立，受合伙企业法调整	个人独资企业依据个人独资企业法设立，受个人独资企业法调整
出资人数	由两个以上合伙人共同出资设立，合伙人一般为自然人	由一个自然人投资设立
个人财产与企业财产是否分离	合伙人的财产与合伙企业的财产相对分离，当合伙企业财产不足以清偿合伙企业债务时，合伙人以其投入合伙企业的财产以外的其他财产对合伙企业债务负连带清偿责任，即承担无限责任	投资人的个人财产与企业财产不分离，投资人以其个人财产对企业债务承担无限责任

二、合伙企业法

合伙企业法，是指由国家最高立法机关依法制定的、规范合伙企业合伙关系的专门法律。在理解和掌握我国合伙企业法的适用时，需要注意以下两个问题：

(1) 非企业专业服务机构依据有关法律采取合伙制的，其合伙人承担责任的形式可以适用合伙企业法关于特殊的普通合伙企业合伙人承担责任的规范。非企业专业服务机构，是指不采取企业（如公司制）形式成立的不以营利为目的以自己专业知识提供特定咨询等方面服务的组织，如律师事务所、会计师事务所等专业服务机构。

(2) 外国企业或者个人在中国境内设立合伙企业的管理办法由国务院规定。1997 年，我国颁布了《合伙企业法》，该法以主体法进行定位，将合伙作为企业的一类进行规范。但是，受制于当时的条件和认识，该法只对普通合伙企业进行了规范，既没有有限合伙制度，也没有规定有限责任合伙制度。2006 年修订了《合伙企业法》，该法修订后增加了特殊的普通合伙以及有限合伙制度，对我国资金市场的需求与合理配置，也起到了非常重要的积极作用。

第二节 普通合伙企业

普通合伙企业，是指由普通合伙人组成，合伙人对合伙企业债务依照合伙企业法规定承担无限连带责任的一种合伙企业。

一、普通合伙企业的特点

(一) 由普通合伙人组成

普通合伙人，是指在合伙企业中对合伙企业的债务依法承担无限连带责任的自然人、法人和非法人组织。合伙企业法规定，国有独资公司、国有企业、上市公司以及公益性的事业单位、社会团体不得成为普通合伙人。

(二) 合伙人对合伙企业债务依法承担无限连带责任，法律另有规定的除外

无限连带责任包括两个方面：一是连带责任。即所有的合伙人对合伙企业的债务都有责任向债权人偿还，不管自己在合伙协议中所承担的比例如何。一个合伙人不能清偿对外债务的，其他合伙人都有清偿的责任。但是，当某一合伙人偿还合伙企业的债务超过自己所应承担的数额时，有权向其他合伙人追偿。二是无限责任。即所有的合伙人不仅以自己投入合伙企业的资金和合伙企业的其他资金对债权人承担清偿责任，而且在不够清偿时还要以合伙人自己所有的财产对债权人承担清偿责任。

所谓法律另有规定的除外，是指合伙企业法有特殊规定的，合伙人可以不承担无限连带责任。按照合伙企业法中“特殊普通合伙企业”的规定，对以专业知识和专门技能为客户提供有偿服务的专业服务机构，可以设立为特殊的普通合伙企业。

二、普通合伙企业的设立

(一) 合伙企业的设立条件

根据合伙企业法的规定，设立合伙企业，应当具备下列条件：

1. 有 2 个以上合伙人

合伙人为自然人的，应当具有完全民事行为能力。合伙企业合伙人至少为 2 人以上，对于合伙企业合伙人数的最高限额，我国合伙企业法未作规定，完全由设立人根据所设企业的具体情况决定。

关于合伙人的资格，合伙企业法作了以下限定：

(1) 合伙人可以是自然人，也可以是法人或者非法人组织。如何组成，除法律另有规定外不受限制。

(2) 合伙人为自然人的，应当具有完全民事行为能力。无民事行为能力人和限制民事行为能力人不得成为合伙企业的合伙人。

(3) 国有独资公司、国有企业、上市公司以及公益性的事业单位、社会团体不得成为普通合伙人。

2. 有书面合伙协议

合伙协议是指由各合伙人通过协商，共同决定相互间的权利义务，达成的具有法律约束力的协议。合伙协议应当依法由全体合伙人协商一致，以书面形式订立。

合伙协议应当载明下列事项：

（1）合伙企业的名称和主要经营场所的地点；

（2）合伙目的和合伙经营范围；

（3）合伙人的姓名或者名称、住所；

（4）合伙人的出资方式、数额和缴付期限，利润分配，亏损分担方式；

（5）合伙事务的执行；

（6）入伙与退伙；

（7）争议解决办法；

（8）合伙企业的解散与清算；

（9）违约责任等。

合伙协议经全体合伙人签名、盖章后生效。合伙人按照合伙协议享有权利，履行义务。修改或者补充合伙协议，应当经全体合伙人一致同意；但是，合伙协议另有约定的除外。合伙协议未约定或者约定不明确的事项，由合伙人协商决定；协商不成的，依照《合伙企业法》和其他有关法律、行政法规的规定处理。

3. 有合伙人认缴或者实际缴付的出资

合伙协议生效后，合伙人应当按照合伙协议的规定缴纳出资。合伙人可以用货币、实物、知识产权、土地使用权或者其他财产权利出资，也可以用劳务出资。合伙人以实物、知识产权、土地使用权或者其他财产权利出资，需要评估作价的，可以由全体合伙人协商确定，也可以由全体合伙人委托法定评估机构评估。合伙人以劳务出资的，其评估办法由全体合伙人协商确定，并在合伙协议中载明。合伙人应当按照合伙协议约定的出资方式、数额和缴付期限，履行出资义务。以非货币财产出资的，依照法律、行政法规的规定，需要办理财产权转移手续的，应当依法办理。

上述所称货币，是指充当一般等价物的特殊商品，是金钱的具体表现形式和度量单位；实物，一般是指厂房和其他建筑物、机器设备、原材料、零部件等；知识产权，是指基于智力的创造性活动所产生的由法律赋予知识产品所有人对其智力成果所享有的某些专有权利，包括著作权、专利权、商标权、发明权和发现权以及其他科技成果权等；通过自己的劳动体现出来的一种形式，比如司机的驾驶技能。

4. 有合伙企业的名称和生产经营场所

普通合伙企业应当在其名称中标明“普通合伙”字样，其中特殊的普通合伙企业，应当在其名称中标明“特殊普通合伙”字样，合伙企业的名称必须和“合伙”联系起来，名称中必须有“合伙”二字。

另外，如法律、行政法规规定有其他条件的，必须遵守。

（二）合伙企业的设立登记

根据合伙企业法和国务院发布的《合伙企业登记管理办法》的规定，合伙企业的设立登记，应按如下程序进行：

首先，申请人向企业登记机关提交相关文件。申请人需要根据要求提交登记申请书、合伙协议书、合伙人的身份证明、审批文件等相关法定证明文件。

其次，企业登记机关核发营业执照。合伙企业的营业执照签发日期，为合伙企业的成立日期。合伙企业领取营业执照前，合伙人不得以合伙企业名义从事合伙业务。

合伙企业设立分支机构，应当向分支机构所在地的企业登记机关申请登记，领取营业执照。合伙企业登记事项发生变更的，执行合伙事务的合伙人应当自作出变更决定或者发生变更事由之日起15日内，向企业登记机关申请办理变更登记。

三、普通合伙企业财产

（一）合伙企业财产的构成

根据合伙企业法的规定，合伙人的出资、以合伙企业名义取得的收益和依法取得的其他财产，均为合伙企业的财产。从这一规定可以看出，合伙企业财产由以下三部分构成：

1. 合伙人的出资

合伙企业法规定，合伙人可以用货币、实物、知识产权、土地使用权或者其他财产权利出资，也可以用劳务出资。这些出资形成合伙企业的原始财产。需要注意的是，合伙企业的原始财产是全体合伙人“认缴”的财产，而非各合伙人“实际缴纳”的财产。

2. 以合伙企业名义取得的收益

合伙企业作为一个独立的经济实体，可以有自己的独立利益，因此，以其名义取得的收益作为合伙企业获得的财产，当然归属于合伙企业，成为合伙财产的一部分。主要包括合伙企业的公共积累资金、未分配的盈余、合伙企业债权、合伙企业取得的工业产权和非专利技术以及合伙企业的名称（商号）、商誉等项财产权利。

3. 依法取得的其他财产

即根据法律、行政法规的规定合法取得的其他财产，如合法接受赠与的财产等。

（二）合伙企业财产的性质

合伙企业的财产具有独立性和完整性两方面的特征。所谓独立性，是指合伙企业的财产独立于合伙人，合伙人出资以后，一般来说，便丧失了对其作为出资部分的财产的所有权或者持有权、占有权，合伙企业的财产权主体是合伙企业，而不是单独的每一个合伙人。所谓完整性，是指合伙企业的财产作为一个完整的统一体而存在，合伙人对合伙企业财产权益的表现形式仅是依照合伙协议所确定的财产收益份额或者比例。

根据合伙企业法的规定，合伙人在合伙企业清算前，不得请求分割合伙企业的财产；但是，法律另有规定的除外。合伙人在合伙企业清算前私自转移或者处分合伙企业财产的，合伙企业不得以此对抗善意第三人。在确认善意取得的情况下，合伙企业的损失只能向合伙人进行追索，而不能向善意第三人追索。合伙企业也不能以合伙人无权处分其财产而对善意第三人的权利要求进行对抗，即不能以合伙人无权处分其财产而主张其与善意第三人订立的合同无效。当然，如果第三人是恶意取得，即明知合伙人无权处分而与之进行交易，或者与合伙人通谋共同侵犯合伙企业权益，则合伙企业可以据此对抗第三人。

（三）合伙人财产份额的转让

合伙人财产份额的转让，是指合伙企业的合伙人向他人转让其在合伙企业中的全部或者部分财产份额的行为。由于合伙人财产份额的转让将会影响到合伙企业以及各合伙人的切身利益，因此，合伙企业法对合伙人财产份额的转让作了以下限制性规定：

（1）除合伙协议另有约定外，合伙人向合伙人以外的人转让其在合伙企业中的全部或者部分财产份额时，须经其他合伙人一致同意。这一规定适用于合伙人财产份额的外部转让。所谓合伙人财产份额的外部转让，是指合伙人把其在合伙企业中的全部或者部分财产份额转让给合伙人以外的第三人的行为。合伙人财产份额的外部转让，只有经其他合伙人一致同意，才表明其他合伙人同意与受让人共同维持原合伙企业，合伙企业才能继续存续下去。如果其他合伙人不同意接受受让人，则合伙企业无法继续存续下去。

当然，“合伙人向合伙人以外的人转让其在合伙企业中的全部或者部分财产份额时，须经其他合伙人一致同意”，是一项法定的原则，且这项原则是在合伙协议中没有规定的情况下才有法律效力。如果合伙协议有另外的约定，即合伙协议约定，合伙人向合伙人以外的人转让其在合伙企业中的全部或者部分财产份额时，无须经过其他合伙人一致同意，比如约定 2/3 以上合伙人同意或者一定出资比例同意的情况下，则应执行合伙协议的规定。

（2）合伙人之间转让在合伙企业中的全部或者部分财产份额时，应当通知其他合伙人。这一规定适用于合伙人财产份额的内部转让。所谓合伙人财产份额的内部转让，是指合伙人将其在合伙企业中的全部或者部分财产份额转让给其他合伙人的行为。合伙人财产份额的内部转让因不涉及合伙人以外的人参加，合伙企业存续的基础没有发生实质性变更，因此不需要经过其他合伙人一致同意，只需要通知其他合伙人即可产生法律效力。

（3）合伙人向合伙人以外的人转让其在合伙企业中的财产份额的，在同等条件下，其他合伙人有优先购买权；但是，合伙协议另有约定的除外。所谓优先购买权，是指在合伙人转让其财产份额时，在多数人接受转让的情况下，其他合伙人基于同等条件可先于其他非合伙人购买的权利。优先购买权的发生存在两个前提：一是合伙人的财产份额的转让没有约定的转让条件、转让范围的限制。也就是说，合伙协议没有“另有约定”或者另外的限制，如有另外约定或者限制，则应依约定或限制办理。二是优先受让的前提是同等条件。同等的条件，主要是指受让的价格条件，当然也包括其他条件。这一规定的目的在于维护合伙企业现有合伙人的利益，维护合伙企业在现有基础上的稳定。

合伙人以外的人依法受让合伙人在合伙企业中的财产份额的，经修改合伙协议即成为合伙企业的合伙人，依照《合伙企业法》和修改后的合伙协议享有权利，履行义务。合伙人以外的人成为合伙人须修改合伙协议，未修改合伙协议的，不应算作法律所称的“合伙企业的合伙人”。合伙人以外的人成为合伙人后，依照《合伙企业法》和修改后的合伙协议享有权利，履行义务。

此外，由于合伙人以财产份额出质可能导致该财产份额依法发生权利转移，合伙人以其在合伙企业中的财产份额出质的，须经其他合伙人一致同意；未经其他合伙人一致同意，其行为无效，由此给善意第三人造成损失的，由行为人依法承担赔偿责任。合伙人财产份额的出质，是指合伙人将其在合伙企业中的财产份额作为质押物来担保债权人债权实现的行为。

对合伙人财产份额出质的规定，包括以下两方面的内容：

一是合伙人可以以其在合伙企业中的财产份额作为质物，与他人签订质押合同，但必须经其他合伙人一致同意，否则，合伙人的出质行为无效，即不产生法律上的效力，不受法律的保护。

二是合伙人非法出质给善意第三人造成损失的，依法承担赔偿责任。合伙人擅自以其在合伙企业中的财产份额出质，违背了合伙企业存续的基础，具有主观上的过错。合伙人非法出质给善意第三人造成损失的，应当依法赔偿因其过错行为给善意第三人所造成的损失。

四、合伙事务执行

练一练

（一）合伙事务执行的形式

根据合伙企业法的规定，合伙人执行合伙企业事务，可以有两种形式：

1. 全体合伙人共同执行合伙事务

这是合伙事务执行的基本形式，也是在合伙企业中经常使用的一种形式，尤其是在合伙人较少的情况下更为适宜。在采取这种形式的合伙企业中，按照合伙协议的约定，各个合伙人都直接参与经营，处理合伙企业的事务，对外代表合伙企业。

2. 委托一个或者数个合伙人执行合伙事务

该形式是在各合伙人共同执行合伙事务的基础上引申而来。在合伙企业中，有权执行合伙事务的合伙人并不都愿意行使这种权利，而愿意委托其中的一个或者数个合伙人执行合伙事务，从而就从共同执行合伙事务的基本形式中，引申出了共同委托一部分人去执行合伙事务的形式。按照合伙协议的约定或者经全体合伙人决定，可以委托一个或者数个合伙人对外代表合伙企业，执行合伙事务。

关于合伙企业事务委托给一个或者数个合伙人执行时，其他未接受委托的合伙人是否还可以再执行合伙企业事务的问题，《合伙企业法》对此作了明确规定，即委托一个或者数个合伙人执行合伙事务的，其他合伙人不再执行合伙事务。这一规定主要是考虑到按照合伙协议的约定或者经全体合伙人决定，将合伙事务委托给部分合伙人执行，没有必要再由其他合伙人执行，否则容易引起冲突与矛盾。当然，对合伙协议或者全体合伙人作出的决定以外的某些事项，如果没有委托一个或数个合伙人执行时，可以由全体合伙人共同执行或者由全体合伙人决定委托给某一个特定的合伙人办理。

合伙人可以将合伙事务委托一个或者数个合伙人执行，但并非所有的合伙事务都可以委托给部分合伙人决定。根据合伙企业法的规定，除合伙协议另有约定外，合伙企业的下列事项应当经全体合伙人一致同意：

（1）改变合伙企业的名称；

（2）改变合伙企业的经营范围、主要经营场所的地点；

（3）处分合伙企业的不动产；

（4）转让或者处分合伙企业的知识产权和其他财产权利；

（5）以合伙企业名义为他人提供担保；

（6）聘任合伙人以外的人担任合伙企业的经营管理人员。

（二）合伙人在执行合伙事务中的权利和义务

1. 合伙人在执行合伙事务中的权利

（1）合伙人对执行合伙事务享有同等的权利。合伙企业的特点之一就是合伙经营，各合伙人无论出资多少，都有权平等享有执行合伙企业事务的权利。

（2）执行合伙事务的合伙人对外代表合伙企业。合伙人在代表合伙企业执行事务时，不是以个人的名义进行一定的民事行为，而是以合伙企业事务执行人的身份组织实施企业的生产经营活动。合伙企业事务执行人与代理人不同，代理人以被代理人的名义行事，代理权源于被代理人的授权；而合伙企业事务执行人虽以企业名义活动，但其权利来自法律的直接规定。合伙企业事务执行人与法人的法定代表人也不同，法定代表人是法律规定的并经过一定登记手续而产生的法人单位的代表，他不一定是该法人单位的出资者；而合伙企业事务执行人则是因其出资行为取得合伙人身份，并可以对外代表合伙企业。考虑到法人和非法人组织可以参与合伙，合伙企业法同时规定，作为合伙人的法人、非法人组织执行合伙企业事务的，由其委托的代表执行。

（3）不执行合伙事务的合伙人的监督权利。合伙企业法规定，不执行合伙事务的合伙人有权监督执行事务合伙人执行合伙事务的情况。这一规定有利于维护全体合伙人的共同利益，同时也可以促进合伙事务执行人更加认真谨慎地处理合伙企业事务。合伙事务是合伙企业的公共事务，事务的执行情况涉及每个合伙人的个人利益，每个合伙人都有权去关心合伙企业的利益。因此，不执行合伙事务的合伙人有权监督执行事务的合伙人执行合伙事务的情况。

（4）合伙人查阅合伙企业会计账簿等财务资料的权利。合伙经营是一种以营利为目的的经济活动，合伙人之间的财产共有关系、共同经营关系、连带责任关系决定了全体合伙人形成了以实现合伙目的为目标的利益共同体。每个合伙人都有权利而且有责任关心了解合伙企业的全部经营活动。因此，查阅合伙企业会计账簿等财务资料，作为了解合伙企业经营状况和财务状况的有效手段，成为合伙人的一项重要权利。

（5）合伙人有提出异议的权利和撤销委托的权利。在合伙人分别执行合伙事务的情况下，由于执行合伙事务的合伙人的行为所产生的亏损和责任要由全体合伙人承担，因此，合伙企业法规定，合伙人分别执行合伙事务的，执行事务合伙人可以对其他合伙人执行的事务提出异议。提出异议时，应当暂停该项事务的执行。如果发生争议，依照有关规定作出决定。受委托执行合伙事务的合伙人不按照合伙协议或者全体合伙人的决定执行事务的，其他合伙人可以决定撤销该委托。上述“依照有关规定作出决定”是指，合伙人对合伙企业有关事项作出决议，按照合伙协议约定的表决办法办理。

2. 合伙人在执行合伙事务中的义务

（1）合伙事务执行人向不参加执行事务的合伙人报告企业经营状况和财务状况。由一个或者数个合伙人执行合伙事务的，执行事务合伙人应当定期向其他合伙人报告事务执行情况以及合伙企业的经营和财务状况，其执行合伙事务所产生的收益归合伙企业，所产生的费用和亏损由合伙企业承担。

（2）合伙人不得自营或者同他人合作经营与本合伙企业相竞争的业务。各合伙人组建合伙企业是为了合伙经营、共享收益，如果某一合伙人自己又从事或者与他人合作从事与合伙企业相竞争的业务，势必影响合伙企业的利益，背离合伙的初衷；同时还可能形成不正当竞争，使合伙企业处于不利地位，损害其他合伙人的利益。因此，合伙人不得自营或者同他人合作经营与本合伙企业相竞争的业务。

（3）合伙人不得同本合伙企业进行交易。合伙企业中每一合伙人都是合伙企业的投资者，如果自己与合伙企业交易，就包含了与自己交易，也包含了与别的合伙人交易，而这种交易极易损害他人利益。因此，除合伙协议另有约定或者经全体合伙人一致同意外，合伙人不得同本合伙企业进行交易。

(4) 合伙人不得从事损害本合伙企业利益的活动。合伙人在执行合伙事务过程中，不得为了自己的私利，损害其他合伙人利益，也不得与其他人恶意串通，损害合伙企业的利益。

(三) 合伙事务执行决议办法

合伙人对合伙企业有关事项作出决议，按照合伙协议约定的表决办法办理。合伙协议未约定或者约定不明确的，实行合伙人一人一票并经全体合伙人过半数通过的表决办法。《合伙企业法》对合伙企业的表决办法另有约定的，从其规定。这一规定明确了合伙事务执行决议的三种法定办法：

1. 由合伙协议对决议办法作出约定

这种约定有两个前提：一是不与法律相抵触，即法律有规定的按照法律的规定执行，法律未作规定的可在合伙协议中约定；二是在合伙协议中作出的约定，应当由全体合伙人协商一致共同作出。至于在合伙协议中所约定的决议办法，是采取全体合伙人一致通过，还是采取 2/3 以上多数通过，或者采取其他办法，由全体合伙人视所决议的事项而作出约定。

2. 实行合伙人一人一票并经全体合伙人过半数通过的表决办法

这种办法也有一个前提，即合伙协议未约定或者约定不明确的，才实行合伙人一人一票并经全体合伙人过半数通过的表决办法。需要注意的是，对于合伙人，无论出资多少和以何物出资，表决权数应以合伙人的人数为准，即每一个合伙人对合伙企业有关事项均有同等的表决权，使用经全体合伙人过半数通过的表决办法。这种以合伙人数计算表决权的方式，与公司法规定的公司股东的表决权数，按照股东每股有一表决权的规定不同，体现了无限责任制度与有限责任制度的区别。

3. 依照《合伙企业法》的规定作出决议

如《合伙企业法》规定，合伙人按照合伙协议的约定或者经全体合伙人决定，可以增加或者减少对合伙企业的出资；又如《合伙企业法》规定，处分合伙企业的不动产、改变合伙企业的名称等，除合伙协议另有约定外，应当经全体合伙人一致同意等。

(四) 合伙企业的损益分配

1. 合伙损益

合伙损益包括两方面的内容：一是合伙利润。是指以合伙企业的名义所取得的经济利益，它反映了合伙企业在一定期间的经营成果。二是合伙亏损。是指以合伙企业的名义从事经营活动所形成的亏损。合伙亏损是全体合伙人所共同面临的风险，或者说是共同承担的经济责任。

2. 合伙损益分配原则

合伙损益分配包含合伙企业的利润分配与亏损分担两个方面，合伙损益分配原则的主要内容为：

(1) 合伙企业的利润分配、亏损分担，按照合伙协议的约定办理；合伙协议未约定或者约定不明确的，由合伙人协商决定；协商不成的，由合伙人按照实缴出资比例分配、分担；无法确定出资比例的，由合伙人平均分配、分担。

(2) 合伙协议不得约定将全部利润分配给部分合伙人或者由部分合伙人承担全部亏损。

（五）非合伙人参与经营管理

在合伙企业中，往往由于合伙人经营管理能力不足，需要在合伙人之外聘任非合伙人担任合伙企业的经营管理人员，参与合伙企业的经营管理工作。除合伙协议另有约定外，经全体合伙人一致同意，可以聘任合伙人以外的人担任合伙企业的经营管理人员。

这项法律规定表明了以下三层含义：

一是合伙企业可以从合伙人之外聘任经营管理人员；

二是聘任非合伙人的经营管理人员，除合伙协议另有约定外，应当经全体合伙人一致同意；

三是被聘任的经营管理人员，仅是合伙企业的经营管理人员，不是合伙企业的合伙人，因而不具有合伙人的资格。

关于被聘任的经营管理人员的职责主要有：

（1）被聘任的合伙企业的经营管理人员应当在合伙企业授权范围内履行职务；

（2）被聘任的合伙企业的经营管理人员，超越合伙企业授权范围履行职务，或者在履行职务过程中因故意或者重大过失给合伙企业造成损失的，依法承担赔偿责任。

五、合伙企业与第三人的关系

合伙企业与第三人关系，实际是指有关合伙企业的对外关系，涉及合伙企业对外代表权的效力、合伙企业和合伙人的债务清偿等问题。

（一）合伙企业对外代表权的效力

1. 合伙企业与第三人关系的内涵

所谓合伙企业与第三人关系，是指合伙企业的外部关系，即合伙企业与合伙企业的合伙人以外的第三人的关系。合伙企业是由自然人、法人和非法人组织依照《合伙企业法》通过订立合伙协议而设立的营利性组织。在合伙企业设立以后，必然要以合伙企业的名义从事生产经营活动，进行商品的交换、服务的供需和财产的流转，从而与其他市场主体（包括自然人、法人和非法人组织）发生联系，形成其外部关系。因此，合伙企业与第三人关系也就是合伙企业与外部的关系。由于合伙企业在债务承担上是一种连带责任关系，这种关系在一定程度上就会与合伙人自身发生一定的牵连，例如当合伙企业对外发生了债务并且合伙企业的财产不能清偿其债务时，这一关系即可转化为合伙人与债权人（第三人）之间的关系。

2. 合伙事务执行中的对外代表权

可以取得合伙企业对外代表权的合伙人，主要有三种情况：

一是由全体合伙人共同执行合伙企业事务的，全体合伙人都有权对外代表合伙企业，即全体合伙人都取得了合伙企业的对外代表权。

二是由部分合伙人执行合伙企业事务的，只有受委托执行合伙企业事务的那一部分合伙人有权对外代表合伙企业，而不参加执行合伙企业事务的合伙人则不具有对外代表合伙企业的权利。

三是由于特别授权在单项合伙事务上有执行权的合伙人，依照授权范围可以对外代表合伙企业。执行合伙企业事务的合伙人，在取得对外代表权后，即可以合伙企业的名义进行经营活动，在其授权的范围内作出法律行为。合伙人的这种代表行为，对全体合伙人发生法律效力，即其执行合伙事务所产生的收益归合伙企业，所产生的费用和亏损由合伙企业承担。

3. 合伙企业对外代表权的限制

合伙人执行合伙事务的权利和对外代表合伙企业的权利，都会受到一定的内部限制。如果这种内部限制对第三人发生效力，必须以第三人知道这种情况为条件，否则，该内部限制不对该第三人发生抗辩力。合伙企业对合伙人执行合伙事务以及对外代表合伙企业权利的限制，不得对抗善意第三人。这里所指的合伙人，是指在合伙企业中有合伙事务执行权与对外代表权的合伙人；这里所指的限制，是指合伙企业对合伙人所享有的事务执行权与对外代表权权利能力的一种界定；这里所指的对抗，是指合伙企业否定第三人的某些权力和利益，拒绝承担某些责任；这里所指的不知情，是指与合伙企业有经济联系的第三人不知道合伙企业所作的内部限制，或者不知道合伙企业对合伙人行使权利所作限制的事实；这里所指的善意第三人，是指本着合法交易的目的，诚实地通过合伙企业的事务执行人，与合伙企业之间建立民事、商事法律关系的法人、非法人团体或自然人。

如果第三人与合伙企业事务执行人恶意串通、损害合伙企业利益，则不属善意的情形。需要指出的是，不得对抗善意第三人，主要是针对给第三人造成的损失而言，即当执行合伙事务的合伙人给善意第三人造成损失时，合伙企业不能因为有对合伙人执行合伙事务以及对外代表合伙企业权利的限制，就对善意第三人不承担责任。

知识链接
保护善意
第三人的意义

（二）合伙企业和合伙人的债务清偿

1. 合伙企业的债务清偿与合伙人的关系

（1）合伙企业财产优先清偿。合伙企业对其债务，应先以其全部财产进行清偿。所谓合伙企业的债务，是指在合伙企业存续期间产生的债务。合伙企业对其债务，应先以其全部财产进行清偿。也就是说，合伙企业的债务，应先由合伙企业的财产来承担，即在合伙企业存在自己的财产时，合伙企业的债权人应首先从合伙企业的全部财产中求偿，而不应当向合伙人个人直接请求债权。这样，既有利于理顺合伙企业与第三人的法律关系，明确合伙企业的偿债责任，也有利于保护债权人的债权实现。

（2）合伙人的无限连带清偿责任。合伙企业不能清偿到期债务的，合伙人承担无限连带责任。所谓合伙人的无限责任，是指当合伙企业的全部财产不足以偿付到期债务时，各个合伙人承担合伙企业的债务不是以其出资额为限，而是以其自有财产来清偿合伙企业的债务。合伙人的连带责任，是指当合伙企业的全部财产不足以偿付到期债务时，合伙企业的债权人对合伙企业所负债务，可以向任何一个合伙人主张，该合伙人不得以其出资的份额大小、合伙协议有特别约定、合伙企业债务另有担保人或者自己已经偿付所承担的份额的债务等理由来拒绝。当然合伙人由于承担连带责任，所清偿数额超过其应分担的比例时，有权向其他合伙人追偿。

（3）合伙人之间的债务分担和追偿。合伙人由于承担无限连带责任，清偿数额超过规定的亏损分担比例的，有权向其他合伙人追偿。这一规定，在重申合伙人对合伙企业债务负无限连带责任的基础上，明确了合伙人分担合伙债务的比例，是以合伙企业亏损分担的比例为准。关于合伙企业亏损分担比例，合伙企业的亏损分担按照合伙协议的约定办理；合伙协议未约定或者约定不明确的，由合伙人协商决定；协商不成的，由合伙人按照实缴出资比例分担；无法确定出资比例的，由合伙人平均分担。

合伙人之间的分担比例对债权人没有约束力。债权人可以根据自己的清偿利益，请求全体合伙人中的一人或数人承担全部清偿责任，也可以按照自己确定的清偿比例向各合伙人分别追索。如果某一合伙人实际支付的清偿数额超过其依照既定比例所应承担的数额，该合伙人有权就超过部分向其他未支付或者未足额支付应承担数额的合伙人追偿。但是，合伙人的这种追偿权，应当具备以下三项条件：

一是追偿人已经实际承担连带责任，并且其清偿数额超过了他应当承担的数额；

二是被追偿人未实际承担或者未足额承担其应当承担的数额；

三是追偿的数额不得超过追偿人超额清偿部分的数额或被追偿人未足额清偿部分的数额。

（4）合伙人的债务清偿与合伙企业的关系。在合伙企业存续期间，可能发生个别合伙人因不能偿还其私人债务而被追索的情况。由于合伙人在合伙企业中拥有财产权益，合伙人的债权人可能向合伙企业提出各种清偿请求。为了保护合伙企业和其他合伙人的合法权益，同时也保护债权人的合法权益，《合伙企业法》作了如下规定：

合伙人发生与合伙企业无关的债务，相关债权人不得以其债权抵销其对合伙企业的债务；也不得代位行使合伙人在合伙企业中的权利。

合伙人发生与合伙企业无关的债务，相关债权人不得以其债权抵销其对合伙企业的债务。这是因为，该债权人对合伙企业的负债，实际上是对全体合伙人的负债；而合伙企业某一合伙人对该债权人的负债，只限于该合伙人个人。如果允许两者抵销，就等于强迫合伙企业其他合伙人对个别合伙人的个人债务承担责任。这违反了合伙企业的本意，加大了合伙人的风险，也不利于合伙企业这种经济组织形式的发展。

合伙人发生与合伙企业无关的债务，相关债权人不得代位行使该合伙人在合伙企业中的权利。这是因为，合伙人之间相互了解和信任是合伙关系稳定的基础，如果允许个别合伙人的债权人代位行使该合伙人在合伙企业中的权利，如参与管理权、事务执行权等，则不利于合伙关系的稳定和合伙企业的正常运营。况且，该债权人因无合伙人身份，其行使合伙人的权利而不承担无限连带责任，这无异于允许他将自己行为的责任风险转嫁于合伙企业的全体合伙人，这显然是不公平的。

合伙人的自有财产不足清偿其与合伙企业无关的债务的，该合伙人可以以其从合伙企业中分取的收益用于清偿；债权人也可以依法请求人民法院强制执行该合伙人在合伙企业中的财产份额用于清偿。这既保护了债权人的清偿利益，也无损于全体合伙人的合法权益。因为，在债权人取得其债务人从合伙企业中分取的收益用来清偿的情况下，该债权人并不参与合伙企业内部事务，也不妨碍其债务人作为合伙人正常行使其正当的权利。而在债权人依法请求人民法院强制执行债务人在合伙企业中的财产份额作为清偿的情况下，如果该债权人因取得该财产份额而成为合伙企业合伙人，则无异于合伙份额的转让，因此，债权人取得合伙人地位后，就要承担与其他合伙人同样的责任，因而不存在转嫁责任风险的问题。

六、入伙与退伙

（一）入伙

入伙是指在合伙企业存续期间，合伙人以外的第三人加入合伙企业，从而取得合伙人资格。

1. 入伙的条件和程序

新合伙人入伙，除合伙协议另有约定外，应当经全体合伙人一致同意，并依法订立书面入伙协议。订立入伙协议时，原合伙人应当向新合伙人如实告知原合伙企业的经营状况和财务状况。这一规定包括四层含义：

一是新合伙人入伙，应当经全体合伙人一致同意，未获得一致同意的，不得入伙；

二是合伙协议无另外约定，如果合伙协议对新合伙人入伙约定了相应的条件，则必须按照约定执行；

三是新合伙人入伙，应当依法订立书面入伙协议，入伙协议应当以原合伙协议为基础，并对原合伙协议事项作相应变更，订立入伙协议不得违反公平原则、诚实信用原则；

四是订立入伙协议时，原合伙人应当向新合伙人如实告知原合伙企业的经营状况和财务状况。

2. 新合伙人的权利和责任

一般来讲，入伙的新合伙人与原合伙人享有同等权利，承担同等责任。但是，如果原合伙人愿意以更优越的条件吸引新合伙人入伙，或者新合伙人愿意以较为不利的条件入伙，也可以在入伙协议中另行约定。关于新入伙人对入伙前合伙企业的债务承担问题，新合伙人对入伙前合伙企业的债务承担无限连带责任。

（二）退伙

退伙是指合伙人退出合伙企业，从而丧失合伙人资格。

1. 退伙的原因

合伙人退伙，一般有两种原因：一是自愿退伙；二是法定退伙。

（1）自愿退伙，是指合伙人基于自愿的意思表示而退伙。自愿退伙可以分为协议退伙和通知退伙两种。

协议退伙。合伙协议约定合伙期限的，在合伙企业存续期间，有下列情形之一的，合伙人可以退伙：1）合伙协议约定的退伙事由出现；2）经全体合伙人一致同意；3）发生合伙人难以继续参加合伙的事由；4）其他合伙人严重违反合伙协议约定的义务。合伙人违反上述规定退伙的，应当赔偿由此给合伙企业造成的损失。

通知退伙。合伙协议未约定合伙期限的，合伙人在不给合伙企业事务执行造成不利影响的情况下，可以退伙，但应当提前30日通知其他合伙人。

（2）法定退伙，是指合伙人因出现法律规定的事由而退伙。法定退伙分为当然退伙和除名两类。

合伙人有下列情形之一的，当然退伙：1）作为合伙人的自然人死亡或者被依法宣告死亡；2）个人丧失偿债能力；3）作为合伙人的法人或者非法人组织依法被吊销营业执照、责令关闭、撤销，或者被宣告破产；4）法律规定或者合伙协议约定合伙人必须具有相关资格而丧失该资格；5）合伙人在合伙企业中的全部财产份额被人民法院强制执行。

此外，合伙人被依法认定为无民事行为能力人或者限制民事行为能力人的，经其他合伙人一致同意，可以依法转为有限合伙人，普通合伙企业依法转为有限合伙企业。其他合伙人未能一致同意的，该无民事行为能力或者限制民事行为能力的合伙人退伙。当然退伙以退伙事由实际发生之日为退伙生效日。

2. 退伙的效果

退伙的效果，是指退伙时退伙人在合伙企业中的财产份额和民事责任的归属变动。分为两类情况：一是财产继承：二是退伙结算。

（1）财产继承。

合伙人死亡或者被依法宣告死亡的，对该合伙人在合伙企业中的财产份额享有合法继承权的继承人，按照合伙协议的约定或者经全体合伙人一致同意，从继承开始之日起，取得该合伙企业的合伙人资格。

（2）退伙结算。

除合伙人死亡或者被依法宣告死亡的情形外，《合伙企业法》对退伙结算作了以下规定：

一是合伙人退伙，其他合伙人应当与该退伙人按照退伙时的合伙企业财产状况进行结算，退还退伙人的财产份额。退伙人对给合伙企业造成的损失负有赔偿责任的，相应扣减其应当赔偿的数额。退伙时有未了结的合伙企业事务的，待该事务了结后进行结算。

二是退伙人在合伙企业中财产份额的退还办法，由合伙协议约定或者由全体合伙人决定，可以退还货币，也可以退还实物。

三是合伙人退伙时，合伙企业财产少于合伙企业债务的，退伙人应当依照法律规定分担亏损，即如果合伙协议约定亏损分担比例的，按照合伙协议的约定办理；合伙协议未约定或者约定不明确的，由合伙人协商决定；协商不成的，由合伙人按照实缴出资比例分担；无法确定出资比例的，由合伙人平均分担。

合伙人退伙以后，并不能解除对于合伙企业既往债务的连带责任，退伙人对基于其退伙前的原因发生的合伙企业债务，承担无限连带责任。

七、特殊的普通合伙企业

特殊的普通合伙企业，是指以专业知识和专门技能为客户提供有偿服务的专业服务机构。特殊的普通合伙企业名称中应当标明“特殊普通合伙”字样。

练一练

（一）特殊的普通合伙企业的责任形式

1. 责任承担

一个合伙人或者数个合伙人在执业活动中因故意或者重大过失造成合伙企业债务的，应当承担无限责任或者无限连带责任，其他合伙人以其在合伙企业中的财产份额为限承担责任。合伙人在执业活动中非因故意或者重大过失造成的合伙企业债务以及合伙企业的其他债务，由全体合伙人承担无限连带责任。所谓重大过失，是指明知可能造成损失而轻率地作为或者不作为。

根据这一法律规定，特殊的普通合伙企业的责任形式分为两种：

（1）有限责任与无限连带责任相结合。即一个合伙人或者数个合伙人在执业活动中因故意或者重大过失造成合伙企业债务的，应当承担无限责任或者无限连带责任，其他合伙人以其在合伙企业中的财产份额为限承担责任。这是因为，其他合伙人出资后，该出资即形成合伙企业财产，由合伙企业享有财产权，合伙人对该出资即丧失占有、使用、收益和处分的权利。但由于特殊普通合伙企业的特殊性，为了保证特殊的普通合伙企业的健康发展，必须对合伙人的责任形式予以改变，否则以专业知识和专门技能为客户提供服务的专业服务机构难以存续。因此，对一个合伙人或者数个合伙人在执业活动中的故意或者重大过失行为与其他合伙人相区别对待，对于负有重大责任的合伙人应当承担无限责任或者无限连带责任，其他合伙人只能以其在合伙企业中的财产份额为限承担责任。这也符合公平、公正原则，如果不分清责任，简单地归责于无限连带责任或者有限责任，不但对其他合伙人不公平，而且债权人的利益也难以得到保障。

（2）无限连带责任。对合伙人在执业活动中非因故意或者重大过失造成的合伙企业债务以及合伙企业的其他债务，全体合伙人承担无限连带责任。这是在责任划分的基础上作出的合理性规定，以最大限度地实现公平、正义和保障债权人的合法权益。当然，这种责任形式的前提是，合伙人在执业过程中不存在重大过错，即既没有故意，也不存在重大过失。

2. 责任追偿

合伙人执业活动中因故意或者重大过失造成的合伙企业债务，以合伙企业财产对外承担责任后，该合伙人应当按照合伙协议的约定对给合伙企业造成的损失承担赔偿责任。

（二）特殊的普通合伙企业的执业风险防范

特殊的普通合伙企业应当建立执业风险基金、办理职业保险。

执业风险基金，主要是指为了化解经营风险，特殊的普通合伙企业从其经营收益中提取相应比例的资金留存或者根据相关规定上缴至指定机构所形成的资金。执业风险基金用于偿付合伙人执业活动造成的债务。执业风险基金应当单独立户管理。

职业保险，又称职业责任保险，是指承保各种专业技术人员因工作上的过失或者疏忽大意所造成的合同一方或者他人的人身伤害或者财产损失的经济赔偿责任的保险。

第三节 有限合伙企业

有限合伙企业，是指由有限合伙人和普通合伙人共同组成，普通合伙人对合伙企业债务承担无限连带责任，有限合伙人以其认缴的出资额为限对合伙企业债务承担责任的合伙组织。

一、有限合伙企业的法律适用

《合伙企业法》规定了两种类型的企业，即普通合伙企业和有限合伙企业。有限合伙企业与普通合伙企业之间既有相同点，也有差异处，其中两者的差别主要表现为合伙企业的内部构造上。普通合伙企业的成员均为普通合伙人（特殊的普通合伙企业除外），而有限合伙企业的成员则被划分为两部分，即有限合伙人和普通合伙人。这两部分合伙人在主体资格、权利享有、义务承受与责任承担等方面存在着明显的差异。在法律适用中，凡是《合伙企业法》中对有限合伙企业有特殊规定的，应当适用有关《合伙企业法》中对有限合伙企业的特殊规定。无特殊规定的，适用有关普通合伙企业及其合伙人的一般规定。

有限合伙企业引入有限责任制度，有利于调动各方的投资热情，实现投资者与创业者的最佳结合。

有限合伙企业与普通合伙企业、有限责任公司在经营管理与风险承担方面都有区别，具体见表 3-2。

表 3-2　有限合伙企业与普通合伙企业、有限责任公司特征对比

	经营管理	风险承担
有限合伙企业	有限合伙人不执行合伙事务，而由普通合伙人从事具体的经营管理	不同类型的合伙人所承担的责任则存在差异，其中有限合伙人以其各自的出资额为限承担有限责任，普通合伙人之间承担无限连带责任
普通合伙企业	普通合伙企业的合伙人，一般均可参与合伙企业的经营管理。有限责任公司的股东有权参与公司的经营管理（含直接参与和间接参与）	合伙人之间对合伙债务承担无限连带责任
有限责任公司	股东有权参与公司的经营管理（含直接参与和间接参与）	股东对公司债务以其各自的出资额为限承担有限责任

课堂讨论：

建立合伙企业时，应如何选择合伙人？

二、有限合伙企业设立的特殊规定

（一）有限合伙企业人数

有限合伙企业由 2 个以上 50 个以下合伙人设立；但是，法律另有规定的除外。有限合伙企业至少应当有 1 个普通合伙人。按照规定，自然人、法人和非法人组织可以依照法律规定设立有限合伙企业，但国有独资公司、国有企业、上市公司以及公益性的事业单位、社会团体不得成为有限合伙企业的普通合伙人。

在有限合伙企业存续期间，有限合伙人的人数可能发生变化。然而，无论如何变化，有限合伙企业中必须包括有限合伙人与普通合伙人两部分，否则，有限合伙企业应当进行组织形式变化。有限合伙企业仅剩有限合伙人的，应当解散；有限合伙企业仅剩普通合伙人的，应当转为普通合伙企业。

（二）有限合伙企业名称

有限合伙企业名称中应当标明“有限合伙”字样。按照企业名称登记管理的有关规定，企业名称中应当含有企业的组织形式。为便于社会公众以及交易相对人对有限合伙企业的了解，有限合伙企业名称中应当标明“有限合伙”的字样，而不能标明“普通合伙”“特殊普通合伙”“有限公司”“有限责任公司”等字样。

（三）有限合伙企业协议

有限合伙企业协议是有限合伙企业生产经营的重要法律文件。有限合伙企业协议除符合普通合伙企业合伙协议的规定外，还应当载明下列事项：

（1）普通合伙人和有限合伙人的姓名或者名称、住所；

(2) 执行事务合伙人应具备的条件和选择程序;
(3) 执行事务合伙人权限与违约处理办法;
(4) 执行事务合伙人的除名条件和更换程序;
(5) 有限合伙人入伙、退伙的条件、程序以及相关责任;
(6) 有限合伙人和普通合伙人相互转变程序。

(四) 有限合伙人出资形式

有限合伙人可以用货币、实物、知识产权、土地使用权或者其他财产权利作价出资。有限合伙人不得以劳务出资。有限合伙人的出资可能成为有限合伙企业的最低财产，劳务出资的实质是用未来劳动创造的收入来投资，其难以通过市场变现，法律上执行困难。如果普通合伙人用劳务出资，有限合伙人也用劳务出资，将来该有限合伙企业将难以承担债务责任，这将不利于保护债权人的利益。

(五) 有限合伙人出资义务

有限合伙人应当按照合伙协议的约定按期足额缴纳出资;未按期足额缴纳的，应当承担补缴义务，并对其他合伙人承担违约责任。按期足额出资是有限合伙人必须履行的义务，因此有限合伙人应当按照合伙协议的约定按期足额缴纳出资。合伙人未按照协议的约定履行缴纳出资义务的，首先应当承担补缴出资的义务，同时还应对其他合伙人承担违约责任。

(六) 有限合伙企业登记事项

有限合伙企业登记事项中应当载明有限合伙人的姓名或者名称及认缴的出资数额。

三、有限合伙企业事务执行的特殊规定

(一) 有限合伙企业事务执行人

有限合伙企业由普通合伙人执行合伙事务。执行事务合伙人可以要求在合伙协议中确定执行事务的报酬及报酬提取方式。如合伙协议约定数个普通合伙人执行合伙事务，这些普通合伙人均为合伙事务执行人。如合伙协议无约定，全体普通合伙人是合伙事务的共同执行人。合伙事务执行人除享有一般合伙人相同的权利外，还有接受其他合伙人的监督和检查、谨慎执行合伙事务的义务，若因自己的过错造成合伙财产损失的，应向合伙企业或其他合伙人负赔偿责任。此外，由于执行事务合伙人较不执行事务合伙人对有限合伙企业要多付出劳动，因此，执行事务合伙人可以就执行事务的劳动付出，要求企业支付报酬。对于报酬的支付方式及其数额，应由合伙协议规定或全体合伙人讨论决定。

(二) 禁止有限合伙人执行合伙事务

有限合伙人不执行合伙事务，不得对外代表有限合伙企业。有限合伙人的下列行为，不视为执行合伙事务:
(1) 参与决定普通合伙人入伙、退伙;
(2) 对企业的经营管理提出建议;
(3) 参与选择承办有限合伙企业审计业务的会计师事务所;
(4) 获取经审计的有限合伙企业财务会计报告;
(5) 对涉及自身利益的情况，查阅有限合伙企业财务会计账簿等财务资料;
(6) 在有限合伙企业中的利益受到侵害时，向有责任的合伙人主张权利或者提起

诉讼；

（7）执行事务合伙人怠于行使权利时，督促其行使权利或者为了本企业的利益以自己的名义提起诉讼；

（8）依法为本企业提供担保。

另外，第三人有理由相信有限合伙人为普通合伙人并与其交易的，该有限合伙人对该笔交易承担与普通合伙人同样的责任。有限合伙人未经授权以有限合伙企业名义与他人进行交易，给有限合伙企业或者其他合伙人造成损失的，该有限合伙人应当承担赔偿责任。

（三）有限合伙企业利润分配

有限合伙企业不得将全部利润分配给部分合伙人；但是，合伙协议另有约定的除外。

（四）有限合伙人权利

1. 有限合伙人可以同本企业进行交易

有限合伙人可以同本有限合伙企业进行交易；但是，合伙协议另有约定的除外。因为有限合伙人并不参与有限合伙企业事务的执行，对有限合伙企业的对外交易行为，有限合伙人并无直接或者间接的控制权，有限合伙人与本有限合伙企业进行交易时，一般不会损害本有限合伙企业的利益。有限合伙协议可以对有限合伙人与有限合伙企业之间的交易进行限定，如果有限合伙协议另有约定的，则必须按照约定的要求进行。普通合伙人如果禁止有限合伙人同本有限合伙企业进行交易，应当在合伙协议中作出约定。

2. 有限合伙人可以经营与本企业相竞争的业务

有限合伙人可以自营或者同他人合作经营与本有限合伙企业相竞争的业务；但是，合伙协议另有约定的除外。与普通合伙人不同，有限合伙人一般不承担竞业禁止义务。普通合伙人如果禁止有限合伙人自营或者同他人合作经营与本有限合伙企业相竞争的业务，应当在合伙协议中作出约定。

四、有限合伙企业财产出质与转让的特殊规定

（一）有限合伙人财产份额出质

有限合伙人可以将其在有限合伙企业中的财产份额出质；但是，合伙协议另有约定的除外。所谓有限合伙人将在有限合伙企业中的财产份额出质，是指有限合伙人以其在合伙企业中的财产份额对外进行权利质押。有限合伙人在有限合伙企业中的财产份额，是有限合伙人的财产权益，在有限合伙企业存续期间，有限合伙人可以对该财产权利进行一定的处分。有限合伙人将其在有限合伙企业中的财产份额进行出质，产生的后果仅仅是有限合伙企业的有限合伙人存在变更的可能，这对有限合伙企业的财产基础并无根本的影响。因此，有限合伙人可以按照《民法典》相关规定进行财产份额的出质。但是，有限合伙企业合伙协议可以对有限合伙人的财产份额出质作出约定，如有特殊约定，应按特殊约定进行。

（二）有限合伙人财产份额转让

有限合伙人可以按照合伙协议的约定向合伙人以外的人转让其在有限合伙企业中的财产份额，但应当提前30日通知其他合伙人。这是因为，有限合伙人向合伙人以外的其他人转让其在有限合伙企业中的财产份额，并不影响有限合伙企业债权人的权益。但是，有限合伙人对外转让其在有限合伙企业中的财产份额应当依法进行，一是要按照合伙协议的

约定进行转让；二是应当提前 30 日通知其他合伙人。有限合伙人对外转让其在有限合伙企业的财产份额时，有限合伙企业的其他合伙人有优先购买权。

五、有限合伙人债务清偿的特殊规定

有限合伙人的自有财产不足清偿其与合伙企业无关的债务的，该合伙人可以以其从有限合伙企业中分取的收益用于清偿；债权人也可以依法请求人民法院强制执行该合伙人在有限合伙企业中的财产份额用于清偿。人民法院强制执行有限合伙人的财产份额时，应当通知全体合伙人。在同等条件下，其他合伙人有优先购买权。因此，有限合伙人清偿其债务时，首先应当以自有财产进行清偿，只有自有财产不足清偿时，有限合伙人才可以使用其在有限合伙企业中分取的收益进行清偿，也只有在有限合伙人的自有财产不足清偿其与合伙企业无关的债务的，人民法院才可以应债权人请求强制执行该合伙人在有限合伙企业中的财产份额用于清偿。人民法院强制执行有限合伙人的财产份额时，应当通知全体合伙人，且在同等条件下，其他合伙人有优先购买权。

六、有限合伙企业入伙与退伙的特殊规定

（一）入伙

新入伙的有限合伙人对入伙前有限合伙企业的债务，以其认缴的出资额为限承担责任。这里需要注意，在普通合伙企业中，新入伙的合伙人对入伙前合伙企业的债务承担连带责任，而在有限合伙企业中，新入伙的有限合伙人对入伙前有限合伙企业的债务，以其认缴的出资额为限承担责任。

（二）退伙

1. 有限合伙人当然退伙

有限合伙人出现下列情形时当然退伙：

（1）作为合伙人的自然人死亡或者被依法宣告死亡；

（2）作为合伙人的法人或者非法人组织依法被吊销营业执照、责令关闭、撤销，或者被宣告破产；

（3）法律规定或者合伙协议约定合伙人必须具有相关资格而丧失该资格；

（4）合伙人在合伙企业中的全部财产份额被人民法院强制执行。

2. 有限合伙人丧失民事行为能力的处理

作为有限合伙人的自然人在有限合伙企业存续期间丧失民事行为能力的，其他合伙人不得因此要求其退伙。这是因为，有限合伙人对有限合伙企业只进行投资，而不负责事务执行。作为有限合伙人的自然人在有限合伙企业存续期间丧失民事行为能力，并不影响有限合伙企业的正常生产经营活动，其他合伙人不能要求该丧失民事行为能力的合伙人退伙。

3. 有限合伙人继承人的权利

作为有限合伙人的自然人死亡、被依法宣告死亡或者作为有限合伙人的法人及非法人组织终止时，其继承人或者权利承受人可以依法取得该有限合伙人在有限合伙企业中的资格。

4. 有限合伙人退伙后责任承担

有限合伙人退伙后，对基于其退伙前的原因发生的有限合伙企业债务，以其退伙时从有限合伙企业中取回的财产承担责任。

七、合伙人性质转变的特殊规定

除合伙协议另有约定外，普通合伙人转变为有限合伙人，或者有限合伙人转变为普通合伙人，应当经全体合伙人一致同意。有限合伙人转变为普通合伙人的，对其作为有限合伙人期间有限合伙企业发生的债务承担无限连带责任。普通合伙人转变为有限合伙人的，对其作为普通合伙人期间合伙企业发生的债务承担无限连带责任。

有限合伙企业仅剩有限合伙人的，应当解散；有限合伙企业仅剩普通合伙人的，转为普通合伙企业。

第四节　合伙企业解散、清算和违法责任

一、合伙企业解散

合伙企业解散，是指各合伙人解除合伙协议，合伙企业终止活动。《合伙企业法》对合伙企业解散的情形有明确的规定，有下列情形之一的，应当解散：

（1）合伙期限届满，合伙人决定不再经营；

（2）合伙协议约定的解散事由出现；

（3）全体合伙人决定解散；

（4）合伙人已不具备法定人数满 30 天；

（5）合伙协议约定的合伙目的已经实现或者无法实现；

（6）依法被吊销营业执照、责令关闭或者被撤销；

（7）法律、行政法规规定的其他原因。

二、合伙企业清算

合伙企业解散的，应当进行清算。《合伙企业法》对合伙企业清算作了以下几方面的规定：

（一）确定清算人

合伙企业解散，应当由清算人进行清算。清算人由全体合伙人担任；经全体合伙人过半数同意，可以自合伙企业解散事由出现后 15 日内指定一个或者数个合伙人，或者委托第三人，担任清算人。自合伙企业解散事由出现之日起 15 日内未确定清算人的，合伙人或者其他利害关系人可以申请人民法院指定清算人。

（二）清算人职责

清算人在清算期间执行下列事务：

（1）清理合伙企业财产，分别编制资产负债表和财产清单；

（2）处理与清算有关的合伙企业未了结事务；

（3）清缴所欠税款；
（4）清理债权、债务；
（5）处理合伙企业清偿债务后的剩余财产；
（6）代表合伙企业参加诉讼或者仲裁活动。

（三）通知和公告债权人

清算人自被确定之日起 10 日内将合伙企业解散事项通知债权人，并于 60 日内在报纸上公告。债权人应当自接到通知书之日起 30 日内，未接到通知书的自公告之日起 45 日内，向清算人申报债权。债权人申报债权，应当说明债权的有关事项，并提供证明材料。清算人应当对债权进行登记。清算期间，合伙企业存续，但不得开展与清算无关的经营活动。

（四）财产清偿顺序

合伙企业财产在支付清算费用和职工工资、社会保险费用、法定补偿金以及缴纳所欠税款、清偿债务后的剩余财产，依照《合伙企业法》关于利润分配和亏损分担的规定进行分配。

（五）注销登记

清算结束，清算人应当编制清算报告，经全体合伙人签名、盖章后，在 15 日内向企业登记机关报送清算报告，申请办理合伙企业注销登记。

合伙企业注销后，原普通合伙人对合伙企业存续期间的债务仍应承担无限连带责任。

（六）合伙企业不能清偿到期债务的处理

合伙企业不能清偿到期债务的，债权人可以依法向人民法院提出破产清算申请，也可以要求普通合伙人清偿。合伙企业依法被宣告破产的，普通合伙人对合伙企业债务仍应承担无限连带责任。

三、违反合伙企业法的法律责任

我国合伙企业法明确规定违反合伙企业法应承担的法律责任，主要包括：

（1）提交虚假文件或者采取其他欺骗手段，取得合伙企业登记的；合伙企业未在其名称中标明“普通合伙”、“特殊普通合伙”或者“有限合伙”字样的；未领取营业执照，而以合伙企业或者合伙企业分支机构名义从事合伙业务的；由企业登记机关责令限期改正，并处罚款。

（2）合伙人执行合伙事务，或者合伙企业从业人员利用职务上的便利，将应当归合伙企业的利益据为己有的，或者采取其他手段侵占合伙企业财产的，未经全体合伙人一致同意始得执行的事务擅自处理的，不具有事务执行权的合伙人擅自执行合伙事务的，从事与本合伙企业相竞争的业务或者与本合伙企业进行交易的，给合伙企业或者其他合伙人造成损失的，依法承担赔偿责任，甚至将获得的不正当利益和财产退还合伙企业。

（3）清算人在工作过程中隐瞒重要事实，或者有重大遗漏的；牟取非法收入或者侵占合伙企业财产的，不仅要将该收入和侵占的财产退还合伙企业，还要依法承担赔偿责任。

（4）有关行政管理机关的工作人员滥用职权、徇私舞弊、收受贿赂、侵害合伙企业合法权益的，依法给予行政处分。构成犯罪的，依法追究刑事责任。

（5）应当承担民事赔偿责任和缴纳罚款、罚金，其财产不足以同时支付的，先承担民事赔偿责任。

合伙企业法律制度知识要点导图见图 3-1。

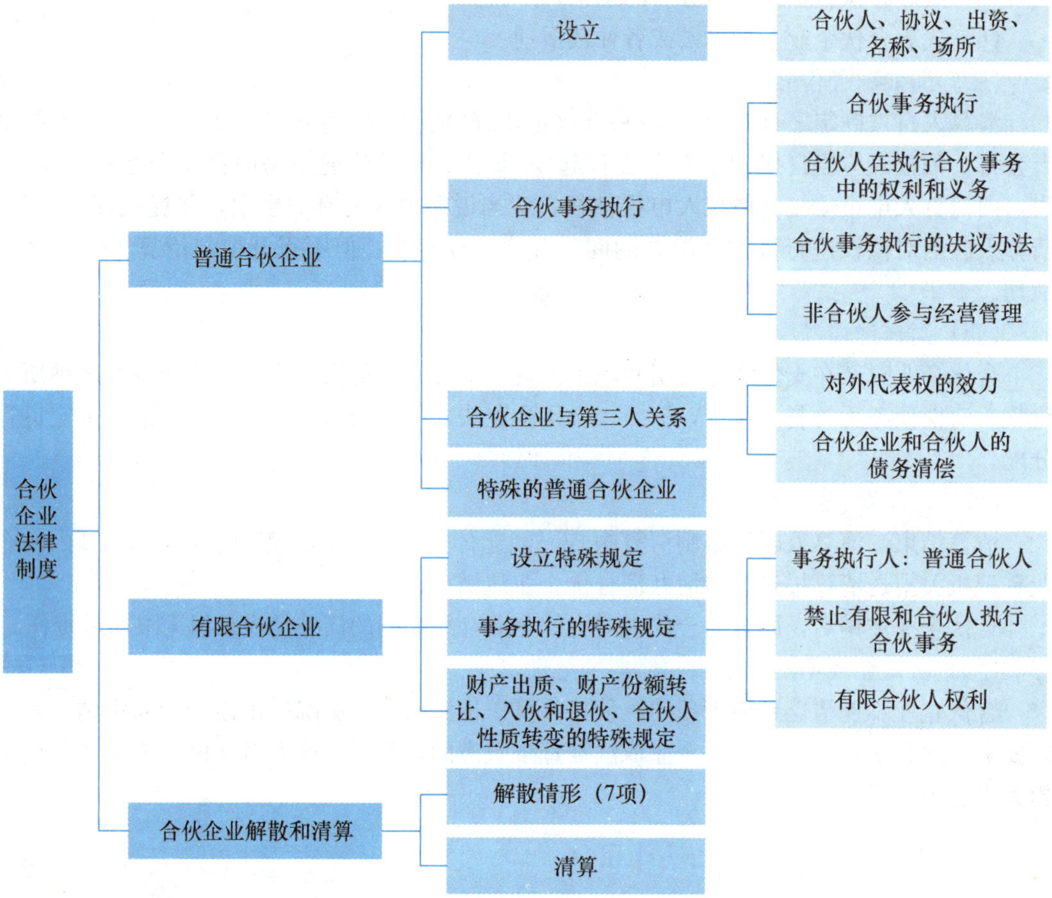

图 3-1　合伙企业法律制度知识要点导图

第五节　个人独资企业法律制度

个人独资企业是指在中国境内设立，由一个自然人投资，财产为投资人个人所有，投资人以其个人财产对企业债务承担无限责任的经营实体。《个人独资企业法》自 2000 年起施行，其宗旨是规范个人独资企业的行为，保护个人独资企业投资人和债权人的合法权益，维护社会经济秩序，促进社会主义市场经济的发展。

一、个人独资企业的法律特征

（一）个人独资企业概述

1. 个人独资企业是由一个自然人投资的企业

根据个人独资企业法的规定，设立个人独资企业只能是一个自然人，国家机关、国家授权投资的机构或者国家授权的部门、企业、事业单位等都不能作为个人独资企业的设立人。个人独资企业法所指的自然人只是指中国公民。

2. 个人独资企业的投资人对企业的债务承担无限责任

由于个人独资企业的投资人仅为一个自然人，因此，对企业出资多少、是否追加投资或减少投资、采取什么样的经营方式等事项均由投资人一人决定。投资人对企业的债务承担无限责任，即当企业的资产不足以清偿到期债务时，投资人应以自己个人的全部财产用于清偿，这实际上将企业的责任与投资人的责任连为一体。

3. 个人独资企业的内部机构设置简单，经营管理方式灵活

个人独资企业的投资人既是企业的所有者，又可以是企业的经营者。因此，法律对其内部机构设置和经营管理方式不像公司和其他企业那样加以严格的规定。

4. 个人独资企业是非法人企业

个人独资企业由一个自然人出资，投资人对企业的债务承担无限责任。在权利义务上，企业和个人是融为一体的，企业的责任即是投资人个人的责任，企业的财产即是投资人个人的财产。因此，个人独资企业不具有法人资格，也无独立承担民事责任的能力。个人独资企业虽然不具有法人资格，但却是独立的民事主体，可以自己的名义从事民事活动。

想一想

个人独资企业的利与弊。

（二）个人独资企业与个体工商户、一人有限公司的区别

个人独资企业和个体工商户、一人有限责任公司是个人投资可供选择的三种不同法律形式，它们都是适应市场经济发展的商事主体，三者的主要区别见表 3-3。

表 3-3 个人独资企业、个体工商户和一人有限责任公司的主要区别

	个人独资企业	个体工商户	一人有限责任公司
民事法律关系	依照《个人独资企业法》设立，在民事、行政、经济法律制度中是非法人组织或其他经济组织的一种形式，能够以企业自身的名义进行法律活动，不具有法人资格	依照《民法典》规定设立，依法经核准登记从事工商业经营，不具有法人资格	具有完全的民事权利能力、民事行为能力和民事责任能力，具有独立法人资格的经济实体
出资人	可由个人出资经营，投资者与经营者可以是不同的人，可以设立分支机构，也可以委派他人作为个人独资企业分支机构的负责人	可以由一个自然人或家庭共同出资设立，投资者和经营者只能是同一个人	由一名自然人或法人股东投资设立
税收管理与纳税基础	税收管理相对宽松，只需缴纳个人所得税，不用缴纳企业所得税	税收管理相对宽松，只需缴纳个人所得税，不用缴纳企业所得税	税收要求严格，必须缴纳企业所得税，对股东进行利润分配时还要缴纳个人所得税

续表

	个人独资企业	个体工商户	一人有限责任公司
承担责任的财产范围	个人独资企业不是独立的企业法人，不能以其财产独立承担民事责任，而是投资者以个人财产对企业债务承担无限责任	对所负债务承担的是无限清偿责任，即不以投入经营的财产为限，而应以其所有的全部财产承担责任。是个人经营的，以个人财产承担；是家庭经营的，以家庭财产承担	股东仅以其出资额为限对公司债务承担责任，公司以其全部财产独立承担责任，当公司财产不足以清偿其债务时，股东不承担连带责任

二、个人独资企业法的基本原则

（一）依法保护个人独资企业的财产和其他合法权益

个人独资企业的财产是指个人独资企业的财产所有权，包括对财产的占有、使用、处分和收益的权利；其他合法权益是指财产所有权以外的有关权益，如自主经营权、平等竞争权、拒绝摊派权等。

（二）个人独资企业从事经营活动必须遵守法律、行政法规，遵守诚实信用原则，不得损害社会公共利益

个人独资企业在经营活动中，除必须遵守法律、行政法规外，还必须遵守社会公德，不得滥用权力。

（三）个人独资企业应当依法履行纳税义务

依法纳税是每个自然人和企业应尽的义务。个人独资企业在经营活动中应当依法缴纳国家税收法律、法规及规章规定的各项税款。

（四）个人独资企业应当依法招用职工

个人独资企业应严格依照劳动法及有关规定招用职工。企业招用职工应当与职工签订劳动合同，劳动合同必须遵循平等自愿、协商一致的原则，并不得违反国家法律、法规和有关政策规定。

（五）个人独资企业职工的合法权益受法律保护

个人独资企业职工的自主签订合同权、合理休息权、获取劳动报酬权、接受职业技能培训权、享受保险福利权等劳动法和其他有关法律规定的权利不受侵犯。个人独资企业职工依法建立工会，工会依法开展活动。

三、个人独资企业的设立

（一）个人独资企业的设立条件

设立个人独资企业应当具备下列条件：

（1）投资人为一个自然人，且只能是中国公民。

（2）有合法的企业名称。名称是企业的标志，企业必须有相应的名称，并应符合法律、法规的要求。个人独资企业的名称应当符合国家关于企业名称登记管理的有关规定，企业名称应与其责任形式及从事的营业相符合，可以叫厂、店、部、中心、工作室等，名称中不得使用“有限”“有限责任”“公司”字样。

（3）有投资人申报的出资。投资人可以个人财产出资，也可以家庭共有财产作为个人

出资。《个人独资企业法》对设立个人独资企业的出资数额未作限制。设立个人独资企业可以用货币出资，也可以用实物、土地使用权、知识产权或者其他财产权利出资。采取实物、土地使用权、知识产权或者其他财产权利出资的，应将其折算成货币数额。投资人申报的出资额应当与企业的生产经营规模相适应。以家庭共有财产作为个人出资的，投资人应当在设立（变更）登记申请书上予以注明。

（4）有固定的生产经营场所和必要的生产经营条件。生产经营场所包括企业的住所和与生产经营相适应的处所。住所是企业的主要办事机构所在地，是企业的法定地址。

（5）有必要的从业人员。即要有与其生产经营范围、规模相适应的从业人员。

（二）个人独资企业的设立程序

1. 提出申请

申请设立个人独资企业，应当由投资人或者其委托的代理人向个人独资企业所在地的登记机关提出设立申请。投资人申请设立登记，应当向登记机关提交投资人签署的个人独资企业设立申请书、身份证明、企业住所证明和生产经营场所使用证明等相关文件。

2. 工商登记

登记机关应当在收到设立申请文件之日起 15 日内，对符合《个人独资企业法》规定条件的予以登记，发给营业执照；对不符合《个人独资企业法》规定条件的，不予登记，并发给企业登记驳回通知书。个人独资企业营业执照的签发日期，为个人独资企业成立日期。在领取个人独资企业营业执照前，投资人不得以个人独资企业名义从事经营活动。

3. 分支机构登记

个人独资企业设立分支机构，应当由投资人或者其委托的代理人向分支机构所在地的登记机关申请设立登记。分支机构从事法律、行政法规规定必须报经有关部门审批的业务的，还应当提交有关部门的批准文件。个人独资企业投资人委派分支机构负责人的，应当提交投资人委派分支机构负责人的委托书及其身份证明。委托代理人申请分支机构设立登记的，应当提交投资人的委托书和代理人的身份证明或者资格证明。

登记机关应当在收到按规定提交的设立申请文件之日起 15 日内，作出核准登记或者不予登记的决定。核准登记的，发给营业执照；不予登记的，发给登记驳回通知书。

个人独资企业存续期间登记事项发生变更的，应当在作出变更决定之日起 15 日内依法向登记机关申请办理变更登记。个人独资企业分支机构比照个人独资企业申请变更登记、注销登记的有关规定办理。

四、个人独资企业的投资人及事务管理

（一）个人独资企业的投资人

个人独资企业的投资人为具有中国国籍的自然人，但法律、行政法规禁止从事营利性活动的人，不得作为投资人申请设立个人独资企业。根据我国有关法律、行政法规规定，国家公务员、党政机关领导干部、警官、法官、检察官、商业银行工作人员等人员，不得作为投资人申请设立个人独资企业。

个人独资企业投资人对本企业的财产依法享有所有权，其有关权利可以依法进行转让或继承。

由于个人独资企业是一个投资人以其个人财产对企业债务承担无限责任的经营实体，

因此，个人独资企业财产不足以清偿债务的，投资人应当以其个人的其他财产予以清偿。如果个人独资企业投资人在申请企业设立登记时明确以其家庭共有财产作为个人出资的，应当依法以家庭共有财产对企业债务承担无限责任。

（二）个人独资企业的事务管理

1. 个人独资企业事务管理的方式

个人独资企业投资人可以自行管理企业事务，也可以委托或者聘用其他具有民事行为能力的人负责企业的事务管理。投资人委托或者聘用他人管理个人独资企业事务，应当与受托人或者被聘用的人签订书面合同。合同应订明委托的具体内容、授予的权利范围、受托人或者被聘用的人应履行的义务、报酬和责任等。

受托人或者被聘用的人员应当履行诚信、勤勉义务，以诚实信用的态度对待投资人，对待企业，尽其所能依法保障企业利益，按照与投资人签订的合同负责个人独资企业的事务管理。

需要指出的是，投资人对受托人或者被聘用的人员职权的限制，不得对抗善意第三人。所谓“第三人”，是指受托人或被聘用的人员以外的与企业发生经济业务关系的人。所谓“善意第三人”，是指第三人在有关经济业务事项交往中，没有从事与受托人或者被聘用的人员串通，故意损害投资人利益的人。

投资人委托或者聘用的管理个人独资企业事务的人员的行为要符合个人独资企业法的相关规定。

2. 个人独资企业事务管理的内容

个人独资企业事务管理的内容包括以下几个方面：

（1）个人独资企业应当依法设置会计账簿，进行会计核算。

（2）个人独资企业招用职工的，应当依法与职工签订劳动合同，保障职工的劳动安全，按时、足额发放职工工资。

（3）个人独资企业应当按照国家规定参加社会保险，为职工缴纳社会保险费。根据有关规定，我国目前设有五种强制性的社会保险，即养老保险、工伤保险、医疗保险、失业保险和企业职工生育保险。

（4）个人独资企业可以依法申请贷款，取得土地使用权，并享有法律、行政法规规定的其他权利。

（5）任何单位和个人不得违反法律、行政法规的规定，以任何方式强制个人独资企业提供财力、物力、人力；对于违法强制提供财力、物力、人力的行为，个人独资企业有权拒绝。

五、个人独资企业的解散和清算

（一）个人独资企业的解散

个人独资企业的解散是指个人独资企业终止活动使其民事主体资格消灭的行为。个人独资企业有下列情形之一时，应当解散：

（1）投资人决定解散；

（2）投资人死亡或者被宣告死亡，无继承人或者继承人决定放弃继承；

（3）被依法吊销营业执照；

（4）法律、行政法规规定的其他情形。

（二）个人独资企业的清算

个人独资企业解散的，应当进行清算。个人独资企业清算有以下规定：

1. 通知和公告债权人

个人独资企业解散，由投资人自行清算或者由债权人申请人民法院指定清算人进行清算。投资人自行清算的，应当在清算前15日内书面通知债权人，无法通知的，应当予以公告。债权人应当在接到通知之日起30日内，未接到通知的应当在公告之日起60日内，向投资人申报债权。

个人独资企业解散后，原投资人对个人独资企业存续期间的债务仍应承担偿还责任，但债权人在5年内未向债务人提出偿债请求的，该责任消灭。

2. 财产清偿顺序

个人独资企业解散的，财产应当按照下列顺序清偿：

（1）所欠职工工资和社会保险费用；

（2）所欠税款；

（3）其他债务。

个人独资企业财产不足以清偿债务的，投资人应当以其个人的其他财产予以清偿。

3. 清算期间对投资人的要求

清算期间，个人独资企业不得开展与清算目的无关的经营活动，在按法律规定的财产清偿顺序清偿债务前，投资人不得转移、隐匿财产。

4. 投资人的持续清偿责任

个人独资企业解散后，原投资人对个人独资企业存续期间的债务仍应承担偿还责任，但债权人在5年内未向债务人提出偿债请求的，该责任消灭。

5. 注销登记

个人独资企业清算结束后，投资人或者人民法院指定的清算人应当编制清算报告，并于15日内到登记机关办理注销登记。经登记机关注销登记，个人独资企业终止。个人独资企业办理注销登记时，应当交回营业执照。

六、违反个人独资企业法的法律责任

（一）个人独资企业及投资人违法行为应承担的法律责任

（1）提交虚假文件或采取其他欺骗手段，取得企业登记的；个人独资企业使用的名称与其在登记机关登记的名称不相符合的；责令改正，并处罚款；情节严重的，并处吊销营业执照。

（2）涂改、出租、转让营业执照的，责令改正，没收违法所得，并处罚款；情节严重的，吊销营业执照。伪造营业执照的，责令停业，没收违法所得，并处罚款。构成犯罪的，依法追究刑事责任。

（3）个人独资企业成立后无正当理由超过6个月未开业的，或者开业后自行停业连续6个月以上的，吊销营业执照。

（4）未领取营业执照，以个人独资企业名义从事经营活动的，责令停止经营活动，并处罚款。个人独资企业登记事项发生变更时，未按规定办理有关变更登记的，责令限期办理变更登记；逾期不办理的，处以罚款。

（5）个人独资企业侵犯职工合法权益，未保障职工劳动安全，不缴纳社会保险费用的，按照有关法律、行政法规予以处罚，并追究有关责任人员的责任。

（6）个人独资企业及其投资人在清算前或清算期间隐匿或者转移财产，逃避债务的，依法追回其财产，并按照有关规定予以处罚；构成犯罪的，依法追究刑事责任。

（二）管理人员对投资人造成损害或侵犯投资人权益的法律责任

（1）投资人委托或者聘用的人员管理个人独资企业事务时违反双方订立的合同，给投资人造成损害的，承担民事赔偿责任。

（2）投资人委托或者聘用的人员违反《个人独资企业法》规定，侵犯个人独资企业财产权益的，责令退还侵占的财产；给企业造成损失的，依法承担赔偿责任；有违法所得的，没收违法所得；构成犯罪的，依法追究刑事责任。

（3）投资人违反《个人独资企业法》规定，应当承担民事赔偿责任和缴纳罚款、罚金，其财产不足以支付的，或者被判处没收财产的，应当先承担民事赔偿责任。

（三）企业登记机关及其上级部门有关人员的法律责任

登记机关及其上级部门对不符合《个人独资企业法》规定条件的个人独资企业予以登记，或者对符合《个人独资企业法》规定条件的企业不予登记的，以及上级部门对登记机关的违法登记行为进行包庇的，对直接责任人员依法给予行政处分；构成犯罪的，依法追究刑事责任。

登记机关对符合法定条件的申请不予登记或者超过法定时限不予答复的，当事人可依法申请行政复议或提起行政诉讼。

违反法律、行政法规的规定强制个人独资企业提供财力、物力、人力的，按照有关法律、行政法规予以处罚，并追究有关责任人员的责任。

本章知识提要

合伙人经营是法人、自然人经营之外又一种企业组织方式，其出资方式灵活，可以以劳务、资源、渠道、知识产权等进行出资，合伙份额的比例也可以随意约定，一定意义上效率更高。因此近年来个人之间、法人之间、个人与法人之间的合伙如火如荼，有限合伙企业在科创板、中小企业及创业板的上市表现尤其亮眼，引起了学者和创业者的高度重视。

相比较有限合伙企业中的有限合伙人承担有限责任的特征，个人合伙中当事方都是承担无限连带责任的。当然法律并不禁止合伙人内部的责任分配，但对外是连带责任，不能以内部约定而抗辩第三人。合伙关系中并不要求对等或者资本充实，充分尊重意思自治。合伙企业法中特殊的普通合伙企业制度适应了我国发展专业服务机构的迫切需要，解决了许多无过错合伙人承担因其他合伙人过错所导致的连带责任的问题，一定程度上也促进了合伙企业的快速发展。

在合伙企业法学习过程中要充分意识到经营合伙企业不仅是共享收益还要共担风险，尤其作为普通合伙人的一方要承担无限责任。因此，在建立合伙企业时，一是要慎重选择在技术、资金、能力等方面互补的合伙人；二是合伙人要注重培养合作意识、契约意识，避免为一己私利损伤合伙企业发展；三是合伙企业事务执行人要有严谨的法治精神与思考能力，在执行合伙事务时要遵纪守法、尽职尽责、虚心纳谏，避免因承担无限责任给个人及合伙人带来损失。只有每个人尽到了个人责任，合伙企业才能发展壮大，进而为社会发展作出更大贡献。

本章练习题及答案解析

第四章

证券法律制度

学习目标：

知识目标：（1）知悉证券发行的条件、科创板设立的意义；

（2）了解证券交易的限制性和禁止性规定；

（3）清楚投资者保护制度的主要内容。

能力目标：熟悉并实践股票、债券、权证等证券产品的理论知识和投资理财运作，学懂弄通相关法律知识并能维护自身合法权益。

思政目标：（1）学法守法，树立投资意识，摒弃投机思想；

（2）树立风险意识，尽到家庭和社会责任。

我国证券市场历经三十余年发展，是中国从计划经济向市场经济转型的重要成就之一。证券市场的建立、运行和发展，离不开法治的支持和保障，证券法律制度在市场经济法律体系中占有重要地位。《中华人民共和国证券法》（以下简称《证券法》）作为资本市场的基础性法律，1998 年发布后，历经 2004 年、2013 年、2014 年三次修正，2005 年、2019 年两次大幅修订①，演变成为现行的证券法规则。

资本市场的有序发展，离不开配套的法律制度体系。作为资本市场的基础性法律制度，修订后的《证券法》从扩大证券法适用范围、全面推行注册制改革、完善投资者保护和提高证券违法成本等方面完善了证券市场的基础制度。证券法与其他相关法律中有关证券管理的规定及证券法规、规章和规范性文件一同构成我国证券法律体系，为打造一个规范、透明、开放、有活力、有韧性的资本市场，提供了坚强的法治保障。

① 法律修正一般指法律条款部分进行小幅度的修改；法律修订是指对法律进行全面系统的修改。

第一节 证券及证券市场概述

一、证券基本理论

（一）证券与证券法

证券是记载并代表一定权利的凭证。生活中各类仓单、提单、车船票、存折、邮票、股票和债券等都属于证券。依照功能不同，证券可以分为金券、资格证券和有价证券。金券是指具有一定金额并为特殊目的而使用的证券，如邮票、印花等。资格证券是指表明证券持有人具有行使一定权利的资格的证券，持券人凭券可向特定义务人主张一定权利，存折、车船票都属于资格证券。有价证券是记载并代表一定财产权利的证券，按照经济功能不同又可以分为商品证券、货币证券和资本证券。证券法中的证券仅指资本证券。

证券法是一国金融制度的重要内容，它是调整证券发行、交易、监管等活动中各类社会关系的法律规范的总称。证券法对上市公司发行及上市行为进行规范，其核心就是保证和提高上市公司的质量；而证券交易作为证券市场最为活跃的行为，也是证券法律制度调整的重点之一，强制性的证券交易规则为证券交易的公平与效率提供了保障。

（二）证券的种类

1. 股票

股票是股份有限公司签发的证明股东所持股份的凭证，是股份的表现形式。按是否记载股东姓名不同，股票可以分为记名股和不记名股。按股东权利不同，又可分为普通股和优先股。优先股的股息分配不受公司业绩影响，优先股股东先于普通股股东获得股息和公司剩余财产的分配，但优先股股东不参与公司管理，没有表决权和红利分配权。按投资币种不同，股票可以分为人民币普通股（A 股）、境内上市外资股（B 股）和境外上市外资股（H 股、N 股等）。

2. 债券

债券是依法定程序发行的，约定在一定期限还本付息的有价证券。根据发行主体不同，债券可分为政府债券、金融债券、公司债券和企业债券。

目前，我国中央政府债券的发行适用《中华人民共和国国库券条例》，地方政府债券的发行适用《地方政府债券发行管理办法》，政府债券上市交易受《证券法》调整。金融债券的发行人是金融机构，发行交易适用《全国银行间债券市场金融债券发行管理办法》。我国企业债券是指由中央政府部门下属机构，国有独资企业或国有资产控股企业发行的债券，由国家发改委监管，发行交易依照《企业债券管理条例》的规定执行。公司债券是指股份有限公司与有限公司依照《公司法》相关规定发行的债券，其发行和交易都受《证券法》的调整。

知识链接
政府债券

股票和债券虽同属资本证券，但两者存在明显区别。首先，法律性质不同。债券是债权债务关系凭证，代表了对公司的债权，债券的持有人是发行人的债权人；股票是股权凭证，代表的是对公司的所有权，股票的持有人是公司股东。其次，风险与收益不同。债券收益固定，发行人承担到期还本付息的义务，投资风险较低；股票的收益依公司经营业绩确定，没有固定性，投资风险远远高于债券。

3．证券投资基金

证券投资基金本质上是一种证券的组合，即由多种股票、债券集合而成。基金管理人在按照确定比例从市场上购买各种证券组合成基金后，将其分成等额股份出售，每一股份代表对构成组合的所有证券的相等份额。这种股份就被称为证券投资基金份额，它是基金投资人持有基金单位的权利凭证。证券投资基金的发行依《证券投资基金法》及相关法律法规进行，但上市交易受《证券法》调整。

4．衍生证券

衍生证券是由基本证券派生出来的证券，衍生证券的发行必须以基本证券为后盾。衍生证券因其收益取决于其他基础资产价格而得名，基础资产包括各种股票、债券、权证及各种金融产品。我国证券市场中的认股权证、存托凭证都是典型的衍生证券。认股权证是股份有限公司发行的，按特定价格在特定时间内购买其一定数量普通股股票的选择权凭证。它是一种股票认购的选择权，持有人可以行权，也可以放弃，通过转让来获取收益。存托凭证是指由存托银行签发的代表国外公司证券的可转让凭证，该外国公司的证券为基础证券。中国存托凭证是指由存托人签发、以境外证券为基础在中国境内发行、代表境外基础证券权益的证券。存托凭证促进了国际间资本流动，为企业拓宽了融资渠道，也给投资者提供了更多的投资机会。

5．期权

期权的本质是一种合约，它赋予持有人在某一特定日期或该日之前的任何时间以固定价格购进或售出一种资产的权利。期权可以分为看涨期权和看跌期权。2019 年开始，我国国内期权市场快速发展，除上交所 500ETF 期权、300ETF 期权、深交所 300ETF 期权、中金所 300 股指期权等权益类期权外，豆粕、白糖、铜、玉米、棉花、黄金等十多个品种的商品类期权也陆续上市。

6．期货

期货是与现货相对的交易方式。买卖双方通过签订标准化合约，同意按制定时间、价格与其他交易条件，交收指定数量的标的物。期货与期权都属于契约型金融衍生品，具有保值与投机的双重功能。

二、证券市场基本理论

（一）证券市场

1．证券市场结构

证券市场是证券发行和交易的场所。按市场功能不同，证券市场可分为发行市场和交易市场。发行市场被称为一级市场（或初级市场），是指发行人以筹集资金为目的，依法向投资者发售证券所形成的市场，本身并不是一个固定的场所。交易市场是已发行的证券进行流通转让的市场，被称为二级市场（或次级市场）。按组织形式，证券交易市场又可划分为场内市场和场外市场。场内市场是由证券交易所组织的集中交易市场；场外市场是交易所以外的证券交易市场，包括分散的柜台市场和一些集中性市场，如银行间债券市场。

2. 我国的证券交易市场

目前，我国已初步建立起多层次资本市场体系，具体可以划分为证券交易所、国务院批准的其他全国性证券交易场所、按照国务院规定设立的区域性股权市场等三个层次；其中证券交易所、国务院批准的其他全国性证券交易场所可以依法设立不同的市场层次。

上海证券交易所和深圳证券交易所分别设立的板块共同构成了我国的场内市场，其中两大交易所的主板被视为我国的主板市场（2021 年 2 月，深圳证券交易所主板与中小企业板合并）。为服务科技型、创新型中小企业，上海证券交易所设立了科创板。首批科创板公司于 2019 年 7 月在上海证券交易所上市。随后，为满足创业型中小企业，特别是高新技术企业上市融资需求，创业板设立。2020 年 8 月，首批创业板注册制企业在深圳证券交易所上市。

全国中小企业股份转让系统（又称新三板），是继上海证券交易所、深圳证券交易所之后的第三家全国性证券交易场所。它定位于为创新型、创业型、成长型中小微企业发展服务，是我国多层次资本市场体系的重要组成部分。

2021 年 9 月，北京证券交易所注册成立，这是经国务院批准设立的中国第一家公司制证券交易所。

按照国务院规定设立的区域性股权市场为非公开发行证券的发行、转让提供场所和设施，具体管理办法由国务院规定。

（二）证券市场参与者

1. 证券发行人

证券发行人是指为筹措资金而依法发行证券的机构，包括政府、金融机构、公司企业等。证券发行人是资金的需求者，也是证券的最初供应者。

2. 证券投资者

证券投资者是证券市场的资金供给方，它与证券发行人一同构成了证券法律关系中最基本的主体。按投资者身份不同，可以划分为机构投资者和个人投资者。机构投资者是指用自有资金或者从分散公众手中筹集的资金专门进行有价证券投资活动的法人机构，具有资金量大、信息收集分析能力强等特点，对市场的影响也较大。个人投资者即所谓的散户，是从事证券投资的社会公众个人，也是证券市场最广泛的参与者。

3. 证券中介机构

证券中介机构是指为证券发行和交易提供服务的各种中介机构。

（1）证券公司。

证券公司是重要的证券经营机构，它是依法经国家证券监督管理机构批准设立的从事证券业务的公司法人。

我国证券公司的设立实行审批制，由证监会依据法定条件和程序，对证券公司的设立申请进行审查，决定是否予以批准。证券公司可以根据自身条件，自主申请不同的业务类型。经证监会核准并取得经营证券业务许可证后，证券公司可以经营下列部分或者全部证券业务：证券经纪，证券投资咨询，与证券交易、证券投资活动有关的财务顾问，证券承销与保荐，证券融资融券，证券做市交易，证券自营及其他证券业务。

按照不同的证券业务类型，证券法规定了不同的最低注册资本金额。证券公司经营证券经纪、证券投资咨询及证券财务顾问业务，注册资本最低限额为人民币 5 000 万元；从事证券承销与保荐业务、证券自营、证券资产管理及其他证券业务之一的，注册资本最低限额为人民币1亿元；从事其中两项以上业务，注册资本最低限额为人民币5亿元。同时证券法还授权证监会根据审慎原则和各项业务的风险程度，调整注册资本最低限额，但不得少于法定的最低限额。

想一想

为什么要将证券公司注册资本最低限额和它的业务种类直接挂钩？这对证券市场发展有何益处？

（2）其他证券中介机构。

除证券公司外，证券登记结算公司、证券投资咨询公司和其他证券服务机构（如会计师事务所、律师事务所以及从事证券投资咨询、资产评估、资信评级、财务顾问、信息技术系统服务机构等），也是重要的证券服务机构。证券服务机构为证券的发行、上市、交易等证券业务活动制作、出具审计报告及其他鉴证报告、资产评估报告、财务顾问报告、资信评级报告或者法律意见书等文件，对所依据的文件资料内容的真实性、准确性、完整性进行核查和验证，并承担相应的法律责任。

4. 证券交易所

证券交易所是为证券集中交易提供场所和设施，组织和监督证券交易，实行自律管理的法人。我国证券交易所采用会员制，理事会是证券交易所的决策机构，下设其他专门委员会；交易所设总经理，由证监会任免。

5. 证券市场监管机构及自律组织

国务院授权的中国证券监督管理委员会（简称“证监会”）及其派出机构是我国的证券监督管理机构，代表政府对证券市场进行监督管理。中国证券业协会和证券交易所是我国证券市场的自律性组织。证券公司应当加入证券业协会。

三、证券活动和证券监管原则

（一）三公原则

证券交易必须遵循公开、公平、公正的基本原则。三公原则是证券法立法精神的体现，是证券发行、交易和管理活动必须遵循的最基本的准则，它贯穿于证券立法、执法和司法活动的始终。

1. 公开原则

公开原则是证券法的核心和精髓所在，信息披露制度是公开原则最基本的体现。所有证券市场的参与者，包括发行人、中介机构、投资者、监管者在内的所有主体都应当遵循公开原则。信息披露义务人在证券发行和交易活动中，应当真实、准确、完整，简明清晰，通俗易懂地披露相关信息，不得有虚假记载、误导性陈述或者重大遗漏，以便于投资者在充分了解真实情况的基础上作出投资判断。

2. 公平原则

证券法中的公平原则是指证券市场的参与者法律地位平等，所有的市场参与者机会平等。如证券交易中价格优先和时间优先的竞价规则，对所有交易主体公平适用。另外，各方市场主体的权利平等地受到法律保护，尤其要对处于弱势地位的中小投资者给予倾斜保护。

3. 公正原则

公正是公开原则的保障，也是实现公平的前提。立法者要公正地制定规则，实现各市场主体间的利益平衡。执法者与司法机关更要公正执法，中立地解决各方的利益冲突与纠纷。

（二）自愿、有偿、诚信原则

证券发行、交易活动的当事人具有平等的法律地位，应当遵守自愿、有偿、诚实信用的原则。

（三）分业经营、分业管理原则

我国证券业和银行业、信托业、保险业实行分业经营、分业管理，证券公司与银行、信托、保险业务机构分别设立。

（四）投资者保护原则

中小投资者是我国资本市场的重要参与群体，他们处于信息弱势地位，抵御风险和自我保护能力都较弱，合法权益容易受到侵害。保护投资者合法权益是《证券法》的核心目标，更是关系广大人民群众切身利益的大事，也是资本市场持续健康发展的基础。《证券法》设立投资者保护专章，通过投资者适当性管理制度、股东权利代为行使征集制度、上市公司现金分红制度、先行赔付机制、代表人诉讼制度等，对投资者保护作出制度性安排。

（五）监督管理与自律管理相结合原则

我国实行政府监管为主，自律监管为辅的证券监管模式。证监会在证券监督活动中居于主导地位，享有检查权、调查权及行政处罚权，依法统一监管全国证券市场。证券业协会作为证券行业自律组织，负责制定和实施证券行业自律规则，监督、检查会员及其从业人员行为，对违法违规行为给予处分或者实施其他自律管理措施。证券交易所通过制定交易规则、公布交易信息、进行实时监控、采取技术性停牌或临时停市等措施来履行自律管理职能。

第二节　证券发行法律制度

一、证券发行概述

（一）证券发行的种类

根据不同标准，证券发行可以划分为以下种类：

1. 公募发行与私募发行

公募发行又称公开发行，因其社会参与度广，受到各国法律的严格规制。我国证券法规定以下情形均属公开发行：(1) 向不特定对象发行证券；(2) 向特定对象发行证券累计超过 200 人，但依法实施员工持股计划的员工人数不计算在内；(3) 法律、行政法规规定的其他发行行为。

私募发行即非公开发行，是针对特定对象、采取特定方式进行的证券发行。私募发行不得采用广告、公开劝诱和变相公开方式。广告、公开劝诱指的是任何登载于报纸、杂志、其他类似平面媒体或广播电视媒体的广告、文章、通知或其他意思表达形式。变相公开是指经监管机构穿透核查，合并计算投资者人数后，认定投资者总数超过了前述 200 人的限制的情形。实务中，对单纯以认购股份为目的而设立的公司法人、合伙企业等持股平台，因其不具有实际经营业务，不符合投资者适当性管理要求，不得参与非上市公众公司的股份发行，而被归入属于穿透核查计算股东人数之列。

2. 设立发行和增资发行

设立发行是指公司在设立过程中为筹集股本而首次发行股份的发行方式。依据设立方式不同，又分为发起设立发行和募集设立发行。增资发行又称增资扩股，是股份有限公司为了达到增加公司资本或改变股权结构的目的而发行新股的行为，包括公开发行、配股或送股。

3. 平价发行、溢价发行和折价发行

票面价值和发行价格是证券价值的不同表现形式。票面价值是证券票面所标明的金额，由发行人确定；发行价格是证券公开发行的销售价格，受市场供求关系、发行人业绩、市场利率等因素的影响。平价发行时，证券发行价格与票面价值金额相同；溢价发行时，证券发行价格高于票面金额；折价发行则是指以低于票面金额的价格发行证券。为保障公司资本的充足，我国《公司法》明确禁止股票折价发行。

（二）证券发行审核制度

证券发行是利用证券市场直接面向大众融资的行为，各国对此均设置了相应的审查机制，主要分为注册制和核准制两种。

注册制，又称申报制或登记制。注册制下的证券发行只受信息披露制度约束，证券监管机构只负责审查信息资料的全面性、真实性、准确性和及时性，对证券自身价值并不作出判断。投资者根据公开信息作出选择，风险自负。核准制，又称准则制或实质审查制，发行人申请发行证券，不仅要公开披露与证券发行相关的信息，还必须符合法律所规定股本结构、股本规模、产业结构等发行条件，在监管机构核准后才能发行证券。监管机构除了对发行人公开信息的真实性、准确性、完整性进行审核外，还要对证券投资价值进行实质性审查，从而作出是否核准发行的决定。

注册制与核准制所涉的证券监管理念不同。相较而言，注册制依托市场化理念，以信息披露为核心。发行人、承销券商对所披露材料的真实性自负其责，投资者对是否购买股票的投资决策自负其责。而核准制更多体现出行政干预的特点，监管机构通过提前介入，对发行人进行合规性和商业性判断，以此确认发行人是否具备进入证券市场的条件。

在经历了“六年四读”① 的修订历程及科创板注册制试点后，《证券法》最终确立了资本市场的证券发行注册制度。我国证券发行方式历经三次改革，从最初的计划发行到核准制，再到注册制，体现了我国资本市场的进一步市场化。目前，我国公司债券、企业债券的公开发行实行注册制，科创板和创业板的股票发行由证交所负责发行上市审核，证监会负责发行注册并对证交所发行上市审核工作进行监督。未来我国证券公开发行将全面推行注册制，结束核准制。

二、证券的发行

证券法规定了公开发行股票、公司债券的条件和程序，在此基础上证监会又颁行了一

① 根据《立法法》的规定，列入全国人大常务委员会会议议程的法律案一般应当经三次常委会会议审议后再交付表决，即“三读”程序。但如果三次审议后还有重大问题需要研究，经委员长会议提议、全体会议决定，可以暂缓表决，以便法律委员会或专门委员会进一步审议。《证券法》本轮修订自 2013 年启动后，历经四次审议，修法历程的艰难可见一斑。

系列规章，对各类证券发行活动进行了明确而具体的规定。因篇幅所限，这里主要依据证券法对我国证券发行规则加以概括性介绍。

（一）公开发行股票

1. 条件

（1）首次公开发行股票（首发）。

首次公开发行股票应符合下列条件：1）具备健全且运行良好的组织机构；2）具有持续经营能力；3）最近3年财务会计报告被出具无保留意见审计报告；4）发行人及其控股股东、实际控制人最近3年不存在贪污、贿赂、侵占财产、挪用财产或者破坏社会主义市场经济秩序的刑事犯罪；5）经国务院批准的国务院证券监督管理机构规定的其他条件。这是主板、创业板和科创板上市公司均应符合的基本规则，此外各发行人还需满足各自板块不同的上市要求。

就发行人主体资格而言，各板块发行主体在公司类型、存续期间方面并无实质区别（科创板要求持续经营2年以上，主板与创业板均为3年）。但在所属行业方面，主板上市企业多为规模较大、盈利稳定的大型企业；创业板以成长型自主创新、创业企业为服务对象，主要为"两高""六新"企业①；而科创板发行主体是属于面向世界科技前沿、面向经济主战场、面向国家重大需求，符合国家战略、突破关键核心技术、市场认可度高的科技创新企业。

在财务要求方面，创业板与科创板弱化了主板在盈利及现金流方面的要求，强化了企业在成长增速方面的要求。科创板更是制定了5套差异化的上市标准，允许尚未盈利或存在累计未弥补亏损的优质企业在科创板上市，以满足各类科创企业上市需求。各类板块对财务的要求见表4-1。

表4-1 各类板块财务要求对比表

类别	主板/中小板	创业板	科创板
盈利要求	最近3个会计年度连续盈利，且累计净利润>3 000万元；或营业收入累计>3亿元	中国境内普通企业的市值、财务指标等应至少符合下列标准之一：(1)企业最近两年净利润均为正数，且累计净利润不低于人民币5 000万元；(2)企业预计市值不低于10亿元，最近一年净利润为正且营业收入不低于1亿元；(3)企业预计市值不低于50亿元，且最近一年营业收入不低于3亿元	允许符合科创板定位的，尚未盈利或存在累计未弥补亏损的企业上市，按照市值指标确定5个标准：(1)预计市值≥10亿元；最近两年净利润均为正且累计净利润≥5 000万元，或最近一年净利润为正且营业收入为正且营业收入≥1亿元。(2)预计市值≥15亿元；最近一年营业收入不低于人民币2亿元，且最近三年累计研发投入占最近三年累计营业收入的比例不低于15%。(3)预计市值≥20亿元；最近一年营业收入不低于人民币3亿元，且最近三年经营活动产生的现金流净额累计不低于人民币1亿元。(4)预计市值≥30亿元；最近一年营业收入不低于人民币3亿元。(5)预计市值≥40亿元；主要业务或产品需经国家有关部门批准，市场空间大，目前已取得阶段性成果。医药行业企业需要至少有一项核心产品获准开展二期临床实验，其他符合科创板定位的企业需具备明显的技术优势并满足相应条件
现金流要求	最近3个会计年度经营活动现金流量净额累计>5 000万元；或最近3个会计年度营业收入累计超过人民币3亿元		
净资产要求	最近一期末无形资产占净资产比重≤20%；最近一期末不存在未弥补亏损		

① 两高企业为高科技、高成长性企业；六新企业为新经济、新服务、新农业、新能源、新材料、新商业模式企业。

正因为创业板、科创板企业具有上市门槛相对较低、市场风险高于主板的特点，所以在发行信息披露方面的监管更为严格。

想一想　为什么各板块融资条件之间会存在差异？这种差异反映出什么问题？

（2）上市公司发行新股（增发）。

以主板上市公司增发为例，目前除了应符合前述公开发行条件外，还需满足《上市公司证券发行管理办法》的相关规定：1）最近 3 个会计年度加权平均净资产收益率平均不低于 6%；2）除金融类企业外，最近一期末不存在持有金额较大的交易性金融资产和可供出售的金融资产、借予他人款项、委托理财等财务性投资的情形；3）发行价格应不低于公告招股意向书前 20 个交易日公司股票均价或前 1 个交易日的均价。

（3）配股。

根据《上市公司证券发行管理办法》的规定，向原股东配售股份，除符合公开发行证券的条件外，还应当符合下列条件：1）拟配售股份数量不超过本次配售股份前股本总额的 30%；2）控股股东应当在股东大会召开前公开承诺认配股份的数量；3）采用代销方式发行。

2. 申请与审核

（1）申请。

公司公开发行新股，应当报送募股申请和下列文件：1）公司营业执照；2）公司章程；3）股东大会决议；4）招股说明书或者其他公开发行募集文件；5）财务会计报告；6）代收股款银行的名称及地址。依法聘请保荐人的，还应当报送保荐人出具的发行保荐书。实行承销的还应当报送承销机构名称及有关协议。

发行人依法申请公开发行证券所报送的申请文件的格式、报送方式，由依法负责注册的机构或者部门规定。发行人报送的证券发行申请文件，应当充分披露投资者作出价值判断和投资决策所必需的信息，内容应当真实、准确、完整。为证券发行出具有关文件的证券服务机构和人员，必须严格履行法定职责，保证所出具文件的真实性、准确性和完整性。

为了提高发行审核透明度，加强社会监督，提高上市公司质量，证监会规定发行人申请首次公开发行股票的，在提交申请文件后，应当预先披露有关申请文件。

（2）审核与注册。

注册制的全面推行正在分步实施，分步到位。目前主板首发仍然适用核准制，即有关发行事项经发行人董事会决议、股东大会批准后，由保荐人保荐并向证监会申报。经证监会受理、审核后，作出予以核准或不予核准的决定。

科创板和创业板首次公开发行适用注册制。《科创板首次公开发行股票注册管理办法（试行）》和《创业板首次公开发行股票注册管理办法（试行）》分别规定了科创板与创业板首次公开发行股票的具体条件和程序。注册制下，交易所审核与证监会注册相互结合。国务院证券监督管理机构或国务院授权的部门依照法定条件负责证券发行申请的注册。证券交易所等可以审核公开发行证券申请，判断发行人是否符合发行条件、信息披露要求，督促发行人完善信息披露内容。依法参与证券发行申请注册的人员，不得与发行申请人有利害关系，不得直接或者间接接受发行申请人的馈赠，不得持有所注册的发行申请的证券，不得私下与发行申请人进行接触。

（3）买者自负原则。

股票依法发行后，发行人经营与收益的变化，由发行人自行负责；由此变化引致的投资风险，由投资者自行负责。

（二）公司债券的发行

1. 公开发行公司债券

公开发行公司债券，应当符合下列条件：（1）具备健全且运行良好的组织机构；（2）最近 3 年平均可分配利润足以支付公司债券 1 年的利息；（3）国务院规定的其他条件。上市公司发行可转换为股票的公司债券，除了应当符合上述条件外，还应当遵守上市公司增发新股的规定。

公司债券发行实行注册制改革。公开发行公司债券，由证券交易所负责受理、审核，并报证监会注册。

2. 非公开发行公司债券

非公开发行公司债券应当向合格投资者发行，不得采用广告、公开劝诱和变相公开方式，每次发行对象不得超过 200 人。私募债券的发行应符合证监会及上海证券交易所和深圳证券交易所的具体规定。

（三）证券投资基金的发行

1. 公开募集基金

公开募集基金应当经国务院证券监督管理机构注册。基金管理人发售基金份额募集基金应当向国务院证券监督管理机构提出申请，监管机构应当自受理公开募集基金，募集注册申请之日起 6 个月内依法进行审查，作出注册或者不予注册的决定并通知申请人。

2. 非公开募集基金

私募基金的发行应符合《私募投资基金监督管理暂行办法》的规定。私募基金应当向合格投资者募集，单只基金的投资者人数累计不得超过《证券投资基金法》《公司法》《合伙企业法》等规定的特定数量。这里的合格投资者是指具备相应风险识别能力和风险承担能力，投资于单只私募基金金额不低于 100 万元且符合下列相关标准的单位和个人：净资产不低于 1 000 万元的单位及金融资产不低于 300 万元或者最近三年个人年均收入不低于 50 万元的个人。上述金融资产包括银行存款、股票、债券、基金份额、资产管理计划、银行理财产品、信托计划、保险产品、期货权益等。社会保障基金、企业年金等养老基金，慈善基金等社会公益基金；依法设立并在基金业协会备案的投资计划；投资于所管理私募基金的私募基金管理人及其从业人员以及证监会规定的其他投资者，被视为合格投资者。

三、承销与保荐制度

各板块证券发行的种类、方式各不相同，发行程序上也存在差异。以股票发行程序为例，各板块间区别如表 4－2 所示。

表 4-2　主板、科创板及创业板股票发行程序表

主板、中小板股票发行程序		科创板、创业板股票发行程序
核准制	注册制	
（1）发行人股东大会作出发行决议； （2）发行人提出发行申请，并报送申请文件； （3）证监会依法核准申请； （4）发行人公开发行信息； （5）发行人与券商签订承销协议，销售证券； （6）报证监会备案； （7）撤销核准决定。	（1）发行人股东大会作出发行决议； （2）发行人聘请保荐人； （3）发行人与券商签订承销协议； （4）发行人提出发行申请； （5）发行人预披露； （6）证券交易所发行注册； （7）发行人信息披露，发行证券； （8）报证监会备案； （9）撤销注册决定。	（1）发行人股东大会作出发行决议； （2）保荐人保荐并向交易所申报； （3）交易所审核并报送证监会发行注册； （4）证监会发行注册； （5）发行人信息披露； （6）发行人与券商报备发行、承销方案，发行股票； （7）撤销注册决定。

承销与保荐是发行活动中的重要环节。

（一）承销制度

证券承销是发行人委托证券经营机构向社会公开销售证券的行为，它是证券公司最基础的业务活动之一。发行人向不特定对象发行证券，依法应当由证券公司承销，并签订承销协议。

1. 承销的种类

证券承销分为包销与代销。代销是由证券公司代为发售证券，在承销期结束时将未售完的证券全部退还给发行人的承销方式。此时发行人与承销商之间是一种委托代理关系，承销人收取代销费，证券发行风险由发行人自行承担。包销是指证券公司将发行人的证券按照协议全部购入，或者在承销期结束时将剩余证券全部自行购入的承销方式，此时的证券发行风险由承销商负担。

按承销商数量不同，证券承销又分为独立承销和承销团承销。承销团承销又称联合承销，是指由两个或两个以上的承销商组成承销团代理发行人出售证券的承销方式。向不特定对象发行证券聘请承销团承销的，承销团应当由主承销和参与承销的证券公司组成。

2. 承销商的义务

承销人除履行约定义务外，还应遵守证券法的相关规定。

（1）发行文件审核义务。证券公司承销证券，应当对公开发行募集文件的真实性、准确性、完整性进行核查。发现有虚假记载、误导性陈述或者重大遗漏的，不得进行销售活动；已经销售的，必须立即停止销售活动，并采取纠正措施。

（2）禁止为本公司预留承销的证券。在看涨的情况下，承销商通过预留证券可以获得高额的利润，从而损害投资者利益。为保证市场公平，我国证券法规定证券公司在代销、包销期内，对所承销的证券应当保证先行出售给认购人，不得为本公司预留所代销的证券和预先购入并留存所包销的证券。

（3）禁止不正当竞争。证券公司承销证券，不得进行虚假的或者误导投资者的广告宣传或者其他宣传推介活动；不得以不正当竞争手段招揽承销业务；不得有其他违反证券承销业务规定的行为。对其他证券承销机构或者投资者造成损失的，应当依法承担赔偿

责任。

(4) 发行失败责任。证券的代销、包销期限最长不得超过 90 日。股票发行采用代销方式，代销期限届满向投资者出售的股票数量未达到拟公开发行股票数量 70%的，为发行失败。发行人应当按照发行价并加算银行同期存款利息返还股票认购人。

(二) 保荐制度

保荐制度又称保荐人制度，是指由保荐人负责发行人的上市推荐和辅导，核实公司发行文件与上市文件中的资料是否真实、准确和完整，协助发行人建立严格的信息披露制度，承担上市后的持续督导责任，并承担风险防范责任的一种证券上市发行制度。保荐制度的实施有助于通过夯实证券中介机构及其从业人员责任，加强市场诚信建设，培育市场主体，强化市场约束机制，提高上市公司质量。

证券保荐涉及发行保荐和上市保荐两个环节，包括保荐人任职资格、保荐人职责、保荐人工作内容和程序及保荐人责任监管等具体制度。《证券法》对保荐人制度进行了原则性规定：发行人申请公开发行股票、可转换为股票的公司债券，依法采取承销方式的，或者公开发行法律法规规定实行保荐制度的其他证券的，应当聘请证券公司担任保荐人。保荐人应当遵守业务规则和行业规范，诚实守信，勤勉尽责，对发行人的申请文件和信息披露资料进行审慎核查，督导发行人规范运作。保荐人管理办法由国务院证券监督管理机构规定。

第三节　证券交易法律制度

一、证券上市

证券发行、上市与交易有着密切的联系。证券上市是证券发行人所发行证券在证券交易所挂牌集中交易的活动，是证券发行与交易之间的纽带。证券发行是上市的前提，发行人所发行证券的流通性通过上市得以实现；而证券交易是上市的结果，反映出投资者所投资证券的实际变现情况。

发行人申请证券上市交易，应当向证券交易所提出申请，由证券交易所依法审核同意，并由双方签订上市协议。申请证券上市交易，应当符合交易所上市规则所规定的发行人经营年限、财务状况、最低公开发行比例、公司治理、诚信记录等上市条件。发行人有证券交易所规定的终止上市情形的，由交易所按业务规则终止其上市交易，并及时公告，报证监会备案。发行人对交易所不予上市交易、终止上市交易决定不服的，可以向证券交易所设立的复核机构申请复核。

二、证券交易概述

证券交易的本质就是金融产品的买卖活动，它是证券市场中最活跃也是风险最为集中的行为，各国法律均对证券交易活动创设了严格的交易规则。

按交易对象不同，证券交易可分为股票交易、债券交易、基金交易和金融衍生工具交易（如权证交易、金融期货交易、金融期权交易、可转换债券交易等）。按合同签订与实际交割的关系不同，可分为现货交易、期货交易和期权交易。现货交易中交易双方以各自实际持有的证券和资金进行交易，成交后双方及时交割证券和价款，这是最早的证券交易方式。期货交易在现货交易基础上发展起来，是通过在期货交易所买卖标准化期货合约而进行的一种有组织的交易方式。期货合约是由期货交易所统一制定的，在将来某一特定时间和地点交割一定数量标的物的标准化合约。期权交易是指期权的买方在支付权利金后，获得在一定时间内向卖方以一定价格出售或购入一定数量证券的选择权的交易方式。

证券交易还包括回购交易和信用交易。回购交易是一种证券买卖双方在成交同时就约定在未来某一时间以某一价格再次反向成交的交易行为。其实质内容是：资金需求方（融资者）抵押其持有的证券以获得一定期限内资金的使用权，期满后归还本金，支付利息；资金供应方（融券方）获得融资方证券的抵押权，并在回购期满时归还证券，收回融出资金及利息。证券信用交易即融资融券交易。我国过去禁止信用交易，现在合法开展融资融券业务。融资即买空，是指投资者向其所在的具有融资融券资格的证券公司提供保证金以借入资金买入证券的行为；融券即卖空，是投资者提供保证金借入上市证券并卖出的行为。证券信用交易使得风险承受能力较强的投资者可以以少博大，但也扩大了交易风险。

三、证券交易程序

凭借计算机运用及网络技术的快速发展，证券交易早已实现了无纸化。目前，整个交易所证券交易活动就是利用远程传输系统，实现资金账户与股票账户间的账户交互、划拨结算的过程，但开户、委托、申报、竞价成交与结算等基本程序并未改变，其流程如图 4－1 所示。

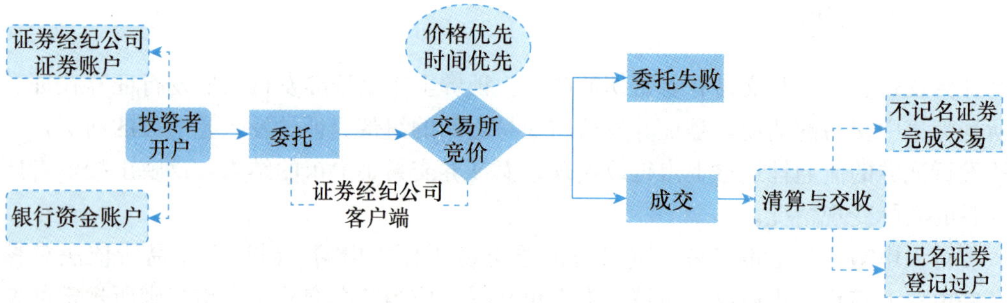

图 4－1　证券交易流程图

四、证券交易的限制性规定

（一）交易的场所、方式和内容

证券交易当事人依法买卖的证券，必须是依法发行并交付的证券；非依法发行的证券，不得买卖。证券交易当事人买卖的证券可以采用纸面形式或证监会规定的其他形式。

公开发行的证券，应当在依法设立的证券交易所上市交易或者在国务院批准的其他全国性证券交易场所交易。非公开发行的证券，可以在证券交易所、国务院批准的其他全国性证券交易场所、按照国务院规定设立的区域性股权市场转让。证券在证券交易所上市交易，应当采用公开的集中交易方式或者证监会批准的其他方式。

（二）特定主体证券转让期限的规制

依法发行的证券，证券法律、法规对其转让期限有限制性规定的，在限定的期限内不得转让。上市公司持有 5%以上股份的股东、实际控制人、董事、监事、高级管理人员及其他持有发行人首次公开发行前发行的股份或者上市公司向特定对象发行的股份的股东，转让其持有的本公司股份的，不得违反法律、行政法规和证监会关于持有期限、卖出时间、卖出数量、卖出方式、信息披露等规定，并应当遵守证券交易所的业务规则。

（三）短线交易的限制

出于防止内幕交易的目的，证券法规定，上市公司、股票在国务院批准的其他全国性证券交易场所交易的公司持有 5%以上股份的股东、董事、监事、高级管理人员，将其持有的该公司股票或其他具有股权性质的证券在买入后 6 个月内卖出，或在卖出后 6 个月内又买入的，由此所得的收益归该公司所有，公司董事会应当收回其所得收益。前述限制交易的证券，还包括其配偶、父母、子女持有的及利用他人账户持有的股票或其他具有股权性质的证券。

（四）证券服务机构和人员买卖证券的限制

为证券发行出具审计报告或者法律意见书等文件的证券服务机构和人员，在该证券承销期内和期满后 6 个月内，不得买卖该证券。

为发行人及其控股股东、实际控制人，或收购人、重大资产交易方出具审计报告或者法律意见书等文件的证券服务机构和人员，自接受委托之日起至上述文件公开后 5 日内，不得买卖该证券。实际开展上述有关工作之日早于接受委托之日的，自实际开展上述有关工作之日起至上述文件公开后 5 日内，不得买卖该证券。

（五）特定人员持有的禁止性规定

下列人员在任期或法定限期内，不得直接或以化名、借他人名义持有、买卖股票或其他具有股权性质的证券，也不得收受他人赠送的股票或其他具有股权性质的证券。（1）证券交易场所、证券公司和证券登记结算机构的从业人员；（2）证券监督管理机构的工作人员；（3）法律、行政法规规定禁止参与股票交易的其他人员。任何人在成为上述人员时，其原已持有的股票或其他具有股权性质的证券，必须依法转让。但证券法豁免了证券公司的股权激励计划和员工持股计划。

（六）国有企业和国有资产控股企业买卖股票的规制

国有独资企业、国有独资公司、国有资本控股公司买卖上市交易的股票，必须遵守国家有关规定。

五、证券交易禁止行为

练一练

（一）内幕交易

证券交易活动中，涉及发行人的经营、财务或者对该发行人证券的市场价格有重大影响的尚未公开的信息，均为内幕信息。禁止证券交易内幕信息的知情人和非法获取内幕信息的人利用内幕信息从事证券交易活动。

内幕信息知情人包括以下人员：（1）发行人及其董事、监事、高级管理人员；（2）持有公司 5%以上股份的股东及其董事、监事、高级管理人员，公司的实际控制人及其董事、监事、高级管理人员；（3）发行人控股或者实际控制的公司及其董事、监事、高级管理人员；（4）由于所任公司职务或因与公司业务往来可以获取公司有关内幕信息的人员；（5）上市公司收购人或重大资产交易方及其控股股东、实际控制人、董事、监事和高级管理人员；（6）因职务、工作可以获取内幕信息的证券交易场所、证券公司、证券登记结算机构、证券服务机构的有关人员；（7）因职责、工作可以获取内幕信息的证券监督管理机构工作人员；（8）因法定职责对证券的发行、交易或对上市公司及其收购、重大资产交易进行管理可以获取内幕信息的有关主管部门、监管机构工作人员；（9）国务院证券监督管理机构规定的可以获取内幕信息的其他人员。要注意的是，发行人也属知情人范畴，上市公司在回购时也可能构成内幕交易。

在内幕信息范围上，证券法将内幕信息类型等同于公告信息类型，针对股票和公司债券的不同性质和特征，以法条的形式加以类型化列举（见表 4－3），使得对内幕信息判断标准更为明确的同时也更具针对性。

表 4－3　股票与公司债券内幕信息对比

股票内幕信息事件	公司债券内幕信息事件
（1）公司的经营方针和经营范围的重大变化； （2）公司的重大投资行为，公司在一年内购买、出售重大资产超过公司资产总额 30%，或者公司营业用主要资产的抵押、质押、出售或者报废一次超过该资产的 30%； （3）公司订立重要合同、提供重大担保或从事关联交易，可能对公司的资产、负债、权益和经营成果产生重要影响； （4）公司发生重大债务和未能清偿到期重大债务的违约情况； （5）公司发生重大亏损或者重大损失； （6）公司生产经营的外部条件发生的重大变化； （7）公司的董事、1/3 以上监事或经理发生变动，董事长或经理无法履行职责； （8）持有公司 5%以上股份的股东或实际控制人持有股份或者控制公司的情况发生较大变化，公司的实际控制人及其控制的其他企业从事与公司相同或相似业务的情况发生较大变化； （9）公司分配股利、增资的计划，公司股权结构的重要变化，公司减资、合并、分立、解散及申请破产的决定，或依法进入破产程序、被责令关闭； （10）涉及公司的重大诉讼、仲裁，股东大会、董事会决议被依法撤销或者宣告无效； （11）公司涉嫌犯罪被依法立案调查，公司的控股股东、实际控制人、董事、监事、高级管理人员涉嫌犯罪被依法采取强制措施； （12）国务院证券监督管理机构规定的其他事项。	（1）公司股权结构或者生产经营状况发生重大变化； （2）公司债券信用评级发生变化； （3）公司重大资产抵押、质押、出售、转让、报废； （4）公司发生未能清偿到期债务的情况； （5）公司新增借款或者对外提供担保超过上年末净资产的 20%； （6）公司放弃债权或财产超过上年末净资产的 10%； （7）公司发生超过上年末净资产 10%的重大损失； （8）公司分配股利，作出减资、合并、分立、解散及申请破产的决定，或者依法进入破产程序、被责令关闭； （9）涉及公司的重大诉讼、仲裁； （10）公司涉嫌犯罪被依法立案调查，公司的控股股东、实际控制人、董事、监事、高级管理人员涉嫌犯罪被依法采取强制措施； （11）国务院证券监督管理机构规定的其他事项。

针对证券交易市场中频频出现的“老鼠仓”行为，证券法增设了禁止利用未公开信息交易的规定。禁止证券交易场所、证券公司、证券登记结算机构、证券服务机构和其他金融机构的从业人员、有关监管部门或者行业协会的工作人员，利用因职务便利获取的内幕信息以外的其他未公开的信息，违反规定，从事与该信息相关的证券交易活动，或者明

示、暗示他人从事相关交易活动。利用未公开信息进行交易给投资者造成损失的，应当依法承担赔偿责任。

证券交易内幕信息的知情人和非法获取内幕信息的人，在内幕信息公开前，不得买卖该公司的证券，或者泄露该信息，或者建议他人买卖该证券。内幕交易行为给投资者造成损失的，应当依法承担赔偿责任。修订后的《证券法》加重了内幕交易的法律责任，提高了违法成本，对违法人员除责令依法处理非法持有证券、没收违法所得外，还最高并处违法所得 10 倍的罚款。监管机构工作人员从事内幕交易的，从重处罚。对利用未公开信息进行交易的行为，依照内幕交易处罚。

（二）操纵证券市场

操纵市场是指以获取利益或减少损失为目的，利用资金、信息等优势或滥用职权，影响证券市场价格，制造证券市场假象，诱导投资者在信息失真的情况下作出投资判断，扰乱证券市场秩序的行为。从近年来的证券执法活动看，操纵证券市场已经成为一种重要的违法类型。证券市场的操纵行为不但扭曲了正常的市场价格，扰乱证券市场秩序，更是经济动荡的重大隐患。

为加大打击力度，《证券法》扩大了操纵证券市场的行为类型，明确将影响或意图影响证券交易价格或交易量的行为定义为操纵行为。即，只要在客观上实施了操纵证券交易价格或交易量的行为，且具有操纵市场主观恶意的，无论该行为是否造成操纵证券市场的实际结果，均属操纵市场的行为。具体包括：(1) 单独或通过合谋，集中资金优势、持股优势或利用信息优势联合或连续买卖；(2) 与他人串通，以事先约定的时间、价格和方式相互进行证券交易；(3) 在自己实际控制的账户之间进行证券交易；(4) 不以成交为目的，频繁或者大量申报并撤销申报；(5) 利用虚假或不确定的重大信息，诱导投资者进行证券交易；(6) 对证券、发行人公开作出评价、预测或者投资建议，并进行反向证券交易；(7) 利用在其他相关市场的活动操纵证券市场；(8) 其他操纵证券市场的手段。操纵证券市场给投资者造成损失的，除依法承担赔偿责任外，并处行政处罚。

（三）编造传播虚假信息

编造传播虚假信息的行为影响面广、对市场秩序的扰乱性大，一直是监管的重点。在诸多“股市黑嘴”案件中，编造传播虚假信息就是较为常见的典型手法。

禁止任何单位或个人编造、传播虚假信息或者误导性信息，扰乱证券市场。禁止证券交易场所、证券公司、证券登记结算机构、证券服务机构及其从业人员，证券业协会、证券监督管理机构及其工作人员，在证券交易活动中作出虚假陈述或信息误导。禁止存在利益冲突证券买卖。各种传播媒介传播证券市场信息必须真实、客观，禁止误导。传播媒介及其从事证券市场信息报道的工作人员不得从事与其工作职责发生利益冲突的证券买卖。

编造、传播虚假信息或者误导性信息，扰乱证券市场，给投资者造成损失的，除依法承担赔偿责任外，还应承担行政责任。

（四）欺诈客户

广义上，受托人在证券活动中，任何利用职务之便，编造、传播虚假信息、误导投资者的行为，以及利用其代理人或顾问身份，实施的损害投资者利益的行为，均属欺诈客户。狭义上的欺诈客户，仅指证券公司及其从业人员在证券交易中违反客户真实意思，损害客户利益的行为。证券法禁止下列损害客户利益的行为：(1) 违背客户的委托为其买卖证券；（2）不在规定时间内向客户提供交易的确认文件；（3）未经客户的委托，擅自为客户买卖证券，或假借客户名义买卖证券；（4）为牟取佣金收入，诱使客户进行不必要的证券买卖；（5）其他违背客户真实意思表示，损害客户利益的行为。证券公司及其从业人员违反上述规定给客户造成损失的，应当依法承担赔偿责任及行政责任。

练一练

根据证券法律制度的规定，下列证券公司的行为中属于证券交易禁止行为的是（　　）。

A. 甲证券公司得知某上市公司正在就重大资产重组项目进行谈判，在信息尚未公开前，大量买入该公司的股票

B. 乙证券公司为了牟取佣金，诱导客户进行不必要的证券买卖

C. 丙证券公司集中资金优势，连续买入某上市公司股票，造成该股票价格大幅上涨

D. 丁证券公司购入其包销后剩余的股票

【参考答案】ABC

【解析】A属于内幕交易行为，B属于欺诈客户行为，C属于操纵证券市场行为，D属于合法行为。所以选ABC。

六、上市公司收购

上市公司收购是指收购人通过在证券交易所的股份转让活动持有一个上市公司股份达到一定比例，或通过证券交易所股份转让活动以外的其他合法途径控制一个上市公司股份达到一定程度，导致其获得或者可能获得对该公司的实际控制权的行为。

（一）上市公司收购的特征

（1）上市公司收购本质上属于证券交易行为，涉及收购方、出售者及目标公司（上市公司）三方利益关系人。

（2）收购的标的是目标公司发行在外的股份，即公司发行在外且被投资者持有的公司股票。

（3）收购的主体是收购人，包括投资者及其一致行动人。投资者通过协议、其他安排，与其他投资者共同扩大其所能够支配的一个上市公司股份表决权数量的行为或事实，是一致行动。在上市公司收购及相关股份权益变动活动中，有一致行动情形的投资者互为一致行动人。

（4）收购的目的是获取上市公司的控制权。有下列情形之一的，被认定为拥有上市公司的控制权：1）投资者为上市公司持股50%以上的控股股东；2）投资者可以实际支配上市公司股份表决权超过30%；3）投资者通过实际支配上市公司股份表决权能够决定公司董事会半数以上成员选任；4）投资者依其可实际支配的上市公司股份表决权足以对公司股东大会的决议产生重大影响；5）证监会认定的其他情形。

（二）上市公司收购的方式

投资者可以采取要约收购、协议收购及其他合法方式收购上市公司。

1. 要约收购

要约收购是成熟证券市场中上市公司收购的主要形式。要约收购中，收购人公开向目标公司股东发出购买其所持公司股份的要约，并按要约所规定的条件、价格、期限及其他事项收购目标公司股份。要约收购会引发大量资金进入股市，引起股价波动，进而滋生内幕交易、操纵市场等损害投资者利益、影响证券市场稳定的行为，因而成为各国法律规制的重点。

我国证券法规定，收购方以要约方式收购上市公司股份的，收购人必须公告上市公司收购报告书，并载明收购人的名称、住所；收购人关于收购的决定；被收购的上市公司名称；收购目的；收购股份的详细名称和预定收购的股份数额；收购期限、收购价格；收购所需资金额及资金保证；以及公告上市公司收购报告书时持有被收购公司股份数占该公司已发行的股份总数的比例等事项。收购要约约定的收购期限不得少于 30 日，并不得超过 60 日。

在收购要约确定的承诺期限内，收购人不得撤销其收购要约。需要变更收购要约的，应当及时公告，载明具体变更事项，且不得存在降低收购价格，减少预定收购股份数额，缩短收购期限，及证监会规定的其他情形。收购方要约中提出的各项收购条件，适用于被收购公司的所有股东。但上市公司发行不同种类股份的，收购人可以针对不同种类股份提出不同的收购条件。

采取要约收购方式的，收购人在收购期限内，不得卖出被收购公司的股票，也不得采取要约规定以外的形式和超出要约的条件买入被收购公司的股票。

为保护目标公司中小股东利益，证券法还规定了强制要约收购规则。即当投资者持有或通过协议、其他安排与他人共同持有一个上市公司已发行的有表决权股份达到 30%时，继续进行收购的，应当依法向目标公司所有股东发出收购全部或部分股份的要约。

2. 协议收购

协议收购是指收购人在证券交易所以外直接同目标公司股东达成股份转让协议，从目标公司股东处取得上市公司股份的行为。协议收购主要是针对持股比例较高的大股东私下进行的收购行为，内容无须公开；但收购人通过协议等方式收购上市公司股份超过 30%时，超过部分适用强制要约规则。符合规定情形的，收购人可以向证监会提出豁免申请，避免触发强制要约义务。在取得豁免后，收购人继续履行收购协议；未取得豁免且继续履行收购协议的，或没有申请豁免的，在履行收购协议前，应当发出全面要约。

3. 其他合法方式

这一兜底性规定给上市公司收购方式的创新留下了更多空间，除认购股份、集中竞价外，行政划转或变更、执行法院裁定、继承、赠与等均属此列。

（三）持股预警披露制度

持股预警披露制度，是指任何投资者直接或间接持有一个上市公司已经发行在外的股份达到法定比例时，或达到该比例后，持股量发生法定比例的增减变化时，依法应承担披露相关情况的义务。收购活动在启动前有一个酝酿、积累的过程，如果潜在收购方采取闪电袭击，目标公司股东和管理层尚未反应就置于其股掌之中，必然有损股东利益，违背市场公开原则，从而为操纵市场、内幕交易等禁止性行为铺下温床。因此在预先收购阶段，收购人应披露相关信息以增加信息透明度给市场留下充足的消化、反应时间，以便投资者作出理性的投资决定。

1. 持股预警披露的临界点

通过证券交易所的证券交易，投资者持有或者通过协议、其他安排与他人共同持有一个上市公司已发行的有表决权股份达到5%时，应当在该事实发生之日起3日内，向证监会、证券交易所作出书面报告，通知该上市公司，并予公告，且在上述期限内不得再买卖该上市公司的股票。

2. 收购报告制度

持有上市公司5%以上的股东所持股份的每一次增减变动，都可能对公司股价造成影响。证券法规定，投资者持有或者通过协议、其他安排与他人共同持有一个上市公司已发行的有表决权股份达到5%后，其所持该上市公司已发行的有表决权股份比例每增加或减少1%，应当在该事实发生的次日通知该上市公司，并予公告。这一制度的设立，有助于投资者充分、及时地掌握上市公司收购进行的节奏和信息，作出决策。

（四）上市公司收购的法律后果

上市公司的收购行为，将引发一系列的法律后果：

1. 余额股东强制出售权

这是为保护中小股东利益而保留的退出通道。当收购期限届满时，被收购公司股权分布不符合证券交易所规定的上市交易要求的，该公司股票应当由交易所依法终止上市交易；其余仍持有该公司股票的股东，有权向收购人以收购要约的同等条件出售其股票，收购人应当收购。

2. 锁定义务

上市公司收购中，收购人持有的被收购的上市公司股票，在收购行为完成后的18个月内不得转让。

3. 变更企业形式

收购行为完成后，被收购公司不再具备股份有限公司条件的，应当依法变更企业形式。收购人与被收购公司合并，并将该公司解散的，被解散公司的原有股票由收购人依法回收更换。

第四节　投资者保护制度

投资者是我国证券市场的重要参与者，其合法权益的切实保护不仅关乎投资者信心，还决定了资本市场的稳定和繁荣。但证券市场中投资者知情权被侵害、上市公司财务造假等事件时有发生，究其原因，除监管对象日趋复杂、市场参与者法律意识强弱不均外，法律规范未能及时跟进也是其中尤为重要的因素。修订后的《证券法》回应了市场长期以来的呼声和诉求，从强化信息披露义务、提高违法违规成本、设置投资者保护专章等方面，对投资者保护制度加以完善。

一、信息披露制度

信息披露制度是证券法“三公原则”的具体反映。作为政府干预证券市场的主要工具，《证券法》以专章形式对信息披露义务人范围、信息披露的原则与要求、信息披露的内容、自愿信息披露、信息披露的责任及监管等内容作出了系统性规定。

（一）信息披露义务人

发行人及法律、行政法规和国务院证券监督管理机构规定的其他信息披露义务人（如发起人、控股股东等实际控制人、保荐人、承销券商等），应当及时依法履行信息披露义务。

（二）信息披露的总体要求

信息披露义务人披露的信息应当真实、准确、完整，简明清晰，通俗易懂，不得有虚假记载、误导性陈述或者重大遗漏。信息披露的总体要求如表 4-4 所示。

表 4-4　信息披露总体要求

要求	具体情形
真实性	真实的信息是投资者准确判断证券价格的基础。信息披露义务人所公开的信息内容应当客观，所有信息应是实际发生或将要发生的，且必须是确定的，不得虚构或含有虚假内容
准确性	信息披露义务人披露的信息必须确切表明其含义，不得以模糊不清的表达使公众对其披露的内容产生误解，不得有误导性陈述
完整性	投资者对证券价格的判断是对其所掌握的全部信息综合分析的结果，如果义务人披露的内容有所遮掩或遗漏，必然导致投资者判断依据不准确，进而损害其利益
及时性	一方面当公司经营和财务情况发生变化后，应当立即向社会公众公开其变化状况；另一方面公司所公开的信息应一直保持最新的状态，不能提供过时、陈旧的信息
易解性	披露义务人与投资者之间因行业归属、知识背景、语言习惯、经验能力的不同，对所披露信息的理解判断能力存在差异，上市公司信息披露应便于一般投资者的理解

证券同时在境内境外公开发行交易的，境内披露信息应当与境外同步。依法披露的信息，应当在证券交易场所的网站和符合监管机构规定条件的媒体发布，同时将其置备于公司住所、证券交易场所，供社会公众查阅。

（三）信息披露的类型

1. 发行信息披露

发行信息披露是指发行人公开发行证券时依法进行的信息披露，涉及文件主要有招股说明书、债券募集说明书和上市公告书等。发行人报送的证券发行申请文件，应当充分披露投资者作出价值判断和投资决策所必需的信息，内容应当真实、准确、完整。发行人申请首次公开发行股票的，提交申请文件后，应当依法预先披露有关申请文件。证券发行申请经注册后，发行人应当依法在证券公开发行前公告公开发行募集文件，并将该文件置备于指定场所供公众查阅。

为证券发行出具有关文件的证券服务机构和人员，必须严格履行法定职责，保证所出具文件的真实性、准确性和完整性。发行证券的信息依法公开前，任何知情人不得公开或泄露该信息。发行人不得在公告公开发行募集文件前发行证券。

2. 持续信息披露

这是证券上市后信息披露义务人所承担的披露义务，所涉及的披露文件主要是定期报告和临时报告。

定期报告是持续信息披露的主要形式之一。披露义务人应当按照证监会和证券交易场所规定的内容和格式编制定期报告，并按照以下规则报送和公告：(1) 在每一会计年度结束之日起 4 个月内，报送并公告年度报告，其中的年度财务会计报告应当经符合证券法规定的会计师事务所审计；(2) 在每一会计年度的上半年结束之日起 2 个月内，报送并公告中期报告。

发生可能对上市公司、股票在国务院批准的其他全国性证券交易场所交易的公司的股票交易价格、公司债券的交易价格产生较大影响的重大事件，投资者尚未得知时，公司应当立即将有关该重大事件的情况向证监会和证券交易场所报送临时报告，并予公告，说明事件的起因、目前的状态和可能产生的法律后果。

3. 自愿披露

除依法需要披露的信息外，披露义务人可以自愿披露与投资者作出价值判断和投资决策有关的信息，但不得与依法披露的信息相冲突，不得误导投资者。发行人及其控股股东、实际控制人、董事、监事、高级管理人员等作出公开承诺的，应当披露；不履行承诺给投资者造成损失的，应当依法承担赔偿责任。

(四) 信息披露法律责任

修订后的《证券法》显著提高了信息披露违法违规成本。一方面大幅提高信息披露违法行为处罚金额。如对上市公司信息披露违法行为的罚款从原来最高 60 万元提升至 1 000 万元；对发行人控股股东、实际控制人组织、指使从事虚假陈述行为或隐瞒相关事项导致虚假陈述的最高处罚也规定为 1 000 万元。同时还明确了信息披露义务人不履行信息披露义务的民事赔偿责任，建立控股股东、实际控制人违法信息披露行为连带责任过错推定制度。信息披露义务人未按照规定披露信息，或公告的信息披露资料存在虚假记载、误导性陈述、重大遗漏，致使投资者遭受损失的，披露义务人应当承担赔偿责任；发行人的控股股东、实际控制人、董事、监事、高级管理人员和其他直接责任人员以及保荐人、承销的证券公司及其直接责任人员，除能够证明自己没有过错的外，应与发行人承担连带赔偿责任。

二、投资者保护制度

《证券法》通过专章对投资者保护作出了具体的制度性安排。

(一) 投资者适当性制度

适当性管理是投资者进入资本市场的第一道防火墙。通过投资者适当性制度，科学划分各项产品和服务的风险等级，适合的投资者准入和保护安排，有利于建立适合投资者需求和权益保护的专业服务体系，全面提升证券市场主体服务水平。

首先，证券法对证券公司和投资者分别作出规范要求，强化对投资者权益的事前保护。证券公司依法承担适当性管理义务，要做到了解客户、揭示风险、卖者有责。证券公司在销售证券、提供服务时，要做到充分了解客户的基本情况、财产状况、金融资产状况、投资知识和经验、专业能力等相关信息，如实说明证券、服务的重要内容，揭示风险，并销售、提供与投资者上述状况相匹配的证券、服务。违反上述规定的，要承担行政责任；导致投资者损失的，还应承担相应的民事赔偿责任。对投资者而言，应当配合证券公司，按照证券公司所明示的要求提供个人真实信息。对拒绝提供或者未按照要求提供信息的，证券公司应当告知其后果，并按照规定拒绝向其销售证券、提供服务。

其次，鉴于专业机构与普通投资者之间在财产状况、金融资产状况、投资者知识和经验、专业能力等方面的客观差异，证券法还将投资者划分为普通投资者和专业投资者，为风险承受能力相对较低，投资专业知识和能力相对不足的普通投资者提供更为充分的保护。如证券法规定了举证责任倒置制度，当普通投资者与证券公司发生纠纷时，证券公司需证明其行为合法，不存在误导、欺诈等情形；否则，证券公司应承担相应赔偿责任。

（二）投资者保护机构

投资者保护机构是依法设立的具体负责投资者保护的法定机构，它的设立有助于发挥投资者保护方面的专业优势，代表投资者积极主张权利、行使权利。目前我国证券市场成熟运营的投资者权益保护机构主要包括中国证券投资者保护基金有限责任公司（简称“投保基金公司”）、中证中小投资者服务中心有限责任公司（简称“投服中心”）和深圳证券期货业纠纷调解中心（简称“证券调解中心”）。证券法赋予了投资者保护机构在表决权征集、多元纠纷化解、证券代表人诉讼等方面的法定职责和权利。

1. 股东权利征集制度

股东权利征集有助于帮助中小投资者克服时间、成本方面的限制，更好地参与公司治理，积极发表对公司经营管理的各项主张、意见。其实施应符合以下要件：（1）征集主体：上市公司董事会、独立董事、持有1%以上有表决权股份的股东和投资者保护机构。（2）征集方式：自行或委托证券公司、证券服务机构，公开请求上市公司股东委托其代为出席股东大会，并代为行使提案权、表决权等股东权利。（3）信息披露：征集人应当披露征集文件，上市公司应当予以配合。

禁止以有偿或者变相有偿的方式公开征集股东权利。公开征集股东权利违反法律、行政法规或者证监会有关规定，导致上市公司或者其股东遭受损失的，应当依法承担赔偿责任。

2. 多元化投资者救济措施

证券法通过多种途径优化投资者权益救济，加强对投资者的事后保护，凸显出投资者保护尤其是中小投资者保护的立法宗旨。

（1）先行赔付制度。

先行赔付是我国首创的投资者救济措施。2016年5月，最高院和证监会联合出台《关于在全国部分地区开展证券期货纠纷多元化解机制试点工作的通知》，将投保基金公司、投服中心、证券调解中心等8家单位作为试点，明确了在证券期货合同和侵权责任纠纷中适用先行赔付程序。修订后的《证券法》承继了实务中典型案件的成功经验，在立法上确立了先行赔付制度。

先行赔付的适用应符合以下要件：1）适用情形：发行人因欺诈发行、虚假陈述或者其他重大违法行为给投资者造成损失。2）赔付主体：发行人控股股东、实际控制人及相关证券公司。3）赔付方式：赔付主体委托投资者保护机构就赔偿事宜与投资者达成协议，并予以先行赔付。4）追偿机制：投资者保护机构先行赔付后，可以依法向发行人以及其他连带责任人追偿。

知识链接
证券先行赔付典型案例

(2) 证券纠纷调解与诉讼支持机制。

调解机制。投资者与发行人、证券公司等发生纠纷的，双方可以向投资者保护机构申请调解，普通投资者与证券公司发生证券业务纠纷，普通投资者提出调解请求的，证券公司不得拒绝。

支持诉讼。投资者保护机构对损害投资者利益的行为，可以依法支持投资者向人民法院提起诉讼。

派生诉讼。《证券法》突破《公司法》所规定的"连续180日以上持股1%以上股东"的资格限制，赋予了投资者保护机构股东派生诉讼的权利。当发行人的董事、监事、高级管理人员执行公司职务时违反法律、行政法规或公司章程的规定给公司造成损失时；或发行人的控股股东、实际控制人等侵犯公司合法权益给公司造成损失时，投资者保护机构持有该公司股份的，可以为公司的利益以自己的名义向人民法院提起诉讼。

(3) 证券集体诉讼制度。

《证券法》在现行民事诉讼法律制度框架下，探索出了具有中国特色的证券集体诉讼制度，包括普通代表人诉讼和特别代表人诉讼。

普通代表人诉讼。投资者提起虚假陈述、内幕交易、操纵市场等证券民事赔偿诉讼时，诉讼标的是同一种类，且当事人一方人数众多的，可以依法推选代表人进行诉讼。如此类诉讼中，可能存在有相同诉讼请求的其他众多投资者的，人民法院可以发出公告，说明该案情，通知投资者在一定期限内向人民法院登记。人民法院作出的判决、裁定，对参加登记的投资者发生效力。

特别代表人诉讼。为充分发挥投资者保护机构的作用，证券法规定投资者保护机构受50名以上投资者委托，可以作为诉讼代表人，依法为受害投资者提起民事损害赔偿诉讼。特别代表人诉讼中，未声明退出的投资者即视为同意参加诉讼；特别代表人诉讼案件不预交案件受理费；投资者保护机构作为代表人在诉讼中申请财产保全的，人民法院可以不要求提供担保。

证券集体诉讼制度的实施，为权利受损的中小投资者提供了便利、低成本的维权渠道。尤其是特别代表人诉讼制度的完善，有利于发挥投资者保护机构的优势，为中小投资者维护自身合法权益提供了更为方便的制度安排。

(三) 上市公司现金分红制度

分红就是分配利润，是公司将其生产经营所产生的利润按照一定比例分配给股东的行为。现金分红是一种典型的利润分配方式，也是股东资产收益权的具体体现。作为公众公司，上市公司的现金分红事关众多投资者资产收益权的实现。证券法要求上市公司应当在章程中明确分配现金股利的具体安排和决策程序，依法保障股东的资产收益权，由此推动上市公司积极实施现金分红，切实保护中小投资者的资产收益权。

(四) 债券持有人、债券投资者保护

债券持有人会议制度。债券持有人会议是债券持有人行使权利的平台。《证券法》规定，公开发行公司债券的，应当设立债券持有人会议，并应当在募集说明书中说明债券持有人会议的召集程序、会议规则和其他重要事项。

债券受托管理人。公开发行公司债券的发行人应当为债券持有人聘请债券受托管理人，并订立债券受托管理协议。受托管理人应当由本次发行的承销机构或者其他经证监

会认可的机构担任，债券持有人会议可以更换债券受托管理人。债券受托管理人应当勤勉尽责，公正履行受托管理职责，不得损害债券持有人的利益。同时，为了有效应对债券发行人的违约，在债券发行人未能按期兑付债券本息的情况下，债券受托管理人可以接受债券持有人的委托，以自己名义代表债券持有人提起、参加民事诉讼或者清算程序。

课堂讨论：

投资者保护制度为什么重要？如何进一步完善投资者保护制度？

三、证券法律责任

（一）民事责任

我国证券市场脱胎于计划经济体制，证券法本身就带有浓厚的行政色彩，其法律责任也以行政责任为主。立法之初仅有少数违法行为设置了民事责任，且可操作性不强，致使投资者因上市公司违法行为而导致的损失基本无法获得赔偿。修订后的《证券法》通过增加民事赔偿责任情形，扩大请求权基础；设立过错推定责任、先行赔付制度、证券调解与支持诉讼机制、民事责任优先原则、证券集体诉讼等制度，降低了请求权门槛，拓宽了民事维权途径。

（二）行政责任

行政责任是目前最为广泛运用的证券法律责任形式，《证券法》法律责任一章中具体规定了责令停止发行；退还所募资金并加算银行同期存款利息；警告；责令关闭；责令改正；没收违法所得；罚款；不得行使表决权；暂停或撤销业务许可；责令依法处理非法持有的股票；限制股东权利；通知出境入境管理机关依法阻止违法人员出境等行政处罚和行政措施。

为着力解决资本市场违法成本过低的问题，证券法大力提高行政处罚力度。一方面提高罚款金额的上下限，以期对各类证券违法行为产生一定的震慑作用，如对欺诈发行行为，尚未发行证券的最高处以 2 000 万元罚款。同时进一步扩展证券市场禁入范围。对有严重违法行为的责任人，在一定期限内直至终身不得从事证券业务、证券服务业务，不得担任证券发行人的董事、监事、高级管理人员，或一定期限内不得从事证券交易行为。

（三）刑事责任

刑事责任在保护投资者利益，维护市场安全方面有着极为重要的意义。2020 年 12 月全国人大常委会通过了《刑法修正案（十一）》，大幅提高了欺诈发行、信息披露造假、中介机构提供虚假证明文件和操纵市场等四类证券期货犯罪的刑事惩戒力度。明确将控股股东、实际控制人组织、指使实施欺诈发行、信息披露造假，以及控股股东、实际控制人隐瞒相关事项导致公司披露虚假信息等行为纳入刑法规制范围。

目前我国刑法规定了包括欺诈发行股票、债券罪，违规披露不披露重要信息罪，提供虚假证明文件罪，出具证明文件重大失实罪，伪造变造国家有价证券罪，伪造变造股票公司、企业债券罪，擅自发行股票公司、企业债券罪，内幕交易泄露内幕信息罪，利用未公开信息交易罪，操纵证券期货市场罪，编造并传播证券期货交易虚假信息罪，诱骗投资者买卖证券、期货合约罪，有价证券诈骗罪，滥用管理公司证券职权罪等 14 种罪名的证券犯罪行为。

证券法律责任中，民事责任、行政责任和刑事责任各自起着不可或缺的作用，只有加强刑事责任，完善民事赔偿制度，三种责任形式相互配合，才能构成完整严密的证券法律责任体系，有效调整证券法律关系，防范证券违法行为，维护证券市场秩序，保护投资者合法权益。

证券法要点导图如图 4－2 所示。

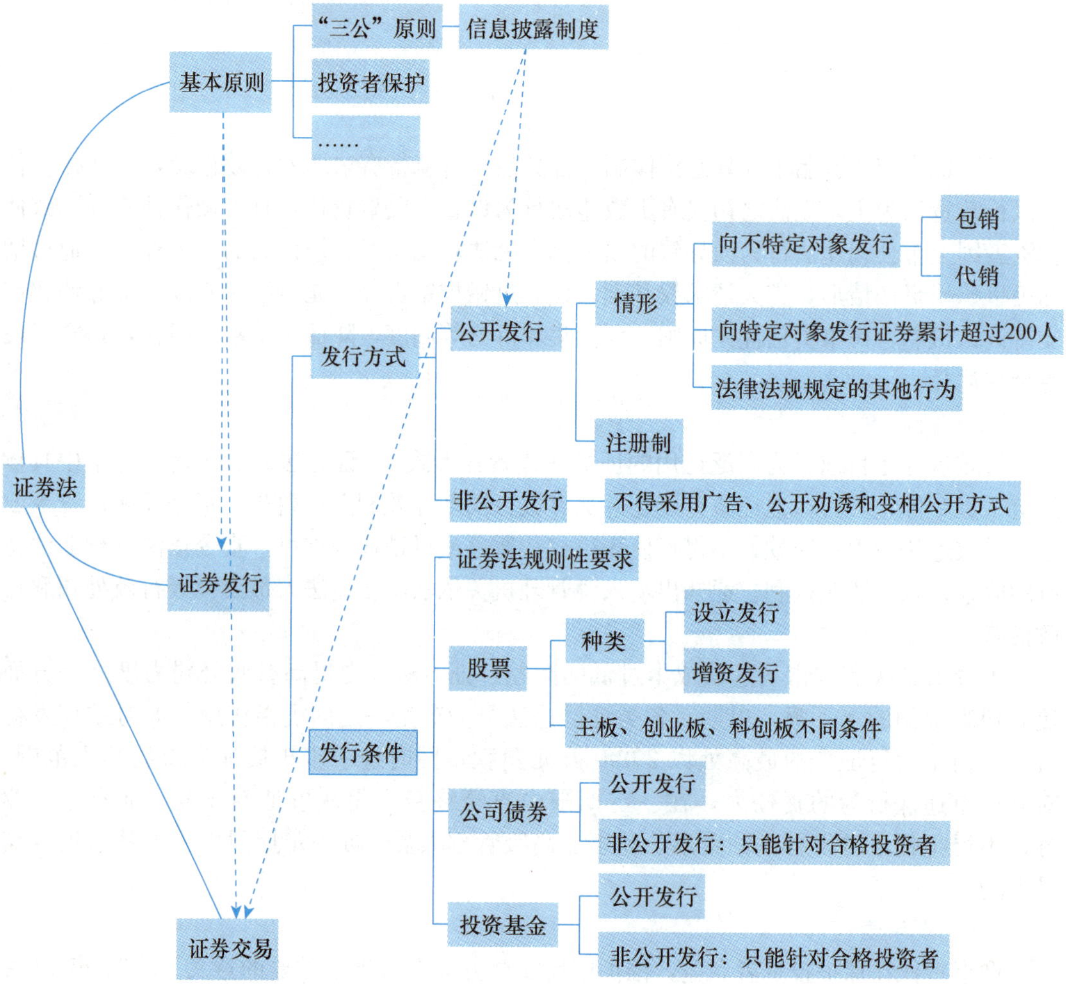

图 4－2　证券法要点导图

本章知识提要

证券市场是国家核心竞争力的重要组成部分之一。据中国结算的公开数据，截至 2021 年 7 月，我国证券市场投资者总数突破 1.9 亿，总市值超 100 万亿元。多层次资本市场的健康发展对助力经济转型，壮大实体经济，扩宽企业融资渠道，优化群众资产配置，推动共同富裕有着重要作用。证券市场的改革发展牵一发而动全身。随着资本市场的进一步开放，如何平衡各方利益，促进证券市场的长期繁荣，是必须直面的问题。

学生通过学习，要理性认识证券市场，成为自觉守法的市场参与主体。同时作为普通投资者，在认准我国证券市场发展趋势的同时，能灵活运用各种投资者保护制度，切实保护自身合法权益，并结合证券投资实践及所学知识，为证券市场的完善发展建言献策。

本章练习题及
答案解析

第五章

银行、票据与保险法律制度

学习目标：

知识目标：（1）知晓中央银行的主要职能；

（2）知悉汇票、支票、本票等票据行为内容及操作流程；

（3）清楚保险的基本原则及保险合同的主要内容。

能力目标：通晓银行票据结算的基本规定和业务流程；通晓保险法律知识并能为单位或家庭量身定制保险产品。

思政目标：（1）认识理解社会主义银行法律制度的规范和稳定；

（2）严格遵守票据结算的相关规定。

习近平总书记指出，金融是国家重要的核心竞争力，金融安全是国家安全的重要组成部分，金融制度是经济社会发展中重要的基础性制度。我国银行、证券、保险等金融行业依法分别开展业务，分业管理，各行业间又相互交叉，形成有机整体，不同金融法律规范在各自领域调整着不同的金融关系。银行业法律制度是金融法律的核心，存贷款、拆借、票据、证券买卖等金融活动，是金融法律规制与监管的主要对象。

改革开放之初，我国金融业处于混业经营状态，中国人民银行在行使央行职能的同时还履行对各金融行业综合监管的职能。1992 年后金融监管体制向分业监管转变，国务院证券委员会、证监会、保监会相继成立，银监会取代了原人行所履行的银行业监管职责，形成了由银监会、证监会和保监会分别监管银行、证券和保险业务的分业监管模式。2018 年，为顺应混业经营趋势，强化综合监管，优化监管资源配置，国务院将原银监会、保监会职责整合，组建了中国银行保险监督管理委员会（以下简称“银保监会”），依法对全国银行业和保险业实行统一监督管理。银保监会作为监督管理机关，承担维护银行业和保险业的合法、稳健运行，防范和化解金融风险，保护金融消费者合法权益，维护金融稳定的职责。

第一节　银行法律制度

银行是专门从事经营存款、贷款和结算等货币信用业务，充当信用中介和支付中介的金融机构。银行体系是一国现代金融制度的核心，我国现行银行体系主要包括中央银行、商业银行、政策性银行和其他非银行金融机构。银行法是调整银行组织、业务活动和监管活动中各类社会关系的法律规范的总称。目前我国已经形成了以《人民银行法》《商业银行法》为主，《现金管理暂行条例》《外汇管理条例》《储蓄管理条例》《贷款通则》《支付结算办法》等法规规章为补充的，较为健全的银行法律体系。

一、中央银行法律制度

（一）中央银行的法律地位

中央银行在一国金融体系中居主导地位，它是国家干预和调控国民经济发展的重要工具。中央银行负责制定并执行国家货币信用政策，享有货币发行权，实行金融监管。中国人民银行是我国的中央银行，它在国务院领导下依法制定和执行货币政策，履行职责，开展业务，不受地方法规和各级政府部门、社会团体和个人的干涉。

2003 年《人民银行法》及其他相关法律制度一同构成了我国中央银行法律制度的渊源。为进一步深入贯彻落实中央金融改革部署，建设现代中央银行制度，目前人民银行组织起草的《人民银行法（修订草案征求意见稿）》已提交全国人大常委会审议。

（二）中央银行的职能

根据央行在国民经济中的地位，其职能可以概括为：发行货币的银行、银行的银行、政府的银行。

1. 发行货币的银行

中央银行是垄断货币发行权的唯一机构。人民币是我国的法定货币，其发行和流通由中国人民银行统一管理，任何单位和个人不得印制、发售代币票券，不得擅自动用发行基金。央行的资金来源于货币发行，央行通过发行货币向市场注入流通工具和支付工具，以满足各种交易的需要。同时，央行又从宏观角度控制信用规模，调节货币供给量，协调货币稳定与经济增长之间的关系。

2. 银行的银行

中央银行与商业银行之间存在管理与被管理的关系，中央银行以商业银行和其他金融机构为业务对象，为其办理存放款和汇款等业务，并通过办理业务对商业银行和其他金融机构的活动施以影响，达到宏观调控的作用。

3. 政府的银行

中央银行代表国家贯彻执行财政金融政策，代为管理国家财政收支，为国家提供经理国库、代理发行政府债券、融通资金、管理外汇、黄金等金融服务，以及金融数据统计分析、反洗钱、征信、国际金融合作等金融事务。

（三）中国人民银行的货币政策

保持货币币值的稳定，并以此促进经济增长是我国的货币政策目标。央行为达到货币政策目标而采取的一系列措施或手段就是货币政策工具，主要包括存款准备金、再贴现与再贷款、公开市场业务等。

1. 存款准备金

存款准备金是指金融机构为保证客户提取存款和资金清算需要而备存在中央银行的存款，存款准备金率是中央银行要求的存款准备金占其存款总额的比例。法定存款准备金缴存比率的确定和调整由央行自主决定，有很强的行政属性，对金融机构流动性和货币供应量的直接影响巨大，是货币政策中的猛药。

法定存款准备金率的提高，可以收缩存款机构的流动性，抑制其扩大信贷投放的能力，相应地控制货币总量的增长，成为抑制通货膨胀的重要手段；降低存款准备金率，则会增加存款机构流动性，增强其扩大信贷投放的能力，促进货币总量增长，成为抑制通货紧缩的重要手段。2021 年 6 月央行将外汇存款准备金率由 5%调到 7%；7 月又下调人民币存款准备金率 0.5 个百分点，这都是央行积极调整货币供应量，保持人民币流动性合理充裕的举措。

想一想

央行下调存款准备金率对我们的日常生活有什么影响?

2. 再贴现与再贷款

再贴现与再贷款都是中央银行调控基础货币的重要渠道。再贴现是指商业银行将贴现所获得的未到期票据向中央银行申请再贴现的行为。央行通过对票据贴现利息率的控制，可以达到调节货币供应量的目的。再贷款是指中央银行对商业银行和其他非银行金融机构的贷款。两者同属国家经济运行实施宏观调控的重要手段，2020 年全球性新冠疫情暴发后，我国央行先后安排了共计 1.8 万亿元的专项再贷款、再贴现额度，在抗击疫情和助力经济恢复发展方面发挥了重要作用。

3. 公开市场业务

公开市场业务是指中央银行通过在金融市场买进或卖出有价证券，吞吐基础货币，调节货币供应量的活动。在我国，银行公开市场业务主要包括回购交易、现券交易和发行中央银行票据等。央行买卖证券是为了调节货币供应量，而非营利。央行通过卖出证券收回部分基础货币，达到收缩银根，减少市场可用资金数量的目的；反之当认为需要放松银根时，央行便买进证券，扩大基础货币供应量，增加市场可用资金数量。

中央银行除了运用上述一般性货币政策调节和控制社会货币供给量和信贷规模外，还通过其他选择性、补充性货币政策对经济领域的信用活动施加影响。

二、商业银行法律制度

（一）商业银行法概述

商业银行是指依照《商业银行法》和《公司法》设立的吸收公众存款、发放贷款、办理结算等业务的企业法人。目前，我国商业银行大致可以分为大型国有控股商业银行、全国性股份制商业银行、城市商业银行、农村商业银行、外资银行、村镇银行等六类。

商业银行法是规定商业银行职责、权利、义务和经营行为的法律规范。商业银行，外资商业银行、中外合资商业银行、外国商业银行在我国的分行，以及城市信用合作社、农村信用合作社办理存款、贷款和结算等业务，邮政企业办理邮政储蓄、汇款业务，都适用《商业银行法》。近年来，我国银行业飞速发展，主体规模持续壮大，业务范围不断扩展，创新性、交叉性金融业务日益涌现，行业监管面临诸多新情况，目前《商业银行法》的修订工作也已进入立法程序。

（二）商业银行经营原则

商业银行以安全性、流动性、效益性为经营原则，实行自主经营，自担风险，自负盈亏，自我约束。安全性，即要求商业银行在经营活动中应当保持充足的清偿能力，防范风险，确保资金安全。流动性，是指商业银行应保持资金的高度流动状态，以应对存款人提取现金及银行正常发放贷款的需要。营利性，这是商业银行经营管理活动的基本动力，它要求商业银行的经营管理者在尽可能的情况下追求利润的最大化。此外，商业银行业务还需遵循保护存款人利益、独立经营及公平竞争等原则。

（三）商业银行的设立、变更、接管与终止

1. 商业银行的设立

商业银行的设立应符合以下条件：(1) 有符合《商业银行法》和《公司法》规定的章程。(2) 提供可行性研究报告。(3) 具有符合法定最低要求的注册资本，且注册资本应当是实缴资本。我国设立商业银行的注册资本最低限额为 10 亿元人民币，城市合作商业银行注册资本最低限额为 1 亿元人民币，农村合作商业银行的注册资本最低限额为 5 000 万元人民币。此外，央行可以根据经济发展调整注册资本最低限额，但不得少于上述规定的限额。(4) 符合要求的从业人员。(5) 有健全的组织机构和管理制度。(6) 具备生产经营条件。(7) 符合规定的投资主体。(8) 限制投资情况。

商业银行设立分支机构须报监管机构批准。商业银行对分支机构拨付营运资金总和不得超过总行资本金总额的 60%，且应提交监管机构要求的相关文件。

2. 商业银行的变更

商业银行下列变更应当经监管机构批准，包括：(1) 变更银行名称；(2) 变更注册资本；(3) 变更总行或者分行所在地；(4) 调整业务范围；(5) 变更持有资本总额或者股份总额 5%以上的股东；(6) 修改银行章程；(7) 更换董事、高级管理人员时，应当报监管机构审查任职资格；(8) 任何单位和个人购买商业银行股份总额 5%以上的，应当事先经监管机构批准；(9) 监管机构规定的其他变更事项。

3. 商业银行的接管

2019 年 5 月，央行和银保监会联合发布公告宣布接管包商银行。商业银行的接管，是指当商业银行已经或者可能发生信用危机，严重影响存款人的利益时，由中国人民银行派遣人员进驻并在一定期限内行使其经营管理权的制度。这里的信用危机主要表现为：商业银行不能应付存款人的提款、不能清偿到期的债务；同业拒绝拆借资金；原客户和市场普遍拒绝其服务。商业银行有上述情况之一的，即可被视为发生信用危机。央行、银保监会正是认定包商银行已经发生了无法生存触发事件，才对其采取接管措施，以保护存款人利益，恢复商业银行的正常经营能力。

4. 商业银行的终止

商业银行因解散、被撤销和被宣告破产而终止。商业银行的终止对金融市场有重大影响，与债权人利益保护有着重大利害关系，因而必须经监管机构事先批准，根据《商业银行法》《公司法》等法律法规，依法办理。

（四）商业银行的业务范围

我国商业银行可以从事的业务范围包括：吸收公众存款；发放短期、中期和长期贷款；办理国内外结算；办理票据承兑与贴现；发行金融债券；代理发行、代理兑付、承销政府债券；买卖政府债券、金融债券；从事同业拆借；买卖、代理买卖外汇；从事银行卡业务；提供信用证服务及担保；代理收付款项及代理保险业务；提供保管箱服务；以及经监管机构批准的其他业务。商业银行的经营范围由其章程规定，报监管机构批准。经中国人民银行批准，商业银行可以经营结汇、售汇业务。

为加强商业银行资产风险管理，我国禁止商业银行在境内从事信托投资和股票业务，禁止投资于非自用不动产或在境内向非银行金融机构和企业投资，但国家另有规定的除外。商业银行因行使抵押权、质权而取得的不动产或者股权，应当自取得之日起 2 年内予以处分，即拍卖或者转让给他人。商业银行不允许持有或者长期持有非银行主业所必须的不动产和其他公司的股权。

（五）商业银行业务规则

1. 存款业务规则

存款业务是商业银行最主要的负债，也是其营运资金的主要来源。商业银行办理个人储蓄存款业务，应当遵循存款自愿、取款自由、存款有息、为存款人保密的原则。除法律另有规定外，商业银行有权拒绝任何单位或者个人查询、冻结、扣划个人储蓄存款；有权拒绝任何单位或者个人查询单位存款。

商业银行应当按照人民银行规定的存款利率的上下限，确定存款利率，并予以公告；应当按照人民银行的规定，向人民银行交存存款准备金，留足备付金。商业银行应当保证存款本金和利息的支付，不得拖延、拒绝支付存款本金和利息。

2. 贷款业务规则

贷款是商业银行最基本的资产业务。为保证信贷资产安全，提高贷款使用效益，商业银行及其他金融机构的贷款活动必须符合《商业银行法》《贷款通则》等法律法规的规定。

按方式不同，贷款可以分为自营贷款、委托贷款和特定贷款；按期限不同，又可分为短期贷款、中期贷款和长期贷款；按担保方式的不同，可以分为信用贷款、担保贷款和票据贴现。其中自营贷款的期限最长不能超过 10 年，票据贴现的最长期限不得超过 6 个月。短期贷款的展期期限累计不得超过原贷款期限；中期贷款展期期限累计不得超过原贷款期限的一半；长期贷款的展期期限累计不得超过 3 年，但国家对某些重大项目另有规定的除外。

商业银行贷款应当对借款人的借款用途、偿还能力、还款方式等情况进行严格审查；实行审贷分离、分级审批制度；严格贷款的资信担保，以担保贷款为主，信用贷款为辅。商业银行不得向关系人发放信用贷款；向关系人发放担保贷款的条件不得优于其他借款人同类贷款的条件。

商业银行应与借款人订立书面贷款合同，约定贷款种类、借款用途、金额、利率、还款期限、还款方式、违约责任及双方认为需要约定的其他事项。贷款人应当按照中国人民银行规定的贷款利率的上下限，确定每笔贷款的利率，并在借款合同中记载清楚。商业银行贷款资本充足率不得低于8%；贷款余额与存款余额的比例不得超过75%；流动性资产余额与流动性负债余额的比例不得低于25%；对同一借款人的贷款余额与商业银行资本余额的比例不得超过10%。此外，还应遵守监管机构对资产负债比例管理的其他规定。

练一练

第二节　票据法律制度

一、票据制度概述

（一）票据及票据法律制度

1. 票据概述

票据是一种重要的金融工具，在经济生活中承担着支付结算、汇兑、信用等功能。我国票据法中的票据专指由出票人依法签发的，约定自己或委托他人在见票时或指定日期无条件支付一定金额给收款人或持票人的有价证券，包括本票、汇票和支票。近年来电子票据在商业活动中广为使用，电子签名取代了传统的签章，当事人利用数据电文形式签发票据并进行其他各类票据行为。电子票据的运用提高了票据业务的透明度，有利于防范票据风险，节约交易成本。

2. 票据法律制度

我国《票据法》自1996年实施至今，是规定我国票据制度和调整票据法律关系的基本法律。此外，中国人民银行发布的《票据管理实施办法》《支付结算办法》《票据交易管理办法》等行政法规规章，以及最高人民法院发布的《关于审理票据纠纷案件若干问题的规定》（以下简称《票据法司法解释》）等司法解释，也是票据法律制度的重要组成部分。

（二）票据法律关系

票据的流通性，使得同一票据上可能存在多个法律关系，有的属于票据法调整，如票据关系和非票据关系；有的不属于票据法调整，如票据关系产生的基础交易关系。

1. 票据关系

票据关系是当事人之间因为出票、背书、承兑、保证、付款等票据行为而产生的权利义务关系。票据关系的本质是一种债权债务关系，合法取得并持有票据的人是票据债权人，可以主张票据权利；付款人和在票据上签章的其他人是票据关系的债务人，承担付款或担保付款义务。票据关系具有以下特点：

（1）票据关系基于票据行为而发生，只有票据行为才能产生票据关系。

（2）票据关系具有多重性。票据在签发后，可以多次背书转让，再加之承兑、保证等票据行为的发生，使得同一票据上可能存在多个票据关系，有着多个票据当事人，产生多重票据关系。

（3）票据关系具有无因性。票据关系一经成立，便与产生票据关系的基础性法律关系相互脱离，两者各自独立。原则上基础关系对票据关系不发生影响。

2. 非票据关系

（1）票据返还请求权关系。

1）对因恶意或重大过失而取得票据的持票人，真正权利人向其行使票据返还请求权关系。如 A 因为胁迫而将一张票据背书转让给 B，事后 A 要求 B 返还。这就是真正权利人对恶意取票人的票据返还请求权。

2）出票人或前手持票人基于基础关系的抗辩事由要求其直接后手返还票据的关系。如 A 向 B 签发票据作为购买商品的货款，后 B 没能如约交货，A 可因此要求 B 返还票据，但这种抗辩只能产生在直接当事人之间。

（2）利益返还请求权关系。

票据权利行使有着严格的时间要求和程序规定，持票人如果因为疏忽导致时效届满或手续欠缺，丧失票据权利的，就需要法律的及时补救，即持票人可向出票人或承兑人在其所受利益范围内主张一定的利益返还。如 A 签发一张付款人为甲的支票给 B，B 背书转让给 C，但 C 因未能及时行权而丧失了票据权利，无法向甲主张付款权。但出票人 A 却因 B 履行合同的行为获得了利益。这时 C 和 A 之间没有任何受到民法调整的权利义务关系，但存在票据法所确认的利益返还请求权关系。

（3）交出票据请求权关系。

这是债务人履行票据义务后要求持票人交付票据而发生的关系。付款人付款后票据关系消灭，票据应予以收回并注销；被追索人承担票据义务后，可以持该票据向其前手再行追索，因而也有权主张交出票据。

3. 票据基础关系

这是发生票据关系的实质性关系，包括票据原因关系、资金关系和预约关系。票据当事人之间先有原因关系，再有预约关系，其后才有票据关系。

（1）票据原因关系。这是票据当事人之间发生票据行为的原因，本质就是当事人之间买卖、借款、赠与、合同等民事法律关系。票据的无因性使得原因关系与票据关系原则上相互分离，但在下列情况下两者又有所关联：

1）原因关系与票据关系存在于同一当事人之间时，债务人可以用原因关系对抗票据关系。如前例中 A 通过本票向 B 公司支付购货款，后 B 公司违约未供货。此时 B 作为持票人向 A 请求付款时，A 可用原因关系直接对抗 B。

2）持票人在取得票据时，明知债务人与其前手之间存在抗辩事由的，债务人也可以抗辩。如上例中 B 在遭到 A 拒付后，将该票据背书转让给 C。如 C 已经知晓上述事由依然接受该票据并请求 A 付款，则 A 可就其与 B 之间的抗辩事由对抗 C，拒绝向 C 付款。

（2）票据资金关系。它是出票人与付款人之间事先约定的由付款人为出票人付款的关系，即汇票、支票中付款人愿意为出票人承担支付义务的基础。

（3）票据预约关系。这是指票据当事人就签发票据的种类、票面记载事项等进行约定所形成的关系。它虽然影响当事人之间票据关系的产生，但仍属民法调整范围。

（三）票据行为

1. 票据行为的特征

票据权利义务的创设、变更和消灭都基于票据行为的实施。《票据法》规定了出票、背书、承兑、保证等票据行为，除出票是基本票据行为外，其余的均属附属票据行为。票据行为具有以下特点：

（1）要式性。票据行为必须符合法律规定的形式要求，否则不发生效力。

（2）无因性。票据行为一般基于买卖、借贷等原因而发生，但票据行为与票据基础关系相独立，票据行为不受原因行为影响。

（3）独立性。同一票据上存在若干票据行为时，各票据行为依其在票据上记载的内容独自发生效力，互不影响。一个票据行为无效，不影响其他票据行为的效力。比如无民事行为能力人或限制民事行为能力人在票据上签章的，其签章无效，但不影响其他签章的效力。

2. 票据行为成立的有效条件

票据行为必须满足法定的实质要件和形式要件才能发生法律效力。

（1）实质要件。

第一，行为人具有票据行为能力。票据行为是单方承担义务的行为。为保护弱者利益，法律直接规定无行为能力人和限制民事行为能力人不具备票据行为能力，所实施票据行为无效。但上述规定并不影响无行为能力人和限制民事行为能力人成为票据权利人。

第二，意思表示真实、无缺陷。以欺诈、盗窃、胁迫等手段取得票据的，或者明知有上述情形而出于恶意取得票据的不得享有票据权利。若该票据流转到第三人手中，则实施上述票据行为的当事人不得以自己票据行为无效来对抗善意第三人。

第三，票据行为内容必须合法。

（2）形式要件。

票据行为的形式要件包括书面制作、记载事项、签章和交付。

票据行为必须采用书面形式，行为人应将其意思表示明确记载于票据之上。票据上记载的事项包括绝对记载事项、相对记载事项、任意记载事项和记载不产生票据法上效力的事项，法律效力各有不同。当事人在票据上签名、盖章或签名加盖章的行为是签章，缺少当事人签章的票据行为无效。票据行为的完成还需有实际交付他人的行为，没有交付将导致票据行为不发生效力。

3. 票据行为的代理

这是指当事人委托代理人在票据上签章，由代理人代理其票据行为的制度。票据代理行为的成立，应符合以下条件：（1）在票据上表明签章人与委托人之间的代理关系。（2）代理人以自己的名义在票据上签章。（3）代理人必须有代理权，且该代理权限于委托代理。票据代理人在授权范围内所实施的票据行为由被代理人承担票据责任；没有代理权而以代理人名义在票据上签章的是无权代理行为，由签章人承担票据责任；代理人超越代理权限的，应当就其超越权限的部分承担票据责任。

要注意票据的无权代理与票据的伪造不同。如A在未获授权情况下以甲公司代理人的名义签发票据给B并加盖A的签章，这属于无权代理行为；若A通过伪造甲公司签章的方式，以甲公司名义签发票据给B，票据上仅有甲的签章，这属于票据的伪造。因为A没有以自己名义在票据上签章，所以A不承担票据责任。但若该行为给他人造成损失的，要承担民事责任；情节轻微不构成犯罪的，给予行政处罚；构成犯罪的，承担刑事责任。票据上有伪造、变造签章的，不影响票据上其他真实签章的效力。票据文字有变造的，变造后的签字者对变造后的文义负责，变造前的签字者对原有文义负责。

（四）票据权利

1. 票据权利的种类

票据权利是指持票人向票据债务人请求支付票据金额的权利，包括付款请求权和追索权。付款请求权是票据权利人要求支付票据金额的权利；追索权是权利人要求支付票据金额和其他有关费用的权利。这一双重性保障，加大了对票据债权人权利的保护，有助于维护交易安全，促进票据流通。

（1）付款请求权。

付款请求权是持票人最基本的权利，是第一顺序权利。行使权利的持票人可以是票面记载的收款人或最后的被背书人；付款人是汇票的承兑人、本票的出票人、支票的付款人等对持票人承担付款责任的主债务人。

付款请求权的行使应在票据有效期内。汇票和本票的有效期自票据到期日起 2 年以内，见票即付的汇票和本票自出票日起 2 年以内，支票自出票日起 6 个月以内，超过上述期限票据权利丧失。持票人主张付款请求权的，付款人须一次性将债务履行完毕，持票人交还票据给付款人。

（2）追索权。

追索权是指票据当事人行使付款请求权遭到拒绝或有其他法定原因存在时，向其前手请求偿还票据金额、利息及其他法定款项的权利。持票人应首先向票据主债务人主张付款请求权，当主债务人没有或无法偿付时，才能主张追索权，所以也被称为第二顺序权利。

票据到期被拒付或到期日前出现下列情形之一的，持票人可以向其前手行使追索：（1）汇票被拒绝承兑的；（2）承兑人或者付款人死亡、逃匿的；（3）承兑人或者付款人被依法宣告破产或者因违法被责令终止业务活动的。

追索权的当事人包括追索权人和被追索人。票据的最后合法持有人是最初的追索权人。被追索人包括出票人、背书人、保证人、承兑人等。行使追索权可以不按照票据债务人的先后次序，持票人对其中任何一人、数人或全体均可行使追索权。持票人对票据债务人中的一人或者数人已经进行追索的，还可以变更被追索人，对其他债务人行使追索权。持票人可以请求被追索人支付被拒绝付款的票据金额、利息，以及取得有关拒绝证明和发出通知书的费用。

行使追索权的程序包括提示承兑或提示付款、制作拒绝证明、通知前手。持票人未依法提示承兑和提示付款的，丧失对其前手的追索权。持票人提示承兑或者提示付款被拒绝的，承兑人或者付款人必须出具拒绝证明或者出具退票理由书，否则应当承担由此产生的民事责任。持票人应当自收到被拒绝承兑或被拒绝付款证明之日起 3 日内，将被拒绝事由书面通知其前手；其前手应当自收到通知之日起 3 日内书面通知其再前手。

持票人获得被追索人清偿票据债务之后，被追索人与追索人享有同样权利。被追索人成为再追索中的再追索权人向前手行使再追索权。

2. 票据权利的取得

持票人取得票据权利应具备以下条件：

（1）给付对价。票据的取得必须给付对价。因税收、继承、赠予、公司合并、清偿等法定原因无偿取得票据的不受给付对价的限制，但该持票人所享有的票据权利不得优于其前手。

（2）手段合法。以欺诈、盗窃或胁迫等手段取得票据的，不享有票据权利。

(3) 主观善意。持票人明知上述非法情形而出于恶意取得票据的，或因重大过失而取得不法票据的，不享有票据权利。如 A 为购货签发票据给 B，C 从 B 处盗取了该票据，D 明知该票据系盗赃仍受让该票据，并赠与不知情的 E。则 D 因主观上的恶意，与 C 一样都不能享有票据权利。而 E 虽然不知情，但因未支付合理对价，其票据权利不得优于其前手 D，因而也不享有票据权利。但若 D 善意且通过支付相应对价获得该票据，则 E 可因赠与而获票据，只是其权利不能优于 D。

3. 票据权利的行使与保全

票据权利的行使是指持票人请求票据债务人支付票据金额的行为，即行使付款请求权或追索权。

法院在审理、执行票据纠纷案件时，对具有下列情形之一的票据，经当事人申请并提供担保，可依法采取保全措施或者执行措施：(1) 不履行约定义务，与票据债务人有直接债权债务关系的票据当事人所持有的票据；(2) 持票人恶意取得的票据；(3) 应付对价而未付对价的持票人持有的票据；(4) 记载有“不得转让”字样而用于贴现的票据；(5) 记载有“不得转让”字样而用于质押的票据；(6) 法律或者司法解释规定有其他情形的票据。票据权利的行使和保全，应当在票据当事人的营业场所和营业时间内进行，无营业场所的应当在其住所进行。

(五) 票据抗辩

票据抗辩是票据债务人依法对票据债权人拒绝履行义务的行为。根据抗辩原因的不同，票据抗辩可以分为物的抗辩和人的抗辩两种。

(1) 物的抗辩，是基于票据本身或票据行为的缺陷而产生的，债务人可以对抗任何票据债权人的抗辩。如票据无效、票据未到期、票据权利超过时效、票据经公示催告被除权等。

(2) 人的抗辩，是基于特定持票人的原因而产生的，票据债务人仅可以对抗该持票人的抗辩。它是由债务人与特定债权人之间的关系而发生，因而只能向特定债权人行使的抗辩。如背书不连续、持票人因恶意或重大过失获取票据等，债务人可以拒绝付款。

票据抗辩的行使受到以下限制：1) 票据债务人不得以自己与出票人之间所有的基于人的关系的抗辩对抗持票人；2) 票据债务人不得以自己与持票人的前手之间的抗辩事由对抗持票人；3) 持票人取得票据时明知存在抗辩事由的，不适用前两款规定；4) 持票人取得票据是无代价或无相当代价的，不适用前两款规定。

(六) 票据丧失与补救

票据是完全有价证券，票据丧失后票据权利人不仅无法主张权利，还承担票据金额丧失的风险。为保护持票人利益，法律设立了挂失止付、公示催告和提起诉讼三种补救措施。与公示催告和票据诉讼不同，挂失止付是一种暂时的应急措施，不是票据权利补救的必经程序。

二、汇票法律制度

汇票是典型的商业票据。我国《票据法》以汇票为主对票据行为加以规制，支票、本票中与汇票相同的内容适用汇票的规定。

(一) 汇票的概念及主要种类

汇票是出票人签发的委托付款人在见票时或者在指定日期无条件支付确定的金额给收

款人或者持票人的票据。日常商业活动中最为常见的汇票有商业汇票和银行汇票。

（1）商业汇票是由银行以外的单位签发的汇票，付款人可以是银行，也可以是其他单位；银行承兑的是银行承兑汇票，其他单位承兑的是商业承兑汇票。按付款时间不同，商业汇票又可分为远期汇票和即期汇票。经济活动中使用的多为电子商业汇票，这是出票人依托电子商业汇票系统，以数据电文形式制作的票据，具有无纸化和电子化的特点。它以数据电文取代纸质票据，出票、背书、兑付等票据行为均以电子化方式进行，将数字证书和电子签名作为识别票据当事人真实意思表示的依据。例如A的电子签名是a，A将其数字证书交由B管理，B代表A做出票据行为并使用A的数字证书制作出电子签名a，此时系统认定该票据行为系A作出，由此产生的票据权利义务由A承担。纸质票据的最长付款期限仅6个月，而电子商业汇票为1年。

（2）银行签发的汇票是银行汇票。我国银行汇票的出票人是经中国人民银行批准办理银行汇票业务的银行，单位和个人各种款项结算均可使用银行汇票，多用于办理异地转账结算和支取现金。

知识链接：电子商业汇票系统

全国电子商业汇票系统（简称ECDS）由中国人民银行建设并管理。它的建立标志着我国现代化支付体系基本建成，商业票据业务进入电子化时代。ECDS从根本上解决了纸质商业汇票交易方式效率低下、信息不对称、风险较大等问题。通过该系统，央行还能够全面监测商业汇票各种票据行为，准确了解资金流量流向，为宏观经济决策提供重要参考依据。

（二）汇票的票据行为

商业汇票是最为常见的汇票形式，我们以商业汇票为例介绍相关票据行为。

1. 出票

出票是出票人签发票据并将其交付给收款人的票据行为。票据的记载事项包括绝对记载事项、相对记载事项和非法定记载事项，我国票据的出票记载事项见表5-1。

表5-1　出票的记载事项

	汇票	本票	支票
绝对记载事项（缺一不可，未记载其中之一的，票据无效）	（1）表明“汇票”字样； （2）无条件支付的委付； （3）确定的金额； （4）付款人名称； （5）收款人名称； （6）出票日期； （7）出票人签章	（1）标明“本票”字样； （2）无条件支付的承诺； （3）确定的金额； （4）收款人名称； （5）出票日期； （6）出票人签章	（1）表明“支票”字样； （2）无条件支付的委托； （3）确定的金额； （4）付款人名称； （5）出票日期； （6）出票人签章 通过授权补记方式记载的绝对记载事项： （1）金额，可由出票人授权补记，未补记前的支票，不得使用； （2）收款人名称，可经出票人授权补记

续表

<table>
<tr><th></th><th colspan="2">汇票</th><th colspan="2">本票</th><th colspan="2">支票</th></tr>
<tr><td rowspan="3">相对记载事项（如未记载可以补充）</td><td>付款日期</td><td>在法定提示付款期限内可以随时请求付款</td><td colspan="2"></td><td colspan="2"></td></tr>
<tr><td>付款地</td><td>以付款人的营业场所、住所或经常居住地为付款地</td><td>付款地</td><td rowspan="2">出票人营业场</td><td>付款地</td><td>以付款人的营业场所为付款地</td></tr>
<tr><td>出票地</td><td>以出票人营业场所、住所或经常居住地为出票地</td><td>出票地</td><td>出票地</td><td>以出票人营业场所、住所或经常居住地为出票地</td></tr>
<tr><td>非法定记载事项</td><td colspan="6">允许当事人自由选择是否记载，一经记载并不发生票据法上的效力</td></tr>
</table>

2. 背书

（1）背书的概念及种类。

票据的许多功能是通过票据流通实现的。流通的基础是转让，完善的背书制度是票据流通转让的前提。它是指在票据背面或者粘单上记载有关事项并签章，将票据交付他人的票据行为。其中实施背书行为的是背书人，接受票据的是被背书人。在多次背书中，持票在先的持票人为前手，持票在后的为后手。

背书的种类如图 5－1 所示。

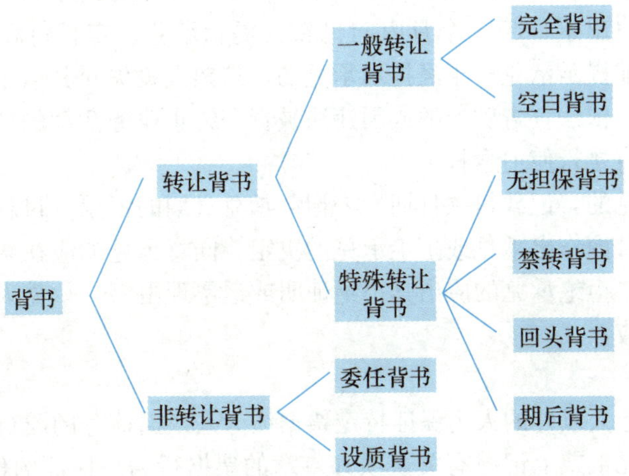

图 5－1　背书的种类

其中，委任背书是指背书人委托他人代为行使票据权利而进行的背书，如代为取款；而设质背书是指以设定质权，提供债务担保为目的进行的背书，也称质权背书。这类背书都不是以转让票据权利为目的，所以被归为非转让背书。

（2）背书的要求。

背书是一种要式行为，必须符合法定的形式。

1）背书人应签章并记载背书日期。背书人必须在票据上签章，背书才能成立，这属于绝对记载事项。若未记载背书日期，视为在汇票到期日前背书。

2）记载被背书人名称。我国不承认不记名背书，如不记载被背书人名称，汇票转让将不能成立，背书行为无效。但如背书人未记载被背书人名称而将票据交付他人的，持票人在票据被背书人栏内记载自己的名称与背书人记载具有同等法律效力。

3）禁止背书的记载。背书人记载“不得转让”文句的背书，目的在于限制被背书人将该票据再次背书转让，背书人只对自己的直接后手——被背书人承担担保责任，对其他后手不再承担担保责任。若出票人记载“不得转让”的，票据不得背书转让。

4）背书的连续性。它要求从最初收款人到持票人的签章在票面形式上应不间断，多次背书的记载顺序须相互衔接，且每次背书的形式均为有效。前一次背书的被背书人必须是后一次背书中的背书人。持票人以背书的连续性证明自己是合法的持票人；非经背书转让的持票人须依法举证，如持有被继承人死亡证书、继承票据公证书、法院破产裁定书或清算凭证等，以证明持票的合法性。

5）不得附条件背书或部分背书。背书必须无条件，附条件的所附条件不具有汇票上的效力。部分背书是指仅将票据金额的一部分转让给被背书人，或将票据金额分别转让给两个人的背书。在我国部分转让和分割转让的背书均无效。

3. 承兑

承兑是商业汇票所特有的一种制度。作为委托付款的票据，汇票的付款人在出票人签发票据时对其义务承担并不知情，必须要通过承兑让付款人明确是否承认出票人在汇票中所记载的付款义务，一经承兑，付款人就成为汇票的主债务人，负有支付票据金额的义务。见票即付的汇票无须承兑。

承兑包括提示承兑、记载承兑和交还汇票。提示承兑是必经步骤。见票后定期付款的汇票，持票人应当自出票日起 1 个月内向付款人提示承兑。定日付款或出票后定期付款的，在汇票到期日前提示承兑。未经提示承兑的，持票人丧失对其前手的追索权。但有付款人死亡、逃匿或被依法宣告破产的或因违法被责令终止业务活动的情形的，持票人无须提示承兑，可依法直接行使追索权。

付款人同意承兑的，记载付款日期。未记载承兑日期的汇票，付款人应当自收到提示承兑汇票之日起 3 日内作出承兑或拒绝承兑的决定。同意承兑的应在票据正面加盖承兑印章，记载承兑日期；拒绝承兑的应出具拒绝证明或退票理由书。承兑人签章后应将票据交还持票人，承兑完成。

4. 保证

保证是票据债务人以外的人为保证特定票据债务人票据债务的履行，以担保同一票据债务内容为目的，在汇票上记载有关事项并签章的票据行为。保证的作用在于追加信用，担保票据债务的履行。所有票据债务人都可以成为被保证人；除被保证人以外的人均可成为保证人。保证人与被保证人一同对持票人承担连带责任。持票人向被保证人行使权利时，也可以向保证人行使。保证人清偿票据债务后，可以行使持票人对被保证人及其前手的追索权。

保证人必须在汇票或者粘单上记载下列事项：（1）表明“保证”的字样；（2）保证人名称和住所；（3）被保证人的名称；（4）保证日期；（5）保证人签章。保证人为出票人、付款人、承兑人保证的，应当在票据的正面记载保证事项；保证人为背书人保证的，应当在票据的背面或者其粘单上记载保证事项。

5. 付款

付款是一种终结票据关系的行为，它通过金钱给付的行为清偿票据债务，消灭了全部票据关系。付款的程序包括提示付款、付款和交回汇票。付款人依法足额付款后，全体票据债务人的责任解除。

练一练

三、本票、支票的特别规定

本票、支票许多制度与汇票相同。为避免法律条款的重复，票据法仅对本票、支票独有的制度加以明确，其余相似均适用汇票的规定。

（一）本票

本票是指出票人签发的，承诺自己在见票时无条件支付确定的金额给收款人或者持票人的票据。本票是自付证券，基本当事人只有出票人和收款人，出票人就是付款人。以出票人不同，又可分为银行本票和商业本票。银行本票是以银行信用为基础，使用人将款项提前交存银行，有着较强的信用基础。交易双方凭票结清债权债务后，收款人将银行本票交存银行后即可入账，它的使用有利于加速商品流通和资金周转。我国只规定了银行本票，不承认商业本票。

本票的出票人必须具有支付本票金额的可靠资金来源，并保证支付。在我国本票是见票即付的票据，本票自出票日起，付款期限最长不得超过 2 个月。

（二）支票

支票是出票人签发的委托办理支票存款业务的银行或其他金融机构在见票时无条件支付确定金额给收款人或持票人的票据。支票主要承担支付功能，可以支取现金，也可以转账，但用于转账时应在票面注明。

在我国可以签发空白支票，支票上的金额和收款人名称可由出票人授权补记，但未补记金额前，支票不得使用。出票人签发的支票金额超过其付款时在付款人处实有的存款金额的，是空头支票，我国禁止签发空头支票。

支票限于见票即付，不得另行记载付款日期。支票的提示付款期限自出票日起 10 日；超过提示期限，付款人可以拒绝付款。

第三节　保险法律制度

保险是一种为了防范、避免和转移风险而创设出的法律制度。社会保险与商业保险同为现代社会重要的风险转嫁机制，目的都是给社会公众提供生产、生活、安全等方面的基本保障。所不同的是，社会保险由国家强制实施，在为社会成员提供基础保障的同时维护社会民生的稳定运行，属社会保障法范畴；商业保险是投保人与保险公司间自愿协商的产物，保险公司按合同约定为投保人提供相应的商业保险保障。作为一种金融活动，商业保险是保险法的调整对象，也是本节所讨论的内容。

商业保险制度起源于 14 世纪的海上贸易，商人们为了避免海难、海盗等造成的损失而创立了互保会、互保基金等组织。但直到 1871 年英国制定《劳合社法》，世界上最早的保险公司成立，现代保险制度才应运而生。我国保险业自 1980 年恢复经营以来发展迅速，

2020 年全国保险原保费收入已达 4.5 万亿元①，保险业成为服务国计民生的重要力量。《中华人民共和国保险法》（以下简称《保险法》）是我国保险法律制度体系的基础，也是保险业发展和保险监管的核心制度，自 1995 年颁行至今历经三次修正、一次修订②，逐步确立了商业保险的基本行为规范和保险监管制度的主体框架。目前我国已经初步形成了以《保险法》为核心，保险行政法规、规章为主干，规范性文件为补充的保险法律制度体系，为保险行业监管与发展提供了较为完整的规则依据和制度保障。

一、保险制度概述

（一）保险的构成要件

保险是指投保人根据合同约定向保险人支付保险费，保险人对因约定的保险事故发生所造成的财产损失承担赔偿保险金责任，或者当被保险人死亡、伤残、疾病或达到合同约定的年龄、期限等条件时承担给付保险金责任的商业保险行为。作为一种分散风险，共担损失的补偿制度，保险包括以下构成要件：

1. 特定危险的存在

无危险即无保险，危险的存在是保险产生的基础，只有可能引起损失且不确定发生的危险才能成为可保危险。可保危险应具备以下条件：（1）危险发生的偶然性。风险的产生不能是由被保险人或投保人故意引发的。（2）危险发生的时间不确定。（3）危险发生的原因与结果不确定。

2. 众人协力

保险人以收取保险费的方式建立起专用保险基金，用于保险事故所引发的经济损失的补偿或者人身伤亡的给付。一旦发生保险事故，投保人和受益人就可从保险基金中支付赔偿款项。

3. 弥补损失

弥补损失是保险的重要功能之一，也是保险区别于其他金融行业的最根本特征。保险通过分摊损失的方法来实现经济补偿的目的。通过保险补偿，可以使得投保人或被保险人尽快弥补损失，恢复正常的生产生活秩序。

（二）保险的种类

实务中保险产品种类繁多，但在理论上可作以下划分：

1. 人身保险和财产保险

按保险标的不同，保险分为人身保险和财产保险。人身保险是以人的寿命和身体为保险标的的保险，包括人寿保险、健康保险、意外伤害保险等。财产保险是以财产及其有关利益为保险标的的保险，包括财产损失保险、责任保险、信用保险、保证保险等保险业务。

2. 强制保险和自愿保险

按实施形式不同，保险分为强制保险和自愿保险。强制保险是国家法律强制推行的保

---

① 中国银行保险监督管理委员会网站统计数据。

② 为适应加入 WTO 要求，2002 年《保险法》进行了第一次修正；后因保险业改革发展和监管需要，于 2009 年进行了全面修订，在经营规则、强化监管、规范市场秩序等方面作出了较大改动。伴随着依法推进行政审批制度改革和政府职能的转变，《保险法》在 2014 年和 2015 年两次修正，取消和调整了一批行政审批事项。

险种类，如机动车交通事故责任强制保险。自愿保险是投保人与保险人之间，自愿、平等、协商所形成的保险关系。

3. 原保险和再保险

按责任承担次序不同，保险分为原保险和再保险。原保险中被保险人的保险事故风险由保险人承担损失赔偿责任。再保险又称分保，是保险人在原保险合同的基础上，通过签订分保合同，将其所承保的部分风险和责任向其他保险人进行保险的行为。再保险中分出业务的公司是原保险人或分出公司，接受业务的公司为再保险人或分保接受人或分入公司。再保险的基础是原保险，原保险人因经营中分散风险的需要，将原保险中的保险责任风险转移，以避免因面临重大灾难或事故的巨额赔偿而使自己陷入财务困境。

4. 单保险和复保险

按保险人情况不同，保险分为单保险和复保险。单保险是指投保人对同一保险标的就同一保险利益、同一保险事故、同一保险期间与一个保险人订立的保险。复保险，又称重复保险，是指投保人对同一保险标的就同一保险利益、同一保险事故分别与两个以上保险人订立保险合同，且保险金额总和超过保险价值的保险。

为防止被保险人利用重复保险获得超额赔款，《保险法》规定了比例分摊原则。重复保险的投保人应当将重复保险的情况通知各保险人，各保险人赔偿保险金总和不得超过保险价值。除另有约定外，各保险人按其保险金额与保险金额总和的比例承担赔偿保险金的责任。基于公平原则，重复保险的投保人可以就保险金额总和超过保险价值的部分，请求各保险人按比例返还保险费。

（三）保险的基本原则

1. 合法原则

从事保险活动必须遵守法律、行政法规，尊重社会公德，不得损害社会公共利益。守法和公序良俗原则是各方主体进行保险活动的底线要求。我国《民法典》规定，民事主体从事民事活动不得违反法律，不得违背公序良俗。

2. 最大诚信原则

诚实信用是民事活动的最基本要求。但保险活动有其特殊性，一方面保险活动中存在明显的信息不对称，保险人对保险产品的了解程度与投保人对保险标的风险的掌握程度各不相同；另一方面，由于合同的专业性，保险人也可能利用自己的专业优势，在缔约过程中通过信息障碍，损害投保人合法权益。因而保险当事人必须以高于普通合同的诚信态度来订立和履行保险合同，这就是最大诚信原则。整个保险合同法律制度的设计都是以最大诚信原则为核心的。最大诚信原则包括了如实告知、保证、弃权与禁止反言义务等内容。

（1）如实告知义务。

投保人在保险合同订立时应如实陈述可能影响保险人决定是否承保及确定保险费率高低的相关事实；保险人应准确、完整地告知投保人保险事故责任范围、除外责任等重要合同内容。投保人故意隐瞒事实，不履行如实告知义务的，或者因过失未履行如实告知义务，足以影响保险人决定是否同意承保或者提高保险费率的，保险人有权解除保险合同或不负赔偿责任。

保险人在订立合同时应当在投保单、保险单或者其他保险凭证上，对免责条款应作出足以引起投保人注意的提示，并对该条款内容明确作出说明；未作提示或明确说明的，该条款不产生效力。

（2）保证义务。

保证义务是指投保人在保险合同中承诺对某一事项作为或不作为，或担保某一事项的真实性。我国法律并未规定保证义务，但实务中已有类似条款出现，一般是要求被保险人保证在合同期内作为或不作为某种特定行为（如在仓储保险合同中约定不存放危险品），以达到便于保险人控制风险、计算费率等目的。

（3）弃权与禁止反言义务。

弃权即放弃权利。保险中的弃权是指保险人已经意识到其有理由解除合同，或有理由抗辩被保险人的权利主张时，明示或默示地向被保险人传达其放弃上述权利的意思表示。禁止反言是指在保险人或其代理人对被保险人作出了某种错误陈述，且被不知情的被保险人信赖，以至于如果允许保险人否认先前的陈述将会导致被保险人遭受损失时，法律禁止保险人否认先前的陈述或改变立场。简言之，就是法律禁止保险人出尔反尔。保险人在合同订立时已经知道投保人未如实告知的情况的，保险人不得解除合同；发生保险事故的，保险人应当承担赔偿或者给付保险金的责任。这被认为是禁止反言在我国保险法中的体现。

3. 保险利益原则

无保险利益即无保险。保险利益又称可保利益，是指投保人或者被保险人对保险标的具有的法律上承认的利益。各国均规定保险利益是保险的必备要件，这是为了避免道德风险，防范利用保险谋财害命或取得不当利益。

财产保险中的保险利益表现为投保人必须对保险标的拥有所有权、使用权、占有权、抵押权等法律认可的经济利益。人身保险中的保险利益体现为投保人对被保险人的健康所具有的利害关系。投保人对本人、配偶、子女、父母或其他与投保人有抚养、赡养或者扶养关系的家庭其他成员、近亲属，以及与投保人有劳动关系的劳动者具有保险利益。经被保险人同意投保人为其订立合同的，视为投保人对被保险人具有保险利益，如北京奥组委为志愿者投保的死亡伤残保险和医疗保险。

财产保险和人身保险对保险利益的时间要求有所不同。财产保险的保险事故发生时，被保险人对保险标的应具有保险利益，否则不得向保险人请求赔偿保险金。而人身保险仅要求保险合同订立时投保人对保险标的具有保险利益。

4. 近因原则

近因是直接造成结果发生的原因。近因原则是判明保险事故与保险标的损失之间因果关系，确定保险责任的一项基本原则。现行保险法未直接规定近因原则，但也明确规定了保险事故发生后，投保人、被保险人或受益人按照保险合同请求保险人赔偿或者给付保险金时，应当向保险人提供其所能提供的与确认保险事故的性质、原因、损失程度等有关的证明和资料。实践中，近因原则也已成为判断保险公司是否应承担保险责任的重要标准。

5. 损害补偿原则

损害补偿原则的适用有利于防止从保险中获取额外利益，从而诱发道德风险。保险法中仅仅规定了损害补偿原则在财产保险中的适用，人寿保险因其给付性质而不适用损害补偿原则。

损害补偿的额度受到保险金额、保险价值和实际损失的限制。保险金额是保险人承担赔偿或给付保险金责任的最高限额。它是当事人之间协商的产物，也是保险人计算保费的依据，受到保险价值的约束。保险价值是确定保险金额的依据，保险金额可以低于保险价值，但不得高于保险价值；超过的是超额保险，超过部分无效。具体而言，当保险金额与保险价值相等时，被保险人可以获得与实际损失价值相等的保险金赔偿；超额保险的，保险金额超过保险价值的部分不能获得超额经济补偿；若保险金额低于保险价值，则保险人按保险财产的实际损失承担赔偿责任，最高不超过保险金额。

想一想

在健康保险、意外伤害保险等补偿性质的人身保险中是否应当适用损害补偿原则呢？

6. 代位求偿权原则

保险人在发生保险事故并向被保险人赔付保险金后，在其赔付范围内，获得向应承担赔偿责任的第三方代位行使请求赔偿的权利。它由损害补偿原则派生，一般适用于财产保险。广义上包括物上代位权和权利代位权。

（1）物上代位权。

海上保险中的委付是典型的物上代位权。保险事故发生后，保险人已支付了全部保险金额且保险金额等于保险价值的，受损保险标的的全部权利归于保险人；保险金额低于保险价值的，保险人按照保险金额与保险价值的比例取得受损保险标的的部分权利。即只有保险人支付了全部保险金额后才能代位取得对受损标的的处分权。

（2）权利代位权。

这是狭义的代位求偿权，它是被保险人对第三人损害赔偿请求权的转移，一般保险代位求偿所指即为此。我国《保险法》规定，因第三者对保险标的的损害而造成保险事故的，保险人自向被保险人赔偿保险金之日起，在赔偿金额范围内代位行使被保险人对第三者请求赔偿的权利。

代位求偿权的行使应具备以下条件：1）保险事故的发生与第三人的过错行为有因果关系；2）保险人已向被保险人给付了保险金；3）保险人对第三人行使代位权的请求数额以给付被保险人的保险金额为限度。实践中，被保险人还需要签发赔款收据和权益转让书，以确认赔偿的金额和时间。

除被保险人家庭成员或其组成人员故意对保险标的损害造成保险事故外，保险人不得对其家庭成员或组成人员行使代位求偿权。被保险人应当协助保险人行使代位求偿权，同时被保险人也不能放弃向第三者的损害赔偿请求权。保险事故发生后，保险人未赔偿保险金之前，被保险人放弃对第三者请求赔偿权的，保险人不承担赔偿保险金的责任。保险人赔偿保险金后，被保险人未经保险人同意放弃对第三者请

练一练

求赔偿权的，该行为无效。

二、保险合同

（一）保险合同概述

保险合同是投保人与保险人约定保险权利义务关系的协议，投保人通过缴纳保费的方式，将保险标的在约定范围内发生的风险转移给了保险人。保险合同具有以下特征：

1. 保险合同是双务、有偿合同

投保人承担如约交付保险费的义务，保险人承担在保险事故发生时赔偿保险金或给付保险金的义务。

2. 保险合同是诺成合同

投保人提出保险要求，保险人同意承保后保险合同成立。签发保单并非保险合同的成立依据，保险人同意承保后，保险合同即告成立。投保人按约定交付保险费，保险人依约开始承担保险责任。

3. 保险合同是典型的射幸合同

射幸即侥幸。射幸合同中一方义务的履行有赖于偶然事件的出现，在缔约时合同的效果是不确定的。保险合同属于典型的射幸合同，在合同有效期内，如果发生保险事故造成保险标的损失，被保险人可以获得赔偿金；若没有发生保险事故造成损失，被保险人将一无所得。正是这种以小博大的特性，使得保险法必须特别加强对道德风险的防控。

（二）保险合同主体

保险合同主体是保险活动的直接参与者，包括保险合同当事人和保险合同关系人。其中保险人与投保人是保险合同的当事人，被保险人与受益人是保险合同的关系人。

1. 保险人与投保人

保险人是与投保人订立保险合同并承担赔偿或者给付保险金责任的保险公司。它是依法成立并有经营保险业务许可的法人，通过收取保险费建立保险基金，经营保险业务，在发生保险事故时承担给付保险金义务。投保人是指与保险人订立保险合同，并按照合同约定支付保险费的人。投保人除了应具备相应的民事权利能力与行为能力之外，还应对保险标的具有保险利益。

2. 被保险人与受益人

被保险人是指其财产或人身受到保险合同保障、享有保险金请求权的人，其可能因保险事故而遭受经济损失或人身伤害。投保人可以为被保险人。为避免道德风险，法律规定投保人不得为无民事行为能力人投保以死亡为给付保险金条件的人身保险，保险人也不得承保。但父母为其未成年子女投保的，不受此限制。

受益人是指在人身保险合同中由被保险人或投保人指定的享有赔偿请求权的人。投保人指定或变更受益人时，必须经被保险人同意。受益人无偿享有保险金请求权，不负交付保费的义务，也无须具有保险利益，但受益人故意造成被保险人死亡、伤残、疾病的，或故意杀害被保险人未遂的，丧失受益权。

投保人、被保险人可以为受益人。受益人约定为法定或法定继承人的，以《民法典》中法定继承人为受益人。被保险人死亡后，未指定受益人或指定不明的；或受益人先于被

保险人死亡，无其他受益人的；或受益人依法丧失或放弃受益权，没有其他受益人的，保险金作为被保险人遗产由保险人依法履行给付保险金义务。

受益人可以为一人也可为多人。其中受益人为数人的，被保险人或投保人可以确定受益顺序和受益份额。部分受益人在保险事故发生前死亡、放弃受益权或依法丧失受益权的，按表5-2列举情形处理。若受益人与被保险人在同一事件中死亡，且不能确定死亡先后顺序的，推定受益人死亡在先。

表5-2 受益人受益份额处理情形

受益顺序	受益份额	受益人应得受益份额的处理
未约定	未约定	由其他受益人平均享有
	约定	由其他受益人按约定比例享有
约定	未约定	同顺序的其他受益人平均享有；同一顺序没有其他受益人的，由后一顺序受益人平均享有
	约定	同顺序的其他受益人按约定比例享有；同一顺序没有其他受益人的，由后一顺序受益人按约定比例享有

（三）保险合同的内容

1. 保险合同的基本内容

保险合同应当包括下列事项：(1) 保险人的名称和住所；(2) 投保人、被保险人的姓名或者名称、住所，以及人身保险的受益人的姓名或者名称、住所； (3) 保险标的；(4) 保险责任和责任免除；(5) 保险期间和保险责任开始时间；(6) 保险金额；(7) 保险费以及支付办法；(8) 保险金赔偿或者给付办法；(9) 违约责任和争议处理；(10) 订立合同的年、月、日。除上述基本条款外，投保人和保险人还可以根据特殊需要而签订特约条款。

保险条款是由保险人单方预先拟定的标准化条款，多为专业术语且内容繁杂，因而保险人及其代理人在订立合同时必须向投保人明确说明保险合同的具体条款，特别是保险责任险和除外责任条款。保险人应当在投保单、保险单或者其他保险凭证上，对免除保险人责任的条款作出足以引起投保人注意的提示，并对该条款的内容以书面或者口头形式向投保人作出明确说明；未作提示或者明确说明的，该条款不产生效力。

保险合同中记载内容不一致时按以下规则认定：(1) 投保单与保险单或其他保险凭证不一致的，以投保单为准。但不一致的情形系经保险人说明并经投保人同意的，以投保人签收的保险单或者其他保险凭证载明的内容为准。(2) 非格式条款与格式条款不一致的，以非格式条款为准。(3) 保险凭证记载的时间不同的，以形成时间在后的为准。(4) 保险凭证存在手写和打印两种方式的，以双方签字、盖章的手写部分内容为准。

2. 人身保险合同特殊条款

除基本条款外，人身保险合同因其特殊性还规定了以下特殊条款：

(1) 年龄误告条款。

年龄是直接影响保险人确定是否承保及保险费率的因素，投保人应如实告知被保险人的实际年龄。本条约定了在投保时误报被保险人年龄时的处理办法。一般包括：

1）被保险人真实年龄不符合合同约定的年龄限制的，保险人可以解除合同，并按合同约定退还保单的现金价值，但自合同成立之日起 2 年的除外；2）误告年龄大于被保险人真实年龄而导致多缴保费时，可以无息返还多交部分的保险费；3）误告年龄小于被保险人真实年龄的，保险人可要求被保险人补缴少交的差额及产生的利息，或按比例承担给付保险金额责任。

（2）宽限期条款（迟交宽限条款）。

长期的人身保险合同，保费大多分期缴纳。为确保合同效力的稳定性，往往会在人身保险合同中约定缴费宽限期。在宽限期内，即使没有缴纳续期保费，保险合同依然有效，如发生保险事故，保险人仍要承担保险责任，但要从给付金额中扣除欠交的保费。若过了宽限期投保人仍未足额缴纳续期保费，则保险合同中止，待复效后重新恢复效力。

（3）不丧失价值条款。

现金价值是带有储蓄性质的人身保险单所具有的价值。投保人有权在合同有效期内，自行选择处置保险合同现金价值的方案。保险法规定，投保人解除合同的，保险人应当自收到解除合同通知之日起 30 日内，按照合同约定退还保险单的现金价值。若因被保险人故意犯罪或抗拒依法采取的刑事强制措施导致其伤残或者死亡的，保险人不承担给付保险金的责任。但投保人已交足 2 年以上保险费的，保险人应当按照合同约定退还保险单的现金价值。

（4）自杀条款。

为避免蓄意自杀图谋保险金的道德风险，人身保险合同将自杀作为除外责任。以被保险人死亡为给付保险金条件的合同，自合同成立或合同效力恢复之日起 2 年内，被保险人自杀的，保险人不承担给付保险金责任，但应当按照合同约定退还保险单的现金价值。

（四）保险合同的订立与生效

1. 订立

保险合同的订立是保险合同当事人之间协商一致的过程，包括要约与承诺两个阶段，即投保与承保。

投保又称要保，是投保人向保险人提出要求保险的意思表示。投保人需填写保险单，并履行如实告知义务。承保是指在投保人提出要保请求后，保险人审核认为符合承保条件并同意接受投保人申请，承担保单合同规定的保险责任的行为。承保后，保险人应当及时向投保人签发保险单或者其他保险凭证，并载明当事人双方约定的合同内容。根据法律规定及保险实务，投保单、暂保书、保险单、保险凭证及当事人约定的其他书面形式，均属保险合同的订立凭证。

2. 生效

投保人提出保险要求，经保险人同意承保后，保险合同成立生效。若投保人或者其代理人订立保险合同时没有亲自签章，而是由保险人（或其代理人）代为签字盖章的，对投保人不生效；但投保人已经缴纳保险费的，视为其对代为签章行为的追认。缴付保险费是投保人履行保险合同的义务，是否缴纳保险费并不影响保险合同的成立与生效。但如果保险人接受投保单并收取了保险费，在尚未作出是否承保的意思表示时就发生了保险事故的，此时被保险人或受益人请求保险人按照保险合同约定承担赔偿或者给付保险金责任，对符合承保条件的，法院应予支持；不符合承保条件的，保险人不承担保险责任，但应当退还已经收取的保险费。保险人主张不符合承保条件的，应承担举证责任。

（五）保险合同的履行

保险合同的履行是指保险合同依法成立并生效后，双方当事人全面完成各自约定义务的行为，包括投保人义务的履行和保险人义务的履行。

1. 投保人的义务

（1）交付保费，这是投保人最主要的义务。

（2）危险增加的通知义务。保险标的处于投保人或被保险人控制之中，对出现危及保险标的因素及危险程度增加的情况，应当及时通知保险人。保险人可以按照合同约定增加保险费或解除合同。解除合同的，保险人应按合同约定将已收保费扣除相应部分后退还投保人。被保险人未履行上述通知义务的，因保险标的危险程度显著增加而发生的保险事故，保险人不承担赔偿保险金责任。

（3）通知出险义务。投保人、被保险人或受益人知道发生保险事故后，应当及时通知保险人。故意或因重大过失未及时通知致使保险事故的性质、原因、损失程度等难以确定的，保险人对无法确定的部分，不承担赔偿或给付保险金责任，但保险人通过其他途径已及时知道或应当及时知道保险事故发生的除外。

（4）防止损失扩大义务。保险事故发生时，被保险人应当尽力采取必要措施防止或者减少损失。因被保险人没有履行施救义务而致使损失扩大的，对扩大部分的损失，保险人不承担赔偿责任。

2. 保险人的义务

给付赔偿金或保险金是保险人最基本的义务。保险事故发生后，被保险人为防止或者减少保险标的的损失而支付的必要的、合理的费用，也由保险人承担，但最高不得超过保险金额的数额。另外，保险人对在办理保险业务中所获悉的投保人或被保险人的个人信息、商业秘密等负有保密义务。

保险权利义务导图见图 5－2。

（六）保险合同变更、解除与终止

1. 变更

在保险合同有效期内，经双方协商一致可以对除保险标的以外的其他保险合同内容进行修改和补充，这就是保险合同的变更。变更保险合同的，应当由保险人在保险单或其他保险凭证上批注或者附贴批单，或者由投保人和保险人订立书面变更协议，否则不能产生变更效力。

2. 解除

保险合同的解除是指在保险合同有效期限届满前，当事人依照法律规定或者合同约定提前终止合同效力的法律行为。保险人所享有的保险合同解除权见表 5－3。

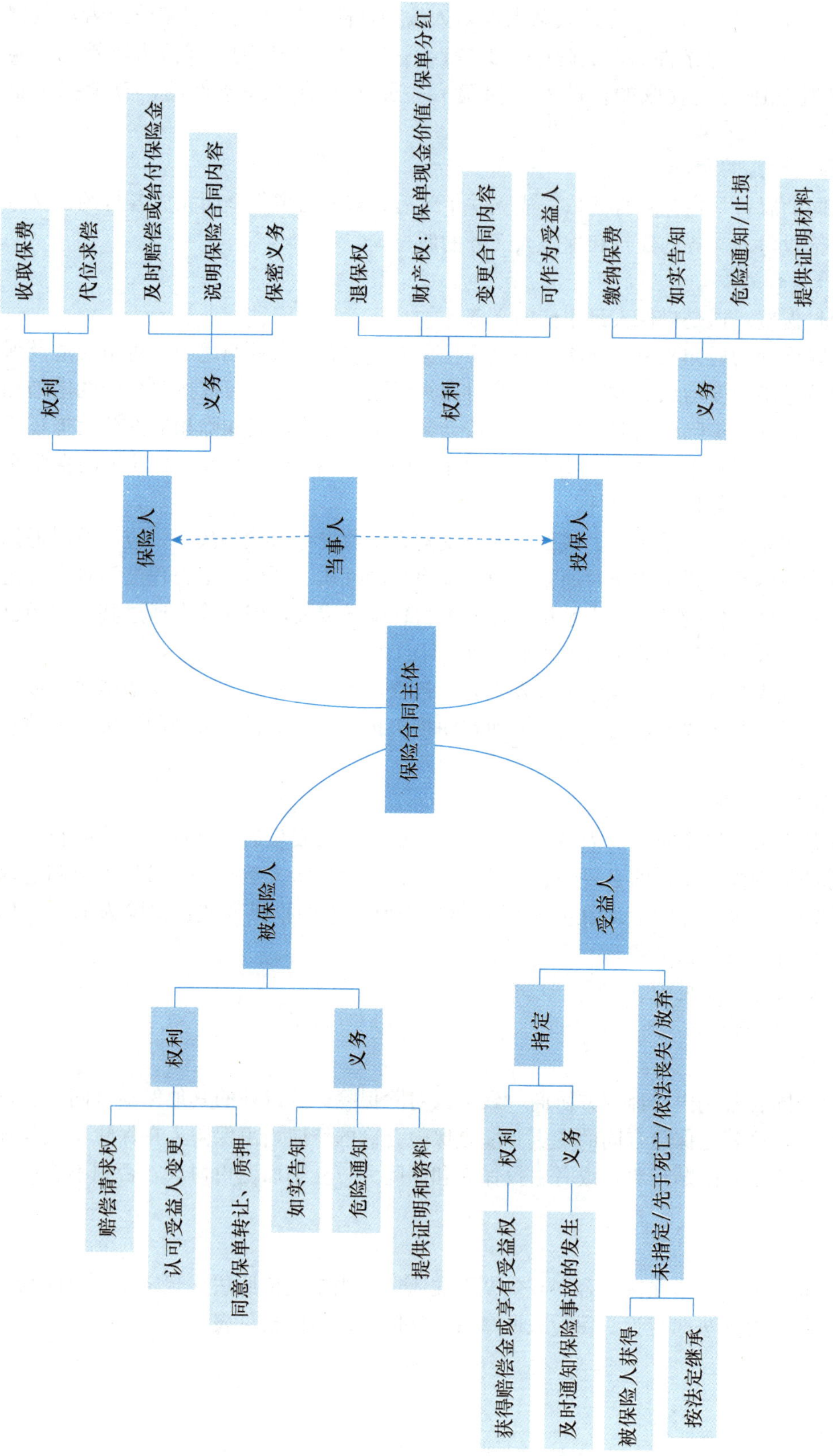

图5－2 保险权利义务导图

表 5－3　保险人的法定合同解除权

<table>
<tr><th></th><th>类型</th><th>处理详情</th></tr>
<tr><td rowspan="9">法定解除</td><td>年龄差错</td><td>(1) 投保人申报的被保险人年龄不真实，并且其真实年龄不符合合同约定的年龄限制的，保险人可以解除合同，并按照合同约定退还保险单的现金价值
(2) 致使投保人支付的保险费少于应付保险费的，保险人有权更正并要求投保人补交保险费，或者在给付保险金时按照实付保险费与应付保险费的比例支付
(3) 致使投保人支付的保险费多于应付保险费的，保险人应当将多收的保险费退还投保人</td></tr>
<tr><td>未缴保费</td><td>人身保险合同分期支付保险费的，合同效力中止超过 2 年的，保险人可以解除合同，但应当退还保险单现金价值</td></tr>
<tr><td rowspan="2">投保人未如实告知</td><td>(1) 自保险人知道有解除事由之日起，超过 30 日不行使而消灭；
(2) 自合同成立之日起超过 2 年的，保险人不得解除合同；发生保险事故的，保险人应当承担赔偿或给付保险金责任；
(3) 保险人在合同订立时已知道投保人未如实告知的情况的，保险人不得解除合同；发生保险事故的，保险人应当承担赔偿或给付保险金责任</td></tr>
<tr><td>(1) 投保人故意不履行如实告知义务的，保险人对合同解除前发生的保险事故，不承担赔偿或给付保险金责任，并不退还保险费；
(2) 投保人因重大过失未履行如实告知义务，对保险事故的发生有严重影响的，保险人对合同解除前发生的保险事故，不承担赔偿或给付保险金责任，但应退还保险费</td></tr>
<tr><td>骗保</td><td>被保险人或受益人在未发生保险事故的情况下，谎称发生保险事故，向保险人提出赔偿或给付保险金的请求的，保险人有权解除保险合同，并不退还保险费</td></tr>
<tr><td>故意制造保险事故</td><td>投保人、被保险人或者受益人故意制造保险事故的，保险人有权解除保险合同，不承担赔偿或者给付保险金的责任</td></tr>
<tr><td>未尽安全责任</td><td>投保人、被保险人未按照约定履行其对保险标的安全应尽责任的，保险人有权要求增加保险费或者解除合同</td></tr>
<tr><td>危险增加未通知</td><td>(1) 合同有效期内，保险标的危险程度增加的，被保险人履行通知义务后，保险人有权要求增加保险费或者解除合同。
后果：合同解除的，应当将已收取保险费按合同约定扣费后，退还投保人；对因保险标的危险显著增加而发生的保险事故，保险人不承担赔偿保险金责任
(2) 因保险标的转让导致危险程度显著增加的，保险人自收到通知之日起 30 日内，可以按合同约定增加保费或解除合同。
后果：被保险人、受让人未履行通知义务，因转让导致保险标的危险显著增加而发生的保险事故，保险人不承担赔偿保险金责任</td></tr>
</table>

3. 中止与复效

目前保险合同的中止仅仅适用于人身保险合同。在合同约定分期支付保险费的情况下，投保人支付首期保险费后，除另有约定外，投保人自保险人催告之日起超过 30 日未支付当期保险费或超过约定期限 60 日未支付当期保险费的，合同效力中止，或者由保险人按照合同约定的条件减少保险金额。再保险合同的中止期间，保险人不承担保险合同约定的保险责任。

合同中止后，经保险人与投保人协商并达成协议，在投保人补交保险费后，合同效力恢复，这是保险合同的复效。复效后的保险合同是原合同效力的继续，已复效的保险合同应视为自始未失效的原保险合同。

4. 终止

保险合同的终止是指保险合同双方当事人消灭合同确定的权利和义务行为。主要包括以下原因：(1) 因保险期届满而终止；(2) 因保险人给付保险，赔偿金或保险金而终止；(3) 因保险合同解除而终止；(4) 因保险当事人行使终止权而终止；(5) 以生存作为给付条件的人身保险合同，因被保险人、受益人死亡而终止。

保险合同一旦终止，就失去法律效力，但是原合同中争议处理条款的效力和当事人要求赔偿的权力不受影响。

（七）索赔及理赔

索赔是指被保险人或受益人在发生保险事故、遭受财产损失或人身伤亡后，要求保险人履行赔偿或给付保险金义务的行为。索赔时，投保人、被保险人或受益人应当向保险人提供其所能提供的与确认保险事故的性质、原因、损失程度等有关的证明和资料。索赔应在规定时间内提出，人寿保险的诉讼时效期间为 5 年，其他保险的诉讼时效期间为 2 年，均自知道或者应当知道保险事故发生之日起计算。

理赔是保险人依据合同规定履行赔偿或给付责任的行为。保险人收到被保险人或者受益人的赔偿或者给付保险金的请求后，应当及时作出核定；情形复杂的，应当在 30 日内作出核定，合同另有约定的除外。保险人应当将核定结果通知被保险人或者受益人；对属于保险责任的，在与被保险人或者受益人达成赔偿或者给付保险金的协议后 10 日内，履行赔偿或者给付保险金义务。保险合同对赔偿或者给付保险金期限有约定的，保险人应当按照约定履行赔偿或给付保险金义务；未及时履行的，除支付保险金外，还应赔偿被保险人或者受益人因此受到的损失。

三、保险经营组织

（一）保险公司

保险公司是现代保险业的基本组织形式，《保险法》设专章对保险公司进行规制。

1. 保险公司的设立

作为专营保险业务的金融机构，保险公司的设立条件较一般公司更为严格、复杂。除应符合《公司法》一般规定外，还应具备下列条件：(1) 主要股东具有持续盈利能力，信誉良好，最近 3 年内无重大违法违规记录，净资产不低于人民币 2 亿元。(2) 有符合保险法和公司法规定的章程。(3) 有符合保险法规定的注册资本。《保险法》规定保险公司注册资本最低限额为人民币 2 亿元，且必须为实缴货币资本。保险监管机构根据保险公司的业务范围、经营规模，可以调整其注册资本的最低限额，但不得低于 2 亿元的限额。(4) 有具备任职专业知识和业务工作经验的董事、监事和高级管理人员。(5) 有健全的组织机构和管理制度。(6) 有符合要求的营业场所和与经营业务有关的其他设施。(7) 法律、行政法规和国务院保险监督管理机构规定的其他条件。

保险公司的设立应当经保险监督管理机构批准。保险公司不论在境内设立分支机构，还是在境外设立子公司、分支机构，都应当经保险监管机构批准。外国保险机构在我国境内设立代表机构，也应当经保险监管机构批准。代表机构不得从事保险经营活动。

知识链接：保险业的扩大开放

加入WTO后中国保险业进入了全面开放的新时期。为进一步扩大金融业开放，构建公平市场环境，2018年后我国先后公布多项保险业对外开放措施，并进一步修订《外资保险公司管理条例》及其实施细则。在对申请设立外资保险公司的外国保险公司取消"经营保险业务30年以上"和"在中国境内已经设立代表机构2年以上"限制的同时，还取消了外资股比的限制性规定。随着市场的不断开放，中资保险机构需要积极适应业态变化，以公平竞争促进我国保险业升级。

2. 保险公司的变更和终止

(1) 变更。

保险公司变更名称、注册资本、公司或者分支机构的营业场所、撤销分支机构、公司分立或者合并、修改公司章程、变更出资额占有限责任公司资本总额5%以上的股东，或者变更持有股份有限公司股份5%以上的股东，以及国务院保险监督管理机构规定的其他情形，应当经保险监督管理机构批准。上述事项变更经保险监管机构批准后，还应办理工商变更登记。

(2) 终止。

优胜劣汰是市场竞争的自然结果，保险公司因解散、撤销、破产而终止。

保险公司因分立、合并需要解散，或股东会、股东大会决议解散，或公司章程规定的解散事由出现，经保险监管机构批准后解散。保险公司因违法经营被依法吊销经营保险业务许可证的，或偿付能力低于保险监督管理机构规定标准，不予撤销将严重危害保险市场秩序、损害公共利益的，由监管机构予以撤销并公告。经保险监督管理机构同意，符合破产条件的保险公司或其债权人可以依法向人民法院申请重整、和解或破产清算；监管机构也可依法申请重整或破产清算。

但人寿保险因其长期性和储蓄性的特点，为保护投保人与受益人的利益，各国法律均规定经营有人寿保险业务的保险公司，除因分立、合并或者被依法撤销外，不得解散。经营有人寿保险业务的保险公司被依法撤销或者被依法宣告破产的，其持有的人寿保险合同及责任准备金，必须转让给其他经营有人寿保险业务的保险公司；不能同其他保险公司达成转让协议的，由国务院保险监督管理机构指定经营有人寿保险业务的保险公司接受转让。

3. 保险经营规则

保险公司应当在监管机构依法批准的业务范围内从事保险经营活动，主要包括人身保险业务、财产保险业务以及与保险有关的其他业务（如再保险业务）。保险业务的开展应遵循以下规则：

(1) 保险经营原则。

我国保险业务的开展应符合分业经营、实行专营等原则。

同一保险人不得同时兼营人身保险业务和财产保险业务。财产险与人身险所承保的标的不同，在保险期限、保险费率、赔付方式、风险核算、准备金提取等方面存在较大差异，如果允许兼营，不但难以保证财产保险、人身保险核算的真实性和准确性，也难以确保保险准备金的安全，进而影响保险公司的偿付能力，加大经营风险。为此，我国遵循国际惯例，明确了保险分业经营原则。但在经济全球化的冲击下，我国保险行业也出现了混业经营的趋势，对保险业务的监管也有所变化。经保险监管机构批准，经营财产保险业务的保险公司也可以经营短期健康保险业务和意外伤害保险业务。

为保障广大被保险人利益，各国均确立了商业保险专营原则。一方面规定保险业务由保险公司专营，禁止非保险业者从事经营活动。我国保险业务由依法设立的保险公司以及法律、行政法规规定的其他保险组织经营，其他单位和个人不得经营保险业务。另一方面禁止保险业者经营非保险业务，也不得从事未经核准的其他保险业务。

（2）保险资金运作限制。

保险资金是保险人最终用于赔付、给付的资金，也是确保偿付能力的基础。保险公司的资金运用必须稳健，遵循安全性原则。安全性原则是保险资金运用的最基本原则，它要求保险人做好风险防控，将保险资金运用的风险损失控制在保险公司自身财务能力接受的限度内。

为防止保险公司将资金运用于风险较大的投资领域，保险法将保险公司的资金运作限定为以下形式：1）银行存款；2）买卖债券、股票、证券投资基金份额等有价证券；3）投资不动产；4）国务院规定的其他资金运用形式。法律还禁止保险公司的资金用于设立证券经营机构，也不得用于设立保险业以外的企业。

4. 互联网保险业务

互联网保险业务是保险机构依托互联网订立保险合同、提供保险服务的保险经营活动。随着互联网的深入运用，互联网保险业务作为保险销售与服务的一种新形态，深刻影响了保险业态和保险监管。为规范互联网保险业务，有效防范风险，维护消费者合法权益，提升保险业服务实体经济和社会民生的水平，银保监会颁布《互联网保险业务监管办法》，通过针对性的监管措施，对互联网保险业务的开展进行规范与监管。

课堂讨论：

你认为网络保险活动中存在什么法律风险？应该如何规制呢？

（二）保险中介人

保险中介人主要包括保险代理人、保险经纪人等。

1. 保险代理人

保险代理的本质是一种民事代理行为，受保险法和民法的双重调整。保险代理人是在代理合同授权范围内，代表保险人利益开展业务的机构或者个人，包括保险专业代理机构和保险兼业代理机构。保险代理人可以分为专业代理人、兼业代理人和个人代理人。

2. 保险经纪人

保险经纪人是基于投保人的利益，为投保人与保险人订立保险合同提供中介服务，并依法收取佣金的机构。保险经纪人以自己的名义独立实施保险经纪行为。保险经纪人因过错给投保人、被保险人造成损失的，依法承担赔偿责任。

3. 保险中介人经营规则

保险代理机构、保险经纪人应当具备保险监管机构规定的条件，取得颁发的经营保险代理业务许可证、保险经纪业务许可证。保险代理人和保险经纪从业人员，应当品行良好，具有从事保险代理业务或经纪业务所需的专业能力。保险代理人与保险经纪人应缴存保证金或投保职业责任保险，未经监管机构批准，不得动用保证金。

保险人委托代理人代为办理保险业务的应当签订委托代理协议，依法约定双方权利和义务。保险代理人依授权代为办理保险业务的行为，由保险人承担责任。个人保险代理人在代为办理人寿保险业务时，不得同时接受两个以上保险人的委托。保险佣金只限于向保险代理人、保险经纪人支付，不得向其他人支付。保险代理人、保险经纪人及其从业人员在业务活动中应诚实守信，不得违反法律的禁止性规定。

四、保险业监管

现阶段我国金融行业混业经营趋势愈加明显，包括保险业在内的金融监管尤为重要。

（一）保险业监管主体及职权

国务院下属的银保监会是我国保险行业监督管理机构，其依据保险法及国务院授权，遵循依法、公开、公正的原则，对保险业实施监督管理，维护保险市场秩序，保护投保人、被保险人和受益人的合法权益。

银保监会有权依照法律、行政法规制定并发布有关保险业监督管理的规章；有权检查保险公司的业务状况、财务状况及资金运用状况，有权要求保险公司在规定期限内提供相关书面报告和资料。

（二）保险业监管的内容

保险业监管主要体现为对保险业组织监管、合同监管及偿付能力监管等。

1. 组织监管

保险业组织监管除包括前述《保险法》对保险机构的组织形式、设立、清算、行业从业资格等方面的规定外，还包括对保险公司的整顿、接管，外资介入等方面的监督管理。

当保险公司在限期内不能改正保险监管机构责令其纠正的不法行为时，监管机构成立整顿组，监督被整顿保险公司的日常业务。不法行为包括：未如期提取或结转各项责任准备金；未如期办理再保险；未在期限内改正违法运用资金行为；未在期限内调整负责人及有关管理人员。

接管是保险监管机构委派接管组织直接介入保险公司的日常经营，并由接管组织负责保险公司的全部经营活动的行为。保险公司有下列情形之一的，监管机构可以实行接管：（1）公司的偿付能力严重不足的；（2）违反法律规定，损害社会公共利益，可能严重危及或者已经严重危及公司的偿付能力的。为保护保险活动当事人合法权益，维护社会公共利益，2020 年 7 月银保监会依法接管天安财险、华夏人寿、天安人寿、易安财险四家保险机构，为期 1 年。被接管的保险公司的债权债务关系不因接管而变化，正常开展保险经营业务。

2. 合同监管

保险合同有着较强的技术性。保险合同除应符合一般监管要求外，对关系社会公众利益的保险险种、依法实行强制保险的险种和新开发的人寿保险险种等的保险条款和保险费率，应当报监管机构批准。监管机关在审批时，应当遵循保护社会公众利益和防止不正当竞争的原则。其他保险险种的保险条款和保险费率，应当报监管机构备案。

3. 偿付能力监管

偿付能力是保险公司清偿债务的能力，偿付能力的监管是保险监管的核心。监管机构应当建立健全保险公司偿付能力监管体系，对保险公司的偿付能力实施监控。对偿付能力不足的保险公司，应当将其列为重点监管对象，并采取监管措施。

除上述内容外，保险机构还应遵循保险资金运用、保险业务运营、信息披露等方面的监管要求。

本章知识提要

银行、保险、证券并称“金融业三驾马车”，它们的健康发展对社会经济和人民生活具有重大而深远的意义。银行和保险机构涉及众多企业、个人的经济利益及财产安全，具有极强的敏感性、涉众性，其安全稳健至关重要。

当前，我国金融法律法规体系业已建立，新的监管格局也基本形成。但金融环境复杂多变，金融业扩大开放带动市场准入机制呈现出多样化趋势；金融科技创新在带来机遇的同时也并存风险。为应对混业经营的趋势，我国金融体系监管正向混业和分业相结合方向转变；央行在维持货币稳定职能外，还负责牵头系统性金融监管。

金融风险的防范化解离不开法治的保驾护航。但法律先天具有滞后性，金融创新的超前性使得金融法律滞后问题尤为突出。要将金融立法与金融服务发展相结合，及时补足法律短板。同时完善制度设计，通过加大金融执法权、加快金融法院建设等举措，及时惩戒各类金融违法行为。

我们要认识到复杂多变的金融环境下，维护金融安全，不仅是监管部门的重要职责，更是事关每个人切身利益的大事。任何个人和组织，都必须对金融法律怀有敬畏之心，不得无视金融法律和金融监管的存在，更不得刻意违反甚至践踏金融法律和金融监管。日常经济活动中，要增强金融法律意识和风险意识，在积极迎接金融创新的同时理性投资，善用法治观念处理金融纠纷，保护自身合法权益。

本章练习题及
答案解析

第六章

合同法律制度

学习目标：

知识目标：（1）了解合同的特征及主要分类；

（2）知悉合同的效力规定、合同履行抗辩权的规定；

（3）明确合同担保中保证、抵押、质押、留置和定金的主要规定，清楚违反合同的法律后果。

能力目标：能够根据所学合同法律知识帮助所在单位签订合同、完备条款并切实履行合同，出现纠纷能够维护自身正当权益。

思政目标：（1）树立契约精神，诚实守信，相互协作，平等互利；

（2）签订合同要保护国家利益，坚持绿色生态可持续发展原则。

合同作为一种法律制度，是私有制出现以后为实现商品交换而产生的，是商品交换在法律上的表现形式。商品生产产生后，为了交换的安全和信誉，人们在长期的交换实践中逐渐形成了许多关于交换的习惯，这些商品交换的习惯逐渐成为调整商品交换的一般规则。随着私有制的确立和国家的产生，统治阶级为了维护私有制和正常的经济秩序，把有利于他们的商品交换的习惯和规则用法律形式加以规定，并以国家强制力保障实行，商品交换的合同法律便产生了。随着商品经济的发展，合同制度也以“契约自由”为契机而迅速发展和完善起来。

合同制度在社会主义市场经济中发挥着十分重要的作用，是社会主义市场经济的基本法律制度。我国合同法律制度伴随着新时期改革开放和社会主义现代化建设的历史进程而形成并不断发展完善。20 世纪 80 年代，我国曾先后颁布实施了《中华人民共和国经济合同法》《中华人民共和国涉外经济合同法》《中华人民共和国技术合同法》。1999 年颁布并实施《中华人民共和国合同法》。现行的合同法律制度主要是 2021 年 1 月 1 日开始施行的《中华人民共和国民法典》合同编。

第一节　合同概述

一、合同的基本理论

合同，又称契约，是当事人之间为实现一定目的而达成的设立、变更、终止特定权利义务关系的协议，合同是法律上一个非常重要的概念。在合同概念之下，可以容纳财产、身份、行政、劳动等不同性质的多种法律关系。除《民法典》规定的民事合同外，其他法律中也有合同概念，如行政法有行政合同、劳动法有劳动合同。《民法典》中所称的合同是民事合同。在民事合同中，既包括以财产关系为内容的合同，也包括以人身关系为内容的合同。在我国，《民法典》合同编调整的是以财产关系为内容的合同。本章所讲的合同，根据《民法典》合同编的规定，是民事主体之间设立、变更、终止民事法律关系的协议。

（一）合同的特征

1. 合同是一种民事法律行为

民事法律行为，是指民事主体实施的能够引起民事权利与民事义务的产生、变更或终止的合法行为。合同是以意思表示为成立要素，并且按意思表示的内容赋予法律效果，因此合同在性质上是一种民事法律行为，而非事实行为。

2. 合同是平等主体之间的民事法律行为

合同主体之间具有平等性。订立合同的主体不论是自然人、法人还是非法人组织，其法律地位是平等的。合同各方当事人都有权自由表达意思，任何一方都不能凭借行政权力、经济实力将自己的意志强加给另一方。

3. 合同以设立、变更和终止民事法律关系为目的

合同是民事主体的一种有意识、有目的性的行为，其目的体现在设立、变更、终止当事人之间的民事法律关系。设立民事法律关系，是指当事人之间原本不存在的民事法律关系，而通过订立合同形成了某种特定的权利义务关系，如买卖关系、租赁关系；变更合同，指当事人通过订立合同变更原本存在合同关系的内容，是在保持原合同效力的前提下变更合同的内容；终止合同，是指当事人通过订立合同消灭原本存在的合同关系。

4. 合同是两个以上意思表示相一致的民事法律行为

合同是当事人之间的合意，是当事人协商一致的产物，因此合同应当具备以下要素：一是必须有两个以上的意思表示，只有一个意思表示是单方民事法律行为；二是各个意思表示是一致的，即当事人之间达成合意，如果意思表示不一致，则合同不能成立。

（二）合同的分类

合同的分类是指按照一定的标准化分出合同的各种类型。从不同的角度可以对合同作出不同的分类，而不同角度的分类又以不同的角度反映出合同的性质和特点，便于在立法中合理地确定合同类型体系，便于法院和仲裁机关确定合同的法律适用，也便于指导当事人订立和履行合同。我们主要介绍传统理论对合同的分类。

根据不同的标准，可将合同分为不同的种类。主要的分类有以下几种：

1. 有名合同和无名合同

根据法律是否设有规范并赋予特定名称，可将合同分为有名合同和无名合同。

有名合同，又称典型合同，是指法律设有规范，并赋予了特定名称的合同。《民法典》第三编“合同”所规定的19类合同，都属于有名合同。对于有名合同，法律通常设有具体规定，不过这些规定多为任意性规范。

无名合同，又称非典型合同，是指法律没有特别规定，也没有赋予特定名称的合同。比如说借用合同，虽然在我国合同法中没有规定，但是其在客观上是有名称的。根据合同自由原则，当事人可以自由订立无名合同，只要不违背法律、行政法规的强制性规定和公序良俗即可。

区分有名合同与无名合同的法律意义在于两种合同适用的法律不同。有名合同可以直接适用《民法典》关于该种合同的具体规定。对于无名合同，只要不违反法律、行政法规的强制性规范，不违背公序良俗，即属有效，适用《民法典》合同编通则的规定。

2. 单务合同和双务合同

根据合同当事人是否互相享有权利、负有义务，可将合同分为单务合同与双务合同。

单务合同，是指仅有一方当事人负有给付义务的合同，即当事人双方并不互相享有权利和负担义务，而主要由一方承担义务，另一方并不负有相对义务的合同。单务合同具有两种情况：一种是只有单方承担合同义务的情况，如在借用合同中，只存在借用人按照约定使用并按期返还借用物的义务；另一种情况是，一方承担合同的主要义务，另一方不承担主要义务，只承担附属义务，双方的义务没有对待关系。如赠与合同。值得注意的是，单务合同不是单方行为，而仍然是双方行为，比如赠与合同中如果只有赠与人愿意赠与还并不能产生合同关系，还必须有受赠与人愿意接受赠与才能使合同具有法律效力。

双务合同是指当事人双方互负给付义务的合同，即一方当事人愿意负担履行义务旨在使他方当事人因此负有对待履行义务，如买卖合同、承揽合同、租赁合同等。在双务合同中，一方享有的权利就是对方承担的义务，反之亦然。双务合同是建立在“你与则我与”的原则之上的，它是财产交换在法律上最典型的表现。适用于双务合同的各项规则都体现了平等、等价的交易原则。

区分双务合同与单务合同的意义主要在于合同的履行。在双务合同中双方当事人之间的权利义务具有对应和依赖关系，一方的权利与对方的义务之间不能分离，权利的享有与义务的履行互为条件。单务合同不存在这种特殊关系。具体表现为：双务合同当事人一方因不可抗力不能履行的，无权要求对方履行，如果对方已经履行，则应将其所得返还给对方。合同当事人一方因自己的过错而未履行合同，对方已经履行的，可以要求过错方履行合同或承担其他违约责任，也可以解除合同。单务合同不发生这种后果。

3. 诺成性合同和实践性合同

根据合同的成立是否以标的物的交付为要件，可将合同分为诺成合同和实践合同。

诺成合同，又称不要物合同，是指只要当事人意思表示一致就可以成立的合同。这种合同不以标的物的交付为要件，即所谓的“一诺而成”。在经济生活中，绝大多数合同都是诺成合同，如买卖、租赁、承揽合同等。

实践合同，又称要物合同，是指除当事人意思表示一致以外，还必须实际交付标的物才能成立的合同。这种合同数量相对较少，如自然人之间的借款、借用、保管、定金合同。

判断一个合同到底是诺成合同还是实践合同，有时还需要具体分析。比如赠与合同，一般的赠与合同自赠与人向受赠人提供赠与物时成立，属于实践合同。但是，对于一些特殊的赠与合同，如具有救灾、扶贫等社会公益、道德义务性质的赠与合同或者经过公证的赠与合同，则属诺成合同。

首先，区分诺成合同与实践合同对于确定两类合同成立时间、标的物所有权、使用权转移时间以及风险转移时间有重要意义。其次，诺成合同与实践合同产生的法律后果不同。在诺成合同中，如不交付标的物则会构成违约责任。而在实践合同中，如果不交付标的物合同则无法成立，也就不存在违约，如果要追究责任的话应是缔约过失责任。

4. 有偿合同与无偿合同

根据当事人之间的权利义务是否存在着对价关系，可将合同分为有偿合同与无偿合同。

有偿合同，是指当事人一方根据合同从对方取得利益必须支付相应代价的合同，如买卖、租赁、承揽合同等。有偿合同是商品交换最典型的法律形式。实践中绝大多数反映交易关系的合同都是有偿的，不过一方付出的代价与对方支付的代价在经济上价值上不一定完全相等。原则上，对价问题可由当事人自由决定，同时，法律要求双方在财产上的交换尤其是金钱的交易上力求公平合理，避免显失公平的后果。

无偿合同，是指当事人一方根据合同从对方取得利益不须支付相应代价的合同，如赠与、无偿借用合同等。还有些合同既可以是有偿合同，也可以是无偿合同，如保管合同、委托合同。

值得注意的是，一般而言，有偿合同都是双务合同，但无偿合同并非都是单务合同。这里的“偿”是指相应的代价和报酬，与获得的利益在价值数量上应该相当；“务”则是指负有的义务，该义务不一定与其享有的权利在价值数量上相当。例如，有的赠与合同要求受赠人按赠与人的要求作一些事情，这时的受赠人实际上是在获得赠品的同时有义务去作指定的事情，即为双务合同，但赠与人并不需要为所获得的赠品支付相应的报酬，即为无偿合同。通常来说，即使赠与合同是附条件的，所附的条件与赠品的价值相比也是微不足道的。

区分有偿合同与无偿合同的意义在于：

（1）确定合同性质。在债权合同中，许多合同只能是有偿的不可能是无偿的，如果要变有偿为无偿，或者相反则合同关系在性质上就要发生根本的变化。如买卖合同是有偿的，如果变为无偿的合同则要变成赠与关系。有偿合同的义务人履行义务时，注意的程度高，相应的违约责任较重。而无偿合同的义务人比有偿合同义务人的违约责任要轻。

（2）主体要求不同。有偿合同的当事人原则上应具备完全行为能力；而限制行为能力人非经其法定代表人同意，不能订立一些较为重大的有偿合同；但对于一些能获得法律上利益的无偿合同，如接受赠与等，限制或无行为能力人即使未取得法定代表人的同意也可以订立。

（3）债权人的撤销权行使。如果债务人将其财产无偿转让给第三人，严重减少债务人的责任财产，有害于债权人的债权，债权人可以直接请求撤销该无偿行为。但对于有偿而且不是明显低价的处分行为的撤销，则必须以债务人及第三人在实施交易行为时都有加害于债权人的恶意为要件。

（4）对物权追及力的阻碍程度不同。无权处分者通过有偿合同将财物转让，受让人又为善意时，原财物所有人一般不能请求受让人返还原物，物权的追及力受阻。无权处分者通过无偿合同将财物转让，原财物所有人一般可以请求受让人返还原物。

5. 为自己利益订立的合同和为第三人利益订立的合同

根据订约人订立合同的目的是否为自己谋取利益，可将合同分为为自己利益订立的合同与为第三人利益订立的合同。

为自己利益订立的合同，指订约人订立合同是为自己设定权利，使自己直接取得和享有某种利益。大多数合同当事人订立合同都是为了自己的利益。

为第三人利益订立的合同，指订约人订立合同并不是为自己设定权利，而是为第三人的利益订立合同。如在托运人和收货人不一致时，托运人与承运人所订立的合同即是为第三人利益订立的合同。

区分为自己利益订立的合同与为第三人利益订立的合同的法律意义在于：为订约人自己订立的合同只在订约当事人之间产生债权债务，而为第三人订立的合同内容涉及第三人，对第三人发生法律效力。

6. 要式合同和不要式合同

根据合同成立是否需要采用特定的形式，可将合同分为要式合同与不要式合同。特定形式包括书面、公证、登记等。

要式合同，是指法律要求必须具备特定形式的合同。不要式合同，是指法律不要求必须具备特定形式的合同，合同的形式可以由当事人任意选择。在经济生活中，大多数合同属于不要式合同。

我国民法理论和司法实践曾将合同形式理解为合同成立或生效要件，认为要式合同不符合法定形式时，可以导致合同无效或撤销。但是在国外合同法理论上，要式合同形式原则上只具有举证的意义。合同形式不是合同成立的生效要件，不符合法定形式并不导致合同不成立或无效。我国《民法典》合同编采纳了这种见解，即法律对要式合同虽然具有形式要求但合同形式并不影响合同效力。但是，当事人将合同的形式特别规定为成立或生效要件的，按照当事人的约定认定合同的效力。

7. 主合同和从合同

根据合同相互间的依存关系，可将合同分为主合同与从合同。

主合同是指无须以其他合同存在为前提即可独立存在的合同。从合同是必须以其他合同的存在为前提才可存在的合同。如保证合同相对于借款合同而言，是从合同，借款合同是主合同。主合同与从合同是相对而言的，没有主合同就没有从合同。

区分主合同与从合同的法律意义是，从合同具有附属性，不能独立存在，主合同不成立，从合同也不成立；主合同无效，从合同也无效；主合同终止，从合同也随之终止。相反，主合同具有独立性，从合同是否成立或有效，不影响主合同的效力。

（三）合同的相对性

合同的相对性是指合同主要在合同当事人之间发生权利义务关系，当事人只能基于合同向另一方当事人提出请求或提起诉讼，不能向无合同关系的第三人提出合同上的请求，也不能擅自为第三人设定合同上的义务。

合同相对性原则包含了非常丰富和复杂的内容，在整个合同制度中具有重要的基础地位，并且在相关的合同制度中得到具体体现。合同的相对性主要包括以下三个方面：

1. 主体相对性

主体的相对性，即指合同关系只能发生在特定的主体之间，只有合同当事人一方能够向合同的另一方当事人基于合同提出请求或提起诉讼。

2. 内容相对性

内容的相对性，即指除法律、合同另有规定以外，只有合同当事人才能享有合同规定的权利，并承担该合同规定的义务，当事人以外的任何第三人不能主张合同上的权利，更不负担合同中规定的义务。

从合同内容的相对性可以引申出几个具体规则。一是合同赋予当事人享有的权利，原则上并不及于第三人，合同规定由当事人承担的义务，一般也不能对第三人产生拘束力。二是合同当事人无权为他人设定合同上的义务。三是合同权利与义务主要对合同当事人产生约束力，法律的特殊规定即为合同的相对性原则的例外。

3. 责任相对性

责任的相对性，即指违约责任只能在特定的合同关系当事人之间发生，合同关系以外的人不负违约责任，合同当事人也不对其承担违约责任。

二、《民法典》合同编

社会财富的创造和生成离不开一个个的合同。合同法是现代各国民事法律制度的重要组成部分，是调整财产流转关系、规制交易行为的基本法，是国家在现代经济发展时期维护经济秩序的重要法律。《民法典》合同编适应全面依法治国、完善社会主义法治体系的要求，在合同法的基础上，贯彻全面深化改革的精神，坚持维护契约、平等交换、公平竞争，促进商品和要素自由流动，完善了我国的合同制度。

（一）《民法典》合同编的调整范围

合同编属于《民法典》的一个分编，调整的是因合同产生的民事关系，范围涵盖了所有平等民事主体之间设立、变更、终止民事权利义务关系的协议，包括《民法典》所确认的 19 类典型合同及其他民事合同。

合同编主要调整财产关系，根据《民法典》的规定，婚姻、收养、监护等有关身份关系的协议有其特殊性，相关法律对这些身份关系作出规定的，适用该相关法律规定；相关法律对这些身份关系没有规定的，可以根据婚姻、收养、监护这类身份关系协议的性质，参照适用合同编的相关规定。

（二）《民法典》合同编的内容

知识链接

政府机关参与的合同是否适用《民法典》合同编?

《民法典》合同编，共 3 个分编、29 章、526 条。

第一分编通则。合同编通则以合同法总则为基础，并且尽可能发挥了债法总则的作用，对一般规定、合同的订立、合同的效力、合同的履行、合同的保全、合同的变更和转让、合同的权利义务终止、违约责任等合同基本制度作了全面、系统的规定。

第二分编典型合同。典型合同在市场经济活动和社会生活中应用普遍。典型合同分编从各类类型化交易的特殊性出发，对 19 种典型合同的订立、内容、效力和违约责任等具体问题作出规定，从而更确定地、更有针对性地调整具体交易关系。为适应现实需要，合同编修改完善了原《合同法》规定的买卖合同、赠与合同、融资租赁合同、建设工程合同、技术合同等典型合同，并根据经济社会发展需要，增加了保证合同、保理合同、物业服务合同和合伙合同等四种新的典型合同。

第三分编准合同。债权是民事主体享有的一项重要民事权利，债权制度是民法中一种极为重要的制度。无因管理和不当得利既与合同规则同属债法性质的内容，又与合同规则有所区别。《民法典》合同编第三分编准合同对无因管理和不当得利这两种典型的债权制度分别作了一般性规定。

想一想

我国合同法律制度的发展历程与我国社会主义市场经济的发展之间有什么联系?

第二节　合同的订立和效力

合同当事人之间为了达成协议互为意思表示，采取要约、承诺方式或者其他方式，就合同条款达成合意，这个过程就是合同的订立。经过反复要约，一方当事人作出承诺，各方达成合意，形成一致的意思表示，即为合同成立。合同的订立着眼于缔约当事人达成协议的过程，而合同的成立是一个事实判断问题，着眼于合同是否存在，即缔约当事人达成协议的结果。可以说，合同成立是合同订立所产生的最理想的结果。一般情况下，合同成立即生效。有时，合同成立，但其效力要经过法律的评议，结果可能为有效合同、无效合同、可变更可撤销合同或效力待定合同等。

一、合同的订立

(一) 合同订立的形式

合同的形式是当事人记载合同内容的方式，是当事人相互一致的意思表示的外在表现形式。它对于正确地表现合同内容、证明合同关系的存在和权利义务的确定，都具有重要意义。当事人订立合同，可以采用口头形式、书面形式或者其他形式。

1. 口头形式

口头形式是当事人通过面对面的谈话或者以电话交流等方式进行意思表示订立的合同。以口头形式订立合同简便易行，在日常生活经常被采用，一般现款交易、数额较小、能及时结清的合同多采用口头形式。例如到市场买菜、饭店吃饭消费、到日杂商店购买日用品等都是以口头形式订立的合同。口头形式当然也可以适用于法人、非法人组织之间，但因为口头形式没有凭证，容易发生争议，发生争议后，难以取证，不易分清责任，所以法人、非法人组织之间采用口头形式订立合同的情况非常少见。因此对于非即时结清的或者比较重要、内容复杂的合同不提倡采取口头形式。

2. 书面形式

书面形式是指合同书、信件、数据电文（包括电报、电传、传真、电子数据交换和电子邮件）等可以有形地表现所载内容的形式。合同的书面形式有多种，凡是“可以有形地表现所载内容的形式”都可以作为合同的书面形式。

合同的书面形式中最典型的是合同书或者书面合同，是当事人双方对合同有关内容进行协商订立并由双方签名、盖章或者按指印的合同文本。通常合同书中明确地记载了合同的双方当事人的权利义务、解决争议的方法等具体内容。合同书文本多种多样，有行业协会制定的示范性合同文本，也有营业者提供的由营业者制定的格式合同文本，而大量的则是双方当事人自己签订的合同文本。

合同也可以信件订立，也就是平时我们所说的书信。书信有平信、挂号信以及特快专递等多种形式。电报、传真也是以有形的形式表现所载内容，也属于书面形式。电子数据交换和电子邮件要符合书面形式，必须满足两个条件：一是能够有形地表现所载内容；二是可以随时调取查用。第一个条件是书面形式的本质特征，不管采用哪种书面形式订立合同，都要符合这一条件；第二个条件，是针对数据电文所作的专门要求。如果采取的数据电文形式不能保存下来，以供随时调取查用，就丧失了书面形式所具备的易于取证、易于分清责任的优点，也就不宜作为书面形式。

法律、行政法规规定采用书面形式的，合同应当采用书面形式。当事人约定采用书面形式的，应当采用书面形式。如果当事人未采用书面形式，则合同不成立，但一方已经履行主要义务，对方接受的，该合同成立。

采用书面形式订立合同的优点是明确肯定，有据可查，举证方便，对于防止争议和解决纠纷、保障交易安全有积极的意义。因此，书面形式成为当事人最普遍采用的一种合同形式。

3. 其他形式

合同的其他形式，是指当事人以书面、口头以外的其他方式进行意思表示，表现合同内容的形式。这个“其他形式”，主要指行为形式，即当事人通过某种作为或者不作为的行为方式进行意思表示。前者是明示意思表示的一种，比如顾客到超市购买商品，直接到货架上拿取商品，支付价款后合同即成立，无须以口头或书面形式确立双方的合同关系。后者是默示意思表示方式，比如存在长期供货业务关系的企业之间，一方当事人在收到与其素有业务往来的相对方发出的订货单或提供的货物时，如不及时向对方表示拒绝接受，则推定为同意接受。但需要注意的是，不作为的意思表示只有在有法定或约定、存在交易习惯的情况下可视为同意的意思表示。

承认合同的“其他形式”，这与我国经济的发展、交易形态的多样化是相符的。如果仅仅拘泥于书面形式和口头形式，将可能使一些交易变得过于烦琐，从而违背鼓励交易的原则。

（二）合同的内容

合同的内容，即合同当事人订立合同的各项具体意思表示，体现为合同的各项条款。合同条款是合同中经双方当事人协商一致、规定双方当事人权利义务的具体条文。合同的权利义务，除由法律规定以外，主要由合同的条款确定。合同的条款是否齐备、准确，决定了合同能否成立以及能否顺利地履行实现订立合同的目的。合同的条款非常重要，但并不意味着当事人签订的合同条款中缺了其中任何一项就会导致合同的不成立或者无效。主要条款的规定只具有提示性与示范性。

1. 合同的主要条款

合同的主要条款由当事人约定，一般包括以下条款：（1）当事人的名称或者姓名和住所；（2）标的，即合同双方当事人权利义务所共同指向的对象；（3）数量；（4）质量；（5）价款或者报酬；（6）履行期限、地点和方式；（7）违约责任；（8）解决争议的方法。

不同的合同，由于其种类和性质不同，合同的主要条款或者必备条款也不完全相同。例如，买卖合同中有价格条款，而在无偿合同如赠与合同中就没有此项。在订立合同的过程中，如果一方当事人坚持合同的订立以对特定事项达成协议为条件，则在这些特定事项未达成协议前，合同不成立。如果当事人各方在订立合同时，有意将一项条款的内容留待进一步商定，则尽管这项条款没有确定，也不妨碍合同的成立。

为保证合同内容更加严谨，以保护当事人的权益，当事人可以参照合同的示范文本订立合同，但各类示范文本并不具有法律拘束力，不能对当事人构成制约。

2. 格式条款

格式条款，又称标准条款、格式合同，是指当事人为了反复使用而预先拟定，并在订立合同时未与对方协商的条款。格式条款是自 19 世纪产生和发展起来的，其形成是由于某些行业，如水、电、热力、燃气、邮电、电信、保险、铁路、航空、公路、海运等，发展到一定程度时出现了大量频繁、重复性的交易，为了简化合同订立的程序而预先制定的。

格式合同一般具有如下特征：(1) 交易对象具有广泛性，往往都是面向社会公众发出。(2) 条款具有持久性。格式条款一般是经过认真研究拟定的，在一个相当长的时期内不会改变。(3) 条款具体细致。格式条款往往包括了合同成立所需要的所有条款，内容周密繁复，具体细致。(4) 由占有优势的一方提出。不论是由占有优势的一方自行拟定还是由某行业协会拟定，无论以何种形式表现，如合同书形式、票证形式或者其他形式，甚至并不在书面形式上记载，格式条款往往是由占有优势的一方提出的。

格式合同的出现，减少了交易成本，节约了“讨价还价”的时间，免除当事人反复磋商的麻烦。这不但加快了每个合同的签订过程，而且可以减少合同签订过程中以及合同履行过程中难以预料的争议与麻烦。但是，格式条款是由一方当事人拟定，且在合同谈判中不容对方协商修改，双方地位实际上并不平等，其条款内容难免有不够公平之处，所以有必要在立法上对格式条款予以规制。

我国合同立法对格式合同加以了一定的限制，具体如下：

(1) 制定格式条款应当遵循公平原则。

(2) 格式条款提供方对与对方有重大利害关系条款的提示、说明义务。

提供格式条款的一方应当采取合理的方式提示对方注意免除或者减轻其责任等与对方有重大利害关系的条款，还要按照对方的要求，对该条款予以说明、解释，使相对方真正理解该条款的含义。

提供格式条款的一方未履行提示或者说明义务，致使对方没有注意或者理解与其有重大利害关系的条款的，对方可以主张该条款不成为合同的内容。

(3) 规定了格式合同无效的情形。

格式条款无效情形，属于合同成立后的效力评价层面。格式条款在哪些情形下无效，法律有必要予以规定。格式条款有三种无效情形。

一是与其他民事法律行为通用的无效情形。如果格式条款具有民事法律行为的无效情形，则该格式条款无效。此外，合同中有免除“造成对方人身损害的”或者“因故意或者重大过失造成对方财产损失的”责任的条款，该条款也是无效的。

二是格式条款提供方不合理地免除或者减轻其责任、加重对方责任、限制对方主要权利的无效情形。

三是提供格式条款方排除对方主要权利的无效情形。提供格式条款一方排除对方主要权利的情形，本身就严重违背了公平原则，可以直接认定格式条款无效。

（4）确立格式合同的解释规则。

对格式条款的理解发生争议的，应按照通常理解予以解释。如果对格式条款有两种以上解释的，应当作出不利于提供格式条款一方的解释。格式条款与非格式条款不一致的，应当采用非格式条款。

（三）合同订立的方式

合同订立的方式，就是当事人相互协商、达成合意的方式。当事人订立合同，可以采取要约、承诺方式也可以采取其他方式。要约、承诺方式是最典型的合同订立方式。但是，有时要约和承诺难以区分。许多合同是经过了一次又一次的讨价还价、反复协商才得以达成的，大致订立过程如图 6-1 所示。

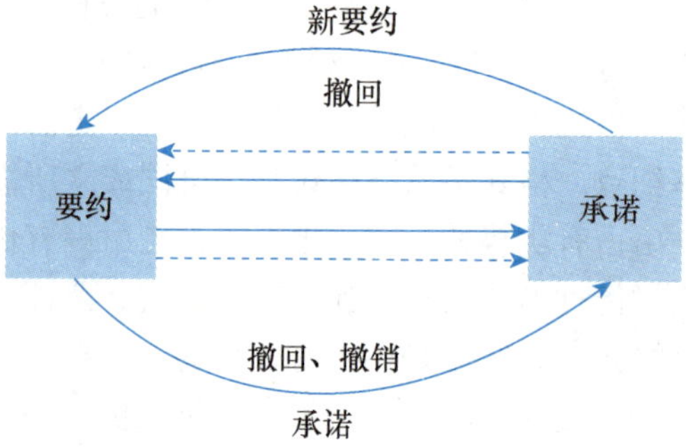

图 6-1　合同的订立

1. 要约

要约，又称发盘、出盘、发价、出价或报价，是指希望和他人订立合同的意思表示。也就是说，要约是将自己希望和他人订立合同的内心想法通过一定的形式（书面、口头或其他形式）表现出来。发出要约的一方称为“要约人”，接受要约的一方称为“受要约人”。要约人可以是买方也可以是卖方，法律并没有限定要约人必须是特定的哪一方当事人。

（1）要约的构成条件。

一项有效的要约，通常应具备下列两个构成要件：

1）内容具体确定。由于要约一旦得到受要约人的承诺，合同就成立，因此要约内容应当具体明确，以便受要约人确切知道要约的内容，从而作出承诺。要约至少应当具有合同成立所必需的条款，而哪些是必需条款，可根据合同的性质和当事人的合同目的来确定，不可一概而论。一般来说，标的条款是不可或缺的，但只有标的条款还不能构成合意，还需要设定其他条款，如标的数量、价款或者是对数量、价款的计量方式。

2）表明经受要约人承诺，要约人即受该意思表示的约束。要约人发出要约是以订立合同为目的，因此要约中应当表明，该要约一旦经受要约人承诺，要约人就要接受该意思表示的约束。这一点也是合同法诚信原则的具体要求。

（2）要约与要约邀请。

所谓要约邀请，是希望他人向自己发出要约的意思表示。如拍卖公告、招标公告、招股说明书、债券募集办法、基金招募说明书、商业广告和宣传、寄送的价目表等一般视为要约邀请。但如果商业广告和宣传的内容符合要约条件，可视为要约。

要约与要约邀请的区别主要表现在：

1）要约是一方向另一方发出的以订立合同为目的的意思表示，并且要约内容具体确定。要约邀请则是一方向另一方发出的邀请其向自己发出要约的意思表示，不具有合同成立所应当具备的主要条款。

2）要约中包含当事人愿意接受要约拘束的意思表示，承诺生效，合同就成立。要约邀请不含当事人愿意接受拘束的意思表示，只产生对方向其发出要约的可能，还须要约邀请人承诺，合同才能成立。

3）发出要约和接受要约的当事人应为特定，而要约邀请的对方往往是不特定的，但也有例外的情形，如公共骑车驶入站台载客、标价出售的商品、自动售货机售卖商品的要约邀请的接受人可以不特定。

（3）要约的生效。

要约生效即要约产生法律效力，对发出要约的人和受要约人均产生约束力。

要约生效的时间，是指要约产生法律效力的时间。以对话方式作出的要约，相对人知道其内容时生效。以非对话方式作出的要约，到达相对人时生效。采用数据电文形式订立合同，收件人指定特定系统接收数据电文的，该数据电文进入该特定系统的时间，视为到达时间；未指定特定系统的，相对人知道或者应当知道该数据电文进入其系统时生效。

知识链接

各国对于要约的生效存在三种立法形式，即发信主义（也称投邮生效）、到达主义和了解主义。我国《民法典》采取到达主义来确定要约的生效时间，即要约到达受要约人时生效。到达受要约人，通常理解为受要约人知悉要约内容或要约进入受要约人的控制范围，如受要约人的住所或信箱。

要约在发出后对要约人和受要约人均会产生一定的拘束力。要约一经生效，要约人即受要约的拘束，不得随意撤销或对受要约人随意加以限制、变更和扩张。受要约人在接收到要约后，即取得承诺的资格，有权在要约有效期间内作出是否承诺的答复。但是，对于依照法律规定或一般商业惯例负有承诺义务的情形，受要约人不能拒绝承诺。

（4）要约的撤回和撤销。

要约的撤回是指在要约生效之前，要约人阻止要约发生法律效力的行为。要约的撤回，既尊重了要约人的意志，又未损及受要约人的利益。《民法典》规定，要约可以撤回。要约撤回的条件是：撤回要约的通知应当在要约到达受要约人之前或者与要约同时到达受要约人。值得注意的是，如果要约人在要约生效前对已发送的要约进行修改，其效果等同于原要约的撤回、新要约的产生。

要约的撤销是指要约生效以后，要约人作出的取消要约的意思表示。由于要约的撤销是在该要约生效后进行的，因而有可能此撤销行为对受要约人不利，对此，有必要在法律上对要约的撤销予以严格的限制。

《民法典》规定，要约撤销的条件是：撤销要约的通知应当在受要约人发出承诺通知之前到达受要约人。但有以下情形之一的，要约不得撤销：其一，要约人确定了承诺期限或者以其他形式明示要约不可撤销；其二，受要约人有理由认为要约是不可撤销的，并已经为履行合同作了准备工作。

（5）要约的失效。

要约的失效是指要约丧失其法律拘束力，不再对要约人和受要约人产生拘束力。导致要约失效的原因主要包括以下情形：1）要约被拒绝；2）要约被依法撤销；3）承诺期限届满，受要约人未作出承诺；（4）受要约人对要约的内容作出实质性变更。

知识链接
悬赏广告

2. 承诺

承诺，是指受要约人同意要约的内容，并向要约人明确表示愿意与要约人签订合同的意思表示。承诺的法律效力在于，承诺一经作出并送达要约人，合同即告成立。

（1）承诺的构成要件。

构成承诺的意思表示，应当具备以下条件：

1）承诺必须由受要约人向要约人作出。承诺必须由受要约人作出。只有受要约人才有资格作出承诺，受要约人为特定人时，承诺须由该特定人作出；受要约人为不特定人时，承诺须由该不特定人中的任何人作出。第三人不能作出承诺，其向要约人作出的同意要约的意思表示，应视为其发出的要约。

承诺必须向要约人作出。承诺是对要约的同意，因此，承诺只有向要约人作出方能达到缔约目的。不是向要约人作出的意思表示，不构成承诺。

2）承诺应当在要约有效期内到达受要约人。只有在要约有效期内作出承诺，才能使合同成立。要约如果确定了承诺期限，那么承诺应在要约确定的期限内到达受要约人。要约没有确定承诺期限的，承诺应当依照下列规定到达受要约人：其一，要约以对话方式作出的，应当即时作出承诺，但当事人另有约定的除外；其二，要约以非对话方式作出的，承诺应当在合理期限内到达。要约以信件或者电报作出的，承诺期限自信件载明的日期或者电报交发之日开始计算。信件未载明日期的，自投寄该信件的邮戳日期开始计算。要约以电话、传真、电子邮件等快速通信方式作出的，承诺期限自要约到达受要约人时开始计算。

3）承诺的内容应当与要约的内容一致。这是承诺有效的核心要件。合同是当事人双方权利义务意思表示一致的产物，从严格意义上说，承诺必须与要约的内容一致，不得限制、扩张或者变更要约的内容。

因此，受要约人对要约的内容作出实质性变更的，为新要约。所谓对要约内容的实质性变更，是指有关合同标的、数量、质量、价款或者报酬、履行期限、履行地点和方式、违约责任和解决争议方法等的变更。

受要约人对要约的内容作出非实质性变更的，除要约人及时表示反对或者要约表明承诺不得对要约的内容作出任何变更外，该承诺有效，合同的内容以承诺的内容为准。

4）承诺的方式应当符合要约的要求。承诺方式，是指承诺人通过何种形式将其承诺的意思送到要约人。《民法典》第480条规定："承诺应当以通知的方式作出；但是，根据交易习惯或者要约表明可以通过行为作出承诺的除外。"

承诺的作出可以采用通知与非通知的行为两种方式。一般情况下，承诺通知应为明示通知，至于何种通知方式，书面、口头均可。非通知的行为方式是指明示行为以外的行为方式，包括作为的默示和不作为的默示。应当注意的是，以此种方式承诺的，要么必须依据交易习惯，要么是要约中表明了的。

作为的默示是非通知行为方式的主要形式。这样的行为，通常是履行行为，比如预付价款、装运货物等，即承诺人以实际履行要约内容的行为表示接受要约。不作为的默示即缄默本身原则上不构成承诺，但对此也不能绝对化。在以下几种特殊的情况下，应承认其效力：

一是受要约人在向要约人发出要约邀请时曾明确声明，在对方发出要约后的一定期限内，如果没有收到答复，即视为已经承诺。在这种情况下，实际上双方已经就承诺的方式达成了协议，即约定承诺的方式为缄默。二是双方已经有过多次磋商，并达成了初步的协议，一方更改了初步协议中的部分条款，并要求另一方当事人就这部分条款作出答复，同时提出：如果不在规定时间内作出答复，则视为接受。这是因为双方已经过协商，产生了一种合理的信赖，即信任对方在没有明确表示对更改条款有异议的情况下，视为同意接受该条款。三是依据双方以前的交易习惯或者当地的某种交易惯例，承诺可以以缄默的方式成立。

（2）承诺的效力。

1）承诺的生效时间。承诺的生效时间是指承诺于何时发生法律效力。承诺的生效时间在合同中具有重要意义，它不仅直接决定了合同成立的时间，而且常常与合同的订立地点密切相关，而后者又与法院管辖权的确定、法律适用的选择等问题联系在一起。承诺到达要约人时开始生效。承诺需要通知的，自通知到达要约人时生效；承诺不需要通知的，根据交易习惯或者要约的要求作出承诺的行为时生效。

2）承诺的撤回。承诺的撤回，是承诺人阻止承诺发生法律效力的一种意思表示。承诺可以撤回，但撤回承诺的通知应当在承诺通知到达要约人之前或者与承诺通知同时到达要约人。

3）承诺的迟到。如前所述，承诺应在承诺期限内作出，如果承诺人超过承诺期限发出承诺，就构成迟到承诺，或称逾期承诺。原则上，迟到承诺构成一项新的要约，但对于受要约人的迟到承诺，要约人及时通知受要约人该承诺有效；迟到承诺在通常情形下能够及时到达要约人，但由于非承诺人的原因导致迟到，且要约人在收到该迟到承诺时未及时通知受要约人其因承诺超过期限而不接受。

3. 其他方式

除了要约、承诺方式之外，传统上还存在以下几种合同订立方式：一是交叉要约；二是同时表示；三是意思实现。对这三种方式，我国理论上比较多的意见认为，交叉要约、同时表示与要约、承诺方式有所不同，可以作为一种特殊缔约方式，而意思实现则可以归入要约、承诺方式的体系中。但也有意见认为，交叉要约、同时表示也可以归入要约、承诺方式的体系中，双方是互为要约人，互为承诺人。从交易实践来看，传统意义上的交叉要约和同时表示较为少见。针对实践中可能存在的其他缔约方式，《民法典》合同编在原《合同法》规定的“要约、承诺方式”的基础上增加了“其他方式”予以认可，也为实践情况及发展留下空间。

（四）合同成立的时间和地点

合同成立的时间对当事人的权利义务有重要影响。合同成立的时间往往与合同生效的时间一致，因而合同成立之时也就是当事人受合同拘束之时。合同成立的地点则关系到案件管辖的确定；在涉外合同中，还会涉及法律的适用，对当事人的权利义务造成实质性的影响。因此，正确判断合同成立的时间和地点具有重要的意义。

1. 合同成立的时间

合同成立的时间，依要式合同或不要式合同有所不同。要式合同，以履行特定合同形式为合同成立的时间。当事人采用合同书形式订立合同的，自双方当事人签字、盖章或者按指印的时间为合同成立时间。当事人采用信件、数据电文等形式订立合同时，可以在合同成立之前要求签订确认书，签订确认书的时间为合同成立的时间。不要式合同，以双方当事人意思表示达成一致的时间为合同的成立时间。其中，以直接对话方式订立的合同，以受要约人表示承诺的时间为合同成立的时间。以非直接对话方式订立的合同，有承诺通知的，以收到承诺通知的时间为合同成立的时间；承诺不需要通知的，根据交易习惯或要约的要求作出承诺行为的时间为合同成立的时间。

2. 合同成立的地点

合同成立的地点，也依要式合同或不要式合同而有所不同。要式合同以双方当事人签名、盖章或者按指印的地点为合同成立的地点。不要式合同以承诺生效的地点为合同成立的地点。其中采用数据电文形式订立合同的，收件人的主营业地为合同成立的地点；没有主营业地的，其住所地为合同成立的地点。当事人另有约定的，按照其约定。

合同成立的时间和地点还可由当事人双方另行约定。

二、合同的效力

练一练

合同的效力，又称合同的法律效力，是指法律赋予依法成立的合同在当事人之间产生的法律拘束力。

（一）合同成立与合同生效

合同的成立与合同的生效在合同效力制度中是一个很重要的问题，二者既有联系又有区别。一方面，合同的成立是合同生效的前提，如果合同没有成立当然就不可能生效；反之，合同生效是合同成立的结果和当事人订约的目的，如果合同不能生效，订立合同也就没有了意义。另一方面，合同成立与合同生效属于不同的法律范畴。合同成立不等于合同生效。合同成立是指当事人经平等协商就合同的主要内容达成协议，其意义在于确定合同是否存在，注重的是当事人意思表示的一致性；合同生效则是要解决法律对已经成立的合同的评价问题，如果法律对当事人的活动予以肯定性评价，则发生当事人预期的法律后果，即合同生效；当法律对当事人的合意予以否定性评价，则合同并不当然发生合同法上的效力。

（二）合同生效的要件

合同属于双方或者多方民事法律行为，《民法典》总则编对于民事法律行为的规定也适用于合同领域。因此，依法成立的合同只要具备民事法律行为的生效要件，成立即可生效。

（1）行为人具有相应的民事行为能力。

合同是当事人以设立、变更、终止民事权利和民事义务为目的，有意识地追求特定法律后果的行为。它直接关系到当事人的利害得失，因此要求当事人必须能够认识和辨认自己的行为，判断自己行为的法律后果，即必须具有相应的订立合同的能力。

（2）意思表示真实。

意思表示真实是指表意人的表示行为真实地反映其内心的效果意思，这是契约自由与契约正义的基本要求。如果意思表示不真实或意思表示有瑕疵，都将直接影响合同的生效，即产生合同无效或者合同为可撤、可变更的法律后果。

（3）不违反法律或行政法规的强制性规定，不违背公序良俗。

这要求合同的内容、形式与目的要具有合法性。只有当事人缔结的合同内容与形式符合法律的规定，不损害社会公共利益，并且不具有规避法律的合同目的，法律才对其作出肯定性的评价，赋予其法律效力，此时合同才能产生当事人预期的法律后果。

（三）合同的生效时间

合同的生效时间是指合同法律效力发生的时间。

（1）依法成立的合同，自成立时生效，但是法律另有规定或者当事人另有约定的除外。

（2）依照法律、行政法规的规定，合同应当办理批准等手续的，依照其规定办理。未办理批准等手续影响合同生效的，不影响合同中履行报批等义务条款以及相关条款的效力。

（3）当事人对合同的效力约定可以附条件，但是根据其性质不得附条件的除外。附生效条件的合同自条件成就时生效；附解除条件的合同自条件成就时失效。

（四）合同的无效、可变更可撤销和效力待定

凡不具备合同生效要件的，即使当事人已达成合意，也不能产生合同的法律效力。对这些合同，依其具体情况的不同可分为无效合同，可变更、可撤销合同，效力待定合同。

1. 无效合同

无效合同是指合同虽然已经成立，但因其违反法律、行政法规的强制性规定或公序良俗，因而不能发生法律效力的合同。无效合同当然无效，且自始无效，也不能通过当事人的同意或者追认而有效。合同部分无效的，若不影响其他部分的效力，则其他部分仍然有效。

根据《民法典》的规定，有以下情形之一的，合同无效：（1）无民事行为能力人签订的合同无效；（2）行为人与相对人以虚假的意思表示签订的合同无效，以虚假的意思表示隐藏的合同的效力，依照有关法律规定处理；（3）违反法律、行政法规强制性规定的合同无效；（4）行为人与相对人恶意串通，损害他人合法权益的合同无效；（5）违背公序良俗的合同无效。

此外，《民法典》还对免责条款的无效情形作了规定。合同中的免责条款是指合同中的双方当事人在合同中约定的免除或者限制一方或者双方当事人责任的条款。免责条款往往由占据优势的一方提出，如不对其效力作出限制，则可能出现强者借助合同形式侵害弱者权利的情形。因此《民法典》规定，合同中的下列免责条款无效：（1）造成对方人身伤害的；（2）因故意或者重大过失造成对方财产损失的。

当事人基于无效合同取得的财产，应当予以返还；不能返还或者没有返还必要的，应当折价补偿。有过错的一方应当赔偿对方因此所受到的损失，双方都有过错的，应当各自承担相应的责任。

2. 可变更、可撤销合同

可变更、可撤销合同是指合同虽然已经成立，但因意思表示不真实，一方当事人可以请求法院或者仲裁机构予以变更、撤销的合同。合同被撤销以后，自始没有法律效力。根

据我国《民法典》的规定，下列合同，当事人一方有权请求人民法院或者仲裁机构变更或者撤销：

(1) 基于重大误解订立的合同，行为人有权请求人民法院或者仲裁机构予以撤销。

(2) 一方以欺诈手段，使对方在违背真实意思的情况下订立的合同，受欺诈方有权请求人民法院或者仲裁机构予以撤销。

(3) 第三人实施欺诈行为，使一方在违背真实意思的情况下订立的合同，对方知道或者应该知道该欺诈行为的，受欺诈方有权请求人民法院或者仲裁机构予以撤销。

(4) 一方利用对方处于危困状态，缺乏判断能力等情形，使对方在违背真实意思的情况下订立显失公平的合同，受损害方有权请求人民法院或者仲裁机构变更或者撤销。

(5) 一方或者第三人以胁迫手段，使对方在违背真实意思的情况下订立的合同，受胁迫方有权请求人民法院或者仲裁机构予以撤销。根据法律规定，当事人可以请求变更合同，也可以撤销合同。当事人请求变更合同的，人民法院或者仲裁机构不得撤销。

享有撤销权的当事人应当在知道或者应当知道撤销事由之日起 1 年内行使撤销权，重大误解的当事人自知道或者应当知道撤销事由之日起 90 日内没有行使撤销权的，会产生撤销权消灭的后果。撤销权人在知道撤销事由之后明确表示或者以自己的行为放弃撤销权的，也可产生撤销权消灭的后果。当事人自合同订立之日起 5 年内没有行使撤销权的，撤销权消灭。

合同被撤销的，当事人应当返还基于该合同而取得的财产；不能返还或者没有返还必要的，应当折价补偿。有过错的一方应当赔偿对方因此所受到的损失，双方都有过错的，应当各自承担相应的责任。

3. 效力待定合同

效力待定合同是指合同虽然已经成立，但欠缺有效要件，合同效力是否发生，尚未确定，有待于有权人的追认才能生效的合同。这类合同不直接确定为无效合同而规定为效力待定合同的意义在于有利于维护交易的安全，保护权利人和相对人的合法权益。

(1) 效力待定合同特征：

1) 合同的成立效力是确定的，但效果效力是不确定的。它既非有效，亦非无效，而是处于悬而未定的不确定状态之中。

2) 合同的悬而未定的效力的确定取决于享有形成权的第三人的行为。该第三人称同意权人追认权人。

3) 合同经同意权人同意后，其效果效力确定于合同成立时。

4) 合同经同意权人拒绝后，即确定为自始无效。

(2) 效力待定合同情形：

1) 限制民事行为能力人订立的合同。限制民事行为能力人可以订立与其年龄、智力、精神健康状况相适应的合同或者纯获利益的合同，不需要得到其法定代理人的追认。但除了这些合同，限制民事行为能力人订立的其他合同，则须经法定代理人的追认，合同才能有效，在合同被追认之前，合同处于效力待定状态。

2) 无权代理人订立的合同。无权代理包括三种情形：行为人没有代理权、超越代理权、代理权终止后仍以被代理人的名义订立合同。行为人无代理权而以被代理人名义与第三人订立合同，对被代理人不发生效力，其法律后果由行为人自己承担。这类合同只有经过追认，被代理人才承担民事责任。

3）无处分权人订立的合同。无处分权的人处分他人财产，经权利人追认或者无处分权的人订立合同后取得处分权的，该合同有效。

（五）法定代表人或负责人超越权限订立的合同、表见代理情形下订立的合同

1. 法定代表人或负责人超越权限订立的合同

法人的法定代表人或者非法人组织的负责人是代表法人或者非法人组织行使职权的，本身就是法人或者非法人组织的组成部分。法定代表人的行为或者非法人组织负责人的行为就是法人或者非法人组织的行为，因此，他们执行职务的行为所产生的法律后果都应当由法人或者非法人组织承受。法人的法定代表人或者非法人组织的负责人以法人或者非法人组织的名义与相对人订立合同的，相对人一般认为法定代表人或者非法人组织的负责人就是代表法人或者非法人组织，相对人往往并不知道也难以知道，也没有义务知道法定代表人或者非法人组织负责人的权限到底有多大，法人或者非法人组织的内部管理规定也不应对合同的相对人形成约束力。如果其超越权限所订立的合同绝对无效，将会极大地损害善意相对人的利益，从而对交易安全造成严重影响。

法人的法定代表人或者非法人组织的负责人超越权限订立合同的，一般情况下代表行为有效，所订立的合同对法人或者非法人组织发生效力。如果合同的相对人在订立合同时知道或者应当知道法人的法定代表人或者非法人组织的负责人的行为是超越权限的，而仍与之订立合同，则合同相对人具有恶意，此时没有对合同的相对人加以保护的必要。

2. 表见代理情形下订立的合同

表见代理是指在无权代理的情形下，如果善意相对人客观上有正当理由相信代理人具有代理权而与之签订合同，由此产生的法律后果由被代理人承担。构成表见代理需要满足以下两个条件：（1）行为人并没有获得被代理人的授权就以被代理人的名义与相对人实施民事法律行为，包括没有代理权、超越代理权或者代理权终止三种情形。（2）相对人在主观上必须是善意无过失。所谓善意，是指相对人不知道或者不应知道行为人实际上是无权代理。所谓无过失，是指相对人的这种不知道不是因为其大意造成的。如果相对人明知或者应知行为人没有代理权、超越代理权，或者代理权已终止，而仍与行为人实施民事法律行为，那么就不构成表见代理，而成为无权代理。

一般的无权代理非经本人追认不发生代理的效果，而在表见代理的情况下则可直接发生代理的效果，即无须本人的追认该代理行为就能发生效力。

知识链接：合同的订立、成立与效力

合同的订立、成立与效力是三个不同的概念。合同订立是一个达成合意的过程，最终合意达成即为合同成立，但也可能虽然合同经过订立而没有成立，此时当事人的权利义务关系主要按照缔约过失责任制度加以调整，即合同成立强调结果。而合同成立并不意味着合同就一定有效，因为合同成立只是代表当事人之间达成合意的事实，其效力要经过合同法的评议，结果可能是有效合同、无效合同、可变更可撤销合同及效力待定合同。

第三节　合同的履行和保全

合同的履行，是指合同成立并生效后，合同当事人按照合同约定或者法律规定全面、适当地履行自己所承担的义务。一般情况下，履行合同的是合同双方当事人，但在特殊情况下也可以是当事人以外的第三人。履行合同一般情况下表现为当事人的积极行为，但在特殊情况下，消极的不作为也是合同的履行。

合同的义务主要通过合同的履行来实现，同时，合同的履行也是合同法律约束力的首要表现。当事人应当按照约定全面履行自己的义务。正确履行合同的结果，是使双方的权利得以实现，合同关系归于消灭。

一、合同履行的原则

合同履行的原则，是当事人在履行合同债务时所应当遵循的行为准则。

1. 全面适当履行原则

全面适当履行原则，又称适当履行原则或正确履行原则，是指当事人按照合同约定的标的及其品质、数量，在适当的履行时间、履行地点，以适当的履行方式全面完成合同义务的履行原则。该原则是合同履行的一项最根本的要求。全面适当履行是判断合同是否履行或者是否违约的标准，也是衡量合同履行程度和违约责任的尺度。

2. 诚实信用原则

诚实信用原则，简称诚信原则，是指民事主体在从事民事活动时，应讲诚实，守信用，以善意的方式履行其义务，不得滥用权力及规避法律或合同规定的义务，同时还要求维护当事人之间以及当事人与社会之间的利益平衡。当事人在履行合同过程中，应当遵循诚实信用原则，根据合同的性质、目的和交易习惯，履行通知、协助、保密等义务。

3. 绿色原则

绿色原则是指民事主体从事民事活动，应当有利于节约资源、保护生态环境。绿色原则是落实党中央关于建设生态文明、实现可持续发展理念的要求，是贯彻宪法关于保护环境规定的要求。当事人在履行合同过程中，应当避免浪费资源、污染环境和破坏生态。

练一练

二、合同履行的规则

（一）合同约定不明时的履行规则

通常，当事人订立合同应当尽量具体、明确而详尽，但在实践中，由于种种原因，合同总有各种未尽事宜，这给合同的履行带来了麻烦和困扰。合同生效后，当事人就合同的内容没有规定或者规定不明确，可以通过协商进行补充或者依据交易习惯或法律的规定，对这些内容加以确定，以便能够适当、全面地履行合同。这也体现了合同法尽可能鼓励交易、促成交易达成的立法目的。合同内容的确定，可以通过以下方式实现。

1. 当事人协议补充

按照民法自愿原则，当事人有权自主决定合同内容。在当事人就合同有关内容没有约定或者约定不明确时，由当事人通过协商的方式达成补充协议。这是对民法自愿原则的体现和落实，也是最有效地补充合同内容、保障合同得以履行的方式。

2. 按照合同有关条款或者交易习惯确定

如果当事人就有关内容不能达成补充协议，可按照合同有关条款或者交易习惯确定。合同各条款都是当事人协商一致的结果，体现了当事人的真实意愿。合同条款与条款之间在表达上往往存在一定的关联，在合同欠缺有关内容或者对有关内容约定不明确时，可以结合相关条款探寻当事人真实的意图，进而补充所欠缺的内容或者将不明确的内容予以明确。交易习惯是指同业交易的惯常做法，在一定范围内被普遍接受和采用，或者在特定当事人之间经常使用。在合同欠缺有关内容或者对有关内容约定不明确时，也可以用交易习惯来对合同内容进行补充。这一规则同样体现了对当事人意思自由的尊重。

3. 法律补救

如果当事人就有关合同内容约定不明确，既不能通过协商达成补充协议，又不能按照合同的有关条款或者交易习惯确定的，适用《民法典》第511条规定确定合同相关内容。

（1）质量要求不明确的，按照强制性国家标准履行；没有强制性国家标准的，按照推荐性国家标准履行；没有推荐性国家标准的，按照行业标准履行；没有国家标准、行业标准的，按照通常标准或者符合合同目的的特定标准履行。

（2）价款或者报酬不明确的，按照订立合同时履行地的市场价格履行；依法应当执行政府定价或者政府指导价的，依照规定履行。

（3）履行地点不明确，给付货币的，在接受货币一方所在地履行；交付不动产的，在不动产所在地履行；其他标的，在履行义务一方所在地履行。

（4）履行期限不明确的，债务人可以随时履行，债权人也可以随时请求履行，但是应当给对方必要的准备时间。

（5）履行方式不明确的，按照有利于实现合同目的的方式履行。

（6）履行费用的负担不明确的，由履行义务一方负担；因债权人原因增加的履行费用，由债权人负担。

（二）执行政府定价或者政府指导价的合同的履行规则

执行政府定价的合同，在合同订立后、履行前政府定价发生调整的，履行规则为：在合同约定的交付期限内政府价格调整时，按照交付时的价格计价。逾期交付标的物的，遇价格上涨时，按照原价格执行；价格下降时，按照新价格执行。逾期提取标的物的或者预期付款的，遇价格上涨时，按照新价格执行；价格下降时，按照原价格执行。

（三）涉及第三人的合同履行规则

在一般情况下，合同是由当事人亲自履行或亲自接受履行，但在不涉及人身性质的合同中，当事人也可以约定由第三人代为履行或者代为接受履行。需要注意的是，此时的第三人只是履行主体，并非合同的当事人。因此，第三人代为履行或代为接受履行的，应遵循下列规则：

1. 向第三人履行的合同

向第三人履行的合同又称利他合同，指双方当事人约定，由债务人向第三人履行债务，第三人直接取得债权的合同。

当事人约定由债务人向第三人履行债务的，债务人未向第三人履行债务或者履行债务不符合约定，应当向债权人承担违约责任。

法律规定或者当事人约定第三人可以直接请求债务人向其履行债务，第三人未在合理期限内明确拒绝，债务人未向第三人履行债务或者履行债务不符合约定的，第三人可以请求债务人承担违约责任；债务人对债权人的抗辩，可以向第三人主张。

2. 由第三人履行的合同

由第三人履行的合同又称第三人负担的合同，指双方当事人约定债务由第三人履行的合同。

（1）当事人约定由第三人向债权人履行债务，第三人不履行债务或者履行债务不符合约定，债务人应当向债权人承担违约责任。

（2）债务人不履行债务，第三人对履行该债务具有合法利益的，第三人有权向债权人代为履行；但是，根据债务性质、按照当事人约定或者依照法律规定只能由债务人履行的除外。

债权人接受第三人履行后，其对债务人的债权转让给第三人，但是债务人和第三人另有约定的除外。

（四）提前履行与部分履行的规则

提前履行，是指债务人在合同履行期限到来之前就开始履行合同的行为。部分履行，是指债务人没有按照合同约定全部履行合同义务而只是履行一部分合同义务的行为。

（1）债务人提前履行的，债权人可以拒绝接受，但提前履行不损害债权人利益的除外。因债务人提前履行债务给债权人增加的费用，由债务人负担。

（2）债务人部分履行的，债权人可以拒绝接受，但部分履行不损害债权人利益的除外，因债务人部分履行债务给债权人增加的费用，由债务人负担。

三、合同履行中的抗辩权

在当事人双方互负义务的合同中，后履行的一方，往往因先履行的一方不履行或履行不符合约定而受到损害；先履行的一方也常常因后履行的一方经营状况恶化等而增加履行的风险性。为此，法律确定了履行的抗辩权制度为当事人提供保护。这种抗辩制度只适用于双务合同，单务合同因仅一方有履行合同的义务故而无须考虑抗辩问题。

（一）抗辩权的概念

抗辩权，又称异议权，是指对抗对方请求权或否认对方的权利主张的权利。即合同一方当事人对抗对方当事人的履行请求权，暂时拒绝履行自己义务的权利。值得注意的是，这里抗辩权是一种延期抗辩权，不具有消灭对方请求权的效力，而仅产生使对方请求权延期的效力。当产生抗辩权的原因消灭后，债务人仍应当履行其债务。

（二）合同履行抗辩权的种类

1. 同时履行抗辩权

同时履行抗辩权是指在互负债务，没有先后履行顺序的双务合同中，一方当事人在对方未履行债务或履行债务不符合约定时，有拒绝履行自己的债务的权利。同时履行抗辩权是诚实信用原则所要求的，具有担保实现自己的债权和迫使对方履行合同义务的双重功效，有利于实现当事人之间的利益平衡。

同时履行抗辩权应具备以下四个要件：(1) 当事人因同一双务合同而互负债务，在履行上存在关联性；(2) 当事人的债务没有先后履行顺序；(3) 双方所负的债务均已届清偿期；(4) 对方当事人没有履行其所负债务或履行不符合约定仍然提出履行请求。

2. 后履行抗辩权

后履行抗辩权，是指在双务合同中应当先履行的一方未履行或者履行债务不符合约定的，后履行一方享有的拒绝对方履行请求的权利。

后履行抗辩权的成立，应具备三个要件：一是双方当事人因同一双务合同而互负债务，在履行上存在关联性；二是双方所负债务有履行的先后顺序，这是其区别于同时履行抗辩权的关键；三是应当先履行的一方未履行或履行不符合约定，这是先履行抗辩权的实质条件。

3. 不安抗辩权

不安抗辩权是指按照合同约定应向对方先为履行的一方在履行之前，如果发现对方的财产显著恶化或履行债务的能力显著降低，可能危及自己债权实现的，先履行的一方有权要求对方提供担保，否则可以拒绝履行自己的义务。作为一种法定的抗辩权，不安抗辩权能够有效地平衡双方当事人的权益，对于促进合同的履行，极具积极意义。

不安抗辩权的成立，应具备四个要件：一是双方当事人因同一双务合同而互负债务。二是双方所负债务有履行的先后顺序。三是后履行一方发生了丧失或者可能丧失债务履约能力的情形。这些情形包括经营状况严重恶化，转移财产、抽逃资金以逃避债务，丧失商业信誉和有丧失或者可能丧失履行债务能力的其他情形。四是先履行债务的当事人必须有确切证据。先履行债务的一方当事人必须有确切的证据，能够证明后履行债务的一方存在财产明显减少或履行债务的能力显著降低的情形。如果当事人没有确切证据中止履行的，应当承担违约责任。

在符合上述要件的情形下，先履行的一方当事人可以行使不安抗辩权，中止履行合同债务，但应及时通知对方。对方提供适当担保时，应当恢复履行。中止履行后，对方在合理期限内没有恢复履行能力并且未提供适当担保的，中止履行的一方可以解除合同，并可要求对方赔偿自己因此而遭受的损失。

四、合同的保全

合同保全，即合同债权的保全，是指法律为防止因债务人财产不当减少而给债权人的债权带来危害，允许债权人对债务人或第三人的行为行使代位权或撤销权以保护其债权的制度。从保全责任财产的角度看，保全属于一般担保的手段。合同保全制度体现为合同的对外效力，是对债的相对性原理的突破，意义十分重大，它是消除债务人损害债权人利益的行为，对于保障债权实现具有积极的预防作用。从这个意义上来说，保全又为债权的保全。这里所称“合同”的保全，而不是“债权”的保全，主要是与《民法典》合同编保持表述上的一致，但实质内容是债权的保全，属于债法的一般性规则，而不局限于合同领域。

合同的保全方式有两种：一是为保持债务人的财产而设的债权人的代位权；二是为恢复债务人的财产而设的债权人的撤销权。

（一）代位权

代位权是指因债务人怠于行使其权利，债权人为保护债权，以自己的名义代位行使债务人对相对人的权利。债权人行使代位权，应当具备以下要件：

（1）债务人享有对外的债权。这是代位权存在的基础。倘若债务人没有对外的债权，就无所谓代位权。

（2）债务人怠于行使其债权或者与该债权有关的从权利。所谓“怠于行使"是指债务人应当行使其权利，且能够行使而不行使。如果债务人已经行使了权利，不管行使权利的实际效果如何，债权人都不能行使代位权。代位权的客体，即债务人怠于行使的权利，不能是专属于债务人自身的权利。专属于债务人自身的债权是指基于扶养关系、抚养关系、赡养关系、继承关系产生的给付请求权和劳动报酬、退休金、养老金、抚恤金、安置费、人寿保险、人身伤害赔偿请求权等权利。

专属于债务人自身的债权只能由债务人自己行使，债权人不能代位行使。

（3）债务人怠于行使自己的权利，已影响债权人的到期债权实现。债务人怠于行使权利若不影响债权人的到期债权实现，则不发生代位权。例如，虽然债务人怠于行使某一债权，但债务人的其他资产充足，足以清偿对债权人所负的债务，在这种情况下，债权人不得代位行使债务人的债权。

（4）债务人的债权已到期。债权如未到履行期限，则债权人不得行使代位权，否则将会损害次债务人的期限利益。债务履行期限已届满，债务陷于迟延履行，债权人方可行使代位权。

具备上述条件，债权人即可代位行使债务人对相对人的债权或者与该债权有关的从权利。债权人行使代位权的范围，以债务人的债权额和债权人的债权额为限，超越此范围，债权人不能行使。

债权人向债务人的相对人提起的代位权诉讼经人民法院审理后认定代位权成立的，由债务人的相对人向债权人履行清偿义务，债权人与债务人、债务人与债务人的相对人之间相应的债权债务关系即予消灭。

（二）撤销权

债权人的撤销权，又称废罢诉权，是指当债务人实施的减少其财产的行为危害债权人的债权实现时，债权人有权请求人民法院对该行为予以撤销的权利。债权人行使撤销权是通过撤销债务人积极减少责任财产的不当行为来达到债权保全的目的。

针对债务人无偿处分财产的行为，《民法典》第 538 条规定：“债务人以放弃其债权、放弃债权担保、无偿转让财产等方式无偿处分财产权益，或者恶意延长其到期债权的履行期限，影响债权人的债权实现的，债权人可以请求人民法院撤销债务人的行为。”

针对债务人有偿处分财产的行为，《民法典》第 539 条规定：“债务人以明显不合理的低价转让财产、以明显不合理的高价受让他人财产或者为他人的债务提供担保，影响债权人的债权实现，债务人的相对人知道或者应当知道该情形的，债权人可以请求人民法院撤销债务人的行为。”

撤销权的行使范围以债权人的债权为限。债权人行使撤销权的必要费用，由债务人负担。

撤销权的行使，应由债权人以自己的名义，以诉讼的形式进行。撤销权通常应在一定期限内行使，《民法典》第541条规定：“撤销权自债权人知道或者应当知道撤销事由之日起一年内行使。自债务人的行为发生之日起五年内没有行使撤销权的，该撤销权消灭。”这里的“一年”“五年”为不变期间，不适用诉讼时效中止、中断或者延长的规定。

债务人影响债权人的债权实现的行为被人民法院撤销的，自始没有法律约束力。债务人放弃其债权、放弃债权担保的行为被撤销后，债务人的相对人仍对债务人负有债务、担保人仍对债务人负有担保责任。债务人无偿或者低价转让财产的行为、高价受让财产的行为被撤销后，债务人尚未给付的，不得再向相对人给付，相对人也不再享有请求债务人给付的权利；债务人已经向相对人给付的或者已经互相给付的，债务人、债务人的相对人负有返还财产、恢复原状的义务，不能返还的应当折价补偿。债务人为他人的债务提供担保的行为被撤销后，债务人不再负有担保责任；债务人已经承担担保责任的，担保权人对债务人负有返还义务。

课堂讨论：

什么是契约精神？从合同履行的角度我们应该如何理解契约精神？

第四节　合同的担保

合同担保，是指为确保债权实现，依当事人间的约定或法律的规定而确立的保障措施。合同订立后，一方当事人不履行合同或不适当履行合同，就会给对方造成损失，使对方所期望的经济利益无法实现，而给对方造成损失。为了使合同得以切实履行，使债权得以实现，在法律上设立了担保制度。

合同担保分为一般担保和特别担保。一般担保是指债务人以其自身的全部财产作为履行债务，承担责任的担保。为保障这一目的的实现，《民法典》为债权人设置了代位权和撤销权。当债务人消极地怠于行使权利听任责任财产减少影响债权实现时，债权人可以行使代位权，维持责任财产。当债务人积极地减少责任财产影响债权实现时，债权人可以行使撤销权，恢复责任财产。特别担保是指在一般担保的基础上设定特别的担保形式，是针对单个债务特别设立的担保。当责任财产不足以清偿全部债务时，债权人的债权就以第三人的信用或者特定财产上的设定的权利来保障债权的实现。本节所述的担保是指特别担保。

一、合同担保的分类

按担保所用的标的性质，合同担保分为人的担保、物的担保和金钱担保。

（一）人的担保

人的担保是一种古老的担保方式，是指依据债权人与保证人之间的保证合同，保证人以其全部的财产担保债务人债务的履行的担保方式。保证人俗称“保人”。《民法典》合同编规定的保证就是比较典型的人的担保。由于人的担保是以确保债权为目的的，当债务人不履行债务时，债权的实现只有通过担保人来完成。人的担保最终还是以担保人的财产来承担责任。

（二）物的担保

物的担保是以债务人或债务人以外的第三人的特定物作为债权的担保，当债务人不履行债务时债权人就该担保物优先受偿。物的担保与人的担保不同，它排除了人的信誉的担保能力，而单纯以一定的财产为担保标的，一旦设定，就具有物权效力。物的担保方式主要有抵押权、质权、留置权。

（三）金钱担保

金钱担保是指以金钱作为设立标的的担保，是在债务以外支付一定数额的金钱，该金钱的得失与债务是否履行联系在一起，从而促使其积极履行债务。其方式主要是定金。

二、担保合同的效力

设立担保物权，应当依法订立担保合同。担保合同包括抵押合同、质押合同和其他具有担保功能的合同。担保合同一经生效即可在当事人之间产生法律上的拘束力，担保人应按照法律规定和合同中的约定承担担保责任。但并非所有的担保合同都能够生效，只有符合法律规定的担保合同才能发生当事人预期的合同效力。

担保合同是为担保债权而签订的，其所担保的合同是主合同，担保合同是从合同，担保合同是依附于主合同而存在的。主债权债务合同无效，担保合同无效，但是法律另有规定的除外。担保合同被确认无效后，债务人、保证人、债权人有过错的，应当根据其过错各自承担相应的民事责任。

担保人因无效担保合同向债权人承担赔偿责任后，可以向债务人追偿，或者在承担赔偿责任的范围内，要求有过错的反担保人承担赔偿责任。

为保护担保人的利益，第三人为债务人向债权人提供担保时，可以要求债务人提供反担保。反担保适用担保的规定。

三、合同担保的主要方式

根据《民法典》物权编的规定，合同担保的方式主要包括保证、抵押、质押、留置和定金。

（一）保证

保证，是指保证人和债权人约定，当债务人不履行合同债务时，保证人按照约定履行债务或者承担责任的担保方式。保证属于人的担保范畴，而不同于抵押、质押、留置等物的担保形式。保证不是用具体的财产提供担保，而是以保证人的信誉和不特定的财产为他人的债务提供担保。

保证涉及保证人、债务人与债权人三方面的法律关系。其中债权人与债务人之间是普通的债的关系，这一债的关系是保证存在的前提条件。债务人与保证人之间的关系一般属于委托合同关系，债权人与保证人之间是保证合同关系。

1. 保证人

保证人应当是主合同债权人、债务人以外的第三人。具有代为清偿债务能力的法人、非法人组织或者自然人，可以作保证人。但下列主体不得为保证人：（1）机关法人不得为保证人，但是经国务院批准为使用外国政府或者国际经济组织贷款进行转贷的除外；（2）以公益为目的的非营利法人、非法人组织不得为保证人。

2. 保证方式

保证的方式分为一般保证和连带责任保证。

所谓一般保证，是指当事人在保证合同中约定，在债务人不能履行债务时，保证人承担保证责任的保证。当事人在保证合同中对保证方式没有约定或者约定不明确的，按照一般保证承担保证责任。

所谓连带责任保证，是指当事人在保证合同中约定保证人与债务人对债务承担连带责任的保证。

这两种保证之间最大的区别在于保证人是否享有先诉抗辩权。在一般保证的情况下，保证人享有先诉抗辩权，即一般保证的保证人在就债务人的财产依法强制执行仍不能履行债务前，对债权人可以拒绝承担保证责任。而在连带责任保证的情况下，保证人不享有先诉抗辩权，即连带责任保证的债务人在主合同规定的债务履行期届满没有履行债务的，债权人可以要求债务人履行债务也可以要求保证人在其保证范围内承担保证责任。

但是，先诉抗辩权在下列情形下不得行使：（1）债务人下落不明，且无财产可供执行；（2）人民法院已经受理债务人破产案件；（3）债权人有证据证明债务人的财产不足以履行全部债务或者丧失履行债务能力；（4）保证人书面表示放弃先诉抗辩权的。

3. 保证合同

保证合同是保证人与债权人自愿协商订立的书面保证合同。保证合同可以是单独订立的书面合同，也可以是书面订立的主债权债务合同中的保证条款。

（1）保证合同的形式。保证合同为要式合同，此要式为书面形式，即保证合同既可以是单独订立的书面合同，也可以是书面订立的主债权债务合同中的保证条款。

（2）保证合同的内容。保证合同的内容一般包括：被保证的主债权种类、数额；债务人履行债务的期限；保证的方式；保证担保的范围；保证的期间；双方认为需要约定的其他事项。保证合同不完全具备上述内容的，可以补正，不影响保证合同的效力。补正时须双方协商一致，协商不成时法官可依职权补正。

（3）保证合同的成立方式。债权人和保证人可以协议约定保证合同的成立方式和时间。但当第三人单方以书面形式向债权人作出保证时，只要债权人接收第三人的保证书或主债权债务中的保证条款且未提出异议的，保证合同也可成立，此时法律推定债权人默示同意。

4. 保证责任

（1）保证责任的范围和保证期间。

保证责任的范围是指保证人所担保的债权范围，也是保证人承担保证责任的范围。保证的范围一般包括：主债权及其利息、违约金、损害赔偿金和实现债权的费用。保证责任的范围也可以由当事人约定，当事人另有约定的，按照其约定。

保证期间是指依合同约定或法律规定，保证人承担保证责任的期限。如果债权人请求保证人承担保证责任超过该期间，则保证人无须再承担保证责任。保证期间既可以是法定期间，也可以是约定期间。在当事人没有约定或约定不明时，适用法律规定的保证期间。法定保证期间为主债务履行期限届满之日起六个月。保证期间不因任何事由发生中断、中止、延长的法律后果。

（2）对债权人和保证人的效力。

债权人享有请求保证人承担保证责任的权利。一般保证情形下，在债务人不能履行债务时，债权人有权主张保证人承担保证责任。在连带责任保证中，由于债权人对债务人和保证人请求承担责任的主张没有先后顺序，在主债务履行期届满债务人未履行时，债权人可自主决定请求债务人或是连带保证人承担全部或部分责任。

保证人应承担保证责任，同时也享有债务人对债权人的各项抗辩权。债务人放弃抗辩的，保证人仍有权向债权人主张抗辩。保证人承担保证责任后，除当事人另有约定外，有权在其承担保证责任的范围内向债务人追偿，享有债权人对债务人的权利，但是不得损害债权人的利益。此为保证人的追偿权。

（3）保证责任的免除。

保证责任是基于保证合同而产生的，保证合同出现某些违反保证目的的变化情况时，就可免除保证责任。保证责任的免除是指在法律规定的事由出现时，免除保证人保证责任的承担。有以下情形之一的，保证人不承担保证责任：

1）一般保证的债权人未在保证期间对债务人提起诉讼或者申请仲裁的，保证人不再承担保证责任。

2）连带责任保证的债权人未在保证期间请求保证人承担保证责任的，保证人不再承担保证责任。

3）保证人与债权人约定禁止债权转让，债权人未经保证人书面同意转让债权的，保证人对受让人不再承担保证责任。

4）债权人未经保证人书面同意，允许债务人转移全部或者部分债务，保证人对未经其同意转移的债务不再承担保证责任。

5）一般保证中，在保证人向债权人提供债务人可供执行财产的真实情况时，债权人放弃或怠于行使其债权，导致债务人财产无法执行时，保证人可以在相应范围内免责。

6）债权人和债务人未经保证人书面同意，协商变更主债权债务合同内容，加重债务的，保证人对加重的部分不承担保证责任。

7）债务人对债权人享有抵销权或者撤销权的，保证人可以在相应范围内拒绝承担保证责任。

（二）抵押

抵押是指为担保债务的履行，债务人或者第三人不转移财产的占有，将该财产抵押给债权人的，债务人不履行到期债务或者发生当事人约定的实现抵押权的情形，债权人有权就该财产优先受偿。在抵押关系中，提供担保财产的债务人或第三人为抵押人，享有抵押权的债权人为抵押权人，抵押人提供的担保财产为抵押物。

抵押有两种设定方式：一是根据法律直接规定而设定；二是基于当事人订立的抵押合同而设定，这种抵押称为意定抵押或设定抵押。我国实践中，以意定抵押为常态。

1. 抵押合同

设立抵押权应当采用书面形式订立抵押合同，抵押合同一般包括下列条款：(1) 被担保债权的种类和数额；(2) 债务人履行债务的期限；(3) 抵押财产的名称、数量等情况；(4) 担保的范围。抵押合同不完全具备以上规定内容的，经双方当事人协商一致后，可以补正。

2. 抵押物和抵押登记

(1) 抵押物。

抵押物，又称抵押财产，是抵押权的客体。抵押人只能以法律规定可以抵押的财产提供担保；法律规定不可以抵押的财产，抵押人不得用于提供担保。

根据《民法典》的规定，债务人或者第三人有权处分的下列财产可以抵押：1) 建筑物和其他土地附着物；2) 建设用地使用权；3) 海域使用权；4) 生产设备、原材料、半成品、产品；5) 正在建造的建筑物、船舶、航空器；6) 交通运输工具；7) 法律、行政法规未禁止抵押的其他财产。抵押人可以将上述所列财产一并抵押。

下列财产不得抵押：1) 土地所有权；2) 宅基地、自留地、自留山等集体所有土地的使用权，但是法律规定可以抵押的除外；3) 学校、幼儿园、医疗机构等为公益目的成立的非营利法人的教育设施、医疗卫生设施和其他公益设施；4) 所有权、使用权不明或者有争议的财产；5) 依法被查封、扣押、监管的财产；6) 法律、行政法规规定不得抵押的其他财产。

(2) 抵押登记。

以下列不动产抵押的应当办理抵押登记：建筑物和其他土地附着物；建设用地使用权；海域使用权；正在建造的建筑物。以动产抵押的，抵押权自抵押合同生效时设立；未经登记，不得对抗善意第三人。

(三) 质押

1. 质押的概念

质押是指债务人或者第三人将其动产或权利移交债权人占有或作相应登记而为担保，当债务人不清偿债务时，债权人有权依法以该动产或权利折价或者以拍卖、变卖该动产或权利的价款优先受偿。

练一练

在质押法律关系中，享有质权的债权人为质权人或质押权人，将财产移转给质权人占有作为担保的债务人或第三人为出质人，出质人移转给质权人占有以作担保的财产为质物或质押物。根据《民法典》的规定，质押可以分为动产质押、权利质押。

2. 动产质押

动产质押是指债务人或第三人将其动产移交债权人占有以作为债权的担保，在债务人不履行债务时，债权人依法以该动产折价或者以拍卖、变卖该动产的价款优先受偿。可以出质的动产除了需要符合一般的物的特征外，还必须是法律、行政法规允许流通和转让的动产。

出质人和质押人应当以书面形式订立质押合同。质押合同一般包括以下内容：(1) 被担保的债权的种类和数额；(2) 债务人履行债务的期限；(3) 质押财产的名称、数量等情况；(4) 担保的范围；(5) 质押财产交付的时间、方式。如果质押合同不完全具备以上条款，当事人可以补正。订立合同后，还须将质物移转于质押人。自质物移交于质权人占有时，质押合同生效。出质人代质权人占有质物的，质押合同不生效。

3. 权利质押

权利质押是指以所有权、用益物权以外的可让与的财产权为客体而成立的质押。权利质押的标的为可依法转让的财产权，包括汇票、本票、支票、债券、存款单、仓单、提单；依法可以转让的基金份额、股权；依法可以转让的商标专用权，专利权、著作权等知识产权中的财产权；现有的以及将有的应收账款；以及依法可以出质的其他财产权利。

以汇票、本票、支票、债券、存款单、仓单、提单出质的，质权自权利凭证交付质权人时设立；没有权利凭证的，质权自办理出质登记时设立。

以基金份额、股权出质的，质权自办理出质登记时设立。基金份额、股权出质后，不得转让，但是出质人与质权人协商同意的除外。出质人转让基金份额、股权所得的价款，应当向质权人提前清偿债务或者提存。

以注册商标专用权、专利权、著作权等知识产权中的财产权出质的，质权自办理出质登记时设立。知识产权中的财产权出质后，出质人不得转让或者许可他人使用，但是出质人与质权人协商同意的除外。出质人转让或者许可他人使用出质的知识产权中的财产权所得的价款，应当向质权人提前清偿债务或者提存。

以应收账款出质的，质权自办理出质登记时设立。应收账款出质后，不得转让，但是出质人与质权人协商同意的除外。出质人转让应收账款所得的价款，应当向质权人提前清偿债务或者提存。

（四）留置

留置指债权人依照合同约定占有债务人的动产，债务人不按照合同的期限履行债务时，债权人有权留置该财产并就其折价或以拍卖、变卖所得的价款优先受偿。

留置权属于法定担保物权，在满足以下法定条件时，留置权即可发生：（1）债权人已经合法占有债务人的动产；（2）债权人留置的动产，应当与债权属于同一法律关系，但企业之间留置的除外；（3）债权已届清偿期，且债务人不履行债务；（4）留置动产必须符合法律规定和当事人的约定。

债务人不履行到期债务的，债权人可留置标的物，即扣留标的物而不返还于债务人。标的物被留置后，留置权人应与债务人就债务履行的宽限期达成一致，当事人未就此达成一致或约定不明确的，除非留置物为鲜活、易腐等不易保管的动产，否则债权人须给债务人 60 日以上的履行宽限期。债务人于此期间内仍未履行债务的，留置权人才可以与债务人协议以留置财产折价，或者就拍卖、变卖留置财产所得的价款优先受偿。

抵押、质押、留置的比较见表 6－1。

表 6－1　抵押、质押、留置的比较

项目	抵押	质押	留置
性质	约定担保	约定担保	法定担保
适用范围	不动产及其他财产	动产质权和权利质权	依照保管、运输、加工承揽等合同

续表

项目	抵押	质押	留置
担保权人权利	抵押物的保全；抵押权处分；优先受偿权	质权人占有质物；收取孳息；质权的保全；优先受偿	留置权人留置标的物；收取孳息；优先受偿
担保人的权利	收取业务孳息	因质权人保管不善产生追偿权，质物返还请求权	保管留置物，返还留置物

（五）定金

定金是指合同一方当事人为确保合同的履行而预先支付给另一方一定数额的货币或其他替代物。定金一般都表现为一笔金钱，故称为“定金”。基于当事人的特别约定或特定的交易惯例，也可以用金钱以外的物充当定金。

定金是担保的一种形式。由于定金是预先交付的，定金惩罚的数额在事先也是明确的，因此通过定金罚则的运用可以督促双方自觉履行义务，起到担保作用。

1. 定金种类及罚则

实践中定金的种类非常多，有违约定金、立约定金、成约定金、证约定金、解约定金等。最为常见的是违约定金，即在接受定金以后，一方当事人不履行债务或者履行债务不符合约定，致使不能实现合同目的的，应按照定金罚则予以处理。立约定金是当事人约定以交付定金作为订立主合同担保的，给付定金的一方拒绝订立主合同的，无权要求返还定金；收受定金的一方拒绝订立合同的，应当双倍返还定金。成约定金，即约定以交付定金作为主合同成立或者生效要件的，给付定金的一方虽然未支付定金，但主合同已经履行或者已经履行主要部分的，不影响主合同的成立或者生效。证约定金是以定金作为订立合同的证据。解约定金是定金交付后，交付定金的一方可以按照合同的约定以丧失定金为代价而解除主合同，收受定金的一方可以双倍返还定金为代价而解除主合同。

定金的数额由当事人约定。但是，在能够确定主合同标的额的前提下，约定的数额不得超过主合同标的额的20%。如果超过，则超过的部分不产生定金的效力，应当予以返还或者按照约定抵作价款，但未超过的部分仍然产生定金效力。同时，实际交付的定金数额多于或者少于约定的数额的，除了超过法定限额的部分之外，视为变更约定的定金数额，按照变更后的定金数额适用定金罚则。实际交付的定金数额少于约定数额的，收受定金一方提出异议并拒绝接受定金的，定金合同不成立；收受定金一方接受了定金但提出了异议，仍然在接受定金范围内发生定金效力。

定金不属于主债，因此它不是债务人给付的部分，在合同履行后应当收回，也可抵作价款。

2. 定金合同

定金合同是民事法律行为的一种，适用民事法律行为的一般规则，可以在合同的主文中载明，也可以单独设立。定金合同是实践性合同，自实际交付定金时才成立。当事人订立定金合同后，不履行交付定金的约定，不承担违约责任。同时，定金合同是一种从合同，其成立以主合同的存在为前提，主合同无效或被撤销，定金合同也不成立，主合同因解除或其他原因消灭时，定金合同也消灭。

当事人在合同中既约定违约金，又约定定金的，一方违约时，对方可以选择适用违约金或者定金条款。

第五节　合同的变更、转让与终止

一、合同的变更

合同的变更有广义、狭义之分，广义上的合同变更包括合同主体的变更和合同内容的变更。前者是指在不改变合同内容的前提下，变更合同的主体。主体的变化，在我国《民法典》中称为合同的转让。后者是指在不改变合同当事人的前提下，改变合同的内容。狭义的合同变更则是仅对合同内容的变更，也是合同法上对合同变更的界定。

合同的变更，是指合同在成立后，尚未履行或尚未履行完毕以前，当事人经过协议在不改变合同的主体的情况下改变合同的内容。通常，合同的变更是基于当事人协商一致，但也可以基于裁判而变更合同。《民法典》第 543 条规定：“当事人协商一致，可以变更合同。”法律、行政法规规定变更合同应当办理批准、登记等手续的，依照其规定。

为维护合同关系的稳定性，避免发生纠纷，当事人应当对合同变更的内容作出明确约定，约定不明的，推定合同未发生变更。

二、合同的转让

合同的转让，是指合同当事人一方将合同权利、义务的全部或部分转让给第三人的行为。合同的转让包括四种情形，即债权转让、债务转移、债务加入和合同权利义务的概括转让。

1. 债权转让

债权转让是指债权人将合同权利的全部或者部分转让给第三人。债权人是让与人，第三人为受让人。合同权利全部转让的，原合同关系消灭，受让人取代原债权人的地位，成为新的债权人，原债权人脱离合同关系。合同权利部分转让的，受让人作为第三人加入合同关系中，与原债权人按份享有债权。从鼓励交易、促进市场经济发展的目的来看，债权转让行为使得债权具有流通性，有利于担保融资、托收、贴现、保理、资产证券化等多种交易模式构建得以实现。

但是，为了维护社会公共利益或者特定主体的私人利益，法律又对债权的可转让性进行了一定限制，规定了三种债权人不得转让的合同权利：(1) 根据债权性质不得转让的权利；(2) 按照当事人约定不得转让的权利；(3) 依照法律规定不得转让的权利。

债权人转让权利未通知债务人的，该转让对债务人不发生效力。债权人转让权利的通知不得撤销，但经受让人同意的除外。

债务人接到债权转让通知后，债务人对让与人的抗辩，可以向受让人主张。如果债务人对让与人享有债权，并且债务人的债权先于转让的债权到期或者同时到期的，则债务人可以向受让人主张抵销。如果债务人的债权与转让的债权是基于同一合同产生，债务人也可以向受让人主张抵销。

2. 债务转移

债务转移是指债务人将债务的全部或者部分转移给第三人。债务的转移会直接影响债权人的利益，因此，债务人将债务的全部或者部分转移给第三人的，应当经债权人同意。债务人或者第三人可以催告债权人在合理期限内予以同意，债权人未作表示的，视为不同意。

3. 债务加入

债务加入是指第三人加入债务中，作为新债务人和原债务人一起向债权人负有连带债务。第三人与债务人约定加入债务并通知债权人，或者第三人向债权人表示愿意加入债务，债权人未在合理期限内明确拒绝的，债权人可以请求第三人在其愿意承担的债务范围内和债务人承担连带债务。

4. 合同权利义务的概括转让

合同权利义务的概括转让，又被称为合同权利义务的一并转让，是指合同关系的当事人一方将自己在合同中的权利义务一并转移给第三人，由第三人全部地承受这些权利义务。概括转让包括两种情形：一种是约定的概括转让；另一种是法定的概括转让。

约定的概括转让是指通过订立合同实现合同权利义务的一并转移。合同关系的一方当事人将权利和义务一并转让时，应当征得对方当事人的同意。如果未经对方当事人同意将自己的权利义务一并转让的，对对方当事人不发生效力。

法定的概括转让是因法律规定而发生的权利义务一并转移。它主要是指合同主体发生合并或者分立后所发生的债权债务的一并转移。依据我国《民法典》的规定，当事人订立合同后合并的，由合并后的法人或者非法人组织行使合同权利，履行合同义务。当事人订立合同后分立的，除债权人和债务人另有约定的以外，由分立的法人或者非法人组织对合同的权利和义务享有连带债权，承担连带债务。

三、合同的终止

合同权利义务终止，简称合同终止，也称合同的消灭，是指合同当事人双方在合同关系建立以后，因一定的法律事实的出现，使合同确立的权利义务关系消灭。合同关系是动态的，有其产生、发展和消灭的过程，合同终止是合同运行的终点。合同终止意味着合同关系不再存在，合同中设定的权利义务也都归于消亡。

合同终止须基于一定的法律事实，这就是合同终止的原因。引起合同终止的原因有两个：合同的解除和债权债务终止。债权债务终止，是指有效的债权债务因具备法定情形和当事人约定的情形，使债权、债务归于消灭，债权人不再享有债权，债务人也不必再履行债务。债权债务终止的法定情形主要包括：（1）债务已经履行；（2）债务相互抵销；（3）债务人依法将标的物提存；（4）债权人免除债务；（5）债权债务同归于一人；（6）法律规定或者当事人约定终止的其他情形。其中，合同因得到全面履行而终止是最为正常的合同终止情形，合同依法律规定或者当事人约定而终止是法律的兜底条款。因此，这里着重介绍合同解除、债务抵销、提存、债务免除、混同这几种终止情形。

1. 合同解除

合同解除，是指在合同依法成立后而尚未全部履行前，当事人基于法律规定、协商或当事人约定而使合同关系归于消灭的一种法律行为。合同解除可分为协商解除、约定解除和法定解除。协商解除是指在合同成立后履行完毕之前，当事人通过协商而解除合同，从而使合同效力归于消灭的行为。协商解除的实质在于，它是当事人通过协商一致从而达成一个解除原合同的新合同，这个新的合同又被称为反对合同。这种解除方式在实践中经常用到。

约定解除是指在合同成立后履行完毕之前，当事人基于双方事先约定的事由行使解除权，从而使合同效力归于消灭的行为。约定解除的实质在于，一旦事先约定的条件成就时，当事人就可行使解除权。因此，约定解除为单方解除，不需要双方再进行意思表示。

法定解除是指在合同成立后履行完毕之前，一方当事人基于法律规定的事由行使解除权，从而使合同效力归于消灭的行为，具体见图 6－2。

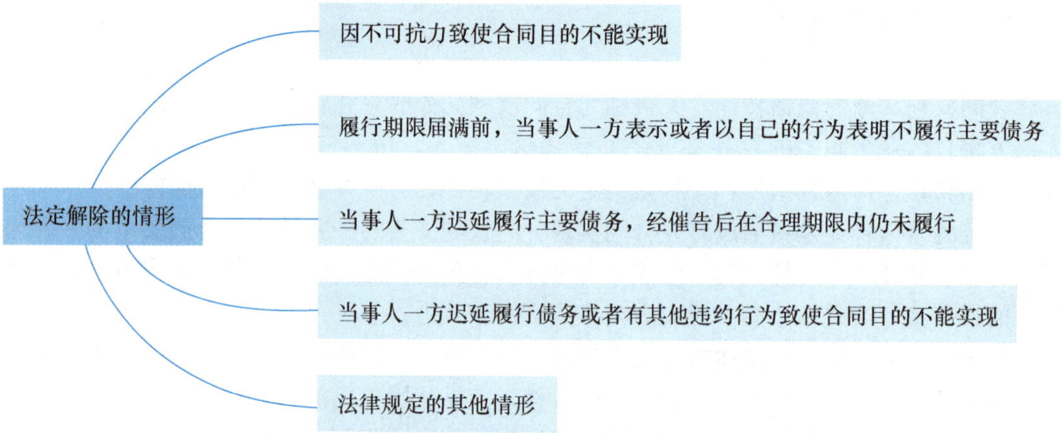

图 6－2　合同法定解除的情形

以持续履行的债务为内容的不定期合同，当事人可以随时解除合同，但是应当在合理期限之前通知对方。

合同解除后，尚未履行的，终止履行；已经履行的，根据履行情况和合同性质，当事人可以要求恢复原状、采取其他补救措施，并有权要求赔偿损失。

2. 债务抵销

债务抵销是指双方互负债务，各自以其债权冲抵自己的债务，从而使自己的债务与对方的债务在对等额内相互消灭。

基于产生根据的不同，债务抵销可以分为约定抵销和法定抵销。约定抵销是根据当事人的协商而发生的抵销。法定抵销是当事人依据法律规定的抵销条件，作出意思表示而发生的抵销。

《民法典》第 568 条规定：“当事人互负债务，该债务的标的物种类、品质相同的，任何一方可以将自己的债务与对方的到期债务抵销；但是，根据债务性质、按照当事人约定或者依照法律规定不得抵销的除外。当事人主张抵销的，应当通知对方。通知自到达对方时生效。抵销不得附条件或者附期限。”第 569 条规定：“当事人互负债务，标的物种类、品质不相同的，经协商一致，也可以抵销。”

3. 提存

提存，是指由于债权人的原因使债务人无法向其交付合同标的物时，债务人将该标的物提交给提存机关，以消灭合同债务的行为。我国目前以公证部门作为提存部门。

有下列情形之一，难以履行债务的，债务人可以将标的物提存：(1) 债权人无正当理由拒绝受领；(2) 债权人下落不明；(3) 债权人死亡未确定继承人、遗产管理人，或者丧失民事行为能力未确定监护人；(4) 法律规定的其他情形。

标的物不适于提存或者提存费用过高的，债务人依法可以拍卖或者变卖标的物，提存所得的价款。

债务人将标的物提存以后，其所负债务消灭。标的物毁损、灭失的风险由债权人承担。提存期间，标的物的孳息归债权人所有。提存费用由债权人负担。债权人可以随时领取提存物，但债权人对债务人负有到期债务的，在债权人未履行债务或者提供担保之前，提存部门根据债务人的要求应当拒绝其领取提存物。

债权人领取提存物的权利，自提存之日起 5 年内不行使而消灭，提存物扣除提存费用后归国家所有。但是，债权人未履行对债务人的到期债务，或者债权人向提存部门书面表示放弃领取提存物权利的，债务人负担提存费用后有权取回提存物。

4. 债务免除

债务免除，是指债权人抛弃债权从而使债务全部或部分归于消灭的行为。债务免除是债权人的单方法律行为，即债权人根据其单方的意思表示就可以免除债务人的债务，但是债务人在合理期限内拒绝的除外。债权人免除债务人部分或者全部债务的，合同的权利义务部分或者全部终止。

5. 混同

债权债务的混同，是指债权人和债务人同归于一人，致使债权债务终止。混同有广义与狭义之分。广义的混同包括权利与权利的混同、义务与义务的混同、权利与义务的混同；狭义的混同仅指权利与义务的混同，也即债权债务的混同，仅指债权与债务同归于一人的情况。

混同是一种法律规定的事件，即因某些客观事实发生而产生的债权债务同归一人，不必由当事人为意思表示，只要有债权债务同归于一人的情形，即发生债权债务消灭的后果。但是债权债务涉及第三人利益的，混同不发生债权债务消灭的效力。

第六节　合同责任

练一练

一、缔约过失责任

缔约过失责任指当事人在订立合同过程中，因违背诚信原则而给对方造成损失的赔偿责任。缔约过失责任是以诚信原则为基础的民事责任。诚信原则贯穿合同交易的各个环节。当事人在订立合同过程中进行协商、谈判时也要遵循诚信原则，负有相互协助照顾保护以及重要情况的告知等义务。在这个阶段，合同尚未成立，但一方对另一方在协商、谈判中实施的行为已经产生了合理信赖。如果当事人在这个阶段实施了违背诚信原则的行为，例如隐瞒了重要事实和情况等，使对方的信赖利益受损，则缔约过失责任即成立。有下列情况之一，给对方造成损失的，应当承担缔约过失责任：(1) 假借订立合同、恶意进行磋商。(2) 故意隐瞒与订立合同有关的重要事实或提供虚假情况。(3) 泄露或者不正当

知识链接
缔约过失理论

地使用对方的商业秘密。(4) 有其他违背诚实信用原则的行为。

负有缔约过失责任的当事人，应当赔偿受损害的当事人，赔偿以受损害的当事人的信赖利益的损失为限，包括直接利益的减少和因此失去与第三人订立合同机会的损失。具体的损失额根据案件实际情况进行计算，但不得超过合同履行利益及合同成立并得到履行后所获得的利益。

二、违约责任

违约责任，即违反合同的民事责任，也就是合同当事人因违反合同义务所承担的责任。在英美法系中，违约责任被作为违约救济的具体方式；而在大陆法系，违约责任被作为债务不履行责任的具体形态。违约责任是我国合同立法所采用的概念，作为债务不履行责任形态的一种。

违约责任与缔约过失责任的区别见表 6-2。

表 6-2 违约责任与缔约过失责任的区别

	违约责任	缔约过失责任
成立前提	以合同有效成立为前提	不以合同成立或有效为前提
责任方式	方式多样，如赔偿损失、支付违约金、实际履行等	只有一种：赔偿损失
发生依据	基于当事人在合同中的约定，具有约定性	基于法律的明确规定，具有法定性
归责原则	一般采用严格责任的归责原则，法律规定了免责的事由	采用过错责任的归责原则，法律没有规定免责事由
赔偿范围	期待利益的损失	限于信赖利益的损失

（一）违约行为的形态

练一练

违约行为的形态，是指违约行为的具体表现形式。按照违约行为发生的时间，可分为预期违约和届期违约。

1. 预期违约

预期违约，又称先期违约，是指在合同履行期限届满之前，当事人一方无正当理由明示或者以自己的行为表明不履行合同债务。《民法典》第 578 条规定："当事人一方明确表示或者以自己的行为表明不履行合同义务的，对方可以在履行期限届满前请求其承担违约责任。"

预期违约包括明示预期违约和默示预期违约。所谓明示预期违约，是指合同履行期限届满之前，一方当事人明确肯定地向另一方当事人表示他将不履行合同义务。所谓默示预期违约，指合同履行期限届满之前，一方当事人以自己的行为表明不履行合同债务。

预期违约降低了另一方享有的合同权利的价值，构成对债权人权利的侵害和对合同关系的破坏，必将影响交易的正常进行。如果在一方当事人预期违约的情况下，仍然要求另一方当事人在履行期限届满后才能请求违约责任，将给另一方造成损失。因此，当事人一方明确表示或者以自己的行为表明不履行合同义务的，即使在履行期限届满前，对方也可以请求其承担违约责任，而无须等到履行期限届满后。预期违约制度有利于保护当事人的合法权益，防止损失进一步扩大。

2. 届期违约

届期违约，也叫作实际违约，是指在履行期限届满之后，当事人不履行或者不完全履行合同义务。

《民法典》第 577 条规定："当事人一方不履行合同义务或者履行合同义务不符合约定的，应当承担继续履行、采取补救措施或者赔偿损失等违约责任。"按照违约行为的具体形态，可以将届期违约行为区分为不履行合同义务和履行合同义务不符合约定。

不履行合同义务，即债务人不为当为之事，包括履行不能和履行拒绝。履行不能是债务人在事实上、法律上和经济上不能履行，有永久不能和一时不能、自始不能和嗣后不能、主观不能和客观不能、全部不能和部分不能的区别。比如，在以提供服务为标的的合同中，债务人丧失提供服务的能力；在以提供特定物为标的的合同中，特定物已经毁损、灭失；在以提供种类物为标的的合同中，种类物全部毁损、灭失。即使自始客观不能也并非合同无效的原因，而仅仅是违约的原因。履行拒绝，即债务人能够履行合同义务却无正当理由拒绝履行，拒绝既可以是明示的，也可以是默示的。比如，债务人将应交付的特定标的物有效处分给第三人，可以认为是拒绝履行。

履行合同义务不符合约定，即债务人为不当为之事，也就是债务人虽然履行了债务，但其履行不符合约定，包括一般瑕疵履行和加害履行。一般瑕疵履行有数量不足、质量不符、履行方法不当、履行地点不当、履行时间不当等多种表现形式。当事人履行合同除有一般瑕疵外，还造成对方当事人的其他财产、人身损害的，为加害履行。加害履行的特征是往往造成违约与侵权行为竞合，例如，甲到乙饭店用餐，乙提供的火锅因为不合格而爆炸，导致甲的人身损害，乙饭店的履行就是加害履行。加害履行也是一种瑕疵履行，故将与其对应的其他瑕疵履行称为一般瑕疵履行。

预期违约与届期违约的根本区别是：预期违约和届期违约发生的时间上的差异。预期违约表现为将来不履行义务，而不是现实的不履行义务，它侵犯的是期待的债权，而非现实的债权。

（二）违约责任的承担方式

违约责任的主要承担形式有：继续履行、采取补救措施、赔偿损失或者支付违约金等等。

1. 继续履行

继续履行，又称实际履行、强制实际履行，是指一方当事人违反合同义务，另一方当事人有权要求其按照合同的规定予以履行。继续履行合同既是为了实现合同目的，又是一种违约责任。当事人一方未支付价款、报酬、租金、利息，或者不履行其他金钱债务的，对方可以请求其支付。当事人一方不履行非金钱债务或者履行非金钱债务不符合约定的，对方可以请求履行，但是有下列情形之一的除外：（1）法律上或者事实上不能履行；（2）债务的标的不适于强制履行或者履行费用过高；（3）债权人在合理期限内未请求履行。在债权人无法请求债务人继续履行主要债务，致使不能实现合同目的时，人民法院或者仲裁机构可以根据当事人的请求终止合同权利义务关系，但是不影响违约责任的承担。

2. 采取补救措施

当事人履行合同义务不符合约定的，对方当事人可以要求其根据履行的具体情况采取相应的补救措施。当事人一方履行不符合约定的，应当按照当事人的约定承担违约责任。对违约责任没有约定或者约定不明确的，受损害方根据标的的性质以及损失的大小，可以合理选择请求对方承担修理、重作、更换、退货、减少价款或者报酬等违约责任。

3. 赔偿损失

赔偿损失是指行为人违反合同约定造成对方损失时，行为人向受害人支付一定数额的金钱以弥补其损失。赔偿损失是运用较为广泛的一种责任方式，其目的是通过金钱给付补偿损害，使受到损害的权利得到救济，使遭受损失的一方当事人能够得以恢复到受损前的状态。

当事人一方不履行合同义务或者履行合同义务不符合约定的，在履行义务或者采取补救措施后，对方还有其他损失的，应当赔偿损失。损失赔偿额应当相当于因违约所造成的损失，包括合同履行后可以获得的利益。但不得超过违约一方订立合同时预见到或者应当预见到的因违约可能造成的损失。

4. 支付违约金

违约金是当事人事先协商约定，当发生违约时，违约方向对方支付的一定数额的货币。违约金有法定违约金和约定违约金之分。对违约金的约定是一种合同关系，违约金的标的物可以是金钱，也可以是金钱以外的其他财产。违约金是对不能履行或者不能完全履行合同行为的一种带有惩罚性质的经济补偿手段，不论违约的当事人一方是否已给对方造成损失，都应当支付。约定的违约金低于造成的损失的，人民法院或者仲裁机构可以根据当事人的请求予以增加；约定的违约金过分高于造成的损失的，人民法院或者仲裁机构可以根据当事人的请求予以适当减少。当事人就迟延履行约定违约金的，违约方支付违约金后，还应当履行债务。

（三）违约责任的免除

一般来说，在合同订立之后，如果一方当事人没有履行合同或者履行合同不符合约定，不论是自己的原因，还是第三人的原因，都应当向对方承担违约责任。但是，当当事人一方违约是由于免责事由的出现造成的，则可以根据情况免除违约方的违约责任。违约责任的免除一般有三种免责事由：不可抗力、相对方有过错和免责条款。

1. 不可抗力

不可抗力是独立于人的行为之外，不受当事人意志所支配的现象，是人力所不可抗拒的力量，包括某些自然现象和社会异常现象，如地震、战争。行为人因为不可抗力不能履行合同，如果让行为人对自己无法控制的情形承担责任，对行为人来说是不公平的。因此，很多国家和地区、国际性合同文件都将不可抗力作为免除行为人违约责任的事由予以规定。

当事人一方因不可抗力不能履行合同的，根据不可抗力的影响，部分或者全部免除责任，但是法律另有规定的除外。当事人迟延履行后发生不可抗力的，不免除其违约责任。

当事人一方因不可抗力不能履行合同的，应当及时通知对方，以减轻可能给对方造成的损失，并应当在合理期限内提供证明。

2. 相对方有过错

相对方有过错是指相对方对于违约行为或者违约损害的发生存在着过错。在这种情况下，法律对相对方施以一定的谴责，表现为违约方因相对方存在着过错而不承担责任或者仅承担部分责任。

知识链接
买卖合同

3. 免责条款

免责条款是指合同双方当事人在合同中约定，当出现一定的事由时，可免除或限制当事人未来违约责任的条款。免责条款并不是产生于法律的直接规定，而是双方当事人通过事先协商在合同中设定。这符合当事人意思自治的原则。只要双方的约定不违反法律，不损害社会公共利益和公序良俗，则为有效，双方当事人可依据免责条款，免除违约方应承担的违约责任。

练一练

合同法律制度知识导图见图 6－3。

图 6－3 合同法律制度知识导图

本章知识提要

合同是市场经济最基本、最普遍的社会联系形式。合同法律制度是市场交易的基本法，为优化营商环境，促进市场经济健康有序发展，推进国家治理体系和治理能力现代化，提供制度保障。

合同自由是现代市场经济最基本的要求，没有合同自由就没有市场经济。合同自愿、意思自治、约定优先，体现了民商事活动的基本价值，贯穿于合同法律制度的始终。在现代社会，随着合同观念的发展变化，人们追求的合同价值也越来越多元化。在坚持合同自由的同时，我们还要适应价值多元融合的发展趋势，兼顾公平、诚信、生态环境保护等价值对于合同秩序的共同作用。

市场经济是法治经济，也是信用经济。现实生活中“重诺守信”的契约社会尚未完全形成，恶意违约的情形时有发生。强调诚信原则，对当事人的行为进行规范，可以防止当事人滥用权利，有利于平等保护当事人的合法权益，是现代合同法发展的重要趋势，也是商业道德的重要体现。

通过本章的学习，同学们要树立起“合同就是当事人之间的法律”的理念，尊重契约精神，在订立、履行合同及合同终止后的全过程，都要心怀善意，诚实守信，相互协作，不得滥用权利。同时还要注意避免浪费资源、污染环境和破坏生态，落实生态保护的“绿色原则”。

本章练习题及
答案解析

第七章

增值税法律制度

学习目标：

知识目标：（1）了解增值税的改革历程及继续需要解决的问题；

（2）知悉增值税征收范围及销项进项等应纳税额计算；

（3）明晰增值税的优惠内容及意义。

能力目标：能够正确核算所在单位或者熟悉企业的增值税应纳税额，能够按照政策法规规定合理缴纳税收。

思政目标：（1）树立纳税意识，积极缴纳应缴税收；领会国家增值税减档降率的意义和作用。

（2）合理避税，反对刻意避税。

增值税是以商品（含应税劳务）在商品生产、销售、劳务、服务提供等流转过程中产生的增值额作为计税依据而征收的一种流转税。自1994年分税制改革以来，增值税一直是我国的第一大税种，属于中央与地方共享税。增值税的征收依据主要是1993年国务院制定，于2008年和2017年修订的《中华人民共和国增值税暂行条例》（以下简称《增值税暂行条例》），财政部、国家税务总局制定的实施细则等。

2019年3月深化增值税改革，通过降率减档、其他行业增加税收抵扣等配套措施，确保所有行业税负只减不增。增值税收入由2018年的77 671亿元，降为2020年的56 791亿元，占税收总收入比重由45%降为37%。降税改革降低了企业总体成本，也降低了消费端的总价格，有利于拉动消费需求和激发市场活力，助力供给侧改革。特别是有利于中小企业的发展，促进经济转型升级，实现实体经济高质量、可持续发展，提升国际竞争力。经过近40年的发展演变，我国增值税已形成较为完备的税收制度和征管体系，但也存在很多现实问题，需要随着经济社会发展不断完善成熟，最终制定“增值税法”。

第一节　增值税改革概述

按照课税对象属性的不同，税收分为商品和流转税、所得（收益）税、资源税、财产税、行为税五大类。现行 18 个税种，分别是：增值税、消费税、企业所得税、个人所得税、资源税、城市维护建设税、房产税、印花税、城镇土地使用税、土地增值税、车船使用税、船舶吨税、车辆购置税、关税、耕地占用税、契税、烟叶税、环保税。

增值税对我国的社会与经济造成重要的积极影响，是我国税收收入和财政收入的重要来源，其改革对于我国经济发展、财政稳定具有非常重要的意义。

一、增值税改革历程

我国 1979 年引进增值税进行试点工作，制度确立于 1984 年，当时的增值税征税范围非常小，收入为 147.7 亿元，之后其征税范围不断扩大，增值税收入持续增长，占税收总收入的比重由 1985 年的 7.23％增长到 1994 年 45.02％。尽管从 1994 年开始，增值税收入占税收总收入的比重有所下降，但一直保持第一。其改革发展历程可分为四个阶段，分别是：生产型增值税阶段、消费型增值税阶段、全面实施“营改增”阶段和深化增值税改革阶段。随着增值税改革的推行，增值税已经渗透到各个行业领域。

1984 年国务院发布《增值税条例（草案）》。在其初创阶段，选择了生产型增值税模式，采用“价内税”的计税方法，重复征税对企业生产经营和利润影响很大，税收征管也经受一些挑战。

1994 年，我国对增值税制度进行全面改革。首先，扩大增值税征收范围，从生产环节扩大到销售、加工、修理修配劳务等，涵盖了商品流通的基本环节。其次，简化已有的税率结构、繁多的税率级次，改革增值税计税方法，由“价内征收”改为“价外征收”，并将纳税人划分为一般纳税人和小规模纳税人，开始采用“发票管税”的征管思路，逐步形成较为完整的增值税体系。

由于此前实施的生产型增值税已经具有抑制消费和投资的效应，2004 年开始实施增值税转型试点，由生产型转向消费型，在部分地区试点并于 2008 年全面进行增值税转型改革，2008 年修订了《增值税暂行条例》。经过不断探索与改革，逐步建立起与国际接轨的具有自身特色的增值税制度，并完成了由生产型向消费型增值税的过渡，这对促进我国产业升级、提高国际竞争力具有重大意义。

为解决增值税和营业税并存带来的重复征税问题，2012 年开始在上海市对原征收营业税的交通运输业和部分现代服务业率先进行“营改增”试点。2016 年推广至全国，征税行业范围继续扩大到铁路运输业、邮政服务业、电信业、建筑业、金融业等。全部企业新增不动产也可进行增值税抵扣。“营改增”后比重明显提高，由 2011 年的 24 266 亿元增加到 2017 年的 56 378 亿元，占我国税收总收入的比重由 27％增加到 44.7％。

2017 年开始的增值税改革以减税并档为主，增值税税率从四档降低为三档。2018 年继续改革完善增值税制度，下调增值税税率各 1 个百分点，并规划按照三档并两档方向调整税率水平，重点降低制造业、交通运输等行业税率。

2019 年进一步下调增值税税率，简化税率档次，统一小规模纳税人标准，增值税制度趋向国际认可的标准。2020 年及 2021 年疫情期间，对湖北等地企业进行减税或者实行税收优惠、降费，解决个别行业增值税税负不降反升等问题，扶持小微企业发展，保证税负总额只降不增。

想一想

自己所在企业或熟悉企业 2016 年、2019 年前后税收情况有什么变化?

二、增值税的含义及特点

增值税是对销售货物或者提供加工、修理修配劳务以及进口货物的单位和个人就其实现的增值额征收的一个税种。从计税原理上说，增值税是对商品生产、流通、劳务服务中多个环节的新增价值或商品的附加值征收的一种流转税。其主要特征：

（一）税收中性

税收中性是指国家征税应避免对市场经济运行造成干扰，使得社会付出的代价仅以税收为限，尽可能不给纳税人带来其他额外损失或负担。中性税收没有超额负担，没有外部负效应，也没有牺牲或损害公平。增值税是具有税收中性特征的典型税种之一，是对商品生产、流通、服务中多个环节的新增价值或附加值征收的一种流转税，只对增值额而不对全部收入征税，可以有效消除重复征税，均衡流通环节中各市场主体的税负水平。因此，从总体来看，增值税是一个中性税种，它不会因生产组合方式不同而导致税负不合理或税负存在较大差异，故而其市场扭曲效应比较小。而所得税则调节收入差距，一定程度上改变或者扭曲了微观市场主体的经济行为，影响了资源配置的自然格局，所以不具有税收中性。

（二）普遍征收、税款抵扣

从增值税的征税范围看，其对从事商品生产经营和劳务提供的所有单位和个人，在商品增值的各个生产流通环节向纳税人普遍征收。在计算企业主应纳税款时，凭购货发票抵扣商品在以前生产环节已负担的税款，以避免重复征税。

（三）实行价外税制度

增值税在计税时，作为计税依据的销售额中不包含增值税税额，这样有利于形成均衡的生产价格，纳税人在销售商品的过程中会通过价格杠杆将税收负担转嫁其他人，税收负担由最终消费者承担。纳税企业只是代收代付性质，增值税不构成其税收负担，只是影响其现金流和发生遵从成本。

三、增值税改革的意义

（一）增值税改革的主要内容

增值税深化改革的主要内容是进一步减并税率档次，优化增值税税率结构；持续推进降低增值税税率；兼顾效率与公平，简化税制；相应调整和扩大劳务退税范围，扩大进项税抵扣范围；调整增值税加计抵减、留抵退税、离境退税物品退税率等相关税率。减轻企业的财税负担，降低企业的经营成本，从而增强企业的流动资金，推动企业创新发展和转型升级，减小城乡居民税赋差距，进一步加大产品的研发投入，为企业后续发展打下一定的基础。

（二）增值税改革的意义

1. 稳定增加财政收入

增值税课税范围涉及社会的生产、流通、消费、劳务等诸多生产经营领域，凡从事货物销售、提供应税劳务和进口货物的单位和个人，只要取得增值额都要缴纳增值税，税基极为广阔，可以保证财政收入的及时入库。增值税不受生产结构、经营环节变化的影响，使收入具有稳定性。此外，增值税实行购进扣税法和发货票注明税款抵扣，使购销单位之间形成相互制约的关系，有利于税务机关对纳税情况的交叉稽核，防止偷漏税的发生，从而为地方政府带来更多税收，也会助推政府进行结构性减税改革的积极性。

2. 优化社会生产要素资源配置

现代工业生产随着科学技术的广泛应用，分工愈来愈细，工艺愈来愈复杂，技术要求愈来愈高。产品通常具有高、精、尖与大批量的特点，这就要求切实改进“大而全”“小而全”的低效能生产模式，大力发展生产专业化、协作化。生产型增值税不允许扣除当期购进固定资产，使一部分税款作为固定资产价值的一部分分期转移到新产品价值中，成为产品价格的组成部分，带来重复征税，造成基础产业投资大、产出大、抵扣小、税负重。消费型增值税允许扣除当期购进固定资产，实行终点征税，有效地排除了按销售全额计税所造成的重复征税的弊端，使税负不受生产组织结构和经营方式变化的影响，始终保持平衡。因此，增值税不但有利于生产向专业化协作方向发展，也不影响企业在专业化基础上的联合经营，从而有利于社会生产要素的优化配置，调整生产经营结构。从商品流通来看，增值税不受商品流转环节多寡的影响，有利于疏通商品流通渠道，实现深购远销，搞活商品流通，也有利于各行业的公平竞争和均衡发展、生产经营结构的合理化，具有较强的经济适应性。

3. 有利于企业转型升级

增值税作为价外税，是商品价格的重要构成部分，增值税改革能够减少企业的税负，降低商品的价格。商品价格的降低能提升企业的市场竞争力。增值税用销项税抵扣进项税，减少了因购进固定资产而转嫁到企业身上的税负，企业应缴纳的增值税税额相应减少，为企业产品提供了更大的发展空间，能提高企业的利润，调动企业投资积极性，刺激企业对高新技术产业等固定资产的投资，实现企业技术与设备的升级，提升市场竞争力，有利于企业长期可持续发展。

4. 促进对外贸易的发展

出口产品采用零税率，使本国商品以不含税价格进入国际市场，增强本国产品在国际市场上的竞争能力，这是国际上通行的一种奖励出口的重要措施。在传统间接税制下，出口商品价格所包含的税金因该商品的生产结构、经营环节不同而多寡不一，因而给准确退税带来很大困难，产品在进入国际市场后并不具有优势，也很难提升我国产品的国际市场竞争力，严重限制了我国对外贸易的发展。

实行增值税从根本上克服了这一弊端，这是因为一个商品在出口环节前缴纳的全部税与该商品在最终销售环节或出口环节的总体税负是一致的，根据最终销售额和增值税税率计算出来的增值税税额，也就是该商品出口以前各环节已纳的增值税税额。如果将这笔税额退还给商品出口经营者，就能做到出口退税的准确、彻底，使之以完全不含税价格进入国际市场。这在一定程度上降低了出口产品的成本，增强了产品的价格优势，有效提升了出口产品的国际市场竞争力。

5. 符合国际惯例

世界经济一体化进程加速了税收的国际化。在税收国际化进程中，要求区域内税收制度与国际接轨，融入世界经济有机整体之中。目前在征收增值税的 100 多个国家中，采用非消费型增值税的仅占 10%左右。如果我国继续实行生产型增值税，将会妨碍中外企业间的正常交易。消费型增值税的国际性选择适用于我国增值税的改革。

四、增值税改革亟待解决的问题

增值税的特点决定了增值税改革的复杂性和难度，由于国情不同，也没有现成的内容借鉴，决定了我国的增值税改革只能在发展中探索并不断解决出现的新情况新问题，从而最后制定出相对成熟稳定的《增值税法》。

（一）劳动密集型企业税负显重

当前职工薪酬并不在现有的增值税抵扣项目之中，只能计入成本抵减企业所得税。同时，职工福利列支的所有费用以及取得的增值税专用发票的进项税额也不能抵扣增值税进项税。在此情况下，劳动密集型服务业企业在增值税全面推行后，税负反而有所上升，加大了企业的经营压力。

（二）居民获得感有限

相较企业而言，以消费者为代表的居民对于增值税改革带来的税收负担降低，体验感和获得感明显不足。而且，增值税还会将行业税赋差距转嫁至不同消费结构居民身上，进而出现增加居民税负不平等情况。

（三）简易计税方法及税率结构问题增多

我国增值税制度存在大量简易计税项目，制度设计比较复杂。简易计税方法适用于小规模纳税人和一般纳税人部分应纳税项目，直接使用销售额乘以征收率计算应纳税额，不扣除以前环节已纳税额，因此可能存在重复征税问题。与此同时，可能会对市场产生较为明显的非中性影响，削弱增值税抵扣链条的完整性，也给纳税人避税提供空间。

我国目前税率结构为四档（含零税率），为一些集团企业等避税提供空间。为进一步实现增值税中性，我国应逐步简并税率档次，力促社会各产业横向之间税负合理匹配。

（四）优惠政策太多

我国增值税优惠政策方式众多，包括即征即退、先征后退、先征后返、免税、零税率等政策。从各类税收优惠适用的类别来看，增值税被赋予了调节产业结构、照顾特殊群体等功能，各地方政府为吸引企业前来投资普遍采取各类型税收返还政策，在实践中失序，这些税收优惠不仅没有体现增值税中性的特征，还进一步加大了地区行业间的不公平，对市场行为产生扭曲效应。

（五）易导致投资过热、加大就业压力

我国目前主要是劳动密集型企业占多数，采用消费型增值税后，很多企业都加大了对设备和技术的投资，扩大了固定资产的需求，导致投资过热，资金需求量增大。但市场需求会逐渐不能适应投资增长的速度，投资过热又会导致生产能力的过剩和社会资源的浪

费，而且投资难以得到合理的回报，不利于市场经济结构的完善。

在自动化程度提高后，出现用机械代替人工的现象，直接导致企业的工人数量减少，很多人会因此失去赖以生存的工作，间接影响消费，阻碍了国家发展的动力。高新技术产业的发展，由于其资本有机构成高，所需生产人员减少，同时对就业人员的知识水平和技能要求提高，使一部分人就业机会可选择性减小，增加社会就业压力。

增值税改革涉及面广，复杂性高，难度大。需要不断研究解决新问题，抑制其负面影响，使其为社会主义市场经济健康、有序发展发挥积极作用。

课堂讨论：

你认为应该采取哪些措施解决上述问题？

第二节　增值税纳税人及征税范围

一、增值税的纳税人

（一）增值税纳税人的基本规定

增值税的纳税人，是指在中华人民共和国境内（以下简称“中国境内”）销售货物（起运地或者所在地在境内）或者提供加工、修理修配劳务，销售服务、无形资产、不动产以及进口货物的单位和个人。销售服务包括交通运输服务、邮政电信服务、现代服务、生活服务、建筑和金融服务等。

单位，是指企业、行政单位、事业单位、军事单位、社会团体及其他单位。个人，是指个体工商户和其他个人。其他个人是指除了个体工商户外的自然人。

单位以承包、承租、挂靠方式经营的，承包人、承租人、挂靠人（以下统称承包人）以发包人、出租人、被挂靠人（以下统称发包人）名义对外经营并由发包人承担相关法律责任的，以该发包人为纳税人。否则，以承包人为纳税人。

中华人民共和国境外（以下简称“中国境外”）的单位或者个人在中国境内销售劳务，在境内未设有经营机构的，以其境内代理人为扣缴义务人；在境内没有代理人的，以购买方为扣缴义务人。

（二）纳税人的分类

根据纳税人的经营规模以及会计核算健全程度的不同，增值税的纳税人可以分为一般纳税人和小规模纳税人。

1. 一般纳税人

一般纳税人是指年应税销售额超过财政部、国家税务总局规定标准的企业和企业性单位。年应税销售额，是指纳税人在连续不超过 12 个月的经营期内累计应征增值税销售额，含减、免税销售额、发生境外应税行为销售额以及按规定已从销售额中差额扣除的部分。如果该销售额为含税的，应按照适用税率或征收率换算为不含税的销售额。

有下列情形之一者，应当按照销售额和增值税税率计算应纳税额，不得抵扣进项税额，也不得使用增值税专用发票：

(1) 一般纳税人会计核算不健全，或者不能够提供准确税务资料的。

(2) 应当申请办理一般纳税人资格认定而未申请的。

2. 小规模纳税人

小规模纳税人是指年销售额在规定标准以下，并且会计核算不健全，不能按规定报送有关税务资料的增值税纳税人。所称会计核算不健全是指不能正确核算增值税的销项税额、进项税额和应纳税额。

3. 特殊标准

(1) 会计核算水平。

小规模纳税人会计核算健全，能够提供准确税务资料的，但年应税销售额未超过规定标准，可以向主管税务机关办理一般纳税人资格登记，成为一般纳税人。

小规模纳税人与一般纳税人的相关规定见表 7-1。

表 7-1 增值税纳税人

分类	标准	特殊情况	计税规定
小规模纳税人	生产型≤50 万元 非生产型≤80 万元 提供应税服务≤500 万元	(1) 个人（非个体户） (2) 非企业性单位 (3) 不经常发生应税行为的企业 【注意】(1) 为必须，(2)(3) 可选择	简易征税销售货物：开具普通发票，不得使用增值税专用发票（可以到税务机关代开） 购买货物：不得抵扣税额
一般纳税人	超过小规模纳税人认定标准	小规模纳税人会计核算健全，可以申请认定为一般纳税人	销售货物：开具专用发票；购进货物执行税款抵扣制
【注意】除国家税务总局另有规定外，纳税人一经认定为一般纳税人后，不得转为小规模纳税人			

会计核算健全，是指能够按照国家统一的会计制度规定设置账簿，根据合法、有效凭证核算。例如，有专业财务会计人员，能按照财务会计制度规定，设置总账和有关明细账进行会计核算；能准确核算增值税销售额、销项税额、进项税额和应纳税额等；能按规定编制会计报表，真实反映企业的生产、经营状况。

能够准确提供税务资料，是指能够按照增值税规定如实填报增值税纳税申报表及其他税务资料，按期申报纳税。是否做到“会计核算健全”和“能够准确提供税务资料”，由小规模纳税人的主管税务机关来认定。

(2) 只能作为小规模纳税人。

年应税销售额、应税服务年销售额超过小规模纳税人标准的其他个人（即除个体工商户以外的其他自然人）按小规模纳税人纳税。

(3) 可选择按小规模纳税人纳税。

非企业性单位、不经常发生增值税应税行为的企业、不经常提供应税服务的企业和个体工商户可以选择按小规模纳税人纳税。

小规模纳税人采用简易办法计算增值税应纳税额，一般不使用增值税专用发票，但可以到税务机关申请代开增值税专用发票。

4. 登记制

(1) 增值税一般纳税人资格实行登记制，登记事项由增值税纳税人向其主管税务机关办理。除国家税务总局另有规定外，一经登记为一般纳税人后，不得转为小规模纳税人。

（2）非企业性单位、不经常发生增值税应税行为的企业、不经常提供应税服务的企业和个体工商户，选择按小规模纳税人纳税的，应当向主管税务机关提交书面说明。

（3）个体工商户以外的其他个人年应税销售额超过规定标准的，不需要向主管税务机关提交书面说明（因为此类纳税人只能按小规模纳税人纳税）。

（4）除财政部、国家税务总局另有规定外，纳税人自其选择的一般纳税人资格生效之日起，按照增值税一般计税方法计算应纳税额，并按照规定领用增值税专用发票。

（三）扣缴义务人

增值税中，境外的单位或个人在境内发生应税行为而在境内未设有经营机构的，其应纳税款以代理人为扣缴义务人；没有代理人的，以购买者为扣缴义务人。

两个或者两个以上的纳税人，经财政部和国家税务总局批准可以视为一个纳税人合并纳税。具体办法由财政部和国家税务总局另行制定。

应税服务年销售额，是指纳税人在连续不超过 12 个月的经营期内，提供交通运输和现代服务累计应征增值税销售额，含免税、减税销售额。2021 年将小规模纳税人增值税起征点从月销售额 10 万元提高到 15 万元。

二、增值税的征收范围

增值税的征税范围包括在中华人民共和国境内销售货物，提供加工、修理修配劳务，销售服务、无形资产或者不动产以及进口货物等。

（一）销售货物

1. 一般销售货物

通常是指有偿转让货物的所有权。有偿，是指从购买方取得货币、货物或者其他经济利益。货物，是指除土地、房屋和其他建筑物等不动产之外的有形动产，包括电力、热力、气体在内。

2. 视同销售货物

视同销售意为其不同于一般销售，是一种特殊的销售行为，只是在税收的角度为了计税的需要将其“视同销售”。

单位或者个体工商户的下列行为，视同销售货物：

（1）代销业务。

将货物交付其他单位或者个人代销；销售代销货物。

委托其他纳税人代销货物，增值税纳税义务发生时间为收到代销单位的代销清单或者收到全部或者部分货款的当天；未收到代销清单及货款的，为发出代销货物满 180 天的当天。

（2）货物移送。

设有两个以上机构并实行统一核算的纳税人，将货物从一个机构移送其他机构用于销售，但相关机构设在同一县（市）的除外。

（3）自产、委托加工、购进货物。

1）将自产、委托加工或购进的货物无偿赠送给其他单位或个人；

2）将自产、委托加工的货物用于集体福利或个人消费；

3）将自产、委托加工或购进的货物作为投资提供给其他单位或个体工商户；

4）将自产、委托加工或购进的货物分配给股东或者投资者。

纳税人发生视同销售货物行为（委托他人代销货物、销售代销货物除外），增值税纳税义务发生时间为货物移送的当天。

视同销售货物的行为一般不以资金形式反映出来，因而会出现无销售额的情况，主管税务机关有权核定其销售额。

购进货物用于非增值税应税项目、集体福利或者个人消费的，不视同销售货物，不需要计算增值税，对应的进项税额也不得抵扣。

（二）提供加工、修理修配劳务

提供加工、修理修配劳务也称“提供应税劳务”，是指有偿提供加工、修理修配劳务。单位或者个体工商户聘用的员工为本单位或者雇主提供加工、修理修配劳务，不包括在内。

加工、修理修配的对象应当是货物（有形动产）。加工，是指受托加工货物，即委托方提供原料及主要材料，受托方按照委托方的要求，制造货物并收取加工费的业务。

修理修配，是指受托对损伤和丧失功能的货物进行修复，使其恢复原状和功能的业务。按提供加工劳务处理，要求原料及主要材料由委托方提供，受托方只提供辅料和加工劳务；如果由受托方提供原料及主要材料，不属于加工业务，应视作受托方向委托方销售货物处理。

（三）销售服务、无形资产或者不动产

在境内销售服务、无形资产或者不动产，是指服务（租赁不动产除外）或者无形资产（自然资源使用权除外）的销售方或者购买方在境内，如境内单位向境外单位购买的咨询服务属于境内销售服务；所销售或者租赁的不动产在境内；所销售自然资源使用权的自然资源在境内；财政部和国家税务总局规定的其他情形。上述强调的是应税行为所对应的标的物在境内，即无论是境内单位或者个人，还是境外单位或者个人，只要其发生上述应税行为的标的物在境内，均属于在境内发生应税行为。

1. 销售服务

销售服务是指有偿提供服务。包括交通运输服务、邮政服务、电信服务、建筑服务、金融服务、现代服务、生活服务等。

（1）交通运输服务。

交通运输服务，是指利用运输工具将货物或者旅客送达目的地，使其空间位置得到转移的业务活动，包括陆路运输服务、水路运输服务、航空运输服务和管道运输服务。

（2）邮政服务。

邮政服务，是指中国邮政集团公司及其所属邮政企业提供邮件寄递、邮政汇兑和机要通信等邮政基本服务的业务活动，包括邮政普遍服务、邮政特殊服务和其他邮政服务。

（3）电信服务。

电信服务，是指利用有线、无线的电磁系统或者光电系统等各种通信网络资源，提供语音通话服务，传送、发射、接收或者应用图像、短信等电子数据和信息的业务活动，包括基础电信服务和增值电信服务。

（4）建筑服务。

建筑服务，是指各类建筑物、构筑物及其附属设施的建造、修缮、装饰，线路、管道、设备、设施等的安装以及其他工程作业的业务活动，包括工程服务、安装服务、修缮服务、装饰服务和其他建筑服务。

（5）金融服务。

金融服务，是指经营金融保险的业务活动，包括贷款服务、直接收费金融服务、保险服务和金融商品转让。

（6）现代服务。

现代服务，是指围绕制造业、文化产业、现代物流产业等提供技术性、知识性服务的业务活动，包括研发和技术服务、信息技术服务、文化创意服务、物流辅助服务、租赁服务、鉴证咨询服务、广播影视服务、商务辅助服务和其他现代服务。

（7）生活服务。

生活服务，是指为满足城乡居民日常生活需求提供的各类服务活动，包括文化体育服务、教育医疗服务、旅游娱乐服务、餐饮住宿服务、居民日常服务和其他生活服务。

2. 销售无形资产

销售无形资产，是指转让无形资产所有权或者使用权的业务活动。无形资产，是指不具有实物形态，但能带来经济利益的资产，包括技术、商标、著作权、商誉、自然资源使用权和其他权益性无形资产。

技术，包括专利技术和非专利技术。

自然资源使用权，包括土地使用权、海域使用权、探矿权、采矿权、取水权和其他自然资源使用权。

其他权益性无形资产，包括基础设施资产经营权、公共事业特许权、配额、经营权（包括特许经营权、连锁经营权、其他经营权）、经销权、分销权、代理权、会员权、席位权、网络游戏虚拟道具、域名、名称权、肖像权、冠名权、转会费等。

3. 销售不动产

销售不动产，是指转让不动产所有权的业务活动。不动产，是指不能移动或者移动后会引起性质、形状改变的财产，包括建筑物、构筑物等。

建筑物，包括住宅、商业营业用房、办公楼等可供居住、工作或者进行其他活动的建造物。构筑物，包括道路、桥梁、隧道、水坝等建造物。

转让建筑物有限产权或者永久使用权的，转让在建的建筑物或者构筑物所有权的，以及在转让建筑物或者构筑物时一并转让其所占土地的使用权的，按照销售不动产缴纳增值税。

4. 视同销售服务、无形资产或者不动产

（1）单位或者个体工商户向其他单位或者个人无偿提供服务，但用于公益事业或者以社会公众为对象的除外。

（2）单位或者个人向其他单位或者个人无偿转让无形资产或者不动产，但用于公益事业或者以社会公众为对象的除外。

（3）财政部和国家税务总局规定的其他情形。

（四）进口货物

进口货物，是指进入中国境内的货物。只要是报关进口的应税货物，不论其是国外产

制还是我国已出口而转销国内的货物，是进口者自行采购还是国外捐赠的货物，是进口者自用还是作为贸易或其他用途等，均应按照规定缴纳进口环节的增值税。

进口增值税，是指进口环节征缴的增值税，属于流转税的一种。不同于一般增值税对在生产、批发、零售等环节的增值额为征税对象，进口增值税是专门对进口环节的增值额进行征税的一种增值税。我国税法规定，纳税人进口货物，按照组成计税价格和规定的增值税税率计算应纳税额，不得抵扣任何税额（在计算进口环节的应纳增值税税额时，不得抵扣发生在我国境外的各种税金）。需要注意的是，进口货物增值税的组成计税价格中已包括已纳关税税额，如果进口货物属于消费税应税消费品，其组成计税价格中还要包括进口环节已纳消费税税额。

（五）征税范围的特殊规定

1. 属于非经营活动的不征税除外情形

（1）行政单位收取的所收款项全额上缴财政；收取时开具省级以上（含省级）财政部门监（印）制的财政票据；由国务院或者财政部批准设立的政府性基金，由国务院或者省级人民政府及其财政、价格主管部门批准设立的行政事业性收费。

（2）单位或者个体工商户聘用的员工为本单位或者雇主提供取得工资的服务。例如：单位聘用的驾驶员为本单位职工开班车。

（3）单位或者个体工商户为聘用的员工提供服务。例如：单位提供班车接送本单位职工上下班。

（4）财政部和国家税务总局规定的其他情形。

2. 不属于在境内销售服务或者无形资产的情形

（1）境外单位或者个人向境内单位或者个人销售完全在境外发生的服务。例如：境外单位向境内单位提供完全发生在境外的会展服务。

（2）境外单位或者个人向境内单位或者个人销售完全在境外使用的无形资产。例如：境外单位向境内单位销售完全在境外使用的专利和非专利技术。

（3）境外单位或者个人向境内单位或者个人出租完全在境外使用的有形动产。例如：境外单位向境内单位或者个人出租完全在境外使用的小汽车。

（4）财政部和国家税务总局规定的其他情形。

上述内容重点强调：一是应税行为的销售方为境外单位或者个人；二是境内单位或者个人在境外购买；三是所购买的应税行为必须完全在境外使用或消费。

增值税征税范围相关规定见表 7－2。

表 7－2 增值税征税范围

一般范围	销售及进口货物	货物指“有形动产”，包括电力、热力、气体	
	提供应税劳务	包括加工、修理修配劳务	
	提供应税服务	运输	包括“铁路运输”在内陆路等
		邮政	除“邮政储蓄”外
		电信、建筑、金融、现代服务业、生活服务	研发和技术服务、物流辅助服务、“有形动产”租赁、鉴证咨询服务、广播影视服务等

续表

视同销售	(1) 委托代销货物 (2) 销售代销货物 (3) 异地(非同一县市)移送 (4)"自产、委托加工"的货物无论"对内、对外"均视同销售 (5)"购进"的货物只有"对外"才视同销售 对内行为:非增值税应税项目、集体福利、个人消费 对外行为:投资、分配股利、无偿赠送 【理解要点】税收公平原则;纳税链条的完整;内外有别

第三节 增值税税率及应纳税额

一、增值税税率和征收率

(一) 增值税税率

税率的调整,由国务院决定。纳税人兼营不同税率的项目,应当分别核算不同税率项目的销售额;未分别核算销售额的,从高适用税率。具体增值税税率见表 7-3。

表 7-3 增值税税率

13%	销售货物、劳务、有形动产租赁服务或者进口货物
9%	交通运输、邮政、基础电信、建筑、不动产租赁服务,销售不动产,转让土地使用权
	销售或者进口下列货物:(1) 粮食等农产品、食用植物油、食用盐;(2) 自来水、暖气、冷气、热水、煤气、石油液化气、天然气、二甲醚、沼气、居民用煤炭制品;(3) 图书、报纸、杂志、音像制品、电子出版物;(4) 饲料、化肥、农药、农机、农膜;(5) 国务院规定的其他货物。
6%	销售服务、无形资产(除开土地使用权)
0	(1)"出口"货物(国务院另有规定的除外) (2) 境内单位和个人跨境销售国务院规定范围内的服务、无形资产

(二) 增值税征收率

由于小规模纳税人经营规模小,会计核算不健全,难以准确申报增值税销项税和进项税,税务机关也难以核实,小规模纳税人发生应税销售行为,实行按照销售额和征收率计算应纳税额的简易办法,并不得抵扣进项税额,适用征收率为 3%。

特定的一般纳税人考虑到其经营项目由于进项抵扣不充分等制度性原因和历史原因,采用简易计税办法。但一经选择,36 个月内不得变更,适用增值税征收率。特定的一般纳税人征收率为 3%的项目,包括自来水、小型水力发电单位生产的电力、部分建材产品和生物制品,寄售商店代销寄售物品、典当业销售死当物品、销售旧货,一般纳税人为建筑工程老项目提供的建筑服务等。

小规模纳税人以及采用简易计税的一般纳税人计算税款时使用征收率,目前增值税征收率一共有 4 档:0.5%、1%、3%、5%。

(1) 增值税征收率一般是 3%,财政部和国家税务总局另有规定的除外。

(2) 适用征收率 5%的情况主要有销售不动产,不动产租赁,转让土地使用权,房地产开发企业销售、出租自行开发的房地产老项目，提供劳务派遣服务、安全保护服务选择差额纳税的等。

（3）两种特殊情况：

1）个人出租住房，按照5%的征收率减按1.5%计算应纳税额。

2）销售自己使用过的固定资产、旧货，按照3%征收率减按2%征收。

二、应纳税额的计算

（一）一般纳税人的应纳税额计算

一般纳税人销售货物、劳务、服务、无形资产、不动产（以下统称“应税销售行为”），应纳税额为当期销项税额抵扣当期进项税额后的余额。计算公式为：

应纳税额＝当期销项税额－当期进项税额

1. 当期销项税额的确定

销项税额，是指当期销售货物或发生其他应税销售行为的纳税人，依其销售额和法定税率计算并向购买方收取的增值税税款。其计算公式为：

当期销项税额＝销售额×税率

或当期销项税额＝组成计税价格×税率

（1）销售额的范围，是指纳税人发生应税行为向购买方所收取的全部价款和价外费用（如手续费、违约金、包装费、包装物租金、运输装卸费、代收款项、代垫款项等）。

价外费用不包括：

1）受托加工应税消费品所代收代缴的消费税。

2）同时符合以下条件的代垫运费：承运者的运费发票开具给购货方的；纳税人将该项发票转交给购货方的。

3）代收的政府性基金或者行政事业性收费。

4）代收的保险费、车辆购置税、车辆牌照费。

销售额以人民币计算。纳税人按照人民币以外的货币结算销售额的，应当折合成人民币计算，折合率可以选择销售额发生的当天或者当月1日的人民币汇率中间价。纳税人应当在事先确定采用何种折合率，确定后12个月内不得变更。

（2）计入销售额中的价款和价外费用均为不含增值税的金额。价外费用应视同含税，换算为不含税的金额计入销售额中。

增值税专用发票中的“销售额”一定为“不含税销售额”，直接计税；普通发票中的“销售额”为“含税销售额”，需要价税分离计税。

下列情况为“含税销售额”，需换算计税：

1）商场的“零售额”；

2）普通发票中的“销售额”；

3）价外费用；

4）逾期包装物押金；

5）混合销售行为的销售额。

换算公式为：

(不含税)销售额=含税销售额÷(1+增值税税率)

(3) 核定销售额。

纳税人发生应税行为价格明显偏低或者偏高且不具有合理商业目的的又无正当理由的，或视同销售行为无销售额的，税务机关依下列顺序确定销售额：

1) 纳税人近期同类货物的平均销售价格；

2) 其他纳税人近期同类货物的平均销售价格；

3) 按组成计税价格确定，公式如下：

不征收消费税的货物组成计税价格=成本×(1+成本利润率)

成本利润率由国家税务总局确定。不具有合理商业目的，是指以谋取税收利益为主要目的，通过人为安排，减少、免除、推迟缴纳增值税税款，或者增加退还增值税税款。

当货物属于应征消费税货物时，其组成计税价格中还应加计消费税税额，计算公式为：

从价计征：

组成计税价格=成本×(1+成本利润率)/(1-消费税税率)

或者

组成计税价格=成本×(1+成本利润率)+消费税税额

从量计征：

组价=成本×(1+成本利润率)

当该项应税消费品为委托加工方式的，则其计算公式为：

组成计税价格=(材料成本+加工费)/(1-消费税税率)

(4) 特殊业务的销售额。

1) 折扣销售（两种）：一是商业折扣，是指销货方为鼓励买者多买而给予的价格折让。对于商业折扣应按打折以后的实际售价来计算，该折扣处理仅限于价格折扣；如果发生实物折扣按视同销售中“无偿赠送”处理。二是现金折扣，是指销货方为早日收货款，而给购买方的一种折让。现金折扣额不能从销售额中扣减。

纳税人发生应税行为，将价款和折扣额在同一张发票上分别注明的，以折扣后的价款为销售额；未在同一张发票上分别注明的，以价款为销售额，不得扣减折扣额。在同一张发票上分别注明是指价款和折扣额在同一张发票上的“金额”栏分别注明。如纳税人提供应税服务的价款为100元、折扣额为10元，如果将价款和折扣额在同一张发票上分别注明的，以90元为销售额；如果未在同一张发票上分别注明的，以100元为销售额。

纳税人发生应税行为，开具增值税专用发票后，发生开票有误或者销售折让、中止、退回等情形的，应当按照国家税务总局的规定开具红字增值税专用发票；未按照规定开具红字增值税专用发票的，不得扣减销项税额或者销售额。

2) 以旧换新方式销售货物：一般应按新货物的同期销售价格确定销售额。

对金银首饰以旧换新业务，可以按照销售方实际收取的不含增值税的全部价款征收增值税。

3）还本销售方式销售货物：销售额就是货物的销售价格，不得从销售额中减除还本支出。

4）以物易物方式销售货物：以物易物双方都应作购销处理，以各自发出的货物核算销售额并计算销项税额，以各自收到的货物按规定核算购货额并计算进项税额。

5）直销方式销售：直销企业向直接收款方收取的全部价款和价外费用为销售额。

例 7-1：甲公司为增值税一般纳税人，2019 年 6 月销售新型彩电 1 000 台，每台含增值税售价 5 650 元，另外采取以旧换新方式销售同型号彩电 200 台，收回的旧彩电每台折价 260 元，实际每台收款 5 390 元，已知增值税税率为 13%。甲公司当月上述业务增值税销项税额为：

$$5\,650\times(1\,000+200)/(1+13\%)\times13\%=780\,000\text{（元）}$$

【解析】纳税人采取以旧换新方式销售货物（金银首饰除外），应当按新货物的同期销售价格确定销售额。

（5）包装物押金（不同于包装物租金）。

押金收取时，一般不用缴税。即单独记账核算的，且时间在 1 年以内，又未过期的，不并入销售额，税法另有规定的除外（如酒类产品包装物押金）。

押金逾期时，需要换算为不含税价再并入销售额征税。

对销售除啤酒、黄酒外的其他酒类产品而收取的包装物押金，无论是否返还以及会计上如何核算，均应并入当期销售额征收增值税。

2. "营改增"行业销售额的规定

（1）贷款服务，以提供贷款服务取得的全部利息及利息性质的收入为销售额。

例 7-2：M 银行为增值税一般纳税人，2020 年第 4 季度办理公司业务，收取结算手续费（含税）31.8 万元，收取账户管理费（含税）26.5 万元；办理贷款业务，取得利息收入（含税）1.06 亿元；吸收存款 8 亿元。根据增值税法律制度的规定，

$$\begin{aligned}\text{M 银行第 4 季度应确认的销项税额}&=(1.06\times10\,000+31.8+26.5)\div(1+6\%)\times6\%\\&=603.3\text{（万元）}\end{aligned}$$

【解析】1）办理公司业务，收取的结算手续费、账户管理费属于"金融服务——直接收费金融服务"；2）取得的利息收入，属于"金融服务——贷款服务"；3）吸收存款不征收增值税，支付的存款利息亦不征收增值税；4）金融服务适用的增值税税率为 6%。

（2）直接收费金融服务，以提供直接收费金融服务收取的手续费、佣金、酬金、管理费、服务费、经手费、开户费、过户费、结算费、转托管费等各类费用为销售额。

（3）金融商品转让，按照卖出价扣除买入价的余额为销售额。

转让金融商品出现的正负差，按盈亏相抵后的余额为销售额。若相抵后出现负差，可结转下一纳税期与下期转让金融商品销售额相抵，但年末时仍出现负差的，不得转入下一个会计年度。金融商品的买入价，可以选择按照加权平均法或者移动加权平均法进行核算，选择后 36 个月内不得变更。金融商品转让，不得开具增值税专用发票。

（4）经纪代理服务，以取得的全部价款和价外费用，扣除向委托方收取并代为支付的政府性基金或者行政事业性收费后的余额为销售额。向委托方收取的政府性基金或者行政事业性收费，不得开具增值税专用发票。

（5）航空运输企业的销售额，不包括代收的机场建设费和代售其他航空运输企业客票而代收转付的价款。

（6）试点纳税人中的一般纳税人提供客运场站服务，以其取得的全部价款和价外费用扣除支付给承运方运费后的余额为销售额。

（7）试点纳税人提供旅游服务，可以选择以取得的全部价款和价外费用，扣除向旅游服务购买方收取并支付给其他单位或者个人的住宿费、餐饮费、交通费、签证费、门票费和支付给其他接团旅游企业的旅游费用后的余额为销售额。

选择上述办法计算销售额的试点纳税人，向旅游服务购买方收取并支付的上述费用，不得开具增值税专用发票，可以开具普通发票。

（8）试点纳税人提供建筑服务适用简易计税方法的，以取得的全部价款和价外费用扣除支付的分包款后的余额为销售额。

（9）房地产开发企业中的一般纳税人销售其开发的房地产项目（选择简易计税方法的房地产老项目除外），以取得的全部价款和价外费用，扣除受让土地时向政府部门支付的土地价款后的余额为销售额。

3. 准予抵扣的当期进项税额

当期进项税额是指纳税人购进货物或应税劳务所支付或者承担的增值税税额。购进货物或应税劳务包括外购（含进口）货物或应税劳务、以物易物换入货物、抵偿债务收入货物、接受投资转入的货物、接受捐赠转入的货物以及在购销货物过程当中支付的运费。在确定进项税额抵扣时，必须按税法规定严格审核。

税额抵扣又称“税额扣除”“扣除税额”，是指纳税人按照税法规定，在计算缴纳税款时对于以前环节缴纳的税款准予扣除的一种税收优惠。由于税额抵扣是对已缴纳税款的全部或部分抵扣，是一种特殊的免税、减税，因而又称之为税额减免。

计算公式为：

应纳税额＝当期销项税额－当期进项税额

（当期销项税额：销售额(或组价)×税率；当期进项税额：准予抵扣和不予抵扣）

税额扣除与税项扣除不同，前者是从应纳税款中扣除一定数额的税款，后者是从应纳税收入中扣除一定金额。因此，在数额相同的情况下，税额抵扣要比税项扣除少缴纳一定数额的税款。

下列进项税额准予从销项税额中抵扣：

（1）从销售方取得的增值税专用发票上（含税控机动车销售统一发票，下同）注明的增值税税额。

（2）从海关取得的海关进口增值税专用缴款书上注明的增值税税额。即一般纳税人销售进口货物时，可以从销项税额中抵扣的进项税额，为从海关取得的海关进口增值税专用缴款书上注明的增值税税额。

纳税人进口货物取得的海关进口增值税专用缴款书，是计算增值税进项税额的唯一依据。纳税人进口货物报关后，境外供货商向国内进口方退还或返还的资金，或进口货物向境外实际支付的货款低于进口报关价格的差额，不作进项税额转出处理。

（3）购进农产品，按照规定抵扣进项税额。

（4）纳税人购进国内旅客运输服务，其进项税额允许从销项税额中抵扣。纳税人取得增值税专用发票的，以发票上注明的税额为进项税额。纳税人未取得增值税专用发票的，按照规定确定进项税额。

（5）生产、生活服务业加计抵扣进项税额。

生产、生活服务业纳税人，是指提供邮政服务、电信服务、现代服务、生活服务，取得的销售额占全部销售额的比重超过50%的纳税人，按照规定当期可加计抵扣进项税额。

（6）增值税期末留抵退税。

财政部、税务总局、海关总署2019年第39号公告规定，自2019年4月1日起，试行增值税期末留抵税额退税制度，对退税条件、计算方法等作了规定。

（7）自境外单位或者个人购进劳务、服务、无形资产或者境内的不动产，从税务机关或者扣缴义务人取得的代扣代缴税款的完税凭证上注明的增值税税额。

纳税人取得的增值税扣税凭证不符合法律、行政法规或者国家税务总局有关规定的，其进项税额不得从销项税额中抵扣。

纳税人凭完税凭证抵扣进项税额的，应当具备书面合同、付款证明和境外单位的对账单或者发票。资料不全的，其进项税额不得从销项税额中抵扣。

一般纳税人应纳税额的计算见表7-4。

表7-4　一般纳税人应纳税额计算

销项税额	销售额	全部价款＋价外费用
	不属于价外费用项目	【理解】凡合理的代收款项，确非企业收入，则不作为价外费用 【注意】价外费用为含增值税的销售额
计算	价税分离	不含税销售额＝含税销售额÷（1＋13%）或（1＋9%） 【注意】默认含税销售额：（1）零售价；（2）价外费用；（3）普通发票
进项税额	凭票抵扣	增值税“专用”发票、进口增值税“专用”缴款书 【特别注意】购入自用的“两车一艇进项税额准予抵扣”
	计算抵扣	购进免税农产品

4. 不得从销项税额中抵扣的进项税额

（1）用于简易计税方法计税项目、免征增值税项目、集体福利或者个人消费的购进货物、加工修理修配劳务、服务、无形资产和不动产。其中涉及的固定资产、无形资产、不动产，仅指专用于上述项目的固定资产、无形资产（不包括其他权益性无形资产）、不动产。纳税人的交际应酬消费属于个人消费。

练一练

（2）非正常损失的购进货物，以及相关的加工修理修配劳务和交通运输业服务。

（3）非正常损失的在产品、产成品所耗用的购进货物（不包括固定资产）、加工修理修配劳务和交通运输业服务。

（4）非正常损失的不动产，以及该不动产所耗用的购进货物、设计服务和建筑服务。

(5) 非正常损失的不动产在建工程所耗用的购进货物、设计服务和建筑服务。纳税人新建、改建、扩建、修缮、装饰不动产，均属于不动产在建工程。

(6) 购进的旅客运输服务、贷款服务、餐饮服务、居民日常服务和娱乐服务。

(7) 财政部和国家税务总局规定的其他情形。

(8) 纳税人接受贷款服务向贷款方支付的与该笔贷款直接相关的投融资顾问费、手续费、咨询费等费用，其进项税额不得从销项税额中抵扣。

纳税人购买应征消费税的摩托车、汽车、游艇取得的进项税额允许按规定抵扣。纳税人购买住宿服务取得的进项税额允许按规定抵扣。

上述第（4）项、第（5）项所称货物，是指构成不动产实体的材料和设备，包括建筑装饰材料和给排水、采暖、卫生、通风、照明、通信、煤气、消防、中央空调、电梯、电气、智能化楼宇设备及配套设施。

不动产、无形资产的具体范围，按照所附的《销售服务、无形资产、不动产注释》执行。

固定资产，是指使用期限超过 12 个月的机器、机械、运输工具以及其他与生产经营有关的设备、工具、器具等有形动产。

非正常损失，是指因管理不善造成货物被盗、丢失、霉烂变质，以及因违反法律法规造成货物或者不动产被依法没收、销毁、拆除的情形。

以下两点需要特别注意：

第一，适用一般计税方法的纳税人，兼营简易计税方法计税项目、免征增值税项目而无法划分不得抵扣的进项税额，按照下列公式计算不得抵扣的进项税额：

$$\text{不得抵扣的进项税额}=\text{当期无法划分的全部进项税额}\times\left(\text{当期简易计税方法计税项目销售额}+\text{免征增值税项目销售额}\right)\div\text{当期全部销售额}$$

主管税务机关可以按照上述公式依据年度数据对不得抵扣的进项税额进行清算。

已抵扣进项税额的购进货物（不含固定资产）、劳务、服务，发生上述规定不得从销项税额中抵扣情形（简易计税方法计税项目、免征增值税项目除外）的，应当将该进项税额从当期进项税额中扣减；无法确定该进项税额的，按照当期实际成本计算应扣减的进项税额。

已抵扣进项税额的固定资产、无形资产或者不动产，发生上述不得抵扣规定情形的，按照下列公式计算不得抵扣的进项税额：

$$\text{不得抵扣的进项税额}=\text{固定资产、无形资产或者不动产净值}\times\text{适用税率}$$

固定资产、无形资产或者不动产净值，是指纳税人根据财务会计制度计提折旧或摊销后的余额。

第二，纳税人适用一般计税方法计税的，因销售折让、中止或者退回而退还给购买方的增值税税额，应当从当期的销项税额中扣减；因销售折让、中止或者退回而收回的增值税税额，应当从当期的进项税额中扣减。

一般纳税人会计核算不健全，或者不能够提供准确税务资料的，或者应当办理一般纳税人资格登记而未办理的，应当按照销售额和增值税税率计算应纳税额，不得抵扣进项税额，也不得使用增值税专用发票。

例 7-3：某企业是增值税一般纳税人，适用税率 13%，2019 年 7 月有关生产经营业务如下：

(1) 月初外购货物一批，支付增值税进项税额 24 万元，中下旬因管理不善，造成该批货物一部分发生霉烂变质，经核实造成 1/4 损失；

(2) 外购的动力燃料支付的增值税进项税额 20 万元，一部分用于应税项目，另一部分用于免税项目，无法分开核算；

(3) 销售应税货物取得不含增值税销售额 700 万元，销售免税货物取得销售额 300 万元。

则该企业当月可以抵扣的进项税额：

(1) 外购货物可以抵扣的进项税额：24－24×1/4＝24－6＝18（万元）

(2) 外购动力燃料可以抵扣的进项税额：20－20×300÷(700＋300)＝14（万元）

(3) 当月可以抵扣的进项税额：18＋14＝32（万元）

【解析】(1) 因管理不善造成的原材料非正常损失，其进项税额不得抵扣，需要从准予抵扣的进项税额中减去；(2) 外购原材料兼用于应税项目和免税项目的，准予按照销售额的比例分摊可以抵扣的进项税额和不得抵扣的进项税额，计算公式为：

$$\text{不得抵扣的进项税额}=\text{当月无法划分的全部进项税额}\times\left(\text{当期简易计税方法计税项目销售额}+\text{免征增值税项目销售额}\right)\div\text{当月全部销售额}$$

(二) 简易计税方法应纳税额的计算

小规模纳税人发生应税销售行为，其应纳税额的计算不适用扣税法，而是实行按照销售额和征收率计算应纳税额的简易办法，不得抵扣进项税额。其计算公式为：

应纳税额＝销售额×征收率

销售额，不包括收取的增值税销项税额，即不含税销售额。

对应税销售行为采取销售额和增值税销项税额合并定价方法的，要分离出不含税销售额，其计算公式为：

销售额＝含税销售额÷(1＋征收率)

小规模纳税人外购货物即使取得专用发票，也不作进项税额处理。

例 7-4：某商场是增值税小规模纳税人，2019 年 6 月，该商场取得零售收入总额 18.54 万元，还销售了一批使用过的固定资产，开具普通发票，取得含税销售额 5.2 万元，原值 4 万元。该商场当月的应纳增值税税额为：

(1) 零售收入应纳增值税税额＝18.54÷(1＋3%)×3%＝0.54（万元）

(2) 销售自己使用过的固定资产收入应纳增值税税额＝5.2÷(1＋3%)×2%＝0.10（万元）

(3) 当月应纳增值税税额＝0.54＋0.10＝0.64（万元）

【解析】(1) 小规模纳税人正常的销售业务按照 3%的征收率征收；(2) 小规模纳税人销售自己使用过的固定资产，依照 3%的征收率减按 2%征收。

一般计税方法计算价税分离时使用的是税率，简易计税方法计算价税分离时使用征收率。一般计税方法用销售额计算的是销项税额，简易计税方法用销售额计算的是应纳税额。

我国增值税的法定征收率是3%和5%。一些特殊项目适用3%减按2%征收率、5%减按1.5%征收率执行。

小规模纳税人应纳税计算见表7-5。

表7-5 小规模纳税人应纳税计算

小规模纳税人	销售自己使用过的固定资产	减按2%征收率征收增值税	增值税＝含税销售额÷(1＋3%)×2%
	销售自己使用过的除固定资产以外的物品	按3%的征收率征收增值税	增值税＝含税销售额÷(1＋3%)×3%

例7-5：甲公司为增值税小规模纳税人，2019年第二季度销售自己使用过的货车1辆，开具增值税普通发票，取得含增值税销售额309 000元；销售自己使用过的包装物一批，取得含增值税销售额20 600元。甲公司上述业务应纳的增值税税额为：

309 000÷(1＋3%)×2%＋20 600÷(1＋3%)×3%＝6 600(元)

(三) 进口货物应纳税额的计算

应纳税额＝组成计税价格×税率

(1) 如果进口货物不征消费税，则上述公式中的组成计税价格的计算公式为：

组成计税价格＝关税完税价格＋关税税额

(2) 如果进口货物应征消费税，则上述公式中的组成计税价格的计算公式为：

组成计税价格＝关税完税价格＋关税额＋消费税额

1) 进口环节计算增值税时，不得抵扣进项税额。

2) 进口环节缴纳的增值税，可以作为进项税额以票抵扣（特殊货物除外）。

(四) 扣缴计税方法

境外单位或者个人在境内发生销售服务、无形资产或者不动产的应税行为，在境内未设有经营机构的，扣缴义务人按照下列公式计算应扣缴税额：

应扣缴税额＝购买方支付的价款÷(1＋税率)×税率

例7-6：境外公司为某纳税人提供咨询服务，合同价款106万元，且该境外公司没有在境内设立经营机构，应以服务购买方为增值税扣缴义务人，则购买方应当扣缴的增值税为：

106÷(1＋6%)×6%＝6(万元)

第四节 增值税征收管理

一、增值税纳税义务发生时间

纳税人销售货物或提供应税劳务的，其纳税义务发生时间为收讫销售款项或者取得索取销售款凭据的当天；先开具发票的，为开具发票的当天。按销售结算方式的不同，具体为：

（1）采取直接收款方式销售货物的，不论货物是否发出，均为收到销售款或取得索取销售款凭据的当天。

（2）采取托收承付和委托银行收款方式销售货物，为发出货物并办妥托收手续的当天。

（3）采取赊销和分期收款方式销售货物，为书面合同约定的收款日期当天，无书面合同的或者书面合同没有约定收款日期的，为货物发出的当天。

（4）采取预收货款方式销售货物，为货物发出的当天，但生产销售生产工期超过12个月的大型机械设备、船舶、飞机等货物，为收到预收款或书面合同约定的收款日期的当天。

（5）委托其他纳税人代销货物，为收到代销单位的代销清单或者收到全部或者部分货款的当天；未收到代销清单及货款的，为发出代销货物满180天的当天。

（6）销售应税劳务，为提供劳务同时收讫销售款或者取得索取销售款的凭据的当天。

（7）纳税人发生视同销售货物行为（委托他人代销货物、销售代销货物除外），为货物移送的当天。

（8）纳税人提供建筑服务、租赁服务采取预收款方式的，其纳税义务发生时间为收到预收款的当天。

（9）纳税人从事金融商品转让的，为金融商品所有权转移的当天。

（10）纳税人发生视同销售服务、无形资产或者不动产规定情形的，其纳税义务发生时间为服务、无形资产转让完成的当天或者不动产权属变更的当天。

纳税人进口货物，其纳税义务发生时间为报关进口的当天。

增值税扣缴义务发生时间为纳税人增值税纳税义务发生的当天。

二、增值税的纳税地点

固定业户应当向其机构所在地或者居住地主管税务机关申报纳税。总机构和分支机构不在同一县（市）的，应当分别向各自所在地的主管税务机关申报纳税；经财政部和国家税务总局或者其授权的财政和税务机关批准，可以由总机构汇总向总机构所在地的主管税务机关申报纳税。

非固定业户应当向应税行为发生地主管税务机关申报纳税；未申报纳税的，由其机构所在地或者居住地主管税务机关补征税款。

其他个人提供建筑服务，销售或者租赁不动产，转让自然资源使用权，应向建筑服务发生地、不动产所在地、自然资源所在地主管税务机关申报纳税。

扣缴义务人应当向其机构所在地或者居住地主管税务机关申报缴纳扣缴的税款。

进口货物应纳的增值税，应当向报关地海关申报纳税。

三、增值税的纳税期限

增值税的纳税期限分别为1日、3日、5日、10日、15日、1个月或者1个季度。纳税人的具体纳税期限，由主管税务机关根据纳税人应纳税额的大小分别核定。以1个季度为纳税期限的规定适用于小规模纳税人、银行、财务公司、信托投资公司、信用社，以及财政部和国家税务总局规定的其他纳税人。不能按照固定期限纳税的，可以按次纳税。

纳税人以 1 个月或者 1 个季度为 1 个纳税期的，自期满之日起 15 日内申报纳税；以 1 日、3 日、5 日、10 日或者 15 日为 1 个纳税期的，自期满之日起 5 日内预缴税款，于次月 1 日起 15 日内申报纳税并结清上月应纳税款。

纳税人进口货物，应当自海关填发海关进口增值税专用缴款书之日起 15 日内缴纳税款。纳税人出口货物，应当按月向税务机关申报办理该项出口货物退税。

四、增值税的税收优惠

现行的增值税税收优惠主要包括：直接免税、减征税款、即征即退（税务机关负责退税）、先征后返（财政部门负责退税）等形式。

（一）直接免税

我国的增值税免税项目主要涉及扶持农业发展、促进资源综合利用、鼓励产业发展、照顾社会公共事业、促进社会福利事业发展和社会科学教育文化发展等政策目标。

（二）增值税即征即退

（1）一般纳税人提供管道运输服务，对其增值税实际税负超过 3%的部分实行增值税即征即退政策。

（2）经中国人民银行、银保监会或者商务部批准从事融资租赁业务的试点纳税人中的一般纳税人，提供有形动产融资租赁服务和有形动产融资性售后回租服务，对其增值税实际税负超过 3%的部分实行增值税即征即退政策。

上述所称增值税实际税负，是指纳税人当期提供应税服务实际缴纳的增值税税额占纳税人当期提供应税服务取得的全部价款和价外费用的比例。

（三）扣减增值税规定

（1）退役士兵创业就业。

（2）重点群体创业就业。

（四）关于住房的税收规定

个人将购买不足 2 年的住房对外销售的，按照 5%的征收率全额缴纳增值税；个人将购买 2 年以上（含 2 年）的普通住房对外销售的，免征增值税。

（五）放弃减税、免税

纳税人兼营免税、减税项目的，应当分别核算免税、减税项目的销售额；未分别核算销售额的，不得免税、减税。纳税人发生应税行为适用免税、减税规定的，可以放弃免税、减税，依照相应规定缴纳增值税。放弃免税、减税后，36 个月内不得再申请免税、减税。

（1）放弃免税权的增值税一般纳税人发生应税行为可以开具增值税专用发票。

（2）纳税人一经放弃免税权，其所发生的全部应税行为均应按照适用税率征税，不得选择某一免税项目放弃免税权，也不得根据不同的对象选择部分应税行为放弃免税权。

（3）纳税人在免税期内购进用于免税项目的货物、加工修理修配劳务或者应税行为所取得的增值税扣税凭证，一律不得抵扣。

五、增值税起征点幅度

按期纳税的，为月销售额 5 000～20 000 元（含本数）。

按次纳税的，为每次（日）销售额 300～500 元（含本数）。

起征点的调整由财政部和国家税务总局规定。省、自治区、直辖市财政厅（局）和国家税务局应当在规定的幅度内，根据实际情况确定本地区适用的起征点，并报财政部和国家税务总局备案。

对增值税小规模纳税人月销售额未达到 2 万元的企业或非企业性单位，免征增值税。个人发生应税行为的销售额未达到增值税起征点的，免征增值税；达到起征点的，全额计算缴纳增值税。

增值税起征点不适用登记为一般纳税人的个体工商户。仅适用于个人。所称的销售额不包括其应纳税额，即不含税销售额。纳税人达到增值税起征点的，应全额计算缴纳增值税，不应仅就超过增值税起征点的部分计算缴纳增值税。

六、征收管理

（一）增值税征收管理

销售服务、无形资产或者不动产由营业税改征的增值税，由国家税务总局负责征收。即纳税人销售服务、无形资产或者不动产不再向主管地方税务局申报缴纳营业税，应向国家税务总局申报缴纳增值税；对于纳税人销售不动产和其他个人出租不动产的增值税，暂委托地方税务局代为征收。

纳税人发生适用零税率的应税行为，应当按期向主管税务机关申报办理退（免）税，对实际承担的增值税进项税额，抵减应纳税额，未抵减完的部分予以退还。具体办法由财政部和国家税务总局制定。

纳税人发生应税行为，应当向索取增值税专用发票的购买方开具增值税专用发票，并在增值税专用发票上分别注明销售额和销项税额。

属于下列情形之一的，不得开具增值税专用发票：

（1）向消费者个人销售服务、无形资产或者不动产。

（2）适用免征增值税规定的应税行为。

小规模纳税人发生应税行为，购买方索取增值税专用发票的，可以向主管税务机关申请代开。但是，对小规模纳税人向消费者个人销售服务、无形资产或者不动产以及应税行为适用免征增值税规定的，不得申请代开增值税专用发票。

（二）增值税专用发票管理

增值税专用发票是一般纳税人销售货物或者提供应税劳务开具的发票，是购买方支付增值税税额并可按照增值税有关规定据以抵扣增值税进项税额的凭证。

一般纳税人销售货物或者提供应税劳务，应向购买方开具专用发票。

一般纳税人有下列情形之一者，不得领购使用专用发票：

（1）会计核算不健全，即不能按会计制度和税务机关的要求准确核算增值税的销项税额者。

（2）不能向税务机关准确提供增值税销项税额、进项税额、应纳税额数据及其他有关增值税税务资料者。

上述其他有关增值税税务资料的内容，由国家税务总局直属分局确定。

(3) 有私自印制专用发票等行为，经税务机关责令限期改正而仍未改正者。

(4) 销售的货物全部属于免税项目者。

有上列情形的一般纳税人如已领购使用专用发票，税务机关应收缴其结存的专用发票。专用发票实行最高开票限额管理。最高开票限额，是指单份专用发票开具的销售额合计数不得达到的上限额度。

最高开票限额由一般纳税人申请，税务机关依法审批。最高开票限额为10万元及以下的，由区县级税务机关审批；最高开票限额为100万元的，由地市级税务机关审批；最高开票限额为1 000万元及以上的，由省级税务机关审批。防伪税控系统的具体发行工作由区县级税务机关负责。

税务机关审批最高开票限额应进行实地核查。批准使用最高开票限额为10万元及以下的，由区县级税务机关派人实地核查；批准使用最高开票限额为100万元的，由地市级税务机关派人实地核查；批准使用最高开票限额为1 000万元及以上的，由地市级税务机关派人实地核查后将核查资料报省级税务机关审核。

商业企业一般纳税人零售的烟、酒、食品、服装、鞋帽（不包括劳保专用部分）、化妆品等消费品不得开具专用发票。增值税小规模纳税人和非增值税纳税人不得领购使用专用发票。增值税小规模纳税人需开具专用发票的，可向当地主管税务机关申请代开。

销售免税货物不得开具专用发票，法律、法规及国家税务总局另有规定的除外。

第五节　增值税的出口退（免）税制度

出口退（免）税政策是指在国际贸易中，对我国报关出口的货物、劳务、跨境应税行为退还或免征其在国内各生产和流转环节按税法规定缴纳的增值税，即对应征收增值税的出口货物、劳务和跨境应税行为实行零税率（国务院另有规定的除外）。

“零税率”有两层含义：一是对本道环节生产或销售货物、劳务和跨境应税行为的增值部分免征增值税；二是对出口货物、劳务和跨境应税行为前道环节所含的进项税额进行退付。其中免税是指对生产企业出口的自产货物免征本企业生产销售环节增值税；抵税是指生产企业出口自产货物所耗用的原材料、零部件、燃料、动力等所含应予退还的进项税额，抵顶内销货物的应纳税额；退税是指对货物、劳务、跨境应税行为在出口前实际承担的税收负担，按规定的退税率计算后予以退还。

由于各种货物、劳务和跨境应税行为出口政策不同，出口前涉及征免增值税的情况也有所不同，且由于出口政策是国家调控经济的手段，因此，对货物、劳务和跨境应税行为出口的不同情况，国家在遵循“征多少、退多少”“未征不退和彻底退税”的基本原则的基础上，制定了不同的增值税退（免）税处理办法。

（一）适用增值税退税政策的出口货物劳务

(1) 出口企业出口货物。

（2）出口企业或其他单位视同出口货物。

（3）出口企业对外提供加工修理修配劳务。

出口企业对外提供加工修理修配劳务，指对进境复出口货物或从事国际运输的运输工具进行的加工修理修配。

出口货物，是指向海关报关后实际离境并销售给境外单位或个人的货物，分为自营出口货物和委托出口货物两类。通常情况下，出口货物应符合以下条件：报关离境；实现销售，也就是要在财务上作销售处理；销售对象为境外单位或个人；必须收汇。

视同出口的货物主要是指不完全符合一般情况下的出口货物条件，但是仍然可以适用出口退税政策。

（二）适用增值税免税政策的出口货物劳务

（1）出口企业或其他单位出口符合规定的免征增值税的货物。

（2）出口企业或其他单位视同出口符合规定的免征增值税的货物劳务。

（3）出口企业或其他单位未按规定申报或未补齐增值税退（免）税凭证免征增值税的出口货物劳务。

适用增值税免税政策的出口货物劳务，其进项税额不得抵扣和退税，应当转入成本。

（三）增值税免、抵、退税办法

实行免、抵、退税办法的“免”税，是指对生产企业出口的自产货物，免征本企业生产销售环节增值税；“抵”税，是指生产企业出口自产货物所耗用的原材料、零部件、燃料、动力等所含应予退还的进项税额，抵顶内销货物的应纳税额；“退”税，是指生产企业出口的自产货物在当月内应抵顶的进项税额大于应纳税额时，对未抵顶完的部分予以退税。

1. 适用免抵退税办法的情形

（1）生产企业出口自产货物和视同自产货物。

（2）对外提供加工修理修配劳务。

（3）列名生产企业（税法对具体范围有规定）出口非自产货物。

2. 适用免退税办法的情形

不具有生产能力的出口企业（外贸企业）或其他单位出口货物劳务。

免退税办法是指免征出口销售环节增值税，并退还已出口货物购进时所发生的进项税额。

知识链接
不适用增值税退（免）税和免税政策的出口货物劳务

（四）出口退税率

出口货物的退税率，是出口货物的实际退税额与退税计税依据的比例。出口企业应将不同税率的货物分开核算和申报，凡划分不清的，一律从低适用退税率计算退免税。

适用不同退税率的货物劳务，应分开报关、核算并申报退税，未分开报关、核算或划分不清的，从低适用退税率。

在2020年出口退税率调整后，退税率档次由改革前的16%、13%、10%、6%、0%调整为13%、9%、6%、0%四档。

增值税法律制度知识思维导图见图7-1。

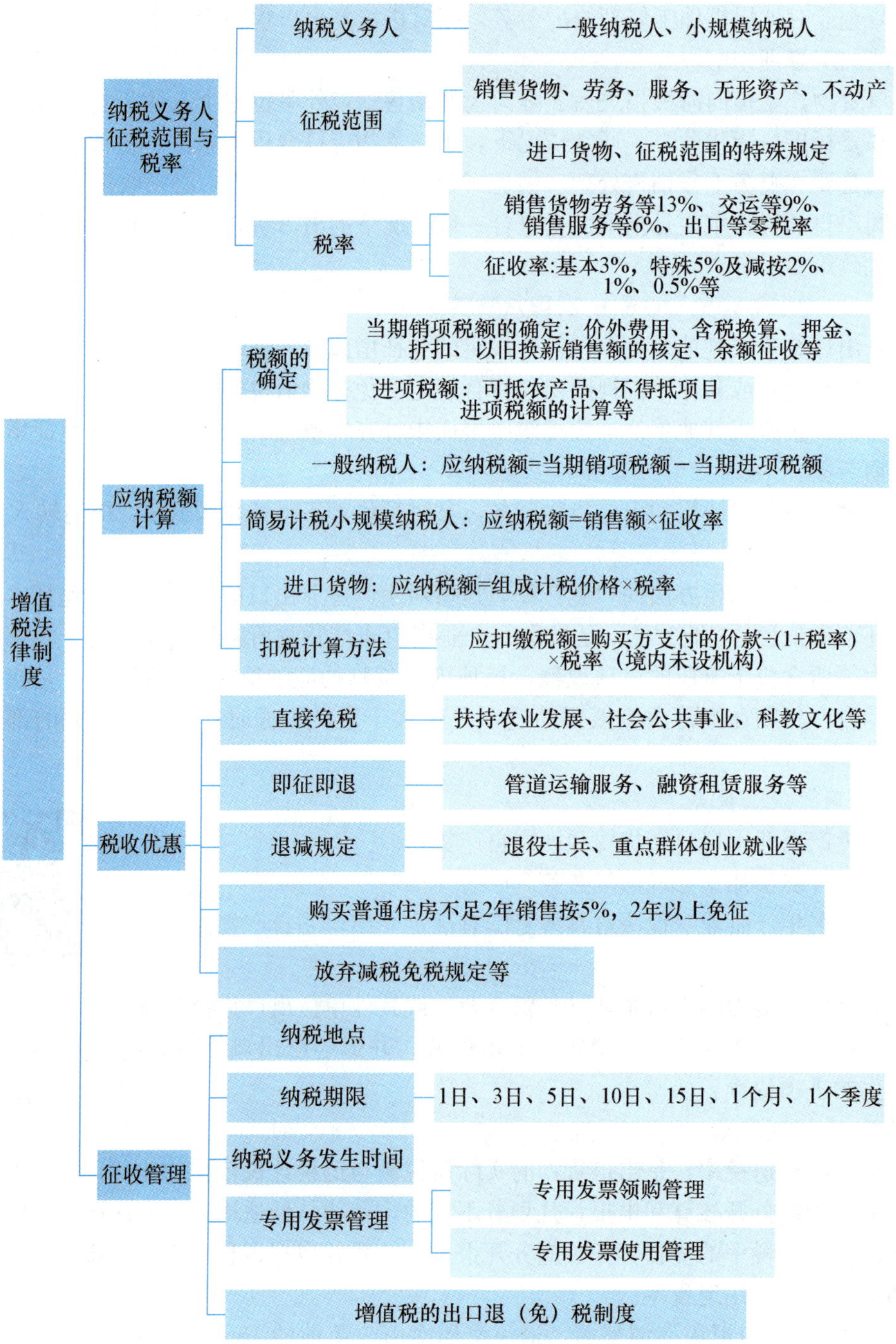

图7－1　增值税法律制度知识思维导图

本章知识提要

我国 GDP 从 1979 年的 4 100 亿元增长到 2020 年的 101 万亿元，与作为第一大税种的增值税的不断改革分不开。增值税均衡各环节税负，有效消除重复征税，优化资源配置。但随着经济发展变化，增值税的征管也面临不少问题，要制定更科学高效支持市场经济发展的《增值税法》还任重道远。

增值税的纳税人和纳税项目不同，税率不一，还有优惠或免税等规定。学生学习后在现有工作事业和生意经营中应充分研究利用国家增值税税收优惠及抵扣等，谋求自己或者所在企业应得利益并获取长远发展。但也要牢记社会责任本位宗旨，不可刻意利用税档率差恶性避税，更不可偷逃税。

本章练习题及
答案解析

第八章

企业所得税法律制度

学习目标：

知识目标：（1）知悉企业所得税征收范围及税率；

（2）通晓企业所得税应纳税所得额、应纳税额计算；

（3）明晰企业所得税特别纳税调整的相关规定。

能力目标：能够正确核算所在单位或者熟悉企业的企业所得税应纳税额，能够按照政策法规规定合理缴纳税收。

思政目标：（1）树立纳税意识，科学税收筹划，积极缴纳应缴企业所得税；

（2）提倡合理避税，反对刻意避税，深刻领会国家进行企业所得税税收优惠的意义。

企业所得税是国家对企业或组织每一纳税年度的生产经营所得以及其他所得减去必要的成本费用税金等项目后的余额（即纯收入）征收的一种税。企业所得税对于调节企业收益水平、正确处理国家与企业分配关系、完善税收制度具有十分重要的积极作用，在我国为中央与地方政府共享税。2020 年企业所得税收入为 36 424 亿元，占税收总收入的 23.6%，是我国第二大税种。

我国在 1991 年颁布《外商投资企业和外国企业所得税法》，1993 年颁布《企业所得税暂行条例》，内外资企业所得税率、费用扣除、税收优惠等差异较大，致使内外资企业的实质税负高低悬殊，不利于公平竞争和市场经济发展。2007 年实现了内外资企业所得税法的统一。现行企业所得税适用的法律法规，是指在 2007 年制定并在 2017 年、2018 年修正的《中华人民共和国企业所得税法》（以下简称《企业所得税法》），以及 2007 年通过并在 2019 年修订的《中华人民共和国企业所得税法实施条例》（以下简称《企业所得税法实施条例》）。同时，根据全国人大和国务院授权，财政部和国家税务总局制定了一系列部门规章和规范性文件，这些法律法规、部门规章及规范性文件构成了我国的企业所得税法律制度。

第一节 企业所得税的纳税人、征税范围及税率

一、企业所得税的纳税人

企业所得税纳税人，是指在中国境内的企业和其他取得收入的组织（以下统称企业），包括各类企业、事业单位、社会团体、民办非企业单位和从事经营活动的非法人组织等都属于企业所得税的纳税人。企业所得税纳税主体为独立注册登记的企业法人，企业设有多个不具有法人资格营业机构的，应由法人汇总计算并缴纳企业所得税。

依照中国法律、行政法规成立的个人独资企业、合伙企业，属于自然人性质企业，没有法人资格，不适用《企业所得税法》。

企业所得税采取收入来源地管辖权和居民管辖权相结合的双重管辖权，税法具体按照“登记注册地标准”和“实际管理机构标准”相结合原则，把企业分为居民企业和非居民企业，分别确定其不同的纳税义务。其中：居民企业承担无限纳税义务，应就来源于中国境内、境外的全部所得纳税；非居民企业承担有限纳税义务，一般只就来源于中国境内的所得纳税。

（一）居民企业

居民企业，是指依法在中国境内成立，或者依照外国（地区）法律成立但实际管理机构在中国境内的企业。实际管理机构，是指对企业的生产经营、人员、财务、财产等实施实质性全面管理和管控的机构，在判断时遵循实质大于形式的原则，此界定意在保障我国税收利益不受损害。

居民企业承担全面纳税义务，应当就其来源于中国境内、境外的所得缴纳企业所得税。在香港特别行政区、澳门特别行政区和台湾地区成立的企业，参照适用上述规定。

（二）非居民企业

非居民企业，是指依照外国（地区）法律成立且实际管理机构不在中国境内，但在中国境内设立机构、场所的，或者在中国境内未设立机构、场所，但有来源于中国境内所得的企业。

非居民企业在中国境内设立机构、场所的，应当就其所设机构、场所取得的来源于中国境内的所得，以及发生在中国境外但与其所设机构、场所有实际联系的所得，缴纳企业所得税。

非居民企业在中国境内未设立机构、场所的，或者虽设立机构、场所但取得的所得与其所设机构、场所没有实际联系的，应当就其来源于中国境内的所得缴纳企业所得税。也就是说非居民企业承担有限纳税义务，一般只就其来源于我国境内的所得纳税。

在香港特别行政区、澳门特别行政区和台湾地区成立的企业，参照适用上述规定。

非居民企业相关管理规定：

（1）机构、场所，是指在中国境内从事生产经营活动的机构、场所，包括：

1）管理机构、营业机构、办事机构；

2）工厂、农场、开采自然资源的场所；

3）提供劳务的场所；

4）从事建筑、安装、装配、修理、勘探等工程作业的场所；

5）其他从事生产经营活动的机构、场所。

非居民企业委托营业代理人在中国境内从事生产经营活动的，包括委托单位或者个人经常代其签订合同，或者储存、交付货物等，该营业代理人视为非居民企业在中国境内设立的机构、场所。

（2）实际联系，是指非居民企业在中国境内设立的机构、场所拥有据以取得所得的股权、债权，以及拥有、管理、控制据以取得所得的财产等。

（3）非居民企业就其取得的来源于中国境内的所得应缴纳所得税，一般实行源泉扣缴，以支付人为扣缴义务人。税款由扣缴义务人在每次支付或者到期应支付时，从支付或者到期应支付的款项中扣缴。

（4）对非居民企业在中国境内取得工程作业和劳务所得应缴纳的所得税，税务机关可以指定工程价款或者劳务费的支付人为扣缴义务人。

（三）个人独资企业和合伙企业

个人独资企业和合伙企业的出资人对外承担无限责任，企业的财产与出资人的财产密不可分，生产经营收入也即出资人个人的收入，并由出资人缴纳个人所得税。因此，为避免重复征税，企业所得税法规定个人独资企业和合伙企业不适用企业所得税法。

合伙企业不是所得税的纳税义务人，合伙企业以每一个合伙人为纳税义务人。合伙企业合伙人是自然人的，缴纳个人所得税；合伙人是法人和非法人组织的，缴纳企业所得税。

合伙企业的生产经营所得和其他所得，应按先分后税原则，根据分配比例计算各个合伙人的应纳税所得额。生产经营所得和其他所得，包括合伙企业分配给所有合伙人的所得和企业当年留存的所得（利润），不包括合伙企业对外投资分回的利息和股息。即为合伙企业每一纳税年度的收入总额减除成本、费用以及损失后的余额，其中收入总额，是指合伙企业从事生产经营以及与生产经营有关的活动所取得的各项收入，包括商品（产品）销售收入、营运收入、劳务服务收入、工程价款收入、财产出租或转让收入、利息收入、其他业务收入和营业外收入。

合伙企业的合伙人按照下列原则分配应纳税所得额：

（1）合伙企业的合伙人以合伙企业的生产经营所得和其他所得，按照合伙协议约定的分配比例确定应纳税所得额。

（2）合伙协议未约定或者约定不明确的，以全部生产经营所得和其他所得，按照合伙人协商决定的分配比例确定应纳税所得额。

（3）协商不成的，以全部生产经营所得和其他所得，按照合伙人实缴出资比例确定应纳税所得额。

（4）无法确定出资比例的，以全部生产经营和其他所得，按照合伙人数量平均计算每个合伙人的应纳税所得额。

（5）合伙人不能通过合伙协议约定将全部利润分配给部分合伙人。合伙企业的合伙人是法人和非法人组织的，合伙人在计算其缴纳企业所得税时，不得用亏损抵减其盈利。

想一想

合伙企业和个人独资企业不征收企业所得税的原因是什么？

二、企业所得税的征收范围

企业所得税的征收范围，是符合《企业所得税法》规定的纳税人所取得的生产经营所得、其他所得和清算所得等应纳税所得。

（一）企业所得税的主要内容

（1）销售货物所得，是指企业销售商品、产品、原材料、包装物、低值易耗品以及其他存货取得的所得。

（2）提供劳务所得，是指企业从事建筑安装、修理修配、交通运输、仓储租赁、金融保险、邮电通信、咨询经纪、文化体育、科学研究、技术服务、教育培训、餐饮住宿、中介代理、卫生保健、社区服务、旅游、娱乐、加工以及其他劳务服务活动取得的所得。

（3）转让财产所得，是指企业转让固定资产、生物资产、无形资产、股权、债权等财产取得的所得。

（4）股息、红利等权益性投资收益，是指企业因权益性投资从被投资方取得的所得。

（5）利息所得，是指企业将资金提供他人使用但不构成权益性投资，或者因他人占用本企业资金取得的所得，包括存款利息、贷款利息、债券利息、欠款利息等所得。

（6）租金所得，是指企业提供固定资产、包装物或者其他资产的使用权取得的所得。

（7）特许权使用费所得，是指企业提供专利权、非专利技术、商标权、著作权以及其他特许权的使用权取得的所得。

（8）接受捐赠所得，是指企业接受的来自其他企业、组织或者个人无偿给予的货币性资产、非货币性资产。

（9）其他所得，是指除以上列举外的也应当缴纳企业所得税的其他所得，包括企业资产溢余所得、逾期未退包装物押金所得、确实无法偿付的应付款项、已作坏账损失处理后又收回的应收款项、债务重组所得、补贴所得、违约金所得、汇兑收益等。

（二）应税所得来源地的确定

（1）来源于中国境内、境外的所得，按照以下原则确定。

1）销售货物所得，按照交易活动发生地确定；

2）提供劳务所得，按照劳务发生地确定；

3）转让财产所得，不动产转让所得按照不动产所在地确定，动产转让所得按照转让动产的企业或者机构、场所所在地确定，权益性投资资产转让所得按照被投资企业所在地确定；

4）股息、红利等权益性投资所得，按照分配所得的企业所在地确定；

5）利息所得、租金所得、特许权使用费所得，按照负担、支付所得的企业或者机构、场所所在地确定，或者按照负担、支付所得的个人的住所地确定；

6）其他所得，由国务院财政、税务主管部门确定。

（2）企业在汇总计算缴纳企业所得税时，其境外营业机构的亏损不得抵减境内营业机构的盈利。

(3) 企业纳税年度发生的亏损，准予向以后年度结转，用以后年度的所得弥补，但结转年限最长不得超过 5 年。5 年内不论是盈利或亏损，都作为实际弥补期限计算。这里所指亏损，是指企业财务报表中的亏损额经主管税务机关按税法规定核实调整后的金额。亏损弥补期限是自亏损年度报告的下一个年度起连续 5 年不间断地计算。

三、企业所得税税率

(一) 法定税率

(1) 居民企业适用的企业所得税法定税率为 25%。同时，对在中国境内设立机构、场所且取得的所得与其所设机构、场所有实际联系的非居民企业，应当就其来源于中国境内、境外的所得缴纳企业所得税，适用税率为 25%。

(2) 非居民企业在中国境内未设立机构、场所的，或者虽设立机构、场所但取得的所得与其所设机构、场所没有实际联系的，应当就其来源于中国境内的所得缴纳企业所得税，适用的法定税率为 20%。

(二) 优惠税率

优惠税率是指按低于法定 25%税率对一部分特殊纳税人征收的特别税率，它是国家从国民经济发展大局和遵从国际惯例角度出发而采取的税收优惠措施。

企业所得税纳税人、征税对象、税率见表 8-1。

表 8-1　企业所得税纳税人、征税对象、税率

<table>
<tr><td>纳税人</td><td colspan="3">包括企业和其他取得收入的组织
【注意】不包括个体工商户、个人独资企业和合伙企业</td></tr>
<tr><td>征税对象</td><td colspan="3">生产经营所得、其他所得、清算所得</td></tr>
<tr><td rowspan="3">纳税义务</td><td colspan="2">居民企业</td><td>无限纳税义务</td></tr>
<tr><td rowspan="2">非居民企业</td><td>设立机构场所</td><td>就其所设机构、场所取得的来源于中国境内的所得；以及发生在中国境外但与其所设机构、场所有实际联系的所得纳税</td></tr>
<tr><td>未设立机构场所或取得所得与所设立机构场所无关</td><td>仅就来源于中国境内所得纳税</td></tr>
<tr><td rowspan="3">税率</td><td>基本税率</td><td colspan="2">25%</td></tr>
<tr><td>低税率</td><td colspan="2">20%</td></tr>
<tr><td>优惠税率</td><td colspan="2">合规小型微利企业减按 20%的税率征收
国家重点扶持高新技术企业减按 15%的税率征收
适用 20%低税率的非居民企业实际执行为 10%</td></tr>
</table>

第二节　企业所得税的应纳税所得额及应纳税额计算

应纳税所得额是企业所得税的计税依据，在企业所得税法律制度中占有重要地位。企

业所得税的计税依据是纯所得额或称应纳税所得额，它是从纳税年度收入总额中减去不征税收入、免税收入、各种法定扣除项目以及允许的弥补以前年度亏损后的余额。企业应纳税所得额的计算是企业所得税征纳的重点工作。

一、一般规定

企业每一纳税年度的收入总额，减除不征税收入、免税收入、各项扣除以及允许弥补的以前年度亏损后的余额，为应纳税所得额。其计算公式为：

应纳税所得额＝收入总额－不征税收入－免税收入－扣除额－允许弥补的以前年度亏损

企业按照税法有关规定，将每一纳税年度的收入总额减除不征税收入、免税收入和各项扣除后小于零的数额，为亏损。企业纳税年度发生的亏损，准予向以后年度结转，用以后年度的所得弥补，但结转年限最长不超过 5 年。自 2018 年 1 月 1 日起，当年具备高新技术企业或科技型中小资格的企业，其具备资格年度之前 5 个年度发生的尚未弥补完的亏损，准予结转以后年度弥补，最长结转年限由 5 年延长至 10 年。

企业清算所得，是指企业全部资产可变现价值或者交易价格减除资产净值、清算费用、相关税费，加上债务清偿损益等计算后的余额。投资方企业从被清算企业分得的剩余资产，其中相当于从被清算企业累计未分配利润和累计盈余公积中应当分得的部分，应确认为股息所得；剩余资产减除上述股息所得后的余额，超过或者低于投资成本的部分，应确认为投资资产转让所得或者损失。

企业应纳税所得额的计算，应遵循以下原则：

一是权责发生制原则。属于当期的收入和费用，不论款项是否收付，均作为当期的收入和费用；不属于当期的收入和费用，即使款项已经在当期收付，均不作为当期的收入和费用，但另有规定的除外。

二是税法优先原则。在计算应纳税所得额时，企业财务、会计处理办法与税收法律法规的规定不一致的，应当依照税收法律法规的规定计算。

企业所得税收入、扣除的具体范围、标准和资产的税务处理的具体办法，税法授权由国务院财政、税务主管部门规定。

二、收入总额

（一）收入总额概述

企业以货币形式和非货币形式从各种来源取得的收入，为收入总额。包括：销售货物收入，提供劳务收入，转让财产收入，股息、红利等权益性投资收益，利息收入，租金收入，特许权使用费收入，接受捐赠收入以及其他收入。收入的确认要注意应税范围与分类、计量方法及计征时间。

(1) 企业取得收入的货币形式，包括现金、存款、应收账款、应收票据、准备持有至到期的债券投资以及债务的豁免等；企业取得收入的非货币形式，包括固定资产、生物资产、无形资产、股权投资、存货、不准备持有至到期的债券投资、劳务以及有关权益等。

(2) 企业以非货币形式取得的收入，应当按照公允价值确定收入额。公允价值，是指按照市场价格确定的价值。

（3）企业收入一般是按权责发生制原则确认。权责发生制要求企业收入、费用的确认时间不得提前或滞后。

除此之外，税收条例中对一些特殊收入则规定采用收付实现制来确认，如股息红利、利息收入、租金收入、特许权使用费、捐赠收入等。

企业的下列生产经营业务可以分期确认收入的实现：

（1）以分期收款方式销售货物的，按照合同约定的收款日期确认收入的实现。

（2）企业受托加工制造大型机械设备、船舶、飞机，以及从事建筑、安装、装配工程业务或者提供其他劳务等，持续时间超过12个月的，按照纳税年度内完工进度或者完成的工作量确认收入的实现。

（3）采取产品分成方式取得收入的，按照企业分得产品的日期确认收入的实现，其收入额按照产品的公允价值确定。

（二）销售货物收入

销售货物收入，是指企业销售商品、产品、原材料、包装物、低值易耗品以及其他存货取得的收入。

除法律法规另有规定外，企业销售货物收入的确认，必须遵循权责发生制原则和实质重于形式原则。

1. 对企业销售商品一般性收入，同时满足下列条件的应确认为收入的实现

（1）商品销售合同已经签订，企业已将商品所有权相关的主要风险和报酬转移给购货方；

（2）企业对已售出的商品既没有保留通常与所有权相联系的继续管理权，也没有实施有效控制；

（3）收入的金额能够可靠地计量；

（4）已发生或将发生的销售方的成本能够可靠地核算。

2. 除上述一般性收入确认条件外，采取下列特殊销售方式的，应按以下规定确认收入实现时间

（1）销售商品采用托收承付方式的，在办妥托收手续时确认收入；

（2）销售商品采取预收款方式的，在发出商品时确认收入；

（3）销售商品需要安装和检验的，在购买方接受商品以及安装和检验完毕时确认收入，如果安装程序比较简单，可在发出商品时确认收入；

（4）销售商品采用支付手续费方式委托代销的，在收到代销清单时确认收入。

3. 其他商品销售收入的确认

（1）采用售后回购方式销售商品的，销售的商品按售价确认收入，回购的商品作为购进商品处理。有证据表明不符合销售收入确认条件的，如以销售商品方式进行融资，收到的款项应确认为负债，回购价格大于原售价的，差额应在回购期间确认为利息费用。

（2）销售商品以旧换新的，销售商品应当按照销售商品收入确认条件确认收入，回收的商品作为购进商品处理。

（3）企业为促进商品销售而在商品价格上给予的价格扣除属于商业折扣，商品销售涉及商业折扣的，应当按照扣除商业折扣后的金额确定销售商品收入金额。

（4）债权人为鼓励债务人在规定的期限内付款而向债务人提供的债务扣除属于现金折

扣，销售商品涉及现金折扣的，应当按扣除现金折扣前的金额确定销售商品收入金额，现金折扣在实际发生时作为财务费用扣除。

(5) 企业因售出商品的质量不合格等原因而在售价上给予的减让属于销售折让；企业因售出商品质量、品种不符合要求等原因而发生的退货属于销售退回。企业已经确认销售收入的售出商品发生销售折让和销售退回，应当在发生当期冲减当期销售商品收入。

(6) 对于企业买一赠一等方式组合销售商品的，其赠品不属于捐赠，应按各项商品的价格比例来分摊确认各项收入，其商品价格应以公允价格计算。

(三) 提供劳务收入

提供劳务收入是指企业从事建筑安装、修理修配、交通运输、仓储租赁、金融保险、邮电通信、咨询经纪、文化体育、科学研究、技术服务、教育培训、餐饮住宿、中介代理、卫生保健、社区服务、旅游、娱乐、加工以及其他劳务服务活动取得的收入。

(1) 对企业提供劳务交易的，在纳税期末应合理确认收入和计算成本费用；具体办法可采用完工进度（百分比）来确定，包括已完工作量、已提供劳务占总劳务的比例、发生的成本占总成本的比例等。

(2) 企业应按合同或协议总价款，按照完工程度确认当期劳务收入，同时确认当期劳务成本。

(3) 企业应按照从接受劳务方已收或应收的合同或协议价款确定劳务收入总额，根据纳税期末提供劳务收入总额乘以完工进度扣除以前纳税年度累计已确认提供劳务收入后的金额，确认为当期劳务收入；同时，按照提供劳务估计总成本乘以完工进度扣除以前纳税期间累计已确认劳务成本后的金额，结转为当期劳务成本。

(4) 下列提供劳务满足收入确认条件的，应按规定确认收入：

1) 安装费。应根据安装完工进度确认收入。对商品销售附带安装的，安装费应在商品销售实现时确认收入。

2) 宣传媒介的收费。应在相关的广告或商业行为出现于公众面前时确认收入。广告的制作费，应根据制作广告的完工进度确认收入。

3) 软件费。为特定客户开发软件的收费，应根据开发的完工进度确认收入。

4) 服务费。包含在商品售价内可区分的服务费，在提供服务的期间分期确认收入。

5) 艺术表演、招待宴会和其他特殊活动的收费。在相关活动发生时确认收入。收费涉及几项活动的，预收的款项应合理分配给每项活动，分别确认收入。

6) 会员费。对只取得会籍而不享受连续服务的，在取得会费时确认收入。一次取得会费而需提供连续服务的，其会费应在整个受益期内分期确认收入。

7) 特许权费。属于提供设备和其他有形资产的特许权费，在交付资产或转移资产所有权时确认收入；属于提供初始及后续服务的特许权费，在提供服务时确认收入。

8) 劳务费。长期为客户提供重复的劳务收取的劳务费，在相关劳务活动发生时确认收入。

(四) 其他收入

1. 转让财产收入

转让财产收入，是指企业转让固定资产、生物资产、无形资产、股权、债权等财产取得的收入。

企业转让股权收入，应于转让协议生效，且完成股权变更手续时，确认收入的实现。转让股权收入扣除为取得该股权所发生的成本后，为股权转让所得。企业在计算股权转让所得时，不得扣除被投资企业未分配利润等股东留存收益中按该项股权所可能分配的金额。

2. 股息、红利等权益性投资收益

股息、红利等权益性投资收益，是指企业因权益性投资从被投资方取得的收入。股息、红利等权益性投资收益，除国务院财政、税务主管部门另有规定外，按照被投资方作出利润分配决定的日期确认收入的实现。被投资企业将股权（票）溢价所形成的资本公积转为股本的，不作为投资方企业的股息、红利收入，投资方企业也不得增加该项长期投资的计税基础。

3. 利息收入

利息收入，是指企业将资金提供他人使用但不构成权益性投资，或者因他人占用本企业资金取得的收入，包括存款利息、贷款利息、债券利息、欠款利息等收入。利息收入，按照合同约定的债务人应付利息的日期确认收入的实现。

4. 租金收入

租金收入，是指企业提供固定资产、包装物或者其他有形资产的使用权取得的收入。租金收入，按照合同约定的承租人应付租金的日期确认收入的实现。

如果交易合同或协议中规定租赁期限跨年度，且租金提前一次性支付的，根据《企业所得税法实施条例》规定的收入与费用配比原则，出租人可对上述已确认的收入，在租赁期内分期均匀计入相关年度收入。出租方如为在中国境内设有机构场所、采取据实申报缴纳企业所得税的非居民企业，也按上述规定执行。

5. 特许权使用费收入

特许权使用费收入，是指企业提供专利权、非专利技术、商标权、著作权以及其他特许权的使用权取得的收入。特许权使用费收入，按照合同约定的特许权使用人应付特许权使用费的日期确认收入的实现。

6. 接受捐赠收入

接受捐赠收入，是指企业接受的来自其他企业、组织或者个人无偿给予的货币性资产、非货币性资产。接受捐赠收入，按照实际收到捐赠资产的日期确认收入的实现。

7. 其他收入

其他收入，是指企业取得《企业所得税法》具体列举的收入外的其他收入，包括企业资产溢余收入、逾期未退包装物押金收入、确实无法偿付的应付款项、已作坏账损失处理后又收回的应收款项、债务重组收入、补贴收入、违约金收入、汇兑收益等。企业发生债务重组，应在债务重组合同或协议生效时确认收入的实现。

（五）特殊收入的确认

（1）以分期收款方式销售货物的，按照合同约定的收款日期确认收入的实现。

（2）企业受托加工制造大型机械设备、船舶、飞机，以及从事建筑、安装、装配工程业务或者提供其他劳务等，持续时间超过 12 个月的，按照纳税年度内完工进度或者完成的工作量确认收入的实现。

（3）采取产品分成方式取得收入的，按照企业分得产品的日期确认收入的实现，其收入额按照产品的公允价值确定。

（4）企业发生非货币性资产交换，以及将货物、财产、劳务用于捐赠、偿债、赞助、集资、广告、样品、职工福利或者利润分配等用途的，应当视同销售货物、转让财产或者提供劳务，但国务院财政、税务主管部门另有规定的除外。

三、不征税收入及免税收入

不征税收入不同于免税收入，不征税收入属于非营利性活动带来的经济收益，是单位组织专门从事特定职责而取得的收入，理论上本身即不构成应税收入，不应列为应税所得范畴；不征税收入对应的支出不得税前扣除应进行纳税调整。

（一）不征税收入

（1）财政拨款，即各级人民政府对纳入预算管理的事业单位、社会团体等组织拨付的财政性资金。

（2）依法收取并纳入财政管理的行政事业性收费、政府性基金。

（3）国务院规定的其他不征税收入，如企业取得的，由国务院财政、税务主管部门规定专项用途并经国务院批准的财政性资金。

企业的不征税收入用于支出所形成的费用，不得在计算应纳税所得额时扣除；所形成的资产，其计算的折旧、摊销不得在计算应纳税所得额时扣除。

（二）免税收入

免税收入是纳税人应税收入的组成部分，本身已构成应税收入但予以免除，是国家为了实现某些经济和社会目标，在特定时期对特定项目取得的经济利益给予的税收优惠。免税收入对应的支出准予税前扣除。企业依照税法规定抵免企业所得税税额时，应当提供中国境外税务机关出具的税款所属年度的有关纳税凭证。

四、税前扣除项目及标准

税法规定，企业实际发生的与取得收入有关的、合理的支出包括成本、费用、税金、损失和其他支出，允许在税前予以扣除。合理的支出，是指符合生产经营活动常规，应当计入当期损益或者有关资产成本的必要和正常的支出。企业发生的支出应当区分收益性支出和资本性支出。收益性支出在发生当期直接扣除；资本性支出应当分期扣除或者计入有关资产成本，不得在发生当期直接扣除。企业的不征税收入用于支出所形成的费用或者财产，不得扣除或者计算对应的折旧、摊销扣除。

（一）一般扣除项目

1. 成本与费用

成本，是指企业在生产经营活动中发生的销售成本、销货成本、业务支出以及其他耗费；费用，是指企业在生产经营活动中发生的销售费用、管理费用和财务费用，已经计入成本的有关费用除外。

（1）企业发生的合理的工资薪金支出，准予扣除。

1）工资薪金，是指企业每一纳税年度支付给在本企业任职或者受雇的员工的所有现金形式或者非现金形式的劳动报酬，包括基本工资、奖金、津贴、补贴、年终加薪、加班工资，以及与员工任职或者受雇有关的其他支出。

2）工资薪金总额，是指企业按照有关合理工资薪金的规定实际发放的工资薪金总和，不包括企业的职工福利费、职工教育经费、工会经费以及养老保险费、医疗保险费、失业保险费、工伤保险费、生育保险费等社会保险费和住房公积金。

3）合理的工资薪金，是指企业按照股东大会、董事会、薪酬委员会或相关管理机构制定的工资薪金制度规定实际发放给员工的工资薪金。

（2）社会保险费的税前扣除。

1）企业依照国务院有关主管部门或者省级人民政府规定的范围和标准为职工缴纳的基本养老保险费、基本医疗保险费、失业保险费、工伤保险费、生育保险费等基本社会保险费和住房公积金（“五险一金”），准予扣除。

2）企业为投资者或者职工支付的补充养老保险费、补充医疗保险费，在国务院财政、税务主管部门规定的范围和标准内，准予扣除。自2008年1月1日起，企业为在本企业任职或者受雇的全体员工支付的补充养老保险费、补充医疗保险费，分别在不超过职工工资总额5%标准内的部分，在计算应纳税所得额时准予扣除；超过的部分，不予扣除。

3）除企业依照国家有关规定为特殊工种职工支付的人身安全保险费和国务院财政、税务主管部门规定可以扣除的其他商业保险费外，企业为投资者或者职工支付的商业保险费，不得扣除。

（3）职工福利费、工会经费、职工教育经费等的税前扣除。

企业发生的职工福利费支出，不超过工资薪金总额14%的部分，准予扣除；企业拨缴的工会经费，不超过工资薪金总额2%的部分，准予扣除；企业发生的职工教育经费支出，不超过工资薪金总额8%的部分，准予扣除；超过部分，准予在以后纳税年度结转扣除。

对于软件生产企业发生的职工教育经费中的职工培训费用，可以据实全额在企业所得税前扣除。

（4）业务招待费扣除。

企业发生的与生产经营活动有关的业务招待费支出，按照发生额的60%扣除，但最高不得超过当年销售（营业）收入的5‰。对从事股权投资业务的企业（包括集团公司总部、创业投资企业等），其从被投资企业所分配的股息、红利以及股权转让收入，可以按规定的比例计算业务招待费扣除限额。

（5）广告和宣传费扣除。

企业发生的符合条件的广告费和业务宣传费支出，除国务院财政、税务主管部门另有规定外，不超过当年销售（营业）收入15%的部分，化妆品医药企业不超过30%的部分，准予扣除；超过部分，准予在以后纳税年度结转扣除。烟草企业不许扣除。

课堂讨论：

职工福利费、业务招待费、宣传费扣除标准考虑因素有哪些？

（6）利息支出扣除。

企业在生产经营活动中发生的利息支出准予扣除，包括非金融企业向金融企业借款的利息支出、金融企业的各项存款利息支出和同业拆借利息支出、企业经批准发行债券的利息支出；非金融企业向非金融企业借款的利息支出，不超过按照金融企业同期同类贷款利率计算的数额部分等。

（7）非居民企业在中国境内设立的机构、场所，就其中国境外总机构发生的与该机构、场所生产经营有关的费用，能够提供总机构出具的费用汇集范围、定额、分配依据和方法等证明文件，并合理分摊的，准予扣除。

（8）企业取得的各项免税收入所对应的各项成本费用，除另有规定者外，可以在计算企业应纳税所得额时扣除。

2. 税金

税金，是指企业发生的除企业所得税和允许抵扣的增值税以外的各项税金及其附加。即纳税人按照规定缴纳的消费税、资源税、土地增值税、关税、城市维护建设税、教育费附加，以及发生的房产税、车船税、土地使用税、印花税等税金及附加等准予扣除。

练一练

企业缴纳的房产税、车船税、土地使用税、印花税等，已经计入管理费用中扣除的，不再作为税金单独扣除。企业缴纳的增值税属于价外税，故不在扣除之列。

3. 损失

损失是指企业在生产经营活动中发生的固定资产和存货的盘亏、毁损、报废损失，转让财产损失，呆账损失，坏账损失，自然灾害等不可抗力因素造成的损失以及其他损失准予扣除。其中：

企业发生的损失，减除责任人赔偿和保险赔款后的余额，依照国务院财政、税务主管部门的规定扣除。

企业已经作为损失处理的资产，在以后纳税年度又全部收回或者部分收回时，应当计入当期收入。企业从事生产经营之前进行筹办活动期间发生的筹办费用支出，不得计算为当期的亏损。

4. 其他支出

其他支出是指企业除成本、费用、税金、损失外，在生产经营活动中发生的与生产经营活动有关的、合理的支出准予扣除。

（1）企业在生产经营活动中发生的合理的不需要资本化的借款费用，准予扣除。企业为购置、建造固定资产、无形资产和经过 12 个月以上的建造才能达到预定可销售状态的，在有关资产购置、建造期间发生的合理的借款费用，应当作为资本性支出计入有关资产的成本，并依照有关规定扣除。

（2）企业参加财产保险，按照有关规定缴纳的保险费，准予扣除。

（3）企业依照国家有关规定提取的用于环境保护、生态恢复等方面的专项资金，准予扣除。上述专项资金提取后改变用途的，不得扣除。

（4）企业发生的合理的劳动保护支出，准予扣除。

（5）企业发生与生产经营有关的手续费及佣金支出，不超过以下规定计算限额以内的部分，准予扣除；超过部分，不得扣除。

1）保险企业：财产保险企业按当年全部保费收入扣除退保金等后余额的 15%计算限额；人身保险企业按当年全部保费收入扣除退保金等后余额的 10%计算限额。

2）其他企业：按与具有合法经营资格中介服务机构或个人（不含交易双方及其雇员、代理人和代表人等）所签订服务协议或合同确认的收入金额的5%计算限额。

（二）特殊扣除项目

（1）公益性捐赠的税前扣除。企业发生的公益性捐赠支出，在年度利润总额12%以内的部分，准予在计算应纳税所得额时扣除。超过部分，准予结转后3年内扣除。

年度利润总额，是指企业依照国家统一会计制度的规定计算的年度会计利润。

公益性捐赠，是指企业通过公益性社会团体或者县级以上人民政府及其部门，用于《公益事业捐赠法》规定的公益事业的捐赠。用于公益事业的捐赠支出，是指《公益事业捐赠法》规定的向公益事业的捐赠支出，具体范围包括：

1）救助灾害、救济贫困、扶助残疾人等困难的社会群体和个人的活动；

2）教育、科学、文化、卫生、体育事业；

3）环境保护、社会公共设施建设；

4）促进社会发展和进步的其他社会公共和福利事业。

公益性社会团体和县级以上人民政府及其组成部门和直属机构在接受捐赠时，接受捐赠的货币性资产，应当按照实际收到的金额计算；接受捐赠的非货币性资产，应当以其公允价值计算。

（2）以经营租赁方式租入固定资产发生的租赁费支出，按照租赁期限均匀扣除；以融资租赁方式租入固定资产发生的租赁费支出，按照规定构成融资租入固定资产价值的部分应当提取折旧费用，分期扣除。

（3）企业在货币交易中，以及纳税年度终了时将人民币以外的货币性资产、负债按照期末即期人民币汇率中间价折算为人民币时产生的汇兑损失，除已经计入有关资产成本以及与向所有者进行利润分配相关的部分外，准予扣除。

（4）符合条件的贷款损失准备金、存款保险费、保险公司缴纳的保险保障基金等，准予据实税前扣除。

（三）禁止扣除项目

禁止扣除项目，即纳税人购置、建造固定资产的资本性支出，企业发生的与生产经营活动无关的各种非广告性质支出等。

（四）亏损弥补

亏损，是指企业将每一纳税年度的收入总额减除不征税收入、免税收入和各项扣除后小于零的数额。根据我国税法有关规定，企业每一纳税年度的利润总额都可以弥补前5个纳税年的亏损额。当一个纳税年度的利润全部弥补以前年度亏损时，对弥补以前年度亏损的利润不征收企业所得税；当一个纳税年度的利润部分弥补以前年度亏损时，弥补部分收入不作为应纳税所得额，而其他部分在减除不征税收入、免税收入以及各项扣除后作为应纳税所得额计征企业所得税。但其境外营业机构的亏损不得抵减境内营业机构的盈利。

企业纳税年度发生的亏损，准予向以后年度结转，用以后年度的所得弥补，但结转年限最长不得超过5年。亏损弥补期限是自亏损年度报告的下一个年度起连续5年不间断地计算。

五、企业资产的税收处理

练一练

企业资产，是指企业拥有或者控制的、用于经营管理活动且与取得应税收入有关的资产。税法所称企业的各项资产，包括固定资产、生产性生物资产、无形资产、长期待摊费用、投资资产、存货等。

资产的税务处理，是指对于纳税人的各类资产，在计算应纳税所得额时，依法进行的计价、计提资产费用的标准和扣除方法以及摊销等方面的处理。这种处理实际上是为了确定应纳税所得额而进行的所得税会计上的调整，这种调整需依税法的规定进行。

（一）固定资产

在计算应纳税所得额时，企业按照规定计算的固定资产折旧，准予扣除。

固定资产，是指企业为生产产品、提供劳务、出租或者经营管理而持有的、使用时间超过 12 个月的非货币性资产，包括房屋、建筑物、机器、机械、运输工具以及其他与生产经营活动有关的设备、器具、工具等。

（1）下列固定资产不得计算折旧扣除：

1）房屋、建筑物以外未投入使用的固定资产；

2）以经营租赁方式租入的固定资产；

3）以融资租赁方式租出的固定资产；

4）已足额提取折旧仍继续使用的固定资产；

5）与经营活动无关的固定资产；

6）单独估价作为固定资产入账的土地；

7）其他不得计算折旧扣除的固定资产。

（2）固定资产按照以下方法确定计税基础：

1）外购的固定资产，以购买价款和支付的相关税费以及直接归属于使该资产达到预定用途发生的其他支出为计税基础。

2）自行建造的固定资产，以竣工结算前发生的支出为计税基础。

3）融资租入的固定资产，以租赁合同约定的付款总额和承租人在签订租赁合同过程中发生的相关费用为计税基础，租赁合同未约定付款总额的，以该资产的公允价值和承租人在签订租赁合同过程中发生的相关费用为计税基础。

4）盘盈的固定资产，以同类固定资产的重置完全价值为计税基础。

5）通过捐赠、投资、非货币性资产交换、债务重组等方式取得的固定资产，以该资产的公允价值和支付的相关税费为计税基础。

6）改建的固定资产，除法定的支出外，以改建过程中发生的改建支出增加计税基础。企业固定资产投入使用后，由于工程款项尚未结清而未取得全额发票的，可暂按合同规定的金额计入固定资产计税基础计提折旧，待发票取得后进行调整，但该项调整应在固定资产投入使用后 12 个月内进行。

（3）固定资产按照直线法计算的折旧，准予扣除。

（4）除国务院财政、税务主管部门另有规定外，固定资产计算折旧的最低年限如下：

1）房屋、建筑物，为 20 年；

2）飞机、火车、轮船、机器、机械和其他生产设备，为 10 年；

3）与生产经营活动有关的器具、工具、家具等，为 5 年；

4）飞机、火车、轮船以外的运输工具，为 4 年；

5）电子设备，为 3 年。

（5）从事开采石油、天然气等矿产资源的企业，在开始商业性生产前发生的费用和有关固定资产的折耗、折旧方法，由国务院财政、税务主管部门另行规定。

（二）生产性生物资产

生产性生物资产，是指企业为生产农产品、提供劳务或者出租等而持有的生物资产，包括经济林、薪炭林、产畜和役畜等。

（1）生产性生物资产按照以下方法确定计税基础：

1）外购的生产性生物资产，以购买价款和支付的相关税费为计税基础；

2）通过捐赠、投资、非货币性资产交换、债务重组等方式取得的生产性生物资产，以该资产的公允价值和支付的相关税费为计税基础。

（2）生产性生物资产按照直线法计算的折旧，准予扣除。

（3）生产性生物资产计算折旧的最低年限如下：

1）林木类生产性生物资产，为 10 年；

2）畜类生产性生物资产，为 3 年。

（三）无形资产

在计算应纳税所得额时，企业按照规定计算的无形资产摊销费用，准予扣除。

无形资产，是指企业为生产产品、提供劳务、出租或者经营管理而持有的、没有实物形态的非货币性长期资产，包括专利权、商标权、著作权、土地使用权、非专利技术、商誉等。

（1）下列无形资产不得计算摊销费用扣除：

1）自行开发的支出已在计算应纳税所得额时扣除的无形资产；

2）自创商誉；

3）与经营活动无关的无形资产；

4）其他不得计算摊销费用扣除的无形资产。

（2）无形资产按照以下方法确定计税基础：

1）外购的无形资产，以购买价款和支付的相关税费以及直接归属于使该资产达到预定用途发生的其他支出为计税基础；

2）自行开发的无形资产，以开发过程中该资产符合资本化条件后至达到预定用途前发生的支出为计税基础；

3）通过捐赠、投资、非货币性资产交换、债务重组等方式取得的无形资产，以该资产的公允价值和支付的相关税费为计税基础。

（3）无形资产按照直线法计算的摊销费用，准予扣除。外购商誉的支出，在企业整体转让或者清算时，准予扣除。

（4）无形资产的摊销年限不得低于 10 年。作为投资或者受让的无形资产，有关法律规定或者合同约定了使用年限的，可以按照规定或者约定的使用年限分期摊销。

（四）长期待摊费用

在计算应纳税所得额时，企业发生的下列支出作为长期待摊费用，按照规定摊销的，准予扣除：

（1）已足额提取折旧的固定资产的改建支出，按照固定资产预计尚可使用年限分期摊销。

（2）租入固定资产的改建支出，按照合同约定的剩余租赁期限分期摊销。

固定资产的改建支出，是指改变房屋或者建筑物结构、延长使用年限等发生的支出。改建的固定资产延长使用年限的，除前述规定外，应当适当延长折旧年限。

（3）固定资产的大修理支出，按照固定资产尚可使用年限分期摊销，是指同时符合下列条件的支出：

1）修理支出达到取得固定资产时的计税基础 50%以上；

2）修理后固定资产的使用年限延长 2 年以上。

（4）其他应当作为长期待摊费用的支出，自支出发生月份的次月起，分期摊销，摊销年限不得低于 3 年。

（五）投资资产

企业对外投资期间，投资资产的成本在计算应纳税所得额时不得扣除。

投资资产，是指企业对外进行权益性投资和债权性投资形成的资产。企业在转让或者处置投资资产时，投资资产的成本，准予扣除。投资资产按照以下方法确定成本：

（1）通过支付现金方式取得的投资资产，以购买价款为成本；

（2）通过支付现金以外的方式取得的投资资产，以该资产的公允价值和支付的相关税费为成本。

（六）存货

企业使用或者销售存货，按照规定计算的存货成本，准予在计算应纳税所得额时扣除。存货，是指企业持有以备出售的产品或者商品、处在生产过程中的在产品、在生产或者提供劳务过程中耗用的材料和物料等。

存货按照以下方法确定成本：

（1）通过支付现金方式取得的存货，以购买价款和支付的相关税费为成本；

（2）通过支付现金以外的方式取得的存货，以该存货的公允价值和支付的相关税费为成本；

（3）生产性生物资产收获的农产品，以产出或者采收过程中发生的材料费、人工费和分摊的间接费用等必要支出为成本。

企业使用或者销售的存货的成本计算方法，可以在先进先出法、加权平均法、个别计价法中选用一种。计价方法一经选用，不得随意变更。

（七）资产损失

资产损失，是指企业在生产经营活动中实际发生的、与取得应税收入有关的资产损失，包括现金损失，存款损失，坏账损失，贷款损失，股权投资损失，固定资产和存货的盘亏、毁损、报废、被盗损失，自然灾害等不可抗力因素造成的损失以及其他损失。企业发生上述资产损失，应在按税法规定实际确认或者实际发生的当年申报扣除，不得提前或延后扣除。

企业以前年度发生的资产损失未能在当年税前扣除的，可以按照规定向税务机关说明并进行专项申报扣除。其中，属于实际资产损失，准予追补至该项损失发生年度扣除，其追补确认期限一般不得超过5年，但因计划经济体制转轨过程中遗留的资产损失、企业重组上市过程中因权属不清出现争议而未能及时扣除的资产损失、因承担国家政策性任务而形成的资产损失以及政策定性不明确而形成资产损失等特殊原因形成的资产损失，其追补确认期限经国家税务总局批准后可适当延长。属于法定资产损失，应在申报年度扣除。

企业因以前年度实际资产损失未在税前扣除而多缴的企业所得税税款，可在追补确认年度企业所得税应纳税款中予以抵扣，不足抵扣的，向以后年度递延抵扣。企业实际资产损失发生年度扣除追补确认的损失后出现亏损的，应先调整资产损失发生年度的亏损额，再按弥补亏损的原则计算以后年度多缴的企业所得税税款，并按上述办法进行税务处理。企业转让资产，该项资产的净值，准予在计算应纳税所得额时扣除。

六、非居民企业的应纳税所得额

在中国境内未设立机构、场所的，或者虽设立机构、场所但取得的所得与其所设机构、场所没有实际联系的非居民企业，其取得的来源于中国境内的所得，按照下列方法计算其应纳税所得额：

（1）股息、红利等权益性投资收益和利息、租金、特许权使用费所得，以收入全额为应纳税所得额。

（2）转让财产所得，以收入全额减除财产净值后的余额为应纳税所得额。财产净值是指有关资产、财产的计税基础减除已经按照规定扣除的折旧、折耗、摊销、准备金等后的余额。

（3）其他所得，参照前两项规定的方法计算应纳税所得额。

非居民企业在中国境内设立的机构、场所，就其中国境外总机构发生的与该机构、场所生产经营有关的费用，能够提供总机构出具的费用汇集范围、定额、分配依据和方法等证明文件并合理分摊的，准予扣除。

七、企业所得税的应纳税额的计算

企业所得税的应纳税额，是指企业的应纳税所得额乘以适用税率，减除依照《企业所得税法》关于税收优惠的规定减免和抵免的税额后的余额。

企业所得税的应纳税额的计算公式为：

$$\text{应纳税额}=\text{应纳税所得额}\times\text{适用税率}-\text{减免税额}-\text{抵免税额}$$

所谓减免税额和抵免税额，是指依照企业所得税法和国务院的税收优惠规定减征、免征和抵免的应纳税额。

企业抵免境外所得税额后实际应纳所得税额的计算公式为：

$$\begin{matrix}\text{企业实际}\\\text{应纳所得税额}\end{matrix}=\begin{matrix}\text{企业境内外所得}\\\text{应纳税总额}\end{matrix}-\begin{matrix}\text{企业所得税减免、}\\\text{抵免优惠税额}\end{matrix}-\begin{matrix}\text{境外所得税}\\\text{抵免额}\end{matrix}$$

应纳税额的计算见表8－2。

表 8-2 应纳税额的计算

<table>
<tr><td rowspan="18">应纳税额的计算</td><td colspan="6">计算公式：应纳税额＝应纳税所得额×适用税率
应纳税所得额＝收入总额－不征税收入－免税收入－各项扣除－以前年度亏损</td></tr>
<tr><td rowspan="2">收入</td><td colspan="5">货币形式收入</td></tr>
<tr><td colspan="5">非货币形式收入</td></tr>
<tr><td>不征税收入</td><td colspan="5">(1) 财政拨款
(2) 依法应纳入财政管理的行政事业性收费、政府性基金
【注意】不征税收入不属于企业营利性活动带来的收益</td></tr>
<tr><td>免税收入</td><td colspan="5">(1) 国债利息收入
(2) 符合条件的居民企业之间的股息、红利收入（条件：持有 12 个月以上）
(3) 在中国境内设立机构、场所的非居民企业从居民企业取得与该机构、场所有实际联系的股息、红利收入
(4) 符合条件的非营利组织的非营利性收入，不包括非营利组织从事营利性活动取得的收入</td></tr>
<tr><td rowspan="9">准予扣除项目</td><td>成本</td><td colspan="4">工资薪金 100%，补充养老、医疗保险≤工资薪金总额的 5%</td></tr>
<tr><td rowspan="6">费用</td><td rowspan="3">三项经费</td><td>福利费</td><td colspan="2">≤工资薪金总额的 14%</td></tr>
<tr><td>工会经费</td><td colspan="2">≤工资薪金总额的 2%</td></tr>
<tr><td>职工教育经费</td><td>≤工资薪金总额的 8%</td><td>超过部分，准予在以后年度结转扣除</td></tr>
<tr><td>招待费</td><td colspan="3">按照发生额的 60%扣除，但最高不得超过当年销售（营业）收入的 5‰</td></tr>
<tr><td>广告和业务宣传费</td><td colspan="3">不超过当年销售（营业）收入 15%的部分准予扣除，化妆品、医药、饮料为 30%
【注意】超过部分，准予结转以后年度扣除</td></tr>
<tr><td>捐赠</td><td colspan="3">必须为“公益性”的，不超过“年度利润总额”12%的部分准予扣除</td></tr>
<tr><td>税金</td><td colspan="4">无增值税、企业所得税</td></tr>
<tr><td>损失</td><td colspan="4">不包括各种行政性罚款</td></tr>
<tr><td>不得扣除的项目</td><td colspan="5">(1) 向投资者支付的股息、红利等权益性投资收益款项
(2) 企业所得税税款
(3) 税收滞纳金、罚金和罚款
(4) 罚金、罚款和被没收财物的损失
【注意 1】不包括纳税人按照经济合同规定支付的违约金（包括银行罚息）、罚款和诉讼费。【注意 2】纳税人签发空头支票，银行按规定处以罚款，属于行政性罚款，不允许在税前扣除
(5) 超过标准的公益性捐赠支出及所有非公益性捐赠支出
(6) 赞助支出
(7) 未经核定的准备金支出
(8) 企业之间支付的管理费、企业内营业机构之间支付的租金和特许权使用费，非银行企业内营业机构之间支付的利息
(9) 与取得收入无关的其他支出</td></tr>
<tr><td>亏损弥补</td><td colspan="5">延续弥补期——“5 年”
【注意】5 年内不论盈利或亏损，都作为实际弥补期限计算</td></tr>
<tr><td colspan="2" rowspan="3">征收管理</td><td colspan="5">按年计征，分月或分季预缴，年终汇算清缴，多退少补</td></tr>
<tr><td colspan="5">自年度终了之日起 5 个月内汇算清缴</td></tr>
<tr><td colspan="5">【注意】企业在纳税年度内无论盈利或亏损，都应当在法定期限内向税务机关报送企业所得税纳税申报表、财务报告等</td></tr>
</table>

（一）有关抵免境外已纳所得税额的规定

税法规定允许抵免的两种情况：

（1）居民企业来源于中国境外的应税所得；

（2）非居民企业在中国境内设立机构、场所，取得发生在中国境外但与该机构、场所有实际联系的应税所得。

税法规定，企业取得的上述所得已在境外缴纳的所得税税额，可以从其当期应纳税额中抵免，抵免限额为该项所得依照该法规定计算的应纳税额；超过抵免限额的部分，可以在以后5个年度内，用每年度抵免限额抵免当年应抵税额后的余额进行抵补。

其中：

（1）已在境外缴纳的所得税税额，是指企业来源于中国境外的所得依照中国境外税收法律以及相关规定应当缴纳并已经实际缴纳的企业所得税性质的税款。

（2）抵免限额，是指企业来源于中国境外的所得，依照相关我国税法规定计算的应纳税额。我国采用的是限额抵免法，即抵免限额不得超过按我国税法规定计算的额度，超过部分不得在当期抵免，但可以用今后5年内抵免余额抵补。

5个年度，是指从企业取得的来源于中国境外的所得，已经在中国境外缴纳的企业所得税性质的税额超过抵免限额的当年的次年起连续5个纳税年度。

企业在汇总计算缴纳企业所得税时，其境外营业机构的亏损不得抵减境内营业机构的盈利。

对于税收抵免的计算，抵免限额应当分国（地区）不分项计算，计算公式如下：

$$\text{抵免限额}=\begin{matrix}\text{中国境内、境外所得依照税法}\\\text{规定计算的应纳税总额}\end{matrix}\times\begin{matrix}\text{来源于某国(地区)}\\\text{的应纳税所得额}\end{matrix}\div\begin{matrix}\text{中国境内、境外}\\\text{应纳税所得总额}\end{matrix}$$

（二）有关享受抵免境外所得税的范围及条件

税法规定，居民企业从其直接或者间接控制的外国企业分得的来源于中国境外的股息、红利等权益性投资收益，外国企业在境外实际缴纳的所得税税额中属于该项所得负担的部分，可以作为该居民企业的可抵免境外所得税税额，在该法规定的抵免限额内抵免。

（1）直接控制，是指居民企业直接持有外国企业20%以上股份。

（2）间接控制，是指居民企业以间接持股方式持有外国企业20%以上股份。

我国采用多层抵免制度，但对享受税收抵免的境外投资企业规定了范围和条件，即不论直接控制的境外企业，还是间接控制的境外企业，其持股比例不得低于20%。只有高于20%持股比例的境外投资企业才可以享受税收抵免优惠，低于20%持股比例的境外投资企业不得享受税收抵免优惠。

在计算应纳税所得额时，企业财务、会计处理办法与税收法律、行政法规的规定不一致的，应当依照税收法律、行政法规的规定计算。

第三节　企业所得税的税收优惠

税收优惠是指国家根据国民经济和社会发展的需要，运用税收经济杠杆，为鼓励和扶持特定企业或某些特殊行业的发展而给予纳税人减轻或者免除税收负担而采取的一项灵活调节措施。

按照“产业优惠为主，区域优惠为辅”的税收优惠原则，国家对重点扶持和鼓励发展的产业和项目，给予企业所得税优惠。根据国民经济和社会发展的需要，或者由于突发事件等原因对企业经营活动产生重大影响的，国务院可以制定企业所得税专项优惠政策。如2020年全球性新冠肺炎疫情暴发后，国务院制定的一些产业和地区的企业所得税税收减免推迟等税收优惠政策。

根据不同情况，我国采取了多样的税收优惠方式，包括直接减免税、低税率优惠、税额减免抵免、减计收入、免税收入、加计扣除、加速折旧、投资抵免弥补亏损等。企业同时从事适用不同企业所得税待遇的项目的，其优惠项目应当单独计算所得，并合理分摊企业的期间费用；没有单独计算的，不得享受企业所得税优惠。

一、免税优惠

免税优惠，是指企业应税收入或所得，按照税法的规定免予征收企业所得税。主要包括：

（1）国债利息收入。

国债利息收入，是指企业持有国务院财政部门发行的国债取得的利息收入。

（2）符合条件的居民企业之间的股息、红利等权益性投资收益，是指居民企业直接投资于其他居民企业取得的投资收益。

（3）在中国境内设立机构、场所的非居民企业从居民企业取得与该机构、场所有实际联系的股息、红利等权益性投资收益，但不包括连续持有居民企业公开发行并上市流通的股票不足12个月取得的投资收益。

（4）符合条件的非营利组织收入。具体包括接受其他单位或者个人捐赠的收入；按照省级以上民政、财政部门规定收取的会费；不征税收入和免税收入孳生的银行存款利息收入等。

二、定期或定额减税、免税

（1）企业从事农、林、牧、渔业项目的所得，可以免征、减征企业所得税。

（2）从事国家重点扶持的公共基础设施项目投资经营所得，可以免征、减征企业所得税。

（3）从事符合条件的环境保护、节能节水项目的所得。

（4）符合条件的技术转让所得。不超过500万元的部分，免征企业所得税；超过500万元的部分，减半征收企业所得税。

三、低税率优惠

（1）凡符合条件的小型微利企业，减按20%的税率征收企业所得税。

（2）重点扶持的高新技术企业，减按15%的税率征收企业所得税。国家需要重点扶持的高新技术企业，是指拥有核心自主知识产权，并同时符合规定条件的企业。

（3）非居民企业所得。在中国境内未设立机构、场所的，或者虽设立机构、场所但取得的所得与其所设机构、场所没有实际联系的，应当就其来源于中国境内的所得，减按10%的税率征收企业所得税。

税法规定，对汇出境外利润减按10%的税率征收企业所得税。

中国居民企业向境外H股非居民企业股东派发2008年及以后年度股息时，按10%的税率代扣代缴企业所得税。

合格境外机构投资者（QFII）取得来源于中国境内的股息、红利和利息收入，应当按照10%缴纳企业所得税。

同时规定，下列所得可以免征企业所得税：

（1）外国政府向中国政府提供贷款取得的利息所得。

（2）国际金融组织向中国政府和居民企业提供优惠贷款取得的利息所得。

（3）经国务院批准的其他所得。

四、区域税收优惠

（一）民族地区税收优惠

民族自治地方的自治机关对本民族自治地方的企业应缴纳的企业所得税中属于地方分享的部分，可以决定减征或者免征。

（二）国家西部大开发税收优惠

对设在西部地区以《西部地区鼓励类产业目录》中规定的产业项目为主营业务，且当年度主营业务收入占企业收入总额60%以上的企业，可减按15%税率征收企业所得税。

（三）海南自由贸易港税收优惠

对注册在海南自由贸易港并实质性运营的鼓励类产业企业，可减按15%税率征收企业所得税。

知识链接
海南企业所得税目前有哪些税收优惠政策

五、特别项目税收优惠

（一）加计扣除税收优惠

企业为开发新技术、新产品、新工艺发生的研究开发费用，未形成无形资产计入当期损益的，在按照规定据实扣除的基础上，再按照研究开发费用的50%加计扣除；形成无形资产的，按照无形资产成本的150%摊销。

（二）安置残疾人员及国家鼓励安置的其他就业人员税收优惠

国家对于安置残疾人员及国家鼓励安置的其他就业人员的企业有税收优惠，具体可查阅相关规定。

（三）投资抵免优惠

创业投资企业采取股权投资方式投资于未上市的中小高新技术企业2年以上的，可以按照其投资额的70%在当年抵扣该企业的应纳税所得额，但股权持有须满2年。当年不足抵扣的，可以在以后纳税年度结转抵扣。

（四）减计收入

企业以《资源综合利用企业所得税优惠目录》规定的资源作为主要原材料，生产国家非限制和禁止并符合国家和行业相关标准的产品取得的收入，减按90%计入收入总额。其中，原材料占生产产品材料的比例不得低于前述优惠目录规定的标准。

（五）抵免应纳税额

企业购置并实际使用《环境保护专用设备企业所得税优惠目录》《节能节水专用设备企业所得税优惠目录》《安全生产专用设备企业所得税优惠目录》规定的环境保护、节能节水、安全生产等专用设备的，该专用设备的投资额的10%可以从企业当年的应纳税额中抵免；当年不足抵免的，可以在以后5个纳税年度结转抵免。

（六）加速折旧

企业的固定资产由于技术进步等原因，确需加速折旧的，可以缩短折旧年限或者采取加速折旧的方法。

（1）可以采取缩短折旧年限或者采取加速折旧的方法的固定资产，包括：

1）由于技术进步，产品更新换代较快的固定资产；

2）常年处于强震动、高腐蚀状态的固定资产。

（2）采取缩短折旧年限方法的，最低折旧年限不得低于法定折旧年限的60%；采取加速折旧方法的，可以采取双倍余额递减法或者年数总和法。

另外，经报国务院批准，财政部、国家税务总局具体制定了鼓励软件产业和集成电路产业发展、鼓励证券投资基金等发展的专项政策税收优惠。

第四节　企业所得税的源泉扣缴及特别纳税调整

一、源泉扣缴

源泉扣缴，即非居民在取得收入时，其缴税在收入支付环节由支付人代扣代缴。支付环节即源泉。源泉扣缴性质，即按属地原则，对非居民取得的收入实行征税，维护国家税收权益，目的是简化纳税手续，防止偷漏税。

（一）源泉扣缴适用非居民企业

在中国境内未设立机构、场所的，或者虽设立机构、场所但取得的所得与其所设机构、场所没有实际联系的非居民企业，就其取得的来源于中国境内的所得应缴纳的所得税，实行源泉扣缴。

（二）应税所得及应纳税额计算

（1）对非居民企业取得来源于中国境内的股息、红利等权益性投资收益（股息、红利）和利息、租金、特许权使用费所得、转让财产所得以及其他所得应当缴纳的企业所得税，实行源泉扣缴。

（2）对非居民企业取得的股息、红利、利息、特许权使用费、租金等按收入全额计征，即支付人向非居民企业支付的全部价款和价外费用，其相关发生的成本费用不得扣除；对其取得的转让财产所得，以收入全额减除财产净值后的余额作为应纳税所得额。其他所得，参照前两项规定执行。

收入全额是指非居民企业向支付人收取的全部价款和价外费用。其他所得，是指该纳税人在中国境内取得的其他各种来源的收入。

（3）应纳税额的计算：

扣缴企业所得税应纳税额＝应纳税所得额×实际征收率

实际征收率，是指《企业所得税法》及《企业所得税法实施条例》等相关法律、法规规定的税率，或者税收协定规定的税率。

（三）支付人和扣缴义务人

1．支付人

支付人是指依照有关法律规定或者合同约定对非居民企业直接负有支付相关款项义务的单位或者个人。

2．扣缴义务人

支付人为扣缴义务人，即依照有关法律规定或者合同约定对非居民企业直接负有支付相关款项义务的单位或者个人为扣缴义务人。

扣缴义务人，由县级以上税务机关指定，并同时告知扣缴义务人所扣税款的计算依据、计算方法、扣缴期限和扣缴方式。

（四）税务管理

扣缴义务人与非居民企业首次签订与有关业务合同或协议的，扣缴义务人应当自合同签订之日起30日内，向其主管税务机关申报办理扣缴税款登记。

扣缴义务人每次代扣的税款，应当自代扣之日起7日内缴入国库，并向所在地的税务机关报送扣缴企业所得税报告表。

税务机关在追缴该纳税人应纳税款时，应当将追缴理由、追缴数额、缴纳期限和缴纳方式等告知该纳税人。

二、企业所得税的特别纳税调整

特别纳税调整主要是对关联企业之间非正常的商业行为进行强制性纳税调整，使其符合独立交易原则，防止避税现象，维护国家利益。

（一）关联企业与独立交易原则

税法规定，企业与其关联方之间的业务往来，不符合独立交易原则而减少企业或者其关联方应纳税收入或者所得额的，税务机关有权按照合理方法调整。

1．关联企业及关联关系

税法规定，关联方是指与企业有下列关联关系之一的企业、非法人组织或者个人：

（1）在资金、经营、购销等方面存在直接或者间接的控制关系；

（2）直接或者间接地同为第三者控制；

（3）在利益上具有相关联的其他关系。

2．独立交易原则

独立交易原则，也称“公平交易原则”“正常交易原则”。具体是指没有关联关系的交易各方，按照公平成交价格和营业常规进行业务往来遵循的原则。

3．关联企业的业务往来，具体包括货物贸易、服务贸易、共同开发等，这些交易税务机关都有权利进行调查，并按照独立交易原则认定和调整

企业与其关联方共同开发、受让无形资产，或者共同提供、接受劳务发生的成本，在

计算应纳税所得额时应当按照独立交易原则进行分摊。

（二）特别纳税调整管理办法

1. 税务机关有权按以下办法核定和调整关联企业交易价格

（1）可比非受控价格法，是指按照没有关联关系的交易各方进行相同或者类似业务往来的价格进行定价的方法；

（2）再销售价格法，是指按照从关联方购进商品再销售给没有关联关系的交易方的价格，减除相同或者类似业务的销售毛利进行定价的方法；

（3）成本加成法，是指按照成本加合理的费用和利润进行定价的方法；

（4）交易净利润法，是指按照没有关联关系的交易各方进行相同或者类似业务往来取得的净利润水平确定利润的方法；

（5）利润分割法，是指将企业与其关联方的合并利润或者亏损在各方之间采用合理标准进行分配的方法；

（6）其他符合独立交易原则的方法。

2. 关联业务的相关资料

企业向税务机关报送年度企业所得税纳税申报表时，应当就其与关联方之间的业务往来，附送年度关联业务往来报告表。

3. 税务机关的纳税核定权

企业不提供与其关联方之间业务往来资料，或者提供虚假、不完整资料，未能真实反映其关联业务往来情况的，税务机关有权依法核定其应纳税所得额。

企业对税务机关按照前款规定的方法核定的应纳税所得额有异议的，应当提供相关证据，经税务机关认定后，调整核定的应纳税所得额。

4. 补征税款和加收利息

税务机关根据税收法律、行政法规的规定，对企业作出特别纳税调整的，应当对补征的税款，自税款所属纳税年度的次年 6 月 1 日起至补缴税款之日止的期间，按日加收利息。

加收的利息，应当按照税款所属纳税年度中国人民银行公布的与补税期间同期的人民币贷款基准利率加 5 个百分点计算。加收的利息，不得在计算应纳税所得额时扣除。

5. 纳税调整的时效

企业与其关联方之间的业务往来，不符合独立交易原则，或者企业实施其他不具有合理商业目的安排的，税务机关有权在该业务发生的纳税年度起 10 年内，进行纳税调整。

（三）预约定价安排

（1）税法规定，企业可以向税务机关提出与其关联方之间业务往来的定价原则和计算方法，税务机关与企业协商、确认后，达成预约定价安排。

（2）预约定价安排的谈签与执行通常经过预备会谈、正式申请、审核评估、磋商、签订安排和监控执行 6 个阶段。预约定价安排包括单边、双边和多边 3 种类型。

（3）预约定价安排应由设区的市、自治州以上的税务机关受理。

（4）预约定价安排一般适用于同时满足以下条件的企业：

1）年度发生的关联交易金额在 4 000 万元人民币以上；

2）依法履行关联申报义务；

3）按规定准备、保存和提供同期资料。

（5）企业申请单边、双边或多边预约定价安排的，应首先向税务机关书面提出谈签意向，在税务机关正式许可情况下3个月内，向税务机关提出预约定价安排书面申请报告。

（6）税务机关就企业预约定价安排申请事项与相关方进行磋商，磋商一致的则拟定预约定价安排草案。税务机关与企业就预约定价安排草案内容达成一致，双方代表正式签订单边预约定价安排协议书，预约定价安排生效执行。

（四）成本分摊协议

为避免征纳双方矛盾，税法规定关联企业可以制定"成本分摊协议"，协议上报主管税务机关认可后执行。

（五）受控外国企业

对我国居民企业、中国公民投资控制的外国企业，其经营利润无合理理由不作分配或减少分配的情况，属于特别纳税调整管理范围。

税法规定，由居民企业，或者由居民企业和中国居民控制的设立在实际税负明显低于我国法定税率水平的国家（地区）的企业，并非由于合理的经营需要而对利润不作分配或者减少分配的，上述利润中应归属于该居民企业的部分，应当计入该居民企业的当期收入。

中国居民企业或居民个人能够按规定提供资料证明其控制的外国企业利润不作分配或者减少分配具有正当合理性，可免于将该外国企业不作分配或者减少分配的利润视同股息分配额计入中国居民企业股东的当期所得。

（六）资本弱化管理

为防止关联企业通过借款方式转移利润，税法规定企业债权性投资不得低于该企业权益性投资的一定比例，如超过规定比例，其超过部分的利息支出不得在税前扣除。国际上将企业债权性投资占企业权益性投资比例过高的情况，称为"资本弱化"。

（1）债权性投资，是指企业直接或者间接从关联方获得的，需要偿还本金和支付利息或者需要以其他具有支付利息性质的方式予以补偿的融资。

（2）权益性投资，是指企业接受的不需要偿还本金和支付利息，投资人对企业净资产拥有所有权的投资。

（3）企业实际支付给关联方的利息支出，不超过以下规定比例计算的部分，准予扣除，超过的部分不得在发生当期和以后年度扣除。

企业接受关联方债权性投资与其权益性投资比例为：金融企业，为5∶1；其他企业，为2∶1。

（4）企业能够按照有关规定提供相关资料，并证明相关交易活动符合独立交易原则的；或者该企业的实际税负不高于境内关联方的，其实际支付给境内关联方的利息支出，在计算应纳税所得额时准予扣除。

（七）一般反避税条款

税法规定，企业实施其他不具有合理商业目的的安排而减少其应纳税收入或者所得额的，税务机关有权按照合理方法调整。所谓不具有合理商业目的，是指以减少、免除或者推迟缴纳税款为主要目的的税收安排。

税务机关可依法对存在以下避税安排的企业，启动一般反避税调查：

（1）滥用税收优惠；
（2）滥用税收协定；
（3）滥用公司组织形式；
（4）利用避税港避税；
（5）其他不具有合理商业目的的安排。

税务机关应按照经济实质对企业的避税安排重新定性，有权取消企业从避税安排获得的税收利益。

第五节 企业所得税的征收管理

一、纳税地点

居民企业以企业登记注册地为纳税地点；但登记注册地在境外的，以实际管理机构所在地为纳税地点，另有规定的除外。

非居民企业在中国境内设立机构、场所的，以机构、场所所在地为纳税地点。

非居民企业在中国境内设立两个或者两个以上机构、场所的，经税务机关审核批准，可以选择由其主要机构、场所汇总缴纳企业所得税。在中国境内未设立机构、场所的，或者虽设立机构、场所但取得的所得与其所设机构、场所没有实际联系的非居民企业，以扣缴义务人所在地为纳税地点。

上述所称主要机构、场所，应当对其他各机构、场所的生产经营活动负有监督管理责任；设有完整的账簿、凭证，能够准确反映各机构、场所的收入、成本、费用和盈亏情况。

上述所称经税务机关审核批准，是指经各机构、场所所在地税务机关的共同上级税务机关审核批准。

非居民企业经批准汇总缴纳企业所得税后，需要增设、合并、迁移、关闭机构、场所或者停止机构、场所业务的，应当事先由负责汇总申报缴纳企业所得税的主要机构、场所向其所在地税务机关报告；需要变更汇总缴纳企业所得税的主要机构、场所的，依照前述规定办理。

二、纳税方式

居民企业在中国境内设立不具有法人资格营业机构的，应当汇总计算并缴纳企业所得税。企业汇总计算并缴纳企业所得税时，应当统一核算应纳税所得额。除国务院另有规定外，企业之间不得合并缴纳企业所得税。

企业在纳税年度内无论盈利或者亏损，都应当依照企业所得税法规定的期限，向税务机关报送预缴企业所得税纳税申报表、年度企业所得税纳税申报表、财务会计报告和税务机关规定应当报送的其他有关资料。

三、纳税年度

（1）企业所得税按纳税年度计算。纳税年度自公历 1 月 1 日起至 12 月 31 日止。

（2）企业在一个纳税年度中间开业或者终止经营活动，使该纳税年度的实际经营期不足 12 个月的，应当以其实际经营期为 1 个纳税年度。

（3）企业依法清算时，应当以清算期间作为 1 个纳税年度。

四、纳税申报及预缴

（1）企业所得税分月或者分季预缴。企业应当自月份或者季度终了之日起 15 日内，向税务机关报送预缴企业所得税纳税申报表，预缴税款。

（2）企业应当自年度终了之日起 5 个月内，向税务机关报送年度企业所得税纳税申报表，并汇算清缴，结清应缴应退税款。企业应当在办理注销登记前，就其清算所得向税务机关申报并依法缴纳企业所得税。

（3）企业所得税分月或者分季预缴，由税务机关具体核定。

企业分月或者分季预缴企业所得税时，应当按照月度或者季度的实际利润额预缴；按照月度或者季度的实际利润额预缴有困难的，可以按照上一纳税年度应纳税所得额的月度或者季度平均额预缴，或者按照经税务机关认可的其他方法预缴。预缴方法一经确定，该纳税年度内不得随意变更。

经税务机关检查确认，企业少计或者多计前款规定的所得的，应当按照检查确认补税或者退税时的上一个月最后一日的人民币汇率中间价，将少计或者多计的所得折合成人民币计算应纳税所得额，再计算应补缴或者应退的税款。

五、计税货币

（1）依法缴纳的企业所得税，以人民币计算。企业所得以人民币以外货币计算的，应当折合成人民币计算并缴纳税款。

（2）企业以外币计算并预缴企业所得税时，应当按照月度或者季度最后 1 日的人民币汇率中间价，折合成人民币计算应纳税所得额。

（3）年度终了汇算清缴时，对已经按照月度或者季度预缴税款的，不再重新折合计算，只就该纳税年度内未缴纳企业所得税的部分，按照纳税年度最后一日的人民币汇率中间价，折合成人民币计算应纳税所得额。

六、企业所得税的减免税管理

税收优惠管理方式主要有审批管理和备案管理两种方式。

知识链接
跨地区经营汇总企业及合伙企业的经营管理

1. 审批管理

纳税人申请审批类减免税的，应当在政策规定的税收优惠期限内，向主管税务机关或直接向有权审批的税务机关提出书面申请，并按要求报送相关资料。主管税务机关按规定时限和程序受理企业报批的税收优惠申请，并按规定时限和要求对纳税人提供的资料与税法规定条件的相关性进行审核，最后应作出审批决定。

2. 备案管理

除按规定实行企业所得税优惠审批管理之外，其他各类企业所得税优惠政策，均实行备案管理。

企业所得税法律知识导图见图 8－1。

图 8－1　企业所得税法律制度知识导图

本章知识提要

企业所得税是企业收益分配税调节税，调节收入差别和资源配置。企业指法人企业，也包括非企业的事业单位等社会团体组织，不包括合伙企业和个人独资企业。目前世界主要经济体的企业所得税率集中在15%～20%，我国企业所得税率为25%，在全球处于一个中等偏上的水平。企业所得税率的高低影响企业的投资与扩张，进一步减低企业所得税税率，能够有效提高企业经营状况和利润的增长，间接促进投机和就业，且企业所得税税率降幅与企业营收状况的增幅基本成正比，即企业所得税率每降低15%，企业营收、利润和投资增加均接近10%。

企业所得税税率优惠已经形成的企业税收负担不平等，可能导致企业避税申报等消极行为，未来的改革方向应重点集中于现有高税负企业的减税，以及对于边际税率累进跃迁幅度过大的抑制。

企业所得税筹划要以遵纪守法为根本，减少税基为重要思路，筹划税收的目的在于降低企业税负、增强企业综合竞争力、为企业发展提供足够的助力。

本章练习题及
答案解析

第九章

财政及工业产权法律制度

学习目标:

知识目标: (1) 知晓国家预算收支的内容及执行规定;

(2) 知晓国家出资企业资产管理的主要内容;

(3) 知悉商标注册及商标权保护内容规定;

(4) 知悉专利申请流程及专利权保护规定主要内容。

能力目标: 能够运用所学商标专利法律知识为所服务单位申请商标、注册专利,并保护自身商标权和专利权。

思政目标: (1) 保护国家财产,保证国有资产保值增值,防止国有资产流失;

(2) 尊重知识产权,反对恶意注册商标及侵犯商标专用权、专利权等不法行为。

财政是国家为了满足社会公共需要,弥补市场的不足,以国家为主体对部分社会总产品进行分配而进行的活动。其目的是优化资源配置、公平分配、使经济稳定和发展。其特征表现为主体的政府性、目的的公共性、形式的无偿性、手段的强制性、调节机制的计划性。财政原则是公平和效益。

财政法是调整财政分配和财政管理活动中形成的财政关系的法律规范的总称。它体现着掌握国家政权的统治阶级意志和根本利益,是国家实现其财政经济职能和社会公共职能的重要工具。社会主义财政法的本质是保证国家财政收支取之于民、用之于民,反映国家和人民的意志与利益,以巩固无产阶级专政政权。财政法是宏观调控法的重要组成部分,其基本原则包括依法理财原则、收支平衡原则、公平与效益相结合原则、市场机制与宏观调控相结合原则、经济可持续发展原则等。财政法的内容主要包括预算法、国有资产管理法、政府采购法、财政转移支付法、国库管理法、税法等。

知识产权包括工业产权和著作权,工业产权主要是商标权和专利权。工业产权法律制度主要包括商标和专利法律制度。2014 年 11 月,我国第一个知识产权法院即北京知识产权法院正式成立，表明我国更加重视知识产权。与此相适应，商标和专利等无形资产产权的保护在国有资产管理中也亟待加强，价值核算等与财政和会计工作的联系也更加紧密。从此意义出发，并考虑到章节权重和密切度安排等，将财政和工业产权法律制度在本章一起阐述。

第一节　预算法

预算是国家、事业单位、企业或个人对未来一定时期内财政财务收支、资本经营等各方面作出的总体计划，并将各种经济活动用货币的形式表现出来。国家预算是指经法定程序审核批准的国家年度集中性财政收支计划，它规定国家财政收入的来源和数量、财政支出的各项用途和数量，反映着整个国家政策、政府活动的范围和方向。

预算法是指国家调整预算关系的法律规范的总称，是财政法的主要组成部分。它规定国家预算的组成及组织方法，各级政府管理预算的权限和责任，预、决算的编制及审核程序，预算执行制度和纪律等。《中华人民共和国预算法》（以下简称《预算法》）于 1994 年通过，2014 年、2018 年两次修正。

一、预算法的基本原则

国家预算又称财政预算，是国家对会计年度内的收入和支出的预先估算，是国家组织、分配财政资金的重要工具，也是国家进行宏观调控的经济杠杆。预算法的调整对象是在国家以法定程序进行预算资金的筹集、分配、使用和管理过程中发生的社会关系。预算法的基本原则是在预算、决算的编制、审查、批准、监督，以及预算的执行和调整过程中应当遵守的基本准则。主要包括：

（一）量力而行原则

量力而行原则是指在支出安排的总量上按照年度财政收入规模安排支出。重点支出一般不与财政收支增幅挂钩，根据收入和财力的可能来安排预算支出，做到量力而行，收支平衡。

（二）预算法定原则

《预算法》明确规定：经人民代表大会批准的预算，非经法定程序，不得调整。各级政府、各部门、各单位的支出必须以经批准的预算为依据，未列入预算的不得支出。

（三）绩效原则

绩效指政府支出应与有效公共服务的提供相匹配。绩效原则指政府应当将绩效贯穿于预算全过程。

（四）跨年度预算平衡原则

中央一般公共预算执行中如出现超收，超收收入用于冲减赤字、补充预算稳定调节基金；如出现短收，通过调入预算稳定调节基金、削减支出或增列赤字并在经全国人民代表大会或其常委会批准的国债余额限额内发债平衡。

（五）公开原则

预算的公开原则包括：（1）预算公开，除法律规定或涉及国家利益的重大机密外，预算草案及依据应向人民代表公开，在预算通过后应向人民公开；（2）预算的编制、审议和执行过程透明；（3）决算数据公开。

（六）完整性原则

预算完整性原则，是指一切和政府有关的财政收支活动，都应该纳入预算中，政府在预算活动外不许有任何其他的财政收支行为。

（七）分税制原则

国家实行中央和地方分税制。实行分税制的预算管理体制，有利于稳定中央与地方各级预算收入来源，明确各级预算管理的职责权限；有利于充分调动各级政府预算管理的积极性，克服以往那种权责不清的预算管理体制的弊端。

二、预算体系管理

（一）预算体系

预算体系是指各级政府预算构成的整体，通常有一级政权就有一级财政预算，每级财政都按预算年度建立总预算。我国预算体系的构建与政权结构的变化保持一致。我国国家预算由中央预算和地方预算两部分组成，地方预算又分为省（自治区、直辖市）预算，设区的市、自治州预算，县、自治县、区、不设区的市预算和乡、民族乡、镇四级预算。

（二）预算管理职权

预算管理职权是指确定、支配国家预算的权力和对于国家预算的编制、审查、批准、执行、调整、监督权力的总称。按照主体层次不同可以分为中央预算管理职权和地方预算管理职权。中央预算管理职权包括：全国人民代表大会的预算管理职权、全国人民代表大会常务委员会的预算管理职权、国务院的预算管理职权、国务院财政部门的预算管理职权、中央各部门的预算管理职权、中央各单位的预算管理职权。地方预算管理职权包括：地方各级权力机关的预算管理职权、地方各级政府的预算管理职权、地方各级政府财政部门的预算管理职权、地方各预算部门的预算管理职权和地方各预算单位的预算管理职权。

（三）预算权的法律特征

（1）预算权发生于国家预算收支管理领域，体现国家的财政分配关系，是国家财政权的主要组成部分。

（2）预算权的主体只能是国家权力机关、国家行政机关和列入部门的预算的其他国家机关。社会团体和其他单位、任何自然人或非预算单位都不得享有预算权。

（3）预算权是一种经济权力，而不是一种纯粹的行政权，它具有经济内容。

（4）预算权的确定具有严格的法律规定性，不能由当事人约定。

（5）预算权与预算年度紧密相连，具有严格的周期性。如我国预算年度自公历1月1日起，至12月31日止。

（6）预算权所体现的利益归于国家、归于全体人民。

三、预算收支范围

预算由预算收入和预算支出组成，包括一般公共预算、政府性基金预算、国有资本经营预算和社会保险基金预算四大类收支。

（一）一般公共预算

一般公共预算是以税收为主体的财政收入，安排用于保障和改善民生、推动经济社会发展、维护国家安全、维持国家机构正常运转等方面的收支预算，其中一般公共预算收入具体构成见表 9－1。

表 9－1　一般公共预算收入

类型	具体规定
税收收入	涉及流转税、所得税、资源税、行为税、财产税等 18 个税种
行政事业性收费	按照成本补偿和非营利原则向特定服务对象收取
国有资源（资产）有偿使用收入	作为国民经济与社会发展的物质基础，国有资源和资产有偿使用收入是政府收入的重要组成部分
转移性收入	包括上级补助收入、下级上解收入、上年结余收入等
其他收入	包括规费收入、罚没收入、捐赠收入等

一般公共预算支出按照其功能分类，包括一般公共服务支出，外交、公共安全、国防支出，农业、环境保护支出，教育、科技、文化、卫生、体育支出，社会保障及就业支出和其他支出；按照其经济性质分类，包括工资福利支出、商品和服务支出、资本性支出和其他支出。

（二）政府性基金预算

政府性基金预算是指对依照法律、行政法规的规定在一定期限内向特定对象征收、收取或者以其他方式筹集的资金，专项用于特定公共事业发展的收支预算。政府性基金预算应当根据基金项目收入情况和实际支出需要，按基金项目编制，以收定支。

（三）国有资本经营预算

国有资本经营预算是对国有资本收益作出支出安排的收支预算。国有资本经营预算按照收支平衡的原则编制，不列赤字，并安排资金调入一般公共预算。

（四）社会保险基金预算

社会保险基金预算是指社会保险经办机构根据社会保险制度的实施计划和任务编制的、经规定程序审批的以社会保险缴款和其他方式筹集的资金，专项用于社会保险的年度基金财务收支预算。

四、预算编制

预算编制是制定取得和分配、使用预算资金的年度计划的活动。它是预算管理程序的第一个环节和步骤，也是一种基础性的程序。预算编制的对象是预算草案，即各级政府、各部门、单位编制的未经法定程序审查批准的预算收支计划。

（一）预算编制的基本要求

（1）各级预算收入的编制，应当与经济社会发展水平相适应，与财政政策相衔接。

（2）中央政府公共预算和地方各级政府预算按照量入为出、收支平衡的原则编制，不列赤字。

（3）各级政府、各部门、各单位应当依照《预算法》规定，将所有政府收入全部列入预算，不得隐瞒、少列。

（4）各级预算支出应当依照《预算法》规定，按其功能和经济性质分类编制。

（5）各级预算支出的编制，应当贯彻勤俭节约的原则，严格控制各部门、各单位的机关运行经费和楼堂馆所等基本建设支出。

（6）各级一般公共预算支出的编制，应当统筹兼顾，在保证基本公共服务合理需要的前提下，优先安排国家确定的重点支出。

（二）预算编制的方法和程序

国务院应当及时下达关于编制下一年预算草案的通知。编制预算草案的具体事项由国务院财政部门部署。各级政府、各部门、各单位应当按照国务院规定的时间编制预算草案。各级预算应当根据年度经济社会发展目标、国家宏观调控总体要求和跨年度预算平衡的需要，参考上一年预算执行情况、有关支出绩效评价结果和本年度收支预测，按照规定程序征求各方面意见后，进行编制。

各部门、各单位应当按照国务院财政部门制定的政府收支分类科目、预算支出标准和要求，以及绩效目标管理等预算编制规定，根据其依法履行职能和事业发展的需要以及存量资产情况，编制本部门、本单位预算草案。

省、自治区、直辖市政府应当按照国务院规定的时间，将本级总预算草案报国务院审核汇总。

（三）预算审查和批准

预算审批，是指国家各级权力机关对同级政府所提出的预算草案进行审查和批准的活动。中央预算由全国人民代表大会审查和批准；地方各级预算由本级人民代表大会审查和批准。

国务院在全国人民代表大会举行会议时，向大会作关于中央和地方预算草案以及中央和地方预算执行情况的报告。地方各级政府在本级人民代表大会举行会议时，向大会作关于总预算草案和总预算执行情况的报告。

乡、民族乡、镇政府应当及时将经本级人民代表大会批准的本级预算报上一级政府备案。县级以上地方各级政府应当及时将经本级人民代表大会批准的本级预算及下一级政府报送备案的预算汇总，报上一级政府备案。县级以上地方各级政府将下一级政府依照前述规定报送备案的预算汇总后，报本级人民代表大会常务委员会备案。国务院将省、自治区、直辖市政府依照前款规定报送备案的预算汇总后，报全国人民代表大会常务委员会备案。

国务院和县级以上地方各级政府对下一级政府依照《预算法》的相关规定报送备案的预算，认为有同法律、行政法规相抵触或者有其他不适当之处，需要撤销批准预算的决议的，应当提请本级人民代表大会常务委员会审议决定。

五、预算执行与调整

（一）预算执行

预算执行，是组织完成预算收支任务的活动。各级预算由本级政府组织执行，具体工作由本级政府财政部门负责。各部门、各单位是本部门、本单位的预算执行主体，负责本部门、本单位的预算执行，并对执行结果负责。

预算年度开始后，各级预算草案在本级人大批准前，可以安排上一年度结转的支出；参照上一年同期的预算支出数额安排必须支付的本年度部门基本支出、项目支出，以及对下级政府的转移性支出；法律规定必须履行支付义务的支出，以及用于自然灾害等突发事件处理的支出。预算审批前安排支出的情况，应当在预算草案的报告中作出说明。

预算收入征收部门和单位，必须依照法律、行政法规的规定，及时、足额征收应征的预算收入。各级政府不得向预算收入征收部门和单位下达收入指标。

各级政府财政部门必须依照法律、行政法规和国务院财政部门的规定，及时、足额地拨付预算支出资金，加强对预算支出的管理和监督。各级政府、各部门、各单位的支出必须按照预算执行，不得虚假列支。各级政府、各部门、各单位应当对预算支出情况开展绩效评价。

县级以上各级预算必须设立国库；具备条件的乡、民族乡、镇也应当设立国库。中央国库业务由中国人民银行经理，地方国库业务依照国务院的有关规定办理。各级国库应当按照国家有关规定，及时准确地办理预算收入的收纳、划分、留解、退付和预算支出的拨付。各级国库库款的支配权属于本级政府财政部门。除法律、行政法规另有规定外，未经本级政府财政部门同意，任何部门、单位和个人都无权冻结、动用国库库款或者以其他方式支配已入国库的库款。

（二）预算调整

预算调整是因特殊情况而在预算执行过程中对原来的预算作部分调整和变更。由于预算调整的是已经发生法律效力的预算案，因此必须按照法律规定的实体条件和程序进行。

经全国人民代表大会批准的中央预算和经地方各级人民代表大会批准的地方各级预算，在执行中出现下列情况之一的，应当进行预算调整：(1) 需要增加或者减少预算总支出的；(2) 需要调入预算稳定调节基金的；(3) 需要调减预算安排的重点支出数额的；(4) 需要增加举借债务数额的。

在预算执行中，各级政府对于必须进行的预算调整，应当编制预算调整方案，说明预算调整的理由、项目和数额。中央预算的调整方案应当提请全国人民代表大会常务委员会审查和批准；县级以上地方各级预算的调整方案应当提请本级人民代表大会常务委员会审查和批准；乡、民族乡、镇预算的调整方案应当提请本级人民代表大会审查和批准。未经《预算法》规定的程序，各级政府不得作出预算调整的决定。对违反上述规定作出的决定，本级人民代表大会、本级人民代表大会常务委员会或者上级政府应当责令其改变或者撤销。

六、决算

决算是对年度预算收支执行结果的报告，在实质上则是对年度预算执行结果的总结，它是预算管理程序中的最后一个环节，在形式上包括决算报表和文字说明两部分。

决算草案由各级政府、各部门、各单位，在每一预算年度终了后按照国务院规定的时间编制。编制决算草案的具体事项，由国务院财政部门部署。编制决算草案，必须符合法律、行政法规，做到收支真实、数额准确、内容完整、报送及时。决算草案应当与预算相对应，按预算数、调整预算数、决算数分别列出。各部门对所属各单位的决算草案，应当审核并汇总编制本部门的决算草案，在规定的期限内报本级政府财政部门审核。各级政府财政部门对本级各部门决算草案审核后发现有不符合法律、行政法规规定的，有权予以纠正。

国务院财政部门编制中央决算草案，经国务院审计部门审计后，报国务院审定，由国务院提请全国人民代表大会常务委员会审查和批准。县级以上地方各级政府财政部门编制本级决算草案，经本级政府审计部门审计后，报本级政府审定，由本级政府提请本级人民代表大会常务委员会审查和批准。乡、民族乡、镇政府编制本级决算草案，提请本级人民代表大会审查和批准。

国务院和县级以上地方各级政府对下一级政府依照《预算法》规定报送备案的决算，认为有同法律、行政法规相抵触或者有其他不适当之处，需要撤销批准该项决算的决议的，应当提请本级人民代表大会常务委员会审议决定；经审议决定撤销的，该下级人民代表大会常务委员会应当责成本级政府依照《预算法》规定重新编制决算草案，提请本级人民代表大会常务委员会审查和批准。

七、预算监督

预算监督是指各级国家机关依法对全部预算活动的监督，它贯穿于预算管理活动的各个环节，起到了推进财权法治化，确保财政资金安全性和绩效性的作用。

（一）权力机关对预算的监督

全国人民代表大会及其常务委员会对中央和地方预算、决算进行监督。县级以上地方各级人民代表大会及其常务委员会对本级和下级预算、决算进行监督。乡、民族乡、镇人民代表大会对本级预算、决算进行监督。

（二）政府机关对预算的监督

国务院和县级以上地方各级政府应当在每年 6 月到 9 月期间向本级人民代表大会常务委员会报告预算执行情况。

各级政府监督下级政府的预算执行；下级政府应当定期向上一级政府报告预算执行情况。

（三）各级政府专门机构对预算的监督

各级政府财政部门负责监督检查本级各部门及其所属各单位预算的编制、执行，并向本级政府和上一级政府财政部门报告预算执行情况。

（四）其他主体对预算的监督

自然人、法人或者非法人组织发现有违反预算法的行为，可以依法向有关国家机关进行检举、控告。

接受检举、控告的国家机关应当依法进行处理，并为检举人、控告人保密。任何单位或者个人不得压制和打击报复检举人、控告人。

想一想

如何有效保障各级国家机关依法对全部预算活动的监督?

第二节 国有资产管理法律制度

国有资产，是指所有权属于国家的财产或财产权益，不仅包括有形财产，还包括属于国家的债权、无形财产等财产权益。国有资产的类型包括有开发价值的、依法属于国家所有的自然资源性国有资产；国家投资所形成的财产权益类经营性国有资产；由国家以拨款或其他形式投入机关事业单位等的非经营性领域形成的国有资产财产权益。其中占比重最大的是《中华人民共和国企业国有资产法》（以下简称《企业国有资产法》）所调整的由国家对企业各种形式的出资所形成的权益构成的国有资产。《企业国有资产法》自2009年起施行，以维护国家基本经济制度，巩固和发展国有经济，加强对国有资产的保护，发挥国有经济在国民经济中的主导作用，促进社会主义市场经济的发展为宗旨。

一、国家出资企业资产管理

国家出资企业，是指国家出资的国有独资企业、国有独资公司，以及国有资本控股公司、国有资本参股公司。

（一）国家出资企业的法律地位和权利

（1）国家出资企业对其动产、不动产和其他财产依照法律、行政法规以及企业章程享有占有、使用、收益和处分的权利。

（2）国家出资企业依法享有经营自主权和其他合法权益。

（3）国家出资企业对其所出资企业依法享有资产收益、参与重大决策和选择管理者等出资人权利，并依法管理、监督。

（二）企业国有资产管理制度

1. 国家出资企业管理者的选择与考核制度

（1）任免或建议任免范围。

履行出资人职责的机构任免或建议任免国家出资企业的人员，包括：1）任免国有独资企业的经理、副经理、财务负责人和其他高级管理人员；2）任免国有独资公司的董事长、副董事长、董事、监事会主席和监事；3）向国有资本控股公司、国有资本参股公司的股东会、股东大会提出董事、监事人选。但是，国家出资企业中应当由职工代表出任的董事、监事，依照有关法律、行政法规的规定由职工民主选举产生。

（2）任命程序。

对拟任命或者建议任命的董事、监事、高级管理人员的人选，应当按照规定的条件和程序进行考察。考察合格的，按照规定的权限和程序任命或者建议任命。

（3）董事、高级管理人员和监事兼职限制。

未经任免机构同意，董事、高管不得在其他企业兼职；未经股东会、股东大会同意，董事、高管不得在经营同类业务的其他企业兼职；未经履行出资人职责的机构同意，国有独资公司的董事长不得兼任经理；未经股东会、股东大会同意，国有资本控股公司的董事长不得兼任经理；董事、高级管理人员不得兼任监事。

(4) 考核。

履行出资人职责的机构，应当对其任命的企业管理者进行年度和任期考核，并依据考核结果决定对企业管理者的奖惩。国有独资企业、国有独资公司和国有资本控股公司的主要负责人，应当接受依法进行的任期经济责任审计。

2. 重大事项管理的权力归属

这里的重大事项是指国家出资企业事关出资人权益的重大事项，如合并、分立、改制、上市，增加或者减少注册资本，发行债券，进行重大投资，为他人提供大额担保，转让重大财产，进行大额捐赠，分配利润，以及解散、申请破产等。《企业国有资产法》对上述重大事项进行了一般规定，并对改制、关联方交易、评估、资产转让进行专门规定。

同时，国家出资企业的合并、分立、改制、解散、申请破产等重大事项，应当听取企业工会的意见，并通过职工代表大会或其他形式听取职工的意见和建议。

3. 企业改制管理制度

(1) 国家出资企业改制的形式。

《企业国有资产法》中的企业改制是指：1) 国有独资企业改为国有独资公司；2) 国有独资企业、国有独资公司改为国有资本控股公司或者非国有资本控股公司；3) 国有资本控股公司改为非国有资本控股公司。

(2) 决定或批准。

1) 企业改制应当依照法定程序，由履行出资人职责的机构决定或者由公司股东会、股东大会决定。重要的国有独资企业、国有独资公司、国有资本控股公司的改制，行出资人职责的机构在作出决定或者向其委派参加国有资本控股公司股东会会议、股东大会会议的股东代表作出指示前，应当将改制方案报请本级人民政府批准。

2) 企业改制涉及重新安置企业职工的，还应当制定职工安置方案，并经职工代表大会或者职工大会审议通过。

3) 出资人权益保护。

清产核资、财务审计、资产评估，界定和核实资产，应当客观、公正。涉及非货币财产折算为国有资本出资或者股份的，应当以评估确认价格作为确定国有资本出资额或者股份数额的依据，不得将财产低价折股或者有其他损害出资人权益的行为。

想一想 在国家出资企业改制中如何保护出资人权益？

4. 与关联方交易管理制度

《企业国有资产法》中所称关联方，是指本企业的董事、监事、高级管理人员及其近亲属，以及这些人员所有或者实际控制的企业。国家出资企业的关联方，不得利用与国家出资企业之间的交易，谋取不当利益，损害国家出资企业利益。

5. 资产评估管理制度

为防止国有资产流失，国有独资企业、国有独资公司和国有资本控股公司合并、分立、改制，转让重大财产，以非货币财产对外投资，清算或者有法律、行政法规以及企业章程规定应当进行资产评估的其他情形的，应当按照规定对有关资产进行评估，委托依法设立的符合条件的资产评估机构进行资产评估，并向履行出资人职责的机构报告。委托方及其工作人员应当向资产评估机构如实提供有关情况和资料，不得与资产评估机构串通评估作价。

6. 企业国有资产交易监督管理制度

为了规范企业国有资产交易行为，加强企业国有资产交易监督管理，防止国有资产流失，2016 年 6 月 24 日，国务院国有资产监督管理委员会和财政部联合发布《企业国有资产交易监督管理办法》。该文件对国有及国有控股企业、国有实际控制企业、企业国有资产交易行为进行了界定，对企业产权转让的审批、信息披露、受让方的确定、转让价格的确定、非公开协议转让、企业增资和企业资产转让等作出了规定。

7. 企业国有资本经营预算制度

对取得的国有资本收入及其支出实行预算管理。企业国有资本经营预算按年度单独编制，纳入本级人民政府预算，报本级人民代表大会批准。其预算支出按照当年预算收入规模安排，不列赤字。国务院和有关地方人民政府财政部门负责国有资本经营预算草案的编制工作，履行出资人职责的机构向财政部门提出由其履行出资人职责的国有资本经营预算建议草案。

（三）企业国有资产管理与监督体制

1. 出资人和所有权人

企业国有资产是由国家出资形成的财产权益，因而，企业国有资产属于国家所有，即全民所有。

2. 出资人职责代表机构

（1）国务院是国有资产所有权人的代表。

企业国有资产的出资人和所有权人虽然是国家，但根据法律的规定由国务院代表国家行使国有资产所有权。

（2）国务院和地方人民政府对国家出资企业履行出资人职责。

国务院和地方人民政府依照法律、行政法规的规定，分别代表国家对国家出资企业履行出资人职责，享有出资人权益。其中，国务院所确定的关系国民经济命脉和国家安全的大型国家出资企业、重要基础设施和重要自然资源等领域的国家出资企业，由国务院代表国家履行出资人职责；其他的国家出资企业，由地方人民政府代表国家履行出资人职责。

（3）履行出资人职责的机构。

国务院国有资产监督管理机构和地方人民政府按照国务院规定所设立的国有资产监督管理机构，根据本级人民政府的授权，代表本级人民政府对国家出资企业履行出资人职责。国务院和地方人民政府根据需要，可以授权其他部门、机构代表本级人民政府对国家出资企业履行出资人职责。

3. 企业国有资产监督

（1）各级权力机关的监督。

各级人民代表大会常务委员会，通过听取和审议本级人民政府履行出资人职责的情况和国有资产监督管理情况的专项工作报告，组织对企业国有资产法实施情况的执法检查等，依法行使监督职权。

（2）各级政府的监督。

国务院和地方人民政府，应当对其授权履行出资人职责的机构履行职责的情况进行监督。

国务院和地方人民政府审计机关依照《审计法》的规定，对国有资本经营预算的执行情况和属于审计监督对象的国家出资企业进行审计监督。履行出资人职责的机构根据需要，可以委托会计师事务所对国有独资企业、国有独资公司的年度财务会计报告进行审计，或者通过国有资本控股公司的股东会、股东大会决议，由国有资本控股公司聘请会计师事务所对公司的年度财务会计报告进行审计，维护出资人权益。

（3）社会监督。

国务院和地方人民政府应当依法向社会公布国有资产状况和国有资产监督管理工作情况，接受社会公众的监督。任何单位和个人有权对造成国有资产损失的行为进行检举和控告。

（四）违反《企业国有资产法》的法律责任

《企业国有资产法》对出资人履职机构及工作人员，国家出资企业的董事、监事、高级管理人员，以及服务于国家出资企业的各类中介机构，违反法律规定的相关情形进行了范围界定。

二、事业单位国有资产管理法律制度

（一）事业单位国有资产管理概述

1. 事业单位国有资产的管理内容

事业单位国有资产，是指事业单位占有、使用的，依法确认为国家所有，能以货币计量的各种经济资源的总称。事业单位国有资产管理的内容包括：管理机构及职责、资产配置及使用、资产评估和产权登记、资产处置、监督检查与法律责任等。

2. 事业单位国有资产管理体制

事业单位国有资产管理，实行国家统一所有，政府分级监管，单位占有、使用的管理体制。各级财政部门是政府负责事业单位国有资产管理的职能部门，对事业单位的国有资产实施综合管理。事业单位的主管部门负责对本部门所属事业单位的国有资产实施监督管理。事业单位对本单位占有、使用的国有资产实施具体管理。

3. 事业单位国有资产管理原则

（1）资产管理与预算管理相结合的原则。推行实物费用定额制度，促进事业单位资产整合与共享共用，实行资产管理与预算管理的紧密统一。

（2）所有权和使用权相分离的原则。

（3）资产管理与财务管理、实物管理与价值管理相结合的原则。

（二）事业单位国有资产配置和使用

1. 资产的配置

事业单位国有资产配置是指财政部门、主管部门、事业单位等根据事业单位履行职能的需要，按照国家有关法律、法规和规章制度规定的程序，通过购置或调剂等方式为事业单位配备资产的行为。

2. 资产的使用

事业单位国有资产的使用包括单位自用和对外投资、出租、出借、担保等方式。事业单位利用国有资产对外投资、出租、出借和担保等应当进行必要的可行性论证，并提出申请，经主管部门审核同意后，报同级财政部门审批。

事业单位应当对本单位用于对外投资、出租和出借的资产实行专项管理，即应实行专项登记和专项考核，并在单位财务会计报告中对相关信息进行充分披露。

（三）事业单位国有资产评估和产权登记

事业单位国有资产评估项目实行核准制和备案制。事业单位国有资产产权登记是国家对事业单位占有、使用的国有资产进行登记，依法确认国家对国有资产的所有权和事业单位对国有资产的占有、使用权的行为。事业单位应当向同级财政部门或者经同级财政部门授权的主管部门申报、办理产权登记，并由财政部门或者授权部门核发《事业单位国有资产产权登记证》。

（四）事业单位国有资产处置

事业单位国有资产处置，是指事业单位对其占有、使用的国有资产进行产权转让或者注销产权的行为，包括出售、出让、转让、对外捐赠、拍卖、报废、报损以及货币性资产损失核销等处置方式。

事业单位处置国有资产，应当严格履行审批手续，未经批准不得自行处置。事业单位国有资产处置收入属于国家所有，应当按照政府非税收入管理的规定，实行“收支两条线”管理。

（五）监督检查与法律责任

事业单位国有资产监督实行单位内部监督与财政监督、审计监督、社会监督相结合，事前监督与事中监督、事后监督相结合，日常监督与专项检查相结合的方式。主管部门在配置事业单位国有资产或者审核、批准国有资产使用、处置事项的工作中违反规定的，财政部门可以责令其限期改正，逾期不改的予以警告。

三、行政单位国有资产管理法律制度

（一）行政单位国有资产管理概述

1. 行政单位国有资产的管理内容

行政单位是指各级党的机关、人大机关、行政机关、政协机关、审判机关、检察机关和各民主党派机关。行政单位国有资产，是指由各级行政单位占有、使用的，依法确认为国家所有，能以货币计量的各种经济资源的总称，即行政单位的国有（公共）财产。其管理内容包括：资产配置、资产使用、资产处置、资产评估、监督检查与法律责任等。

2. 行政单位国有资产管理机构及其职责

行政单位国有资产管理，实行国家统一所有，政府分级监管，单位占有、使用的管理体制。

各级财政部门是政府负责行政单位国有资产管理的职能部门，对行政单位国有资产实行综合管理。其主要职责是：贯彻执行国家有关国有资产管理的法律、法规和政策；根据国家国有资产管理的有关规定，制定行政单位国有资产管理的规章制度，并对执行情况进行监督检查等工作。

行政单位对本单位占有、使用的国有资产实施具体管理。其主要职责是：根据行政单位国有资产管理的规定，负责制定本单位国有资产管理具体办法并组织实施；负责本单位国有资产的账卡管理、清查登记、统计报告及日常监督检查等工作。

（二）行政单位国有资产配置和使用

1. 资产的配置

行政单位国有资产配置应当严格执行法律、法规和有关规章制度；与行政单位履行职能需要相适应；应做到科学合理，优化资产结构，勤俭节约，从严控制。

财政部门对要求配置的资产，能通过调剂解决的，原则上不重新购置。

行政单位资产管理部门应当对购置的资产进行验收、登记，并及时进行账务处理。

2. 资产的使用

（1）资产使用的原则。行政单位应当认真做好国有资产的使用管理工作，做到物尽其用，充分发挥国有资产的使用效益；保障国有资产的安全完整，防止国有资产使用中的不当损失和浪费。

（2）资产使用的限制性规定。主要包括行政单位不得用国有资产对外担保，法律另有规定的除外；行政单位不得以任何形式用占有、使用的国有资产举办经济实体等。

（三）行政单位国有资产评估和处置

1. 资产的评估

行政单位有下列情形之一的，应当对相关资产进行评估：（1）行政单位取得的没有原始价格凭证的资产；（2）拍卖、有偿转让、置换国有资产；（3）依照国家有关规定需要进行资产评估的其他情形。

2. 资产的处置

行政单位国有资产处置，是指行政单位国有资产产权的转移及核销，包括各类国有资产的无偿转让、出售、置换、报损、报废等。

行政单位处置国有资产应当严格履行审批手续，资产处置应当由行政单位资产管理部门会同财务部门、技术部门审核鉴定，提出意见，按审批权限报送审批。未经批准不得处置。

（四）监督检查及法律责任

财政部门、行政单位对国有资产的管理和监督，实行单位内部监督与财政监督、审计监督、社会监督相结合，事前监督、事中监督、事后监督相结合，日常监督与专项检查相结合的方式。

财政部门、行政单位及其工作人员如违反规定，擅自占有、使用、处置国有资产的，按照《财政违法行为处罚处分条例》处理。违反国家国有资产管理规定的其他行为，按国家有关法律法规处理。

第三节 政府采购法

政府采购是指各级国家机关、事业单位和团体组织，使用财政性资金采购依法制定的集中采购目录以内的或者采购限额标准以上的货物、工程和服务的行为。政府采购实行集中采购和分散采购相结合。我国的政府采购改革自 1996 年开始试点，2000 年在全国范围内全面铺开。

政府采购法是指调整各级国家机关、事业单位和团体组织，使用财政性资金依法采购货物、工程和服务的活动的法律规范的总称。《中华人民共和国政府采购法》（以下简称《政府采购法》）于2002年制定，2014年修正。其宗旨是规范政府采购行为，提高政府采购资金的使用效益，维护国家利益和社会公共利益，保护政府采购当事人的合法权益，促进廉政建设。

一、政府采购概述

（一）政府采购的特点

相对于私人采购而言，政府采购具有如下特点：

（1）采购资金来源于财政。政府采购的资金来源为财政拨款和需要由财政偿还的公共借款，其最终来源为纳税人的税收和政府公共服务收费等。

（2）采购人的特定性。包括集中采购和分散采购，采购机构和采购人必须经过批准才能进行，政府采购的主体是依靠国家财政资金运作的政府机关、事业单位和社会团体等。

（3）采购对象的广泛性和复杂性，政府采购不以营利为目的，也不是为卖而买，而是通过买为政府部门提供消费品或向社会提供公共利益，符合要求的企业等都可以成为采购对象。

（4）政策规范性，政府采购要按有关政府采购的法规，根据不同的采购规模、采购对象及采购时间要求等，采用不同的采购方式和采购程序，每项活动都要规范运作，体现公开、竞争的原则，接受社会监督。

（5）购买力巨大且要公开进行。相对于企业和个人而言，政府的采购具有极大的影响力，采购要公开内容、公开标准、公开途径等。

（二）政府采购的原则

在法律中明确政府采购的原则是国际惯例。政府采购的原则主要有：

（1）公开透明原则。

公开透明原则，是指有关采购的法律、政策、程序和采购活动对社会公开，招标信息及中标或成交结果等所有相关信息都必须公之于众。它有助于提高政府采购的效率，减少和消除“暗箱操作”给国家和公民利益带来的损害，使得政府公共支出渠道更加通畅透明。

（2）公平竞争原则。

公平竞争原则是市场经济运行的重要法则，也是政府采购的基本规则。它要求政府采购活动在确保公平的前提下充分引入竞争机制，实行优胜劣汰，提高财政性资金的使用效益。公平竞争的规定推进了我国政府采购市场向竞争更为充分、运行更为规范、交易更为公平的方向发展，不仅使采购人获得价格低廉、质量有保证的货物、工程和服务，同时还有利于提高企业的竞争能力和自我发展能力。

（3）公正原则。

公正原则是为采购人与供应商之间在政府采购活动中处于平等地位而确立的。它要求政府采购要按照事先约定的条件和程序进行，对所有供应商一视同仁，不得有歧视条件和行为，任何单位或个人无权干预采购活动的正常开展。

（4）诚实信用原则。

市场经济首先是信用经济，信用经济必须是法治经济。诚实信用原则是发展市场经济的内在要求，需要以当事人的诚实信用形成良好的社会风气，保障市场经济的有序运行。诚实信用原则一方面要求采购主体在项目发标、信息公布、评标审标过程中要真实，不得有所隐瞒；另一方面，也要求供应商在提供物品、服务时达到投标时作出的承诺，树立相应的责任意识。

（三）政府采购法的适用范围

政府采购的主体是我国各级国家机关、事业单位和团体组织，目前不包括国有企业。国家机关是指依法享有国家赋予的行政权力，具有独立的法人地位，以国家预算作为独立活动经费的各级机关。事业单位是指国家为了社会公益目的，由国家机关举办或者其他组织利用国有资产举办的，从事教育、科技、文化、卫生等活动的社会服务组织；团体组织是指我国公民自愿组成，为实现会员共同意愿，按照其章程开展活动的非营利性社会组织。

采购人开展采购活动的采购项目资金为财政性资金，采购项目为集中采购目录以内的或者采购限额标准以上的货物、工程和服务。

除以下情形外，在我国境内从事的政府采购活动均应适用《政府采购法》：（1）使用国际组织和外国政府贷款进行的政府采购，贷款方、资金提供方与中方达成的协议对采购的具体条件另有规定的，可以适用其规定，但不得损害国家利益和社会公共利益；（2）因严重自然灾害和其他不可抗力事件所实施的紧急采购和涉及国家安全和秘密的采购；（3）军事采购。

二、政府采购当事人

政府采购当事人是指在政府采购活动中享有权利和承担义务的各类主体，包括采购人、供应商和采购代理机构。

（一）采购人

采购人是购买和使用所购买的货物、服务或工程的主体，即依法进行政府采购的国家机关、事业单位和团体组织。

（二）供应商

供应商是指向采购人提供货物、工程或者服务的法人、非法人组织或者自然人。

（三）采购代理机构

政府采购代理机构，是指经财政部门认定资格的，依法接受采购人委托，从事政府采购货物、工程和服务的招标、竞争性谈判、询价等采购代理业务，以及政府采购咨询、培训等相关专业服务的社会中介机构。

三、政府采购方式

政府采购采用公开招标、邀请招标、竞争性谈判、单一来源采购、询价，以及国务院政府采购监督管理部门认定的其他采购方式，其中公开招标应作为政府采购的主要采购方式。各类采购方式的适用及其相关规定见表 9－2。

表 9-2 政府采购方式对比

方式	适用范围及其主要规定
公开招标	(1) 这是指采购人及采购代理机构依法以招标公告的方式邀请不特定的供应商参加投标的方式； (2) 采购人不得将应公开招标方式采购的货物或服务“化整为零”或“以其他规避方式”公开招标； (3) 达到公开招标数额标准的货物或服务采购项目，因特殊情况需要采用别的采购方式的，应当在采购活动开始前报经主管预算单位同意后，向相关财政部门申请批准
邀请招标	(1) 3 家以上供应商； (2) 具有特殊性，只能从有限范围的供应商处采购的； (3) 采用公开招标方式的费用占政府采购项目总价值比例过大
竞争性谈判	(1) 招标后没有供应商投标或没有合格标的，重新招标未能成立的； (2) 技术复杂或性质特殊，不能确定详细规格或具体要求的； (3) 采用招标所需时间不能满足用户紧急需要的； (4) 不能事先计算出价格总额的
单一来源采购	(1) 只能从唯一供应商处采购的； (2) 发生不可预见的紧急情况（非重大自然灾害或其他不可抗力造成）不能从其他供应商处采购的； (3) 必须保证原有采购项目一致性或服务配套要求的，需要继续从原供应商处添购，且资金总额不超过原合同采购金额 10%的
询价	适用货物规格、标准统一，现货货源充足且价格变动幅度较小的采购项目

练一练：政府采购的方式

根据政府采购法律制度的规定，下列各项中不属于政府采购方式的是（ ）。

A. 邀请招标 B. 询价 C. 公开招标 D. 指定采购

【参考答案】D

【解析】政府采购采用以下方式：公开招标、邀请招标、竞争性谈判、单一来源采购、询价和国务院政府采购监督管理部门认定的其他采购方式。

四、政府采购程序

政府采购分为采购项目确立批准阶段、采购合同形成阶段、采购合同履行及管理阶段三个步骤。

（一）采购项目确立批准阶段

政府采购资金实行预算管理，政府采购项目的确立是随着部门预算的编审程序完成的。

在部门预算编审期间，各部门应将属于规定的政府采购项目，包括专项支出项目和基本支出项目，在相关科目中详细列明，由财政部对各部门预算进行汇总审核后，形成预算草案上报国务院批准，并提交全国人大会议审议。全国人大批准了部门预算，也就批准了其中的政府采购预算。只有经人大批准的采购项目，才能进行采购活动。

在具体的预算执行中，必须按照预算确定的用途进行采购活动，未经批准，不得改变资金用途。

（二）采购合同形成阶段

1. 确定采购模式

政府采购项目分为纳入集中采购目录的采购项目和限额标准以上的采购项目，其中，集中采购目录中的采购项目又分为政府集中采购项目和部门集中采购项目，不同的采购项目由不同的机构负责组织实施。

2. 确定采购方式

采购人或集中采购机构首先应客观地计算采购资金总额。如果采购资金总额达到了公开招标数额标准，应当采用公开招标采购方式，并在财政部指定的媒体上发布招标公告。如果需要采用公开招标以外采购方式的，必须在采购活动开始前获得地级以上政府采购监督管理部门的批准。

3. 确定中标、成交供应商

采购人或集中采购机构依据事先规定的评标或确定成交的标准，确定中标或成交供应商，向其发送中标或成交通知书，并在财政部指定的媒体上公告中标或成交结果。

4. 订立采购合同

采购人或集中采购机构应在中标或成交通知书发出之日起 30 天内，按照采购文件确定的事项签订政府采购合同。

5. 采购合同备案

采购合同自订立之日起 7 个工作日内，采购人应将合同副本报同级政府采购监督管理部门和有关部门备案。

（三）采购合同的履行及其管理阶段

1. 履行采购合同

采购合同双方当事人均应按照合同约定，履行各自的权利和义务。供应商按照约定向采购人提供货物、工程和服务；采购人按照约定付款。

2. 验收

采购人或者其委托的采购代理机构应当组织对供应商履约的验收。大型或者复杂的政府采购项目，应当邀请国家认可的质量检测机构参加验收工作。验收方成员应当在验收书上签字，并承担相应的法律责任。

3. 付款

对供应商履约的验收合格后，采购人应当按照合同约定支付货款。目前政府采购资金的支付方式有两种：一是对于纳入政府采购资金财政直接拨付的项目，由采购人向财政部门申请拨款，财政部门直接将采购资金拨付给履约供应商；二是其他采购项目由采购人直接向履约供应商付款。

4. 妥善保存采购文件

采购文件是反映采购活动过程及各项决策的纪录，妥善完整地保存采购文件，可以为政府采购的统计分析、总结经验、接受监督检查、处理纠纷等项工作提供客观依据。

五、政府采购合同

政府采购合同属于一般民事合同，适用《民法典》合同编。即采购人与供应商之间在政府采购合同的订立、合同的效力、合同的履行、合同的变更、终止及违约责任等方面，都必须遵守合同法律制度规定。采购人和供应商之间的权利和义务，应当按照平等、自愿的原则以合同方式约定。

（一）政府采购合同的订立

政府采购合同，是采购人与供应商之间设立、变更、终止政府采购权利义务关系的协议。采购人可以直接与供应商签订政府采购合同，也可以委托采购代理机构代表其与供应商签订政府采购合同。由采购代理机构以采购人名义签订合同的，应当提交采购人的授权委托书，作为合同附件。

（二）政府采购合同的形式及必备条款

政府采购合同应当采用书面形式，采用口头形式或其他形式订立的政府采购合同无效。

由于政府采购合同具有特殊性，必须严格执行法定的采购方式和采购程序，其条款不能完全由采购人与供应商确定，必须对其主要内容作出限制规定。政府采购合同中必须包括必备条款的内容，否则合同无效。

（三）政府采购合同的变更、中止或终止

政府采购合同的双方当事人不得擅自变更、中止或者终止合同。政府采购合同继续履行将损害国家利益和社会公共利益的，双方当事人应当变更、中止或者终止合同。有过错的一方应当承担赔偿责任，双方都有过错的，各自承担相应的责任。

六、政府采购的质疑与投诉

（一）政府采购活动事项的询问

在政府采购活动中，供应商往往处在比较被动的地位。采购人或采购代理机构发布的采购消息有可能比较简单或不够清晰，一些做法也有可能不够透明；中标、成交结果也可能不能及时被供应商知晓等，供应商的利益很容易受到侵害。供应商对政府采购活动事项有疑问的，可以向采购人提出询问，采购人应当及时作出答复，但答复的内容不得涉及商业秘密。

（二）政府采购活动事项的质疑

供应商认为采购文件、采购过程和中标、成交结果使自己的权益受到损害的，可以在知道或者应知其权益受到损害之日起 7 个工作日内，以书面形式向采购人提出疑问。

（三）政府采购活动事项的投诉

当采购人、采购代理机构对供应商提出的疑问所作出的答复不能令质疑供应商信服，或采购人、采购代理机构没有在规定的期限内答复质疑供应商，使供应商的权益可能受到损害时，供应商可以通过投诉这一途径来保护自己的合法权益。

七、政府采购的监督检查

各级人民政府财政部门负责政府采购监督管理，依法履行对政府采购活动的监督管理职责。各级人民政府其他有关部门依法履行与政府采购活动有关的监督管理职责。

（一）政府采购监督管理部门的监督

政府采购监督管理部门应当加强对政府采购活动及集中采购机构的监督检查。主要内容包括：有关政府采购的法律、行政法规和规章的执行情况；采购范围、采购方式和采购程序的执行情况；政府采购人员的职业素质和专业技能；集中采购机构的有关情况。

（二）政府其他有关部门的监督

审计机关、监察机关，以及依照法律、行政法规的规定对政府采购负有行政监督职责的其他政府有关部门，应当按照其职责分工，加强对政府采购活动的监督。其中审计机关负责审计监督，这是法律赋予审计机关的职责，也是审计机关应当履行的义务。监察机关负责对参与政府采购活动的国家机关、国家公务员和国家行政机关任命的其他人员的监察。

（三）集中采购机构的内部监督

集中采购机构的内部监督包括以下内容：

1. 建立健全内部监督管理制度

集中采购机构应当建立健全内部监督管理制度。采购活动的决策和执行程序应当明确，并相互监督、相互制约。经办采购的人员与负责采购合同审核、验收人员的职责权限应当明确，并相互分离。

2. 提高采购人员的职业素质和专业技能

集中采购机构的采购人员应当具有相关职业素质和专业技能，符合政府采购监督管理部门规定的专业岗位任职要求。

集中采购机构对其工作人员应当加强教育和培训；对采购人员的专业水平、工作实绩和职业道德状况定期进行考核。采购人员经考核不合格的，不得继续任职。

（四）采购人的内部监督

除涉及商业秘密外，政府采购的所有信息都应当及时向社会公开发布。采购人必须按照法定的采购方式和采购程序进行采购，否则中标、成交结果无效，由此给供应商造成损害的，采购人应当承担相应的赔偿责任，采购人及其有关责任人员也应当承担相应的法律责任。

（五）政府采购活动的社会监督

任何单位和个人对政府采购活动中的违法行为，有权控告和检举，有关部门、机关应当依照各自职责及时处理。

第四节　商标法

商标是商品的标记。它是商品生产者或经营者为把自己新生产或经营的商品与其他人生产或经营的同类商品显著地区别出来，而使用在一定的商品、商品包装及其他宣传品上面的专用标记。这种标记用文字、图形、字母、数码、线条、名称、颜色或声音等组成。商标法是调整商标注册、使用、转让、保护和管理的法律规范的总称。它的作用主要是加强商标管理，保护商标专用权，保证商品和服务的质量，从而保障消费者的利益，促进社会经济的发展。《中华人民共和国商标法》（以下简称《商标法》）制定于改革开放初期的1982年，于1993年、2001年、2013年、2019年进行了4次修正。

一、商标概述

（一）商标的基本特征

（1）商标是使用于一定商品或服务上的专用标记。商标法意义上的商品是在“一定范围”和“一定质量”上使用的商品。服务则是指广告、金融、建筑、洗涤等服务行业所为人们提供的劳务，是一种无形的商品。

（2）商标是区别同一类商品的不同质量和不同的生产者和经营者的标记，它应当有显著特征，便于识别。

（3）构成商标的因素主要是文字、图形或文字与图形的组合。商标与商品的名称、商店牌号既有联系，又不能相互混用。

（4）商标可以通过树立信誉，标示商品的一定质量。它可以在市场上向消费者提供商品信息，反映特定商品的质量和咨询服务，使消费者认牌选购，所以商标又具有竞争性。

（二）商标的主要分类

（1）按构成方式分为：文字商标、图形商标、字母商标、数字商标、组合商标。

文字商标就是指用文字所构成的商标，这其中包括中国的汉字和少数民族字、外国文字和阿拉伯数字或各种不同的字组合而成的商标；图形商标就是指用图形构成的商标，包括记号商标、几何图形商标、自然图形商标等；字母商标就是指用拼音文字、外文字母如英文字母、拉丁字母或注音符号等所构成的商标；数字商标就是指用阿拉伯数字、罗马数字或者是中文大写数字所构成的商标。任意两种组合都可以叫作组合商标或复合商标。

（2）按用途和作用分为：商品商标和服务商标。

商品商标是指使用于商品之上的商标。服务商标，是指提供服务的经营者在其服务项目上所使用的，用以区别于其他服务者所提供的服务项目的显著性标志。

（3）按拥有者、使用者分为：制造商标、销售商标、集体商标。

制造商标，是商品制造者所使用的商标。销售商标，是商品经营者使用的商标。集体商标，是指以团体、协会或者其他组织名义注册，供该组织成员在商事活动中使用，以表明使用者在该组织中的成员资格的标志。

（4）按使用动机分为：联合商标、防御商标、证明商标。

联合商标是指同一个商标注册人在同一个类别或类似类别上注册很多近似商标，其中，主要使用的那个为主商标，其他的则为联合商标。防御商标是指商标权人在核定使用的商品或服务以外注册相同或近似的商标，目的就是防止他人在其他类别上使用自己的商标，从而导致商标通用化。证明商标，是指由对某种商品或者服务具有监督能力的组织所控制，而由该组织以外的单位或者个人使用于其商品或者服务，用以证明该商品或者服务的原产地、原料、制造方法、质量或者其他特定品质的标志，一般是由比较权威的商会或其他团体申请注册。

（5）按载体分为：立体商标、声音商标、气味商标等。

立体商标又被称为三维标志商标，它是用具有长、宽、高三种度量的三维立体物标志构成的商标标志。声音商标是用音符编成的一组音乐或者是用某种特殊的声音来作为商品的商标。气味商标就是指用某种特殊的气味作为区别不同商品的商标。

知识链接：立体商标、声音商标、气味商标

我国《商标法》第 8 条规定，任何能够将自然人、法人或者非法人组织的商品与他人的商品区别开的标志，包括文字、图形、字母、数字、三维标志、颜色组合和声音等，以及上述要素的组合，均可以作为商标申请注册。随着时代的进步，商标的发展也越来越多元，不再仅限于我们所熟悉的文字、图形、字母、数字、三维标志等，甚至声音、气味都能够成为商标。

2014 年 5 月 1 日后，声音正式成为我国可注册申请的商标类型。而我国第一例声音商标是由中国国际广播电台提交的《中国国际广播电台广播节目开始曲》。其他熟知的就是 QQ 聊天的提醒。另外，国际上最为知名的声音商标，主要有苹果电脑开机声音、诺基亚之歌、米高梅公司的狮子吼等。

气味商标是以某种特殊气味，作为区别不同商标和不同服务项目的商标。在我国，气味还不能注册为商标。但在世界上的其他国家，比如美国、英国和澳大利亚就规定气味可以申请注册商标。

二、商标权

（一）商标权的法律特征

商标权，也可称为商标专用权，是指商标注册人对其注册商标所享有的专用权利。所谓注册商标，是指经国家商标主管机关核准注册的商标。

1. 专有性

商标权的专有性又称为独占性或垄断性，是指注册商标所有人对其注册商标享有专有使用权，其他任何单位及个人非经注册商标所有人的许可，不得使用该注册商标。

2. 时间性

商标权的时间性也称法定时间性，是指商标权为一种有期限的权利，在有效期限内才受法律保护，超过有效期限，商标权即终止，不再受法律保护。

3. 地域性

商标权具有严格的地域性，这是由商标权的国内法性质所决定的。

（二）商标权的内容

商标权的内容，是指注册商标所有人对其注册商标所拥有的权利的范围。它主要包括以下四个方面：

1. 专用权

专用权是指商标注册人对其注册商标所享有的独占性使用的权利。

2. 禁止权

禁止权是指商标注册人所享有的禁止他人擅自使用与其注册商标相混同的商标的权利。

3. 转让权

转让权是指商标注册人所享有的将其注册商标所有权转让给他人的权利。

4. 许可使用权

许可使用权是指商标注册人所享有的以一定的方式和条件许可他人使用其注册商标并

获得收益的权利。

（三）商标权的取得

商标权的取得，是指根据什么原则和采取什么方法来获得商标权。

商标权取得的原则有以下三种：

1. 使用原则

使用原则，即使用取得商标权原则，是指商标权因商标的首先使用而自然产生，商标权根据商标的使用事实而得以成立。

2. 注册原则

注册原则，即注册取得商标权原则，是指商标权因注册事实而成立，只有注册商标才能取得商标权。

3. 混合原则

混合原则，即折中原则，是指在确定商标权的成立时，兼顾使用与注册两种事实，商标权既可因注册而产生，也可因使用而成立。

商标权取得的方式分为两种：原始取得与继受取得。商标权的原始取得，也称为商标权的直接取得，是指商标权由创设而来，其产生并非基于他人既存的商标权，也不以他人的意志为根据。商标权的继受取得，也称为商标权的传来取得，是指以他人既存的商标权及他人意志为基础而取得商标权。

（四）商标权终止

商标权终止情形主要有：因注册商标法定有效期限届满又未办理续展注册，导致注册商标注销或自动申请注销；被商标评审委员会裁定撤销注册商标；商标注册人死亡或者终止；违反商标法规定被商标局撤销其注册商标；等等。

三、商标注册

（一）商标注册原则

商标注册是指商标的使用人为了取得商标专用权，将其使用或准备使用的商标，依照法律规定的条件和程序，向商标主管机关提出注册申请，经商标主管机关审核，予以注册的制度。

我国是实行商标注册制度的国家。我国商标法在规定采用自愿注册原则的同时，又规定“法律、行政法规规定必须使用注册商标的商品，必须申请商标注册，未经核准注册的，不得在市场销售”的强制注册的办法。目前必须使用注册商标的商品有两类：一类是人用药品；一类是烟草制品。所以说我国《商标法》采取的是自愿注册与强制注册相结合的原则。

（二）商标注册的条件

主要包括申请注册的商标应当具备法定的构成要素；应当具备显著性；不得是法律禁止作为商标使用的标志；不得是不能作为商标注册的标志；不得与他人在同一种或者类似商品或者服务上已经注册或者初步审定的商标相同或者近似。

（三）法律所禁止使用的标志

1. 下列标志不得作为商标使用

（1）同中华人民共和国的国家名称、国旗、国徽、军旗、勋章相同或者近似的，以及同中央国家机关所在地特定地点的名称或者标志性建筑物的名称、图形相同的。

（2）同外国的国家名称、国旗、国徽、军旗相同或者近似的，但该国政府同意的除外。

（3）同政府间国际组织的名称、旗帜、徽记相同或者近似的，但经该组织同意或者不易误导公众的除外。

（4）与表明实施控制、予以保证的官方标志、检验印记相同或者近似的，但经授权的除外。

（5）同“红十字”“红新月”的名称、标志相同或者近似的。

（6）带有民族歧视性的。

（7）夸大宣传并带有欺骗性的。

（8）有害于社会主义道德风尚或者有其他不良影响的。

（9）县级以上行政区划的地名或者公众知晓的外国地名，不得作为商标。但是，地名具有其他含义或者作为集体商标、证明商标组成部分的除外。已经注册的使用地名的商标继续有效。

2. 下列标志不得作为商标注册

（1）有本商品的通用名称、图形、型号的；

（2）仅仅直接表示商品的质量、主要原料、功能、用途、重量、数量及其他特点；

（3）缺乏显著特征的。

上述标志经过使用取得显著特征，并便于识别的，可以作为商标注册。

（四）申请商标注册的要求

（1）申请商标注册，应当按规定的商品和服务分类表填报使用商标的商品或服务类别和商品或服务名称。

（2）同一申请人在不同类别的商品或服务上使用同一商标的，应当按商品服务分类表提出注册申请。

（3）注册商标需要在同一类的其他商品上使用的，应当另行提出注册申请。

（4）注册商标需要改变文字、图形的，应当重新提出注册申请。

（五）申请商标注册的文件

1.《商标注册申请书》

申请人应按规定填写统一的《商标注册申请书》，并将其中一份报送商标局。

2. 商标图样

每一份商标注册申请应当提交商标图样 5 份（指定颜色的彩色商标，应交着色图样 5 张），并附黑白墨稿一份。

3. 其他文件

主要有以三维标志申请注册商标的，应当在申请书中予以声明，并提交能够确定三维形状的图样；以颜色组合申请注册商标的，应当在申请书中予以声明，并提交文字说明；申请注册集体商标和证明商标的，应当在申请书中予以声明，并提交主体资格证明文件和使用管理规则等。

（六）商标注册的审查和核准

我国采用注册取得商标权原则，对商标注册采用审查原则。

1. 申请在先原则

对商标权的授予实行申请在先的原则，并辅之以使用在先的办法。《商标法》第 31 条规定："两个或者两个以上的商标注册申请人，在同一种商品或者类似商品上，以相同或者近似的商标申请注册的，初步审定并公告申请在先的商标；同一天申请的，初步审定并公告使用在先的商标，驳回其他人的申请，不予公告。"按《商标法》的规定，商标注册的申请日期，以商标局收到申请书件的日期为准。

2. 商标注册申请的审查与复审

申请人向商标局提出商标注册申请之后，商标局依法对该申请进行形式审查与实质审查。经审查对符合规定的申请，予以初步审定，并予以公告；对不符合规定的予以驳回并通知当事人。公告期满无异议的，予以核准注册，发给商标注册证，并予以公告。

商标注册申请人对驳回不服的，可以自收到通知之日起 15 日内向商标评审委员会申请复审，由商标评审委员会作出裁定，并书面通知申请人。

3. 商标异议

对初步审定的商标，自公告之日起 3 个月内，任何人均可以提出异议。所谓商标异议，是指在法定期限内对某一经过初步审定并予以公告的商标，依据《商标法》提出反对意见，要求商标局撤销该商标的初步审定，不予核准注册。

商标局对商标异议进行裁定。商标异议人或被异议人对商标局异议裁定不服的，可以在收到异议裁定通知 15 天内向商标评审委员会申请复审。当事人对商标评审委员会的裁定不服的，可以自收到通知之日起 30 日内向人民法院起诉。

四、注册商标争议的裁定和注册不当商标的撤销

（一）注册商标争议的裁定

注册商标争议，是指在先申请注册的商标注册人认为他人在后申请注册的商标与其在同一种或者类似商品上的注册商标相同或近似而引发的商标专用权的争执。

（二）注册不当商标撤销

注册不当商标撤销制度，也称为注册商标无效审定制度，是指对那些不具备注册条件而取得注册的商标，通过法定程序撤销其注册的制度。

五、注册商标的续展与利用

（一）注册商标的续展

（1）注册商标的有效期限是指注册商标受法律保护的期限，即商标注册人享有商标专用权的期限。《商标法》规定，注册商标的有效期为 10 年，自核准注册之日起计算。

（2）注册商标的续展，是指注册商标有效期的延续。即商标注册人在其注册商标期满前后的一定时间内，依法办理一定的手续，从而延长其注册商标有效期限。注册商标有效期满，需要继续使用的，应当在期满前 6 个月内申请续展注册；在此期间未能提出申请的，可以给予 6 个月的宽展期。每次续展注册的有效期为 10 年。续展注册经核准后，予以公告。

（二）注册商标的使用许可

注册商标的使用许可，是指商标注册人通过签订使用许可合同，将其注册商标许可他

人使用的行为。使用许可的形式主要有两种，即独占使用许可和普通使用许可。

（1）独占使用许可，也称为排他使用许可，是指许可人许可被许可人在合同规定的期限、地域和指定的商品或服务项目独家使用其注册商标。

（2）普通使用许可，也称为一般使用许可，是指许可人可以许可不同的人同一范围内使用其注册商标的使用许可。

（3）注册商标使用许可合同的主要条款包括许可人和被许可人的名称、地址；许可使用的商标名称、注册证号；许可使用注册商标的商品或者服务项目范围；许可使用的期限形式；等等。

六、商标权的保护

（一）商标权的保护方式

商标权的保护，是指国家运用法律手段来防止和制裁侵犯他人注册商标专用权的行为，以保护商标注册人对其注册商标享有的专用权。我国对商标专用权的保护主要由行政保护和司法保护两种方式。

（二）商标侵权行为

商标侵权行为，是指侵犯他人注册商标专用权的行为。

（1）使用侵权，是指未经注册商标所有人的许可，在同一种类商品或者服务上使用与其注册商标相同或者近似的商品的行为。

（2）销售侵权，是指销售侵犯注册商标专用权的商品的行为。

（3）标识侵权，是指伪造、擅自制造他人注册商标标识或者销售伪造、擅自制造的注册商标标识的行为。

（4）反向假冒侵权，是指未经商标注册人同意，更换其注册商标并将该更换商标的商品又投入市场的行为。

（5）其他侵权，包括《商标法》和最高人民法院有关司法解释规定的其他侵权行为。

（三）商标侵权行为的例外

（1）合理使用，是指他人依照法律规定，不经商标权人许可而在同一种或者类似商品上使用与其注册商标相同或近似标志的行为。

（2）权利用尽，是指商标权人或经其同意的人将带有其注册商标的商品投入市场后，商标权人的权利就用尽了，其他人在这些商品上使用该注册商标的行为，不视为侵权。

（3）先用权，是指在商标权人提出商标注册申请之前，他人以善意适用于其商标相同或近似的标志，且该使用已使该标志获得了一定的声誉；在申请人获得商标权后，先使用人又继续在其商品上使用该标志的权利。

（4）在先权利，是泛指在特定商标上可能先于商标权产生的民事权利。

（四）商标侵权行为的处理方式和法律责任

商标侵权行为的处理方式可以有：协商解决；行政处理；行政调解；诉讼解决；等等。

1. 商标侵权行为的民事责任

（1）停止侵害。

对于正在进行中的商标侵权行为，注册商标所有人可以诉请法院下达禁令，要求侵权人立即停止从事侵犯其注册商标专用权的行为，以维护自身的合法利益。

（2）消除影响。

商标侵权行为很可能损及注册商标所有人的注册商标声誉。一般而言，侵权人应当在其侵权行为造成影响的范围内以在报刊上刊登道歉声明等方式消除其侵权行为的不良影响，挽回被侵权的注册商标声誉。

（3）赔偿损失。

注册商标所有人因商标侵权行为而遭受损失的，有权要求侵权人赔偿其损失。销售不知道是侵权注册商标专用权的商品，能证明该商品是自己合法取得并说明提供者的，不承担赔偿责任。

2. 商标侵权行为的行政责任

主要包括责令被侵权人立即停止侵权行为；没收、销毁侵权商品；没收、销毁专门用于制造侵权商品、伪造注册商标标识的工具；罚款；等等。

3. 商标侵权行为的刑事责任

对于情节严重、构成犯罪的商标侵权行为应当依法追究其刑事责任，通过给予行为人严厉的刑事制裁来打击和预防商标侵权行为，保护注册商标专用权。

第五节　专利法

专利也称为专利权，是指一项发明创造向国家审批机关提出申请，经依法审查合格后向申请人授予的国家颁发的专利证书，在规定的时间内对该项发明创造享有专有权。这种权利具有独占的排他性，非专利权人要想使用他人的专利技术，必须依法征得专利权人的同意或许可。

专利法是调整因确认发明创造的所有权和转让、使用而产生的各种社会关系的规范总和。《中华人民共和国专利法》于 1984 年制定颁布，历经 1992 年、2000 年、2008 年、2020 年四次修正，最新修正的《专利法》于 2021 年 6 月 1 日施行。其宗旨是保护专利权人的合法权益，鼓励发明创造，推动发明创造的应用，提高创新能力，促进科学技术进步和经济社会发展。

一、专利权的客体

专利权的客体，即专利保护的对象，是指专利法规定的可以获得专利权的科学技术成果。我国专利法保护的客体有发明、实用新型、外观设计三种，与此相对是三种专利权。

（一）发明

专利法所称的发明是指对产品、方法或者其改进所提出的新的技术方案。同时也体现了发明的特征。

发明的类型有以下几种：

（1）产品发明。产品发明是指通过人的智力劳动、经过人工制造的各种新制品。例如对仪器、装置、用具或组合物等作出的发明。

（2）方法发明，是指技术构思的创造性结果，是将某种产品或物质生成新物质或者新状态所使用的特殊技术方案或特殊步骤。

（3）改进发明，是指对已有的方法或发明提出的创造性变革。

（二）实用新型

实用新型是指对产品的形状、构造或者其结合所提出的适于实用的新的技术方案。实用新型专利指的产品形状，是指可以观察到的确定的空间形状。无确定形状的产品，如气态、液态、粉末状、颗粒状的物质或材料，其形状不能作为实用新型产品的形状特征。实用新型专利指的产品构造，是指产品的各个组成部分的安排、组织和相互关系。

与发明相比，实用新型具有以下特点：

（1）实用新型专利只保护产品，该产品应当是经过工业方法制造的、占据一定空间的实体。一切有关方法（包括产品的用途）以及未经人工制造的自然存在的物品不属于实用新型专利的保护客体。

（2）对实用新型的创造性要求不太高，而实用性较强，实用价值大。

（3）在专利权审批上采取简化审批程序，授权快、保护期限短、收费标准低。

（三）外观设计

外观设计是指对产品的形状、图案、色彩或者其组合所作出的富有美感并适于工业上应用的新设计。

（四）不授予专利权的项目

（1）违反国家法律、社会公德或者妨害公共利益的发明创造不授予专利权。

（2）不可申请专利的项目：1）科学发现；2）智力活动的规则和方法；3）疾病的诊断和治疗方法；4）动物和植物新品种发现；5）用原子核变换方法获得的物质。

二、专利权的特点

练一练

专利权具有三大特点：专有性、地域性、时间性

（一）专有性

专有性也称独占性，是指同一发明创造只授予一项专利权，未经专利权人许可，他人不得以生产经营为目的的实施（包括制造、使用、销售、进口和许诺销售等行为）该专利，否则就侵犯了专利权。

（二）地域性

地域性即空间限制性，指国家或地区授予专利权仅该国或该地区才有效，对其他国家或地区没有任何法律约束力，因此发明若要许多国家或地区法律保护就必须分别向这些国家或地区申请专利。

（三）时间性

时间性，即专利权的保护具有法定的期限。期限届满后，专利权人就不再享有专有权，任何人都可以无偿利用该发明创造。当然，专利权也可能由于其他原因而提前终止或失效，例如专利权人放弃权利。

三、授予专利权的实质条件

发明创造要取得专利权，必须具备一定的实质条件。

（一）授予专利权的发明和实用新型应当具备的实质条件

1. 新颖性

新颖性是指在申请日以前没有同样的发明或实用新型在国内外出版物上公开发表过、在国内公开使用过以及其他方式为公众所知，也没有同样的发明或者实用新型由他人向国务院专利行政部门提出过申请并且记载在申请日以后公布的专利申请文件中。

2. 创造性

创造性是从质的方面反映发明创造的特征。在国外称为“非显而易见性”，《专利法》第 22 条规定：“创造性，是指与现有技术相比，该发明具有突出的实质性特点和显著的进步，该实用新型具有实质性特点和进步。”

3. 实用性

实用性，是指该发明或者实用新型能够制造或者使用，并且能够产生积极效果。实用性包含技术属性和社会属性两层含义，技术属性指发明创造具有在工业上付诸应用的技术上的可能性。社会属性指发明创造具有一定的社会效果，能够对社会有用。

（二）授予专利权的外观设计应当具备的实质条件

（1）新颖性。

外观设计不同于发明或者实用新型，一般只有在出版物上公开发表或者公开使用两种形式。授予专利权的外观设计与现有设计应当具有明显区别。

（2）独创性。

将申请专利的外观设计与已经公开的外观设计进行比较，只要前者与后者不相同或是不相近似，应认为是具有独创性的。

（3）富有美感。

（4）适于工业应用。

（5）不得与他人在先取得的合法权利相冲突。

四、专利申请人和专利权人

（一）专利申请人和专利权人的内涵

专利申请人，是指依法享有就某项发明创造向国家专利机关提出专利申请的法人、自然人或非法人组织。专利申请权是指发明创造者就其所作出的发明创造向国家专利机关请求授予其专利权的一种请求权。

专利权人，即专利权的主体，是指对国家专利机关依法授予专利权的发明创造在一定时期内享有排他性的独占权的法人、自然人或非法人组织。

（二）专利权的归属

发明人或设计人，是指对发明创造的实质特点作出创造性贡献的人。我国《专利法》规定，发明人或设计人所从事的发明创造活动属于非职务发明创造的，申请专利的权利以及申请被批准后获得的专利权归发明人或设计人所有。

如果两个或两个以上的人对发明创造的实质特点均作出了创造性贡献，则全体人员成为该发明创造的共同发明人或设计人。

我国《专利法》及《专利法实施细则》对职务发明创造作如下认定：

（1）在本职工作中所作出的发明创造。

（2）履行本单位交付的本职工作以外的任务所作出的发明创造。

（3）退职、退休或调动工作后 1 年内作出的，与其在原单位承担的本职工作或者分配的任务有关的发明创造。

（4）用本单位的物质、技术条件完成的发明创造。

我国现行专利法对从属职务发明创造的专利申请权和专利权的归属，采用法定原则与约定原则相结合的体例，约定的效力优于法定。即有约定依约定，无约定按法定归单位。

合作或者委托完成的发明创造有约定从约定，无约定专利申请权和专利权归属于对发明创造的实质性特点作出创造性贡献的一方。

五、专利权人的权利义务

（一）专利权人的权利

专利权人的权利是指专利权人对其发明创造依法享有的权利，是其在一定时间、一定范围内对其获得专利权的发明创造享有的专有权。

专利权人享有的权利可以归纳为以下几项：

（1）独占实施权，是指专利权人排他的利用和最终处分其专利权的权利。

（2）转让权。

（3）许可权。

（4）标记权，即表明专利标记和专利号的权利。

（5）保护请求权。

（6）放弃专利权的权利。

（7）署名权，是指发明人或设计人在专利文件中写明自己是发明人或设计人的权利。

（二）专利权人的义务

1. 缴纳专利年费

专利年费又叫专利维持费，是指为维持专利权的效力，专利权人按照专利法的规定，自被授予专利权的当年开始，在专利权期限内逐年向专利局缴纳的费用。

2. 其他义务

（1）保证充分公开专利的内容。

（2）正确行使专利权。

六、专利申请与审批程序

（一）专利申请原则

（1）专利申请的单一性原则，是指一项专利申请只能要求一种类型的一项专利权。《专利法》规定，一件发明或者实用新型专利申请应当限于一项发明或者实用新型；一件外观设计专利申请应当限于一种产品所使用一项外观设计。

（2）先申请原则，指两个以上主题相同的发明创造分别向专利行政部门提出申请，专利权给予最先申请的人。

（3）优先权是指申请人就其发明创造自第一次提出专利申请后，在法定的时间内就同一发明创造再次提出申请的，以其第一次申请的日期作为申请日。已在先申请日作为在后申请的时间，将申请日提前，给予申请人时间上优先。

（二）发明和实用新型专利申请的文件

我国《专利法》规定，申请发明或实用新型专利文件，应提交请求书、说明书及附图、权利要求书、说明书摘要等文件。

（三）外观设计专利申请的文件

（1）请求书；（2）图片或者照片；（3）简要说明。

（四）专利申请文件的修改

申请文件向专利局提交以后，允许申请人对其进行修改。我国《专利法》第 33 条规定："申请人可以对其专利申请文件进行修改，但是，对发明或者实用新型专利申请文件的修改不得超出原说明书和权利要求书记载的范围，对外观设计专利申请文件的修改不得超出原图片或者照片表示的范围。"法律这一规定是对修改范围所作的限制。

（五）专利申请的审批

对发明专利申请审批实行"早期公开、延迟审查"制，对实用新型和外观设计专利申请的审批实行形式审查制。

1. 发明专利的审批

（1）初步审查。

主要审查其是否符合形式要件。也就是说申请人提交的专利申请文件是否符合《专利法》规定的形式要求；申请人提交的专利申请文件是否存在明显的实质性缺陷。实质审查的内容主要是三个方面：是否符合"三性"要求；申请主体是否具有单一性；说明书和权利要求书是否符合法律规定。

（2）授权并公告。

发明专利申请经实质审查没有发现驳回理由的，有国务院专利行政部门作出授权发明专利权的决定，发给发明专利证书，同时予以登记和公告。发明专利权自公告之日起生效。

2. 实用新型和外观设计专利申请的审批

（1）初步审查。

初步审查包括两个方面：形式要求是否合格；申请是否有明显的实质性缺陷。

（2）授权并公告。

实用新型和外观设计专利申请初步审查没有发现驳回理由的，由国务院专利行政部门作出授予实用新型专利权或者外观设计专利权的决定，发给相应的专利证书，同时予以登记和公告。实用新型专利权和外观设计专利权自公告之日起生效。

（六）专利申请的复审

复审是指专利申请人不服国务院专利行政部门驳回其专利申请的决定依法向专利复审委员会提出请求，由专利复审委员会进行审查并作出决定的法律程序。

专利复审委员会复审决定不服的，可以自收到通知之日起 3 个月内向人民法院起诉。

（七）专利审批中的行政复议程序

专利局的行政复议是指专利局在审批专利的过程中，专利申请人、专利权人及其他利害关系人对专利局作出的具体行政行为产生争议，根据专利申请人、专利权人及其他利害关系人的申请，由专利局对原具体行政行为进行复查并作出裁决的行为。

七、专利权的期限、终止和无效

（一）专利权的期限、终止

专利权的期限即专利权的保护期或称为专利权的有效期。《专利法》规定，发明专利的保护期为 20 年，实用新型和外观设计专利的保护期为 10 年。专利权的期限从申请之日起算。

专利权的终止是专利权因保护期届满或未届满；专利权人未缴纳年费或书面声明放弃专利权失去法律效力。

（二）专利权的无效

专利权的无效是由于某种或某些原因使已经获准的专利权归于消灭的制度。

1. 请求宣告专利权无效的理由

主要包括授予专利权的发明和实用新型不具有新颖性、创造性和实用性；其说明书未对发明或者实用新型作出完整的说明；其专利申请文件的修改超出了原说明书和权利要求书记载的范围，其外观设计申请文件的修改超出了原图片或者照片表示的范围等。

2. 专利权无效的审理

专利复审委员会对无效宣告申请经审查作出决定：请求理由成立，宣告专利权无效；驳回无效宣告申请，维持专利权继续有效；请求部分理由成立，宣告专利权部分有效，维持专利权部分有效。

3. 专利权无效宣告的法律后果

专利权被确认无效后，一般情况下无效宣告具有溯及力，即宣告无效的专利权视为自始不存在。但对在宣告专利权无效前人民法院作出并已执行的专利侵权判决、裁定，已经履行或者强制执行的专利侵权纠纷处理决定，以及已经履行的专利实施许可合同和转让合同，不具有溯及力。例外情况下，无法平衡权利义务关系的，应当给予特殊救济。

八、专利权的保护

专利权的保护是国家通过行政与司法程序，制止和制裁专利侵权行为，保障专利权人实际享有其依法获得的权利。

（一）专利权的保护范围

即专利权效力所及的发明创造成果的技术范围，也就是某一专利所包含的技术特征。

（二）专利权的限制

专利实施强制许可，是指国务院专利行政部门依照法律规定的条件，将专利权人的专利权人的专利准许他人使用的许可方式。

强制许可的形式主要有：请求实施专利未获准的强制许可；国家出现特殊情况或为公共利益的目的进行强制许可；从属专利的强制许可。

专利强制许可被许可人：不享有独占实施权；无权许可他人实施专利；应当付给专利权人合理的费用。

（三）专利侵权行为的构成要件

专利侵权行为是指未经专利权人许可，也没有法律规定的免责事由，以营利为目的的实施专利权人的专利的行为。

专利侵权行为的构成要件包括：有擅自使用专利权人专利的行为；实施行为以营利为目的；实施的技术与专利权人的专利技术具有相同或近似性；专利权人的专利必须为有效的专利。

（四）专利侵权行为的种类

1. 直接侵权

直接侵权就是侵权人依靠他人的专利技术通过自己亲自实施制造专利产品、使用专利方法等直接获取他人利益的侵权行为。主要有：(1) 制造专利产品的行为；(2) 实用发明或实用新型的产品行为；(3) 销售或许诺销售的行为；(4) 进口专利产品或进口依照专利方法直接获得产品的行为；(5) 假冒他人专利的行为。

2. 间接侵权

间接侵权就是故意采取规避法律的形式，实施的行为部分涉及专利技术或专利方法，或怂恿、唆使他人实施专利侵权行为。

（五）专利侵权行为的解决方式和法律责任

1. 专利侵权行为的解决方式

专利侵权行为的解决方式有：协商解决；行政处理；行政调解；司法解决。

2. 专利侵权行为的法律责任

(1) 民事责任。停止侵权行为；赔偿损失；其他民事责任方式。

(2) 行政责任。可以采取停止侵权、罚款等行政处罚措施。

(3) 刑事责任。刑法中规定了“假冒专利罪”。

本章知识提要

2020 年全国预算收入为 18 万亿元，2019 年全国国有企业（不含金融企业）资产总额为 233.9 万亿元，每年的政府采购数额也非常巨大。预算年度开始实施时间与预算实际审批的时间间隔近 4 个月，这样使预算收支尤其是对预算支出的切实执行难以保证，也给后期的预算调整和预算监督增加了难度。这些问题都需要通过以后的预算法修改解决。

2020 年中国商标注册量为 576.1 万件，有效注册商标数量为 3 017.3 万件，连续 20 年稳居世界第一。2020 年中国专利申请量近 7 万件，连续两年位居世界第一。商标申请意味着推出新的商品和服务，专利申请是企业创新能力和核心竞争能力的体现，是企业在该行业身份及地位的象征。商标专利作为一种无形资产，具有巨大的商业价值，是提升企业竞争力的重要手段。商标注册是商标使用人取得商标专用权的前提和条件，只有经核准注册的商标，才受法律保护。专利申请同样如此。商标专利等知识产权形成的无形资产，在国有资产占的比重不断提高，其管理和保护在今后的立法中也会更加引起重视。

学员学完本章，应该积极思索创新自己或者所服务单位的商品和服务，研发发明新技术、新设计等，申请商标专利国内外注册，获取知识产权，认清所含价值，注重提高产品和服务质量，运用法律武器保护自身商标权益和专利权，提升知识产权意识，拒绝购买使用侵权产品，并积极举报假冒商标、专利侵权等行为，保障自身及社会利益，促进社会经济的良性发展。

本章练习题及
答案解析

参考文献

1. 张锁通. 经济法基础［M］. 西安：西安交通大学出版社，2017.
2. 刘文华. 经济法概论［M］. 北京：国家开放大学出版社，2021.
3. 财政部会计资格评价中心. 经济法［M］. 北京：经济科学出版社，2021.
4. 徐孟洲. 经济法学［M］. 北京：中央广播电视大学出版社，2010.
5. 叶林，段威. 商法［M］. 北京：国家开放大学出版社，2020.
6. 范健，王建文. 商法学［M］. 北京：法律出版社，2015.
7. 朱锦清. 证券法学［M］. 北京：北京大学出版社，2019.
8. 李东方. 证券法学［M］. 2版. 北京：中国政法大学出版社，2012.
9. 邢会强. 证券法学［M］. 北京：中国人民大学出版社，2019.
10. 范健. 商法［M］. 4版. 北京：高等教育出版社，2014.
11. 管晓峰. 金融法学［M］. 3版. 北京：国家开放大学出版社，2020.
12. 王卫国. 商法［M］. 3版. 北京：中国政法大学出版社，2014.
13. 吕来明. 票据法［M］. 2版. 北京：北京大学出版社，2017.
14. 郑昆白. 商法原理与实务［M］. 北京：中国政法大学出版社，2014.
15. 黄薇. 中华人民共和国民法典释义［M］. 北京：法律出版社，2020.
16. 赵旭东. 合同法学［M］. 2版. 北京：中央广播电视大学出版社，2015.
17. 严梅. 经济法［M］. 北京：电子工业出版社，2017.
18. 王千. 知识产权法教程［M］. 北京：中国人民大学出版社，2016.
19. 韩秀伟. 公司法对债权人保护问题的法律研究［J］. 南方论刊，2020（4）.
20. 范志平. 加强党的领导提高党建质量引领公司实现“十四五”良好开局［J］. 现代国企研究，2021（6）.
21. 王闯. 资本认缴制下债权人保护问题探究［J］. 河北农机，2021（3）.
22. 葛书环，杨凤义. 个人独资企业的法律地位［J］. 法制与社会，2020（8）.
23. 杨丰合. 刍议我国个人独资企业法律制度的发展与完善［J］. 法制博览，2019（11）.

24. 吕雪晴. 我国特殊普通合伙企业制度的困境与出路 [J]. 企业科技与发展，2019（6）.

25. 苏震. 合伙企业僵局研究 [D]. 上海：华东政法大学，2018.

26. 何海锋，席琢玉. 从《股票条例》到新《证券法》：法律责任的视角 [J]. 金融博览，2020（12）.

27. 胡天龙. 增值税历史沿革与改革动向：基于国际实践和国内发展的研究 [J]. 国际税收，2021（3）.

28. 赵迎春，王钰. 增值税制度设计几个问题的探讨 [J]. 税务研究，2020（8）.

29. 中国证监会. 完善证券市场基础制度保障资本市场改革发展.（2019-12-29）[2021-08-26]. http://www.csrc.gov.cn/pub/newsite/zjhxwfb/xwdd/201912/t20191228_368688.html.

30. 中国证监会.《证券法》信息披露政策解读.（2020-08-12）[2021-08-26]. http://www.csrc.gov.cn/fujian/xxfw/tzzsyd/202008/t20200812_381522.htm.

31. 王卫国. 我国的保险制度.（2009-01-07）[2021-08-26]. http://www.npc.gov.cn/npc/c541/200901/5b259b6cd95d4fd9869c7127a3190449.shtml.

32. 何海锋. 新证券法是新起点，强化民事责任 [N]. 中国证券报，2020-03-14.